KB139824

NFT
실체와 가치

NFT와 블록체인이 이끌어갈
메타버스 시대의 경제 생태계

NFT와 블록체인이 이끌어갈
메타버스 시대의 경제 생태계

NFT 실체와 가치

지은이 장세형

펴낸이 박찬규 엮은이 전이주 디자인 북누리 표지디자인 Arowa & Arowana

펴낸곳 위키북스 전화 031-955-3658, 3659 팩스 031-955-3660

주소 경기도 파주시 문발로 115, 311호(파주출판도시, 세종출판벤처타운)

가격 25,000 페이지 356 책규격 188 x 240mm

초판 발행 2022년 03월 30일
ISBN 979-11-5839-321-2 (13000)

등록번호 제406-2006-000036호 등록일자 2006년 05월 19일
홈페이지 wikibook.co.kr 전자우편 wikibook@wikibook.co.kr

NFT
실체와 가치

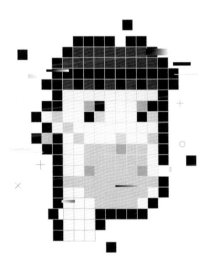

NFT와
블록체인이
이끌어갈
메타버스 시대의
경제 생태계

장세형 지음

위키북스

얼마 전 지인으로부터 연락이 왔다. 암호화폐를 하나 발행하고 싶은데 어떻게 해야 하느냐는 문의였다. 간단히 이야기를 들어보니 토큰 발행을 염두에 둔 것 같았다. 그래서 어떤 서비스에서 어떤 목적으로 어떻게 활용할 것인지를 물어봤다. 대답은 의외였다. 그것은 아직 결정하지 않았고 우선 암호화폐(토큰)부터 발행하고 싶다고 했다. 더 이상 이야기를 이어 나갈 수 없었고 전체적인 설명을 해주고 대화를 마무리 지었다.

어떻게 보면 이것이 암호화폐에 대한 우리의 민낯이 아닐까 싶다. 비유해서 설명하자면 도토리(토큰)는 싸이월드라는 서비스 내에서 그 존재 이유와 기능적 가치를 논할 수 있는데, 싸이월드라는 서비스를 론칭하기도 전에 그냥 도토리(토큰)부터 발행하겠다는 것과 동일하다. 어떤 기초자산을 기반으로 토큰을 발행할 것인지, 어떤 서비스에서 어떤 목적으로 어떻게 활용할 것인지, 그리고 그 서비스의 기능과 가치는 무엇인지에 대한 설계와 고민이 선행돼야 하는데, 그것을 건너뛴 채 그냥 토큰부터 발행한다는 의미다. 그리고 수많은 자금이 이 의미 없는 토큰에 몰리고 있는 것이 현실이다. 암호화폐 시가총액이 2,600조 수준이라는 기사도 나오지만, 아주 기본적인 개념도 이해하지 못하는 사람이 대부분이다. 비트코인, 이더(ETH), 코인, 토큰을 정확하게 구분할 수 있는 사람은 그리 많지 않다. 그리고 토큰이 무엇인지를 명쾌하게 설명할 수 있는 사람(일반인)은 주변에서 거의 찾아볼 수 없었던 것 같다.

암호화폐에 대한 인식의 민낯이 NFT에도 그대로 적용되는 것 같다. NFT(Non-Fungible Token)의 실체는 토큰(Token)이다. 토큰의 개념과 의미를 정확히 알지 못하는 상황에서 NFT를 이해한다는 것은 모순이다. 설사 토큰의 개념을 이해한다고 하더라도 사람들은 NFT하면 '대체 불가(Non-Fungible)'라는 키워드부터 생각하고, 거기에 많은 의미를 부여하며 집중한다. 이는 마치 '전원주택'을 설계하면서 '주택'이라는 실체는 무시한 채 '전원'에 대해서만 논의하는 것과 같다. NFT(Non-Fungible Token)의 실체는 토큰(Token)인데, 토큰은 뒷전이고 대체 불가(Non-Fungible)에만 집중한다. 그에 따라 자연스럽게 본질이 훼손된 엉뚱한 개념으로 오해받고 있다.

오해는 여기서 그치지 않는다. NFT는 고유 식별값이 부여되어 대체가 불가능하며 희소성의 가치가 부여된다고 이야기한다. 고유 식별값을 부여한다는 행위 자체는 대상을 고유하게 식별한다는 목적이기 때문에 고유하게 식별된 것끼리 대체 불가능한 것은 당연하다. 대한민국 국민은 고유하게 식별하기 위해서 주민등록번호를 부여받는다. 당연히 주민등록번호는 대체가 불가능하며 여기에서 대체 불가능에 큰 의미를 두지 않는다. 그리고 대체가 불가능하면 희소성의 가치가 부여된다고 하지만, 고유하게 식별 가능한 주민등록번호가 부여되었다고 그것이 희소성의 가치가 있다고 말하지 않는다. 희소성이란 수요 대비 공급의 부족을 의미하는 것이지, 고유 식별값이 부여되었다고 없던 희소성이 생겨나는 것은 아니다.

최근 NFT 관련 언론 기사나 업계의 움직임을 보면 2017년 ICO 분위기와 상당히 유사함을 느낀다. 스캠과 사기 같은 부정적인 시각에서 유사하다는 것이 아니라 NFT를 대하는 방식이 유사하다는 말이다. 2017년 ICO 당시 분위기를 돌아보면, 블록체인과 코인 · 토큰에 대한 명확한 이해와 활용 가능성에 대해 깊이 있게 숙고하기보다는 오직 '분위기 띄우기와 분위기 편승'에 집중했다. 2017년 세미나 나 전시회를 침식하면, '위변조 불가'와 '투명성'이라는 잘 들어보지 못한 키워드를 전면에 내세우면서 마치 그것들이 기존의 문제점을 완전히 개선하고 혁신의 아이콘인 듯 포장하기 바빴다. 너무나 매력적이고 압도적인 키워드였기 때문에 거기에 감히 반론을 제기하기가 두려울 정도였고, 그에 편승하지 않으면 시대에 뒤떨어지는 듯한 느낌을 받기에 충분했다.

최근 NFT에 대한 상황도 2017년과 아주 유사하다. NFT에 대한 실체적 이해 없이 오로지 '대체 불가', '고유성', '희소성'이라는 키워드를 내세우며 분위기 띄우기에 열을 올리고 있다. 수많은 돈이 NFT에 몰리고 있다는 기사에 '포모증후군(자신만 뒤처지거나 소외되어 있는 것 같은 두려움을 가지는 증상)'에 빠지기도 한다.

NFT를 제대로 이해하기 위해서는 먼저 스스로에게 질문을 던져 볼 필요가 있다. NFT의 실체인 토큰에 대해 얼마나 이해하고 있는가? 고유한 식별값을 부여하면 당연히 대체가 불가능해지는데, 왜 그렇게 대체 불가에 많은 의미와 가치를 부여하는 것일까? 고유 식별값을 부여하는 것과 희소성은 논리적으로 직접적 인과관계가 없는데, 왜 NFT가 희소성의 가치를 부여하는 수단처럼 이야기되는 것일까?

필자는 몇 달 전에 『비트코인 · 블록체인 바이블』(위키북스, 2021)이라는 책을 출간했다. 책의 목적과 내용은 분명했다. 비트코인과 블록체인의 가치와 투자 여부는 오로지 본인이 판단하고 결정할 일이지만, 그 이전에 명확한 이해가 선행돼야 한다고 강조했고 책 내용도 비트코인과 블록체인을 제대로 이해하는 데 초점을 맞췄다.

이번 책의 목적 역시 NFT의 실체를 정확히 이해하고 NFT의 진정한 가치와 발전 가능성을 살펴보는 것이다. 한 가지 우려되는 점은 필자가 NFT를 깊이 있게 학습하지 않았고 관련 서비스에 종사해 본 적도 없다는 점이다. 이런 상황에서 NFT를 제대로 이해하자는 취지로 글을 쓴다는 것은 개인적으로 큰 도전이었다. 책 내용에 대한 도전이 아니라, NFT에 관련된 잘못된 지식 전달로 독자에게 누가 되거나 NFT의 진정한 가치를 폄훼하는 것은 아닐까 하는 걱정에서 나온 주저였다. 이런 주저는 『비트코인 · 블록체인 바이블』을 집필할 때도 마찬가지였다. 하지만 책을 통해 많은 도움을 받았다는 독자들의 격려와 응원에 용기를 얻어 이번 NFT 책도 주저함을 뒤로 하고 이렇게 마무리할 수 있었다.

필자는 NFT 관련 전문지식이 부족하고 관련 서비스에 종사해 본 경험도 없다는 것을 다시 한 번 밝힌다. 하지만 블록체인과 토큰 관련 지식을 바탕으로 필자가 이해하는 NFT의 실체와 가치에 대해서 나름의 생각과 의견을 제시하고자 한다. 이 책의 내용이 NFT의 본질을 훼손하고 일반적으로 이해하는 NFT의 의미와 다를 수 있다는 것을 참고해 주고 다양한 해석과 생각 중 하나라고 이해해주면 고맙겠다. 책 내용에 다소 아쉬움이 있거나 NFT의 가치와 의미가 잘못 해석 또는 전달되었다면 다음 필자의 이메일로 언제든지 가르침을 주시면 고맙겠다.

- **필자 이메일 주소:** Kevinjang282@gmail.com

이 책의 구성은 다음과 같다.

NFT(Non-Fungible Token)를 정확하게 이해하기 위해서는 우선 NFT의 실체인 토큰을 먼저 이해할 필요가 있다. 이런 인식에 따라, 1장에서는 NFT의 본질이라 할 수 있는 토큰의 의미와 개념에 대해 설명한다. 2장에서는 블록체인과 이더리움을 통해 토큰이 어떻게 재발견되고 재해석되는지를 알아본다. 그리고 3장에서는 토큰의 명확한 이해를 바탕으로 NFT가 무엇인지 그 실체를 파헤친다. 4장은 NFT가 블록체인과 연계하여 어떤 의미와 가치가 있는지를 살펴본다. 5장은 메타버스 세상에서 NFT의 활용 가능성을 검토해 본다. 그리고 마지막 6장에서는 NFT 시대를 어떻게 준비해야 하는지와 NFT의 활용 전망에 대해서 알아본다.

집필에 도움을 주신 분들께 감사 인사를 드린다.

앞서 출간한 책에서 독자로 만났다가 이번 책에서는 저자의 부족한 부분에 많은 가르침을 준 안준하 님에게 깊은 감사의 인사를 전하며, 앞으로 안준하 님의 무궁한 발전과 성장을 기원한다. 인생과 업계의 선배로서 경험과 지식을 공유해 주시고 많은 가르침을 주시는 이재두 박사님과 이원재 박사님께도 감사의 인사를 전한다. 그리고 높은 지적 수준으로 동기부여를 해주시고 항상 아낌없는 격려와 지지를 보내주시는 김정현 실장님께도 감사하다는 인사를 전한다.

두 번째 책 출간을 지원해 주신 위키북스 박찬규 대표님과 출판사 관계자분들께 정말 감사하다는 말씀을 드리고 싶다. 끝으로 항상 바쁜 일정으로 많은 시간을 함께 하지 못하는 사랑스런 두 딸 서현이와 이안이에게 사랑하고 미안하다는 말을 전한다.

이재두 _ 한국표준과학연구원 국가참조표준센터 연구위원(기술사·경영학박사)

2021년 한 해를 강타한 IT 분야 핵심 키워드를 뽑으라고 하면 당연히 메타버스와 NFT일 것이다. 더구나 NFT가 메타버스 세상에서 중요한 역할을 할 것으로 기대되면서 메타버스와 NFT의 열기와 인기는 2022년에도 이어지고 있다. 언론에서 쏟아내는 기사와 각종 행사만 보더라도 메타버스와 NFT의 인기를 실감할 수 있다. 이런 분위기에 호응이라도 하듯 관계 기관이나 정부 부처에서도 발빠르게 움직이고 있다. 다양한 지원 정책이 쏟아지고 있으며 관련 예산도 급증했다.

하지만 현장에서 돌아가는 상황을 보면 아쉬운 모습이 많이 보인다. 미래의 핵심 산업 분야로 치켜세우면서도 건전한 생태계 발전이나 중장기의 체계적 전략과 방향성은 보이지 않는다. 쉽게 말해 분위기에 휩쓸리는 모양새다. 이는 언론 기사에도 그대로 나타난다. NFT에 대한 실체적 이해보다는 원본 증명, 고유성, 희소성이라는 키워드만 반복하며, NFT가 고가에 거래되었다거나 NFT 서비스 진출을 선언한 기업의 주가가 상한가를 쳤다는 등 자극적인 기사 위주다. NFT에 대한 실체와 가치를 깊이 있게 다루거나 건전한 생태계 발전 방안에 대해 다루는 기사나 보고서는 많지 않다.

이런 가운데 『NFT 실체와 가치』라는 책이 출간된다고 들었다. 이미 『비트코인·블록체인 바이블』이라는 책을 통해 비트코인과 블록체인에 대한 저자의 높은 통찰력과 설명 방식에 좋은 인상을 받았던 터라 이번 후속작이 나온다는 소식에 많은 기대를 하며 펼쳐봤다.

이 책은 첫 페이지부터 여타 NFT 책과 많이 다르다는 것을 느꼈다. 심지어 NFT 책이 맞는지 의구심이 들 정도였다. 기존의 NFT 관련 자료나 책을 살펴보면 NFT가 원본 증명이나 고유성과 희소성의 가치를 부여한다는 일반적인 내용을 반복하거나 NFT의 사례를 나열하거나 NFT가 고가에 거래되었다는 내용 위주다. 하지만 이 책에서는 이런 내용을 다루지 않는다. 오히려 NFT와 전혀 상관없어 보이는 증서를 설명하는 데 상당한 분량을 할애한다. 처음에는 고개가 갸우뚱하지만 한 페이지씩 읽어갈수록 토큰과 NFT 개념이 자연스럽게, 그리고 명쾌하게 이해되는 느낌이다. 우리는 어쩌면 NFT에 대한 명확한 개념 이해에 앞서 단순히 분위기에 편승해 그 실체에 대한 이해의 필요성을 놓치고 있지 않았나 하는 생각이 든다. 이런 관점에서 NFT를 설명하기에 앞서 증서와 토큰의 개념을 명확하게 이해시켜 주는 저자의 접근 방법에 동의하게 되었다.

이 책은 제목처럼 NFT의 실체가 무엇이고 그 가치를 어떻게 이해하고 활용해야 하는지를 설명한다. 따라서 책의 상당 부분을 토큰의 근원적인 개념을 설명하는 데 할애하고 있다. 그리고 토큰이 블록체인과 이더리움을 통해서 어떻게 발전되고 어떻게 활용될 수 있는지를 구체적으로 제시한다. 특히 NFT가 블록체인과 스마트 컨트랙트(smart contract) 연계를 통해 기존 거래의 문제점을 해결할 수 있다는 것을 구체적인 분석을 통해 제시하고 있으며 메타버스에서도 어떤 역할을 기대할 수 있는지를 자세하게 설명한다.

저자의 지적처럼 NFT의 본질에 해당하는 토큰을 등한시하고 대체 불가에만 집중할 경우, 그 실체를 정확하게 이해하지 못하거나 활용 방안을 설정하는 데 있어 어려움이 있을 것이다. NFT 관련 서비스나 투자에 앞서 그 개념에 대한 명확한 이해가 선행되어야 한다는 것을 일깨워준 책 같다. NFT 투자나 서비스를 진행하는 데 있어 이 책이 그 실체에 대한 이해와 방향성을 잡는 데 좋은 참고 자료가 될 것이라 확신한다.

김정은 _ 인하대 디지털혁신전략센터장

비트코인·블록체인이 세상에 나온 지도 13년이 흘렀다. 2017년 급등 이후 조정을 받던 비트코인은 2020년부터 다시 폭등 장세를 이어오다가 최근 조정을 받는 분위기다. 이러는 사이 비트코인이 디지털 금이라는 안전자산이 될 거라는 전망이 제기되기도 했으며, 엘살바도르에서는 비트코인을 이미 법정화폐로 채택했고 일부 다른 국가에서도 법정화폐 가능성을 검토하고 있다. 비트코인 활용·가치에 대한 상반된 시각이 여전히 공존하지만, 적합한 응용 방향성과 활용 가치를 찾으려는 노력은 계속 이어지고 있다. 디지털 화폐를 오랫동안 준비해 오던 중국은 2022년 동계 올림픽 기간 동안 중국판 CBDC인 디지털 위안화(e-CNY)을 선보였다. 우리나라뿐만 아니라 세계 주요 국가들도 CBDC를 검토하기 시작했다. 화폐도 디지털화되는 세상이 머지않아 보인다.

블록체인 기술도 다양한 분야에서 활용 가능성이 검토되며 시범사업이나 프로젝트가 추진되고 있다. 비가역성과 투명성을 무기로 유통·물류 분야에서 시범 사업들이 추진되었으며, 신분 인증을 위한 DID나 탈중앙화된 금융인 DeFi가 블록체인 기반으로 소개 및 서비스되고 있다. 최근에는 NFT와 메타버스가 큰 주목을 받으면서 블록체인 기술의 활용 가능성이 더 높이 평가되고 있다.

산업 현장과 실무에서는 암호화폐나 블록체인이 상당히 빠른 속도로 다양한 분야에서 활용 가능성이 논의 및 검토되고 있다. 그리고 실제로 암호화폐나 블록체인이 연계된 다양한 서비스들이 소개되고 있다. 하지만 이런 현장의 분위기를 일선 학교에서 그대로 따라가기에는 많은 어려움이 있다. 새로운 기술이나 현장의 서비스들이 아직 학문적으로 체계화되지 않았으며 관련된 자료나 연구도 부족하기 때문이다. 현실의 변화에 빠르게 대응하며 실무 능력을 갖춘 현장 맞춤형 인재 양성의 필요성을 느끼지만 제반 환경은 여의치 않다. NFT와 메타버스도 마찬가지다. NFT와 메타버스가 향후 도래할 미래 서비스·산업의 큰 축으로 자리매김할 것이라는 데 이견은 없지만, 이를 학교 커리큘럼에 신속히 반영하기에는 여전히 한계가 있다. 관련 연구나 자료가 부족하며 적합한 교재도 찾기 어렵다. NFT 관련 책 대부분은 NFT 거래나 발행방법 또는 활용사례 정도를 다루는 수준이다.

이러던 차에 『NFT 실체와 가치』라는 책을 소개받았다. 이 책은 다른 NFT 책과는 달리 서비스적 활용에 앞서 NFT의 실체와 가치 분석에 집중하는 것 같다. NFT의 본질이라고 할 수 있는 토큰 개념에 상당히 많은 분량을 할애하여 설명한다. 그리고 이런 토큰에 대한 개념 이해를 바탕으로 자연스럽게 NFT의 실체를 이해하도록 구성했다. 그리고 NFT가 블록체인과 어떻게 연계되며 향후 메타버스 세상에서 어떤 의미와 역할을 예상할 수 있는지를 체계적으로 다룬다.

이 책은 다른 책에서 다루지 않는 NFT의 개념, 원리, 기술, 특징, 그리고 활용 방안 등 제목처럼 NFT의 실체와 가치를 다룬다. 이 책의 장점은 무엇보다도 토큰과 NFT의 개념을 체계적으로 분석하여 명확하게 이해시키는 데 초점을 맞췄다는 점이다. 그리고 어려운 기술과 개념을 쉽게 풀어 설명해 준다. 다양한 삽화를 통해 시각화를 높였고 많은 비유와 사례를 통해 비전문가나 학생도 쉽게 NFT를 이해하고 활용 방향성을 이해하도록 도와준다.

NFT 서비스 실무 부분을 담아내지 못한 아쉬움은 있지만, NFT를 실무에 활용하거나 서비스적 접근에 앞서 NFT의 개념을 정확히 이해하고 특성을 파악하는 데 유용한 자료가 될 것 같다. 특히 NFT가 향후 도래할 메타버스에서 어떤 역할을 하고 어떻게 접목될 것인지 큰 그림을 그리는 데 상당한 도움이 될 것이라 생각한다.

01

증서 · 토큰 · 디지털자산 이해

03

NFT 실체와 활용

04

블록체인과 NFT

06

NFT 대응과 전망

들어가며

2002년 인기리에 방영되었던 '야인시대'라는 SBS 드라마가 있다. 당시 김두한 역을 맡았던 배우 안재모가 2021년 말 모 방송국 예능 프로그램에 출연하여 당시 몽골 대통령으로부터 땅을 선물 받았다는 일화를 소개했다. '야인시대'가 몽골에서도 방영되었는데, 시청률이 거의 80%까지 올라갈 정도로 인기가 있었다고 한다. 이런 분위기에 맞춰 당시 몽골 대통령은 안재모에게 몽골 땅 5,000평 정도를 선물했는데, 안재모는 크게 신경 쓰지 않고 토지 문서를 챙겨 놓지 않았다고 했다. 그때 문서를 받아놓지 않은 것을 엄청나게 후회한다고 밝히면서 예능 프로그램에서 웃음을 선사하기도 했다.

한 나라 대통령이 선물한 것인데도 한갓 종이 문서가 없어서 소유권을 주장할 수 없다는 것은 무슨 말일까? 이 책에서는 바로 이 '문서'에 대해서 한 번 이야기해 보려고 한다. NFT를 다루는 책에서 생뚱맞게 무슨 문서 이야기냐고 반문할 수 있겠지만, NFT는 바로 이런 문서로부터 시작됐다.

새해 벽두부터 언론에서 '대체 불가능한' 인기라는 표현을 사용하면서 NFT 띄우기에 열을 올리고 있다. NFT가 주목받으면서 NFT와 관련한 수많은 기사나 유튜브 영상이 쏟아져 나오고 있다. NFT를 설명하기 위해 '대체 불가'라는 키워드를 전면에 내세우며 '대체 불가'라는 키워드에 다양한 해석과 의미를 부여하고 있다.

Non-Fungible Token

하지만 NFT에 대해 말할 때 '대체 불가(Non-Fungible)'에 너무 치중하다 보니 본질을 놓치거나 실체를 오해하고 있지 않나 하는 생각이 든다. '대체 불가'에 대한 과도한 의미 부여로 본질을 이해하는 데 오히려 징애 요소가 되는 듯하디. NFT기 마치 일본임을 증명한다거나 고유성과 희소성의 가치를 부여한다는 등 이상한 개념으로 변질되고 있다.

이전에 블록체인이 본격적으로 주목받자 '위변조 방지'라는 키워드가 언론과 프로젝트에 도배되었다. 하지만 '위변조 방지'라는 키워드를 전면에 내세웠던 대부분의 블록체인 프로젝트는 실패했다(정확히는 중단되었다). 대부분 기존 중앙시스템은 강력한 중앙 통제장치에 의해 데이터의 위변조를 차단하고 있다. 하지만 비트코인 같은 탈중앙 시스템은 이런 통제장치가 없기 때문에 위변조를 차단할 수 있는 다른 대안이 필요했고 그래서 설계한 것이 블록체인이다. 블록체인은 탈중앙 시스템 구현을 위한 하나의 대안으로서의 장부다. 기존 시스템이 위변조를 차단하지 못하기 때문에 블록체인을 도입해야 한다는 논리는 맞지 않는다. 하지만 현실 프로젝트에서는 기존 중앙시스템에 기존 통제장치를 그대로 활용하면서 블록체인을 도입하려고 했다. 결과적으로 블록체인의 필요성을 느끼지 못했다. 오히려 수정·삭제가 되지 않아 문제만 야기했다. 유통시스템에서도 위변조 방지라는 키워드가 주목받고 프로젝트가 진행되었다. 하지만 돼지고기 바꿔치기와 데이터 위변조는 시스템에 입력되기 이전에 발생한다. 시스템 내에서 데이터가 조작되는 경우는 거의 없다. 물론 투명성 확보와 유통 이력 추적의 장점은 있지만, 위변조 차단을 위해 블록체인을 도입해야 한다는 것은 설득력이 약하다. 실체에 대한 분석과 이해 없이 '특징 키워드'에만 집중했을 때 발생되는 문제점이다.

'대체 불가'라는 키워드는 NFT를 이해하는 데 있어 큰 의미가 없다. 중요하지도 않다. 주목해야 하는 것은 대체 불가가 아니라 토큰이다.

Non-Fungible **Token**

이 토큰을 제대로 이해하지 못한 상황에서 대체 불가(Non-Fungible)에 집중한다면 본말이 전도되는 모순에 빠질 수 있다.

이 책에서는 NFT의 실체는 토큰이고 NFT를 제대로 이해하기 위해서는 토큰에 대한 정확한 이해와 판단이 선행되어야 한다는 생각에 우선 토큰(Token)을 설명하는 데 상당한 지면을 할애하고자 한다. 1~2장에서는 NFT의 본질이라고 할 수 있는 토큰(Token)을 먼저 이해하고, 3장에서 NFT를 설명한다.

NFT에 관심이 있어 성급한 마음에 1~2장을 스킵하고 바로 3장으로 넘어가지 말고 1장부터 차례대로 읽어줄 것을 권한다. 목차를 처음부터 끝까지 큰 논리로 구성했기 때문에 처음부터 차례대로 읽어가는 것이 더 유용하다. 단계적으로 이해가 가도록 내용을 구성했기 때문에 이해가 안 되더라도 계속 읽어 나가다 보면 이해될 것이라 생각한다.

1.1 증서(證書)

앞으로 증서(證書)라는 단어를 많이 접하게 될 것이다. 증서는 사전적으로 '권리나 의무, 사실 따위를 증명하는 문서'다. 특정 도메인이나 서비스 영역에서 사용하는 전문적인 용어나 특정한 기능을 구현하는 개념으로 이해하지 말고 우리가 일상에서 일반적으로 이해하는 증서 정도로 가볍게 생각하면 된다.

1.1.1 역사 속의 증서 이해

역사적으로 이런 증서가 어떤 의미가 있었는지 3가지 사례를 통해 살펴보겠다.

1) 금과 금보관증

오늘날 일상생활에서 없어서는 안 될 가장 중요한 것은 바로 돈이다. 그것도 지폐다. 그렇다면 지폐는 언제 어떻게 탄생했을까? 다양한 설이 있지만, 일반적으로 지폐의 기원을 중세 영국의 금세공업자로부터 찾고 있다. 당시 금은 화폐와 같은 역할을 했기 때문에 일상에서 매우 귀중한 요소였다. 금세공업자들은 수많은 금을 취급하기 때문에 크고 튼튼한 금고를 보유하고 있었다.

그림 1-1. 영국의 금세공업자 (출처: EBS 다큐프라임)

상인과 부자는 본인이 직접 금을 보관·관리하는 것은 위험 부담이 있었기 때문에 소유한 금을 안전한 금고가 있는 금세공업자에게 보관료를 지불하고 보관하게 했다. 금을 맡기면 금세공업자는 '보관증'이라는 증서를 발행해주었다. 그리고 나중에 이 금보관증을 제시하면 언제든지 보관하고 있던 금을 되돌려주었다.

그림 1-2. 금 보관증

그런데 상인들이 무역 거래에서 금을 찾아와 대금을 지불했는데, 이 방식이 상당히 불편하고 위험했다. 그래서 금을 다시 찾아와 대금으로 지불하는 대신 금 보관증 자체를 대금 지불 수단으로 이용하기 시작했다. 금 보관증을 제시하면 언제든지 금을 되돌려 받을 수 있기 때문에 금을 직접 찾아서 지불하는 것보다는 금 보관증으로 대신 받는 것을 주는 쪽이나 받는 쪽 모두 선호했다.

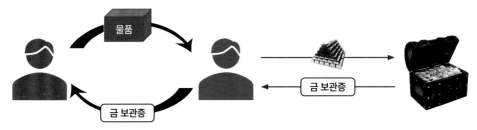

그림 1-3. 금 보관증의 활용

이렇게 되자 금은 더 이상 유통되지 않은 채 오랫동안 금세공업자 금고에 보관되고, 대신 금 보관증이 화폐처럼 통용되었다. 이 금보관증이 나중에 지폐로 발전했다.

그림 1-4를 보면 금 보관증은 처음에는 순수하게 '보관증' 정도의 역할을 수행했다. 10온스 금을 보관했다는 증서이며 이는 이 증서를 나중에 제시할 경우 금을 되돌려주겠다는 확약서인 셈이다. 그래서 금 보관증에는 다음과 같은 문구를 기입했다. '보관인이 동 보관증을 제시할 경우 10온스를 태환[1]해줌'.

---

1 '바꿔준다'는 의미로, 여기서는 금 보관증을 가져오면 금으로 교환해 주는 것을 말한다.

앞서 설명한 것처럼, 금 보관증은 처음에는 금을 보관하고 있다는 것을 확약해 주는 순수한 보관증 용도였지만, 제시하기만 하면 언제든지 금을 찾을 수 있기 때문에 나중에는 유가증권처럼 간주됐다. 이 금 보관증이 일종의 화폐처럼 사용되자, 문구를 다음과 같이 수정했다. '동 보관증을 제시할 경우 10온스를 태환해줌'. 금으로 태환할 수 있는 사람이 보관인에서 보관증 휴대자로 바뀌었기 때문에 보관증이 마치 지폐처럼 통용될 수 있었던 것이다.

그림 1-4. 금 보관증 내용 변경

거래 대금으로 사용됐던 금이 금 보관증을 거쳐 오늘날 지폐로 발전된 과정을 정리하면 다음과 같다.

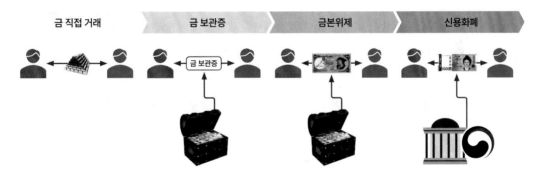

그림 1-5. 금 보관증과 지폐의 기원

- **금 직접 거래**: 금을 거래 대금으로 직접 활용

- **금 보관증**: 금 대신 금 보관증을 화폐처럼 사용

- **금본위제**: 금을 기초 자산으로 하여 화폐 발행

- **신용화폐**: 중앙정부라는 강력한 신뢰 기관을 기반으로 지폐 발행

> **Memo** 금본위제
>
> 인류의 3대 발명품 중의 하나가 화폐다. 화폐는 교환 수단일 뿐만 아니라 가치 저장 수단으로도 활용된다. 필요한 재화나 서비스와 교환하기 위해서는 화폐도 내재적 가치가 있어야 했다. 그런 면에서 내재적 가치가 있는 금은 인류 역사에서 오랫동안 화폐의 근본으로 활용되었다. 이것이 바로 금본위제다. 전 세계는 1971년까지 실제로 금본위제로 살았다. 금본위제는 실질적·내재적 가치를 지닌 금이 있어야만 그 기초 자산을 근거로 화폐를 발행할 수 있는 구조다. 아무리 화폐를 발행하고 싶어도 금이 없으면 화폐를 더 찍어낼 수가 없다. 금본위제에서 지폐란 금이라는 실질 기초 자산을 근거로 발행된 증서와 같은 개념으로 이해할 수 있다.

정리하면, 초기에는 금을 직접 거래의 매개수단으로 활용했다. 그런데 금은 부피도 크고 안전상의 문제 때문에 일상의 거래에서 사용하는 데 불편하고 위험 요소가 존재했다. 그래서 금 대신에 금 보관증을 이용하여 거래의 편리성을 제공했다.

그림 1-6. 증서의 개념

금 보관증은 일종의 증서다. 증서(證書)란 한자 그대로 어떤 사실 등을 증명하는 문서다. 금이라는 실질 자산이 있지만, 금을 직접 거래에 이용하기는 불편하다. 그래서 금이라는 기초 자산을 기반으로 자산에 대한 내용을 종이에 기입하여 증서로써 사용했다. 금 보관증이라는 종이는 어떠한 내재 가치도 없지만 '이 보관증을 제시하면 금을 되돌려 줍니다'라는 문구를 삽입함으로써 기초 자산과 동일한 가치를 새롭게 부여하는 것으로 이해할 수 있다.

2) 동인도 회사와 주식

중세 유럽 비단길을 통해 아시아로부터 들여온 향신료는 유럽 사회를 열광시켰다. 음식의 맛과 풍미를 높여주는 향신료는 매우 귀한 음식 재료이자 사치품이었다. 그러던 중 오스만 제국이 콘스탄티노플(동로마제국)을 점령하면서 향신료를 들여오던 비단길이 막히게 된다. 향신료를 얻기 위해 아시아에 진출할 수 있는 다양한 루트가 발견되었고 본격적인 대항해시대가 열렸다.

당시 나무로 만든 범선을 타고 대서양과 인도양을 항해해서 아시아로부터 향신료를 수입해 온다는 것은 엄청난 돈과 시간이 소요되고 심지어 목숨을 담보로 하는 매우 위험한 일이었다. 그럼에도 불구하고 향신료를 들여올 경우 막대한 수익이 보장됐기 때문에 아시아에 진출하기 위한 다양한 방법과 아이디어가 생겨났다.

너무나 많은 재정 투입과 큰 위험 부담으로 초기에는 왕실이 주도하거나 일부 부유한 귀족을 통해서만 아시아에 진출할 수 있었다. 막대한 재정을 충당할 수 있고, 실패하더라도 책임이나 추궁으로부터 피할 수 있었기 때문이다. 스페인과 포르투갈은 왕실의 재정 지원을 바탕으로 한 선제적 신항로 무역으로 막대한 부를 쌓고 있었다.

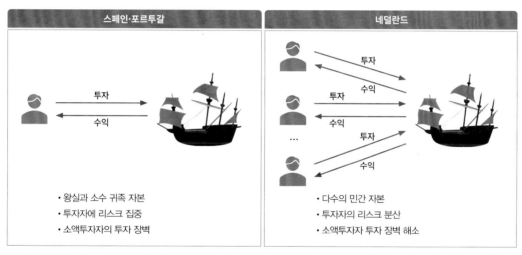

그림 1-7. 대항해 시대 선단 운영

반면, 당시 네덜란드는 중앙 집권 국가가 아닌 연방제 국가 형태였고 스페인과의 독립전쟁으로 재정이 거의 바닥 난 상황이었다. 스페인과 포르투갈처럼 중앙정부 단위 대규모 선단을 꾸리기가 어려운 상황이었고 다른 유럽 국가들과의 경쟁에서도 크게 뒤쳐져 있었다. 그래서 생각해 낸 아이디어가 바로 민간자본을 활용하는 것이었다. 민간 개개인이 출자하는 자본 규모는 별 볼 일 없지만, 수많은 민간인이 투자하자 막대한 자금을 확보할 수 있었다. 네덜란드 정부도 민간에게 다양한 특혜와 인센티브를 제공하면서 민간 자본의 참여를 독려했다.

주식회사의 탄생

네덜란드에서는 민간인과 여러 개의 회사를 하나로 통합한 동인도회사가 설립됐고 본격적으로 아시아에 진출할 수 있는 발판을 마련했다. 그런데 민간자본을 끌어 모은다는 아이디어는 좋았지만 한 가지 문제가 있었다. 민간인(기업) 각자가 출자한 자금에 따라 나중에 받을 수익을 어떻게 보장하고 수익을 받을 권리가 있다는 것을 어떻게 증명하느냐는 것이었다. 이런 문제점을 해결하기 위해 생각해낸 것이 바로 종이에 출자한 자금과 소유권을 글자로 기입한 증서였다. 그리고 이 권리 증서 하단에는 네덜란드 동인도 회사라는 직인을 찍었다. 이것이 오늘날 주식과 주식회사의 시작이다.

네덜란드 동인도 회사는 역사상 최초의 주식회사였다. 회사의 총자본금을 여러 장의 주식으로 발행하고 투자한 지분에 따라 적당 수량의 주식을 나눠줬다. 보유한 주식 수에 따라 나중에 배당도 받았다.

주식을 보유한 사람들은 출항한 선단이 돌아오기만을 기다렸다. 그런데 항해는 짧게는 수개월, 길게는 1년 이상 소요되었다. 주식을 보유한 사람 중에는 급전이 필요해서 자신이 보유한 주식을 다른 사람에게

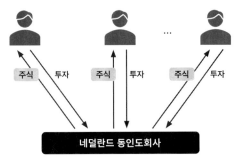

그림 1-8. 네덜란드 동인도 회사

파는 사람도 있었고, 조만간 후추 가격이 급등할 것이라는 정보를 취득하여 웃돈을 주고라도 다른 사람의 주식을 매입하려는 사람도 있었다. 그렇게 해서 주식을 거래한다는 개념이 생겨났고, 이를 제도화하여 역사상 최초로 증권거래소가 네덜란드에 세워졌다.

주식을 거래한다는 것은 주식 증서에 담긴 권리를 이전한다는 의미다. 주식은 처음에는 투자 지분을 증명하고 투자 수익을 보장받기 위한 증서 정도의 용도였지만, 나중에 주식을 서로 사고팔게 되면서 투자 수익뿐만 아니라 시세 차익도 얻게 되었다. 훗날 영국은 네덜란드 동인도 회사를 벤치마킹하여 동인도 회사를 설립했다. 조선에 억류됐던 네덜란드인 하멜도 당시 네덜란드 동인도 회사에 고용되어 근무한 선원이었다.

그림 1-9는 주식이 발행되고 나중에 거래로 발전하는 모습을 보여준다.

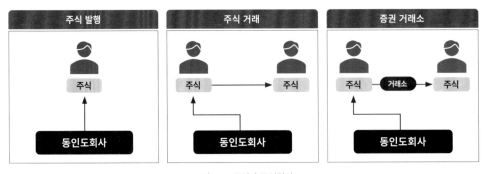

그림 1-9. 주식과 주식회사

대규모 재정이 필요하고 큰 위험 부담이 있는 동인도 회사를 설립하기 위해 다양한 민간자본을 유치하기로 했다고 하자. 그런데 다음과 같은 문제가 발생한다.

- 물리적으로 존재하는 하나의 회사를 지분에 따라 어떻게 쪼갤 수 있을까?

- 투자자의 지분과 권리를 어떻게 증명하고 표현할까?

- 투자자가 그 지분을 가지고 있다는 것을 어떻게 증명할까?

총 자본금이 100만 원인 동인도 회사를 설립하고자 한다. 한 사람이 충당하기에는 너무 큰 규모이기 때문에 A, B, C로부터 각각 40만 원, 40만 원, 20만 원을 투자받았다고 가정하자.

먼저 A, B, C는 동인도 회사에 필요한 자금을 투자했기 때문에 동인도 회사의 주인이다. 그런데 A, B, C가 투자했다는 것을 어떻게 증명하고 투자한 지분을 어떻게 표현할 것인가가 문제다. 중앙기관에서 장부를 작성해서 기록해둘 수도 있지만, 이럴 경우 장부의 위변조 가능성과 장부를 누가 관리하느냐의 문제가 발생한다. 그리고 이럴 경우 권리를 마음대로 사고 파는 데도 제약이 따른다.

먼저 A, B, C가 투자했다는 것을 어떻게 증명하는지 살펴보자. 문서상에 금액과 주주라는 것을 증명한다는 내용을 기록하여 주권(株券)이라는 증서를 만들면 가능하다.

다음으로 A, B, C가 각각 어느 정도의 지분이 있다는 것을 어떻게 증명하고 표현할까? 액면가를 10만 원으로 하는 주권을 10장 발행해서 A, B, C에게 각각 4장, 4장, 2장 발급해 주면 해결될 것이다.

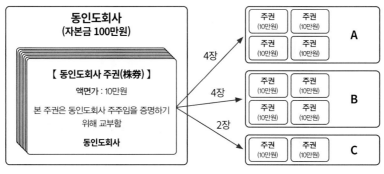

그림 1-10. 주권(株券)

기초 자산(동인도 회사)이 너무 클 경우 이를 쪼개서 투자와 위험을 분산시킬 수 있다. 그런데 회사를 투자자 수만큼 물리적으로 쪼개는 것은 불가능하다. 물리적으로 쪼갤 수 없다면 대신 권리라는 개념을 적용하여 10%만큼 지분에 대한 권리가 있다고 말할 수 있지만, 지분과 권리라는 개념은 실체가 없어서 이런 권리가 존재한다는 것을 증명하기도 어렵고 이런 권리가 있다고 외부에 표현하는 것도 쉽지 않다. 이때 생각할 수 있는 방법이 바로 출자에 대한 권리를 종이에 글자로 기입하고 증서라는 형태로 제작하여 투자자에게 직접 교부하는 것이다.

Memo 주권(株券)과 주권(株權)의 차이

삼성전자의 종이 주식을 보면 '삼성전자주식회사 株券'이라고 쓰여 있는 것을 확인할 수 있다. 일부 사람들은 株權을 생각했을 수도 있지만, 株券이다.

- 주권(株券): 주주의 출자에 대하여 교부하는 유가증권
- 주권(株權): 주주로서의 권리

주권(株券)에서 한자 '券'은 '문서'를 의미한다. 주권(株券)을 유가증권이라고 하는데, 증권의 의미도 다음과 같다.

- 증서(證書): 권리나 의무, 또는 사실 따위를 증명하는 문서
- 증권(證券): 증거가 되는 문서

증권도 '券'이라는 한자를 사용한다. 다시 말하면 증권도 증서와 유사하게 권리나 의무 또는 사실 따위를 증명하는 문서 정도로 이해할 수 있다.

그림 1-11. 삼성전자 주권 (출처: 증권박물관)

정리하면, 주권(株券), 증서(證書), 증권(證券)은 모두 권리나 의무 등을 증명하기 위해 권리 내용을 글자로 기입한 종이 문서다.

---

3) 토지와 전답문서

2014년에 KBS 대하사극『정도전』이 방영되었다. 성리학적 이상 세계를 꿈꾸던 정도전이 이성계와 손잡고 조선을 건국하고 새 왕조를 설계하는 과정을 다룬 대하 드라마였다.

당시 고려 후기의 가장 큰 폐해이자 문제점은 바로 권문세족이 대부분 알짜배기 땅을 사유지로 독차지하고 있다는 점이었다. 위화도 회군을 통해 정권을 잡은 신진사대부들이 경제적 기반을 마련하고 민심을 얻기 위해서는 권문세족의 사유지를 몰수하여 이를 활용하는 방법밖에 없었다.

그렇다면 어떻게 권문세족의 사유지를 몰수할 수 있을까? 보통 '몰수'라고 하면 어떤 사람이 점유한 물건이나 귀중품을 빼앗아 들고 가버리면 된다. 그런데 토지는 그 크기도 그렇고 이동할 수 있는 것이 아니기 때문에 빼앗아 들고 갈 수가 없다.

드라마에서 신진사대부들이 권문세족의 토지 문서를 모두 모아서 개경 시내 한복판에서 모두 불태워버리는 이벤트를 연출하자 백성들이 만세를 부르며 환호하는 장면이 묘사된다. 토지는 물리적으로 직접 몰수할 수 없기 때문에 대신 그 소유 권리가 기입된 토지 문서를 모두 불태워버리는 것이 토지를 몰수하는 것과 동일하다.

그림 1-12. 토지 문서 몰수 (출처: KBS 사극 「정도전」)

일반적으로 휴대와 이동이 가능한 물건은 점유를 통해서 소유권을 보장받는다. 그런데 토지는 크기도 크고 이동이 불가능하기 때문에 토지를 들고 가서 상대방에게 건네는 방식으로는 거래나 매매가 불가능하다. 따라서 토지의 소유와 매매는 오래 전부터 그 소유권리를 문서에 기입하고 그 증서로 대신 거래가 이루어졌다. 이런 이해와 합의를 바탕으로 토지에 대한 소유 문서를 가지고 있다는 것은 그 땅을 소유한다는 것을 증명한다. 드라마에서 권문세족의 사유지 문서를 모두 불태웠다는 것은 소유권을 주장할 근거가 사라졌다는 것이며 이는 더 이상 해당 사유지에서 소유권을 주장할 수 없게 되었다는 것을 의미했다.

19세기 조선은 세도 정치와 삼정(전정, 군정, 환정)의 문란으로 전국 곳곳에서 농민 봉기가 잇달아 일어나던 시기다. 이런 시대적 상황을 배경으로 한 『군도』라는 영화가 있다. 영화를 보다 보면 모두가 분개하는 장면이 나온다.

당시 흉년이 들면 관에서 구휼미라는 쌀을 풀어서 백성을 구제했는데, 이때 빌려간 쌀은 나중에 추수철이 되면 법정 이자를 붙여 갚아야 했다. 그런데 관에서 빌려줄 때는 겨나 모래를 섞거나 물에 불려 그 무게를 늘렸고 받을 때는 온전히 쌀로만 갚게 했다. 그리고 쌀을 갚지 못하는 백성들을 겁박하여 전답 문서를 담보로 무이자로 쌀을 대출해주었다. 그 증거로 백성들은 전답 문서에 붓으로 작대기를 그어 서명했는데, 1년 후에 빌려간 쌀을 갚지 못하면 이 서명을 제시하며 전답 문서를 빼앗았다.

그림 1-13. 영화 『군도』 (출처: 『군도』 홈페이지)

평생 자기 땅에서 농사 짓고 살아왔던 백성들은 하루아침에 땅을 뺏기고 쫓겨나게 됐다. 이렇게 예전부터 땅에 대한 소유 권리는 문서 형태를 사용했다. 소유 권리를 지닌 문서를 빼앗기고 나서 바로 땅에 대한 소유 권리도 사라진 것이다.

> **Memo** **조선시대 토지 매매 계약서**
>
> 조선시대에는 토지의 소유권을 증명하고 토지 거래를 위해 다음과 같은 문서를 이용했다. 이는 일종의 토지 매매 계약서로, 다음과 같이 구성되었다.
>
> - **서두**: 방매(放賣)하는 토지의 성격과 방매 사유를 기재, 토지를 어떻게 소유하였고 관리해왔는지에 대한 내용
> - **내용**: 매매하는 토지의 소재지 · 자호 · 지번 · 면적 · 가격 등을 기재
> - **추신**: 차후 문제 발생 시 이 문서를 증거 자료로 삼을 것임을 명시

▪ 서명: 방매자(放賣者)의 이름과 수결

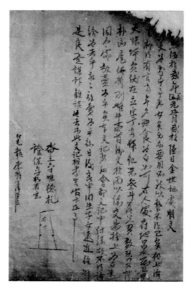

그림 1-14. 조선시대 토지 매매 계약서 (출처: 국세청 공식 블로그)

정리하면, 우리가 일반적으로 거래할 때는 물건을 상대방에게 인도하고 점유하는 방식으로 소유권이 보장된다. 하지만 토지와 같은 자산은 들고 가서 상대방에게 인도하고 점유하는 것이 불가능하다. 이처럼 이전이 불가능한 토지를 매매할 때는 어쩔 수 없이 물건을 직접 인도하는 방식이 아니라 그 권리를 문서에 기입하고 그 문서를 실물 대신 거래하는 방식으로 소유권이 이전된다. 문서를 통해 소유권을 표현하고 이전하는 것은 동서고금을 막론하고 존재해 왔다.

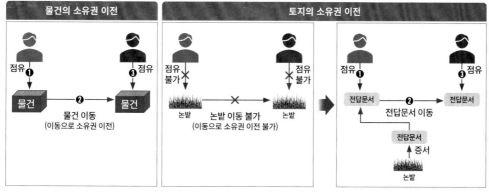

그림 1-15. 물건과 토지의 소유권 이전 비교

그림 1-15는 물건의 소유권 이전 방법과 토지의 소유권 이전 방법을 비교한 것이다. 토지의 경우, 토지를 직접 거래하는 대신 증서인 전답문서를 대신 활용하는 것을 알 수 있다.

점유를 통해 소유권이 보장된다는 것이 조금 어색하게 들릴 수 있다. 강제나 불법으로 점유할 수도 있고 장물을 점유할 수도 있기 때문이다. 이 부분은 나중에 별도로 설명하겠다. 일단 물건에 대한 소유권은 일반적으로 점유를 통해 보장된다고 이해하자.

증서 개념을 이해하기 위한 3가지 사례 요약

앞서 증서를 이해하기 위해서 역사 속에서 증서와 관련된 3가지 사례를 살펴봤다.

그림 1-16. 역사 속 증서

3가지 사례를 보면 몇 가지 공통된 특징이 있음을 알 수 있다.

첫째, 문서(증서)는 독립적으로 존재하는 것이 아니라 그 기초 자산이나 기반이 되는 무엇이 존재하며 그것을 기반으로 발행된다.

둘째, 기초(기반)가 되는 무언가를 현실에서 그대로 활용하기 불편하거나 무언가의 권리를 표현하기 어려울 때 증서를 만든다.

- 금 보관증(지폐): 금을 거래 대금으로 그대로 활용하는 것은 불편하고 위험해서 대신 금 보관증을 거래에 사용
- 주식: 동인도 회사 자본금을 한 개인이 충당하기 어렵기 때문에 회사의 가치를 논리적인 형태인 주식으로 쪼갬
- 전답 문서: 물건과 달리 토지는 이전과 점유가 불가능하여 소유권을 보장받기 어렵기 때문에 대신 문서를 이용하여 소유 권리 주장

금은 거래에 직접 활용하기 어려워서 금 보관증이라는 것을 화폐처럼 활용했고, 대규모 동인도 회사는 물리적으로 쪼개기 어려워 대신 주식이라는 단위로 쪼갰으며, 주주의 존재 증명 및 권리를 표현하는 것이 어려워 주식으로 발행하여 교부했다. 또한, 토지는 이동이 불가능하여 소유권을 이전하기 어려울 때 토지 문서를 통해 소유권을 쉽게 이전했다.

금, 동인도 회사, 토지 등의 기초 자산은 그대로 활용하기에는 현실적인 문제가 있다. 이런 현실적인 문제를 해결하고 보다 편리하고 효율적으로 거래를 처리하는 방안으로 바로 이런 증서가 활용되었다고 볼 수 있다.

1.1.2 증서(證書) 의미

앞서 증서 관련 3가지 사례를 살펴봤는데, 이제 증서가 무엇인지 개념적으로 정리해 보고, 왜 증서를 사용하는지, 그 증서를 어떻게 만드는지, 그리고 증서가 형태적으로 어떻게 변화했는지 알아보겠다.

1) 증서의 개념

먼저 증서(證書)의 사전적 의미는 '권리나 의무, 사실 따위를 증명하는 문서'다.

- **증(證)**: 증거 또는 증명
- **서(書)**: 글 · 문서

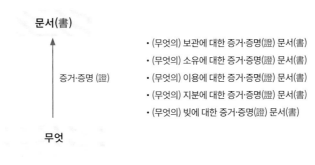

그림 1-17. 증서 개념

증서란 무언가에 대한 다양한 이유와 용도로 증거 · 증명해 주는 문서 정도로 이해할 수 있다. 정리하면 기반이 되는 무언가를 증거 · 증명하기 위해 관련 내용을 표현한 문서다.

앞선 사례에서도 살펴본 것처럼 기초 자산이나 기반이 되는 무언가를 그대로 활용하기 불편하거나 무언가에 대한 권리의 존재를 증명하기 어렵거나, 또는 무형의 권리를 표현하는 데 어려움이 있을 경우 증서를 사용한다.

이를 좀 더 구체적으로 살펴보자. 증서에는 3가지 요소가 들어간다.

그림 1-18. 증서의 구성 요소

'무엇'이란 말 그대로 무엇을 기반으로 가치나 권리를 문서의 형태로 표현하는지를 나타낸다. 실질적 자산일 수도 있고 무형의 권리일 수도 있다.

'표상(表象)'의 사전적 의미는 '추상적이거나 드러나지 아니한 것을 구체적인 형상으로 드러내어 나타내다'이다. 기반이 되는 무엇에 대한 가치를 대신하거나 무형의 어떤 권리를 식별하고 인식할 수 있도록 글자로 문서상에 표현하는 것을 말한다.

'증서·증권'이란 표상하고자 하는 내용을 글로 표현하여 기입한 종이 또는 문서다.

앞서 든 3가지 사례로 증서의 3가지 요소를 식별해 보자.

구분	금과 금 보관증	동인도 회사와 주식	토지와 전답 문서
❶ 무엇	금	동인도 회사	토지
❷ 표상	금 보관증 제시 시 금태환	주권은 주주임을 증명	토지 소유 권리
❸ 증서·증권	금 보관증	주식(주권)	전답문서
목적	보관	지분	소유

증서란 '무엇'에 대한 적용 대상 범위도 없고 '표상 내용'의 제약도 없다. 무엇에 대한 요약 정보일 수도 있고 권리를 표현한 증서일 수도 있으며, 특정 자산에 대한 보관증, 소유권, 특정 서비스에 대한 접근권, 사용권, 입장권, 탑승권, 자격증, 신분증 등 모든 것을 이런 증서 형태로 만들 수 있다.

혹자는 아무리 권리를 글자로 종이에 표현했다고 해서 아무런 내재 가치가 없는 종이 쪼가리에 가치와 권리를 부여할 수 있느냐고 반문할 수 있다. 물론 가치와 권리를 종이에 기록한다고 해서 항상 증서로서 인정받는 것은 아니다. 우리가 사용하는 지폐도 한국은행에서 증서 형태로 발행한 종이 쪼가리에 불과하고, 주식이나 채권 등 모든 유가증권도 종이 쪼가리다. 이 종이 쪼가리가 가치와 권리가 내재된 증서로 인정받기 위해서는 거래 당사자 간의 동의가 필요하고 나아가 사회적 합의에 도달해야 하며, 법과 제도로 뒷받침되는 절차가 필요하다. 여기서 말하는 증서라는 것은 법과 제도로 뒷받침되거나 최소한 사회적으로 합의된 경우를 말한다. 무조건 종이에 그 권리를 입력한다고 해서 증서가 되는 것은 아니다.

> **Memo** **'표상'과 '표창'**
>
> 증서나 증권을 설명하는 자료를 찾다 보면 '표창'이라는 단어가 많이 나온다. 특히 증권을 설명할 때 '무엇의 가치나 권리를 증서에 표창한다'로 설명하는 경우가 많다.
>
> '표창'이라는 단어의 정확한 의미가 이해되지 않아 다양한 자료를 검토해 봤지만, 납득할 만한 정확한 설명이나 자료를 찾기 힘들었다. 그러다 우연히 이와 관련한 질문에 대한 국립국어원의 답변이 있어 간단히 소개한다.
>
> *'보이신 문장은 의미상, 추상적이거나 드러나지 않은 것을 구체적인 모양으로 나타낸다는 뜻을 나타내는 '표상하다'가 쓰일 문맥이라고 판단하여, 이에 따라 정보를 찾아보았는데, '국립국어원 누리집 한국어기초사전'과 '일본어사전'에서 아래와 같이 '표창/표상', '표창하다/표상하다'가 동음이의어임을 확인하였습니다. 이에 따라 헤아려 보건대, 일본어를 우리말로 번역하는 과정에서 어떤 혼동이 있지 않았을까 합니다.'*
>
> *ひょうしょう【表彰】*
> *ひょうしょう【表象】*
> *ひょうしょうする【表彰する】*
> *ひょうしょうする【表象する】*
>
> '표상하다'를 국어사전에서 찾아보면, '추상적이거나 드러나지 아니한 것을 구체적인 형상으로 드러내어 나타내다'로 설명되어 있다. 국립국어원의 설명과 '표상하다'의 사전적 정의를 고려할 때, '표창하다'보다는 '표상하다'가 더 적절하다고 생각한다. 따라서 이 책에서는 진위 여부를 떠나서 일단 '표창' 대신 '표상(表象)'이라는 용어로 통일해서 사용하겠다.

> **Memo** **기초 자산**
>
> 증서나 토큰은 독립적으로 존재하는 것이 아니라 반드시 그 기반이 되는 무엇이 있어야 한다. 그 무엇을 표상하고 상징화한 것이 증서나 토큰이다. 그 무엇은 실물 자산일 수도 있고 어떤 무형의 자산일 수도 있다. 또는 어떤 권리일 수도 있다. 이 책에서는 이를 포괄해서 '기초 자산'이라는 용어로 통합해서 사용하겠다. 증서 및 토큰과 연계하여 정립된 개념은 아니지만 편의상 이 용어를 사용한다.

이해를 돕기 위해 권리가 증서로 표상되는 사례를 한 번 들어보겠다.

홍길동은 영화를 보기 위해서 온라인으로 10,000원을 지불하고 영화를 예매했다. 이제 홍길동은 영화를 관람할 수 있는 권리를 획득했다. 시간에 맞춰 상영관에 입장하려고 하니 직원이 영화 관람 권리를 가졌다는 것을 증명하라고 한다면 어떻게 해야 할까? 권리라는 것은 형태도 없고 표현하기도 어렵다. 이런 권리를 증명하는 수단은 우리가 이미 모두 이해하고 있는 것처럼 바로 티켓이다. 이때 티켓은 일종의 이용 권리를 나타내는 증서다.

그림 1-19. 권리 표상 사례

- 권리가 존재한다는 증명: 영화 입장권

- 권리 내용: 스파이더맨, 4회차 4관, K열 20번 좌석

- 권리 표현: 영화 입장권(종이)을 제시

여기에서 표상이란 무형의 영화 관람 권리에 대해 그 권리가 존재한다는 것을 증명하고 권리의 내용을 식별하고 표현할 수 있게 글자로 문서(티켓)에 기입하는 것을 말한다.

2) 왜 증서를 사용할까?

왜 물건(금, 동인도 회사, 토지)을 직접 거래에 사용하지 않고 증서라는 것을 만들어서 대신 사용했을까? 지능이 있는 인류는 현실의 불편함과 비효율성을 개선하기 위해서 꾸준히 노력해왔다.

다음 그림은 현실의 불편함과 비효율을 개선한 사례다. 불편함과 비효율의 대상을 다른 형태로 축약, 통합, 표준화, 대체, 분할하거나, 글자로 표현하는 형태로 불편함을 개선하고 효율성을 달성한 것을 확인할 수 있다.

문제점과 해결방법 사례들		문제점	해결방법
'까마귀가 나는데 갑자기 배가 떨어져서…….' →	'오비이락'	너무 장황	축약
주식 시계 이메일 내비게이션 인터넷 … →	스마트폰	너무 번거로움	통합
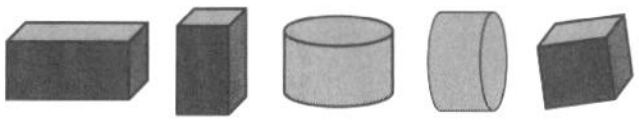 →		비효율	표준화
 →	 50000	금은 휴대가 불편	휴대가 편한 지폐로 대체
동인도회사 →	주식	회사의 지분을 어떻게 처리?	주식으로 분할
 논밭 →	전답문서	권리를 어떻게 증명하고 표현?	글자로 표현

그림 1-20. 현실의 문제점을 개선

증서도 이런 맥락으로 이해할 수 있다. 현실의 다양한 문제점을 해결하고 개선하려는 노력의 결과물 중 하나가 바로 증서다. 이 증서는 독특한 방식을 가지고 있다. 현실의 문제점을 개선하기 위해 글자로 종이에 표상(表象)하는 방법을 택했다는 것이다.

기초 자산이나 기반이 되는 무언가를 그대로 활용하는 것은 매우 불편하고 비효율적일 때가 많다. 이때 기초 자산의 가치를 종이에 기입하거나 만질 수 없는 권리나 의무 등을 글자의 형태로 종이에 표현할 수 있다. 너무 큰 것은 쪼개고 너무 많은 것은 하나로 통합해서 글자로 표현하면 된다. 쪼갠 비율이나 권리를 글자로 종이에 표현할 수 있고 통합된 가치와 권리 역시 글자로 종이에 표현할 수 있다.

화폐 못지않은 위대한 발명품은 바로 지폐다. 물물교환은 매우 번거롭고 불편하다. 그래서 인류의 3대 발명품 중 하나라고 할 수 있는 화폐가 발명되었다. 화폐가 발명되어 거래의 편리성을 제공했지만, 당시 화폐(금, 생선, 비단, 돌, 조개, 금속 등)는 사용하기에 여전히 불편했다. 그래서 금의 가치를 종이에 표상하여 지폐라는 화폐를 만들어 사용했고, 그로 인해 훨씬 더 편리성을 보장받게 되었다.

사람들이 증서라는 것을 만들어 사용하는 이유를 정리하면, 불편하고 비효율적인 '무엇'을 문서에 표상하여 실물 대신 활용하기 위한 것으로 이해할 수 있다.

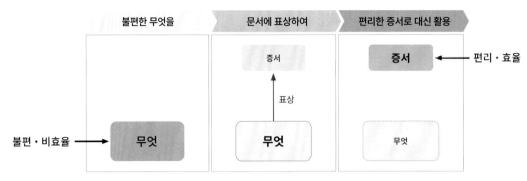

그림 1-21. 왜 증서를 이용하는가?

3) 증서의 형태와 변화

앞서 사례로 들었던 모든 것이 일종의 증서라고 할 수 있다. 그리고 증서(證書), 증권(證券), 주권(株券) 모두 종이·문서다. 그런데 디지털이 보편화되고 모바일 시대로 접어들면서 기존의 모든 증서가 전자 형태로 바뀌고 있다. 영화 티켓, 영수증, 입장권, 교환권도 일종의 증서다. 이런 증서들이 모두 전자적 형태로 이미 바뀌었거나 바뀌고 있다.

2019년 9월 16일 '주식·사채 등의 전자 등록에 관한 법률(약칭: 전자증권법)'이 시행되었다. 기존 종이 증권은 분실 및 위변조의 문제가 있었고 발행·이전 과정에서 높은 거래 비용이 발생했다. 그에 따라 정부는 전자증권법을 통해 실물 증권(종이 증권)을 금지시키고 모두 전자 증권만 발행하게 했다.

과거 온누리상품권이나 종이 형태의 지역화폐가 많이 통용됐다. 최근에는 전자적 형태의 지역화폐도 지자체에서 많이 도입하는 추세다.

모든 증서가 이미 전자적 형태로 바뀌었거나 바뀌어 가고 있지만, 유일하게 아직 전자적 형태로 바뀌지 않은 것이 있다. 바로 지폐다. 지폐도 한국은행에서 발행하는 한국은행권(券), 즉 증서다. 이제 한국은행에서도 법정화폐의 디지털 형태인 CBDC를 검토하고 있다.

어떤 가치나 권리를 종이나 문서에 표상하는 방법으로 증서나 증권이 도입되었는데, 이제 더 이상 문서를 사용하지 않고 있다. 따라서 최근에는 증서·증권 대신 디지털 증서·증권이라는 용어로 바뀌어 가는 추세다.

1.1.3 증서의 다양한 사례

앞서 몇 가지 증서를 살펴봤는데, 이 절에서는 좀 더 다양한 사례를 살펴보겠다.

1) 화폐

귀중한 재화와 서비스를 교환하기 위해 화폐가 필요했다. 초기에는 물건이나 금과 같은 귀금속을 화폐로 활용했는데 그런 화폐는 거래에 활용하기에 상당히 불편했다. 그래서 화폐로 사용됐던 물건이나 귀금속을 기초 자산으로 하여 종이 형태로 표상하여 사용하기 시작했다. 그것이 종이 화폐, 즉 지폐다. 화폐는 대표적인 증서 사례로 이해될 수 있다. 지폐 역시 한계가 있었고 지폐를 기초 자산으로 한 또 다른 형태의 증서도 지폐처럼 활용하게 되었다.

(1) 지폐

앞에서 금 보관증이 오늘날 화폐로 발전되었다고 설명했다. 금 보관증은 금본위제로 발전했고, 오늘날 대부분 국가에서는 신용화폐를 사용하고 있으며, 최근에는 암호화폐도 도입되었다.

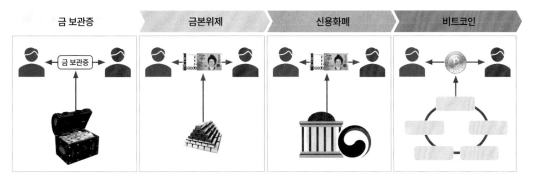

그림 1-22. 화폐 유형

- 금 보관증은 금을 보관하고 있다는 것을 증명하는 증서다.
- 금본위제에서의 화폐란 총 금 보유량을 적정한 화폐 수량으로 분할하여 그 가치를 종이에 표현한 것으로, 그것이 바로 지폐다.
- 신용화폐는 강력한 중앙정부의 신뢰를 기반으로 그 가치를 종이에 기입한 화폐이며, 한국은행권(券)도 증서다.
- 암호화폐도 블록체인 기반으로 발행되는 전자적 형태의 증서로 이해할 수 있다.

이처럼 다양한 형태의 화폐가 발전되어 왔지만, 이런 화폐 모두 일종의 증서 개념으로 볼 수 있다. 특히 금본위제는 비트코인과 증서 · 토큰의 개념을 이해하는 데 아주 중요하다. 앞서 소개했지만 다시 한 번 알아보자. 금본위제라는 용어가 다소 낯설게 느껴질 수도 있는데, 잊을 만하면 금본위제로의 회귀를 주장하는 사람들도 있다. 대부분 유럽 국가에서는 오랫동안 금본위제를 유지해 왔다. 영국의 시스템을 도입한 미국 역시 금본위제 기반 화폐 시스템을 오랫동안 유지했다. 금본위제는 금이라는 실질 자산 가치를 기반으로 화폐를 발행한다는 점에서 무분별한 화폐 발행을 억제하는 효과가 있지만, 필요시 적정한 화폐를 발행하지 못한다는 단점도 있었다. 오랫동안 유지된 금본위제는 1933년 대공황을 극복하기 위해 폐지됐다. 그리고 제2차세계대전이 종식되면서 미국 중심의 금본위제라고 할 수 있는 브레튼우즈 체제가 새롭게 출범했다. 하지만 이것도 1971년 베트남전을 계기로 종식됐다.

그림 1-23을 보면, 왼쪽에 있는 10달러는 1933년 이전(금본위제)의 지폐로, 'TEN DOLLARS IN GOLD COIN'이라고 쓰여 있는 것을 확인할 수 있다. 그리고 오른쪽에 있는 10달러는 오늘날 통용되는 10달러로, 'TEN DOLLARS'라고 쓰여 있는 것을 알 수 있다. 금본위제에서 화폐란 보관된 금을 기반으로 발행되는 보관증과 같은 증서의 개념이었다.

그림 1-23. 금본위제에서의 10달러 (출처: 나무위키)

(2) 수표

화폐는 아니지만 거의 화폐처럼 사용되는 증서도 있다. 바로 수표와 양도성 예금 증서다. 금이나 정부 신용과 같은 기초 자산을 기반으로 그 가치를 표상하여 만든 증서가 지폐라고 했는데, 이 지폐를 다시 기초 자산으로 한 또 다른 형태의 증서 발행도 가능하다.

통장도 일종의 증서. 정확히는 예금 증서다. 통장은 보관된 화폐를 기반으로 발행해 주는 일종의 보관증(서)이라고 볼 수 있다.

금융실명법(금융실명거래 및 비밀보장에 관한 법률)에 따르면, 제3조에서 '금융회사 등의 거래자의 실지명의(이하 "실명"이라 한다)로 금융거래를 하여야 한다.'라고 명시되어 있다. 통장에는 양도 및 이전에 관한 별도의 권리 내용이 기입되어 있지 않지만, 법률로서 권리가 명시되어 있으며, 본인임을 증명하는 인감이나 서명을 기입하게 되어 있다. 예금 증서에 해당되는 통장은 타인에게 양도할 수 없다.

그림 1-24는 통장과 수표 사례를 보여준다. 수표가 처리되는 절차를 자세히 보면 수표는 현금(지폐)을 기초 자산으로 해서 발행하는 일종의 증서로 이해할 수 있다.

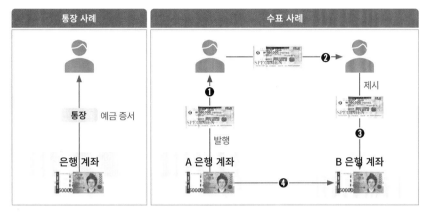

그림 1-24. 수표 사례

은행 계좌에 보관된 현금을 기반으로 수표를 발행하여 사용하고 그 수표를 은행에 제시하면 보관된 현금에서 수표 금액만큼 지급해준다. 이런 측면에서 수표는 금 보관증과 아주 유사해 보인다.

수표에는 다음과 같은 권리 내용이 기입되어 있다.

'이 수표 금액을 소지인에게 지급하여 주십시오.'

수표를 소지하고 있는 사람에게 돈을 지급하라는 말은 곧 수표가 양도 가능하다는 이야기이며, 동시에 이 수표를 분실하면 돈을 지급받을 수 없다는 말이기도 하다.

그림 1-25. 수표 (출처: 나무위키)

만일 수표에 특정인을 지정하면서 그 특정인에게 돈을 지급해 달라고 기입되어 있다면 그 수표는 양도가 불가능하다. 이처럼 증서의 권리는 증서상에 표기된 내용에 따라 변한다.

(3) 양도성 예금증서

통장은 예금이라는 기초 자산을 기반으로 발행되는 증서, 즉 예금증서라고 했다. 통장은 금융실명법에 따라 본인 외에는 거래할 수 없으며, 따라서 양도나 이전이 불가능하다. 그런데 이런 예금증서와 유사하지만 양도가 가능한 증서도 있는데, 그것이 바로 양도성 예금증서다. CD라고도 많이 불린다

그림 1-26은 양도가 불가능한 예금증서인 통장과 양도가 가능한 양도성 예금증서를 비교해서 보여준다. 양도성 예금증서는 양도가 가능하기 때문에 타인에게 이전되지만, 통장은 오로지 본인만 사용한다는 것을 알 수 있다.

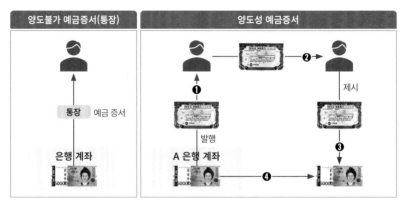

그림 1-26. 양도성 예금증서

그림 1-27에서 양도성 예금증서에 기입된 내용을 확인할 수 있다.

> '위의 금액을 상기조건과 해당약관 및 뒷면특약에 따라
> 만기 지급일에 이 증서와 상환하여 소지인에게 지급하겠습니다.'

소지인에게 지급하겠다고 명시되어 있기 때문에 양도가 가능하다.

위의 금액을 상기조건과 해당약관 및 뒤면특약에 따라 만기 지급일에 이 증서와 상환하여 소지인에게 지급하겠습니다.

그림 1-27. 양도성 예금증서

2) 증권

앞서 증서와 증권의 개념에 대해 잠깐 알아봤다. 증서와 증권은 모두 권리나 의무 또는 사실 따위를 증명하는 문서 정도로 이해할 수 있다. 증서나 증권은 유사한 의미로 이해해도 좋다.

일반적으로 투자상품과 연계된 증서를 '증권'이라고 칭한다. 금융투자상품을 감독하고 규정하는 자본시장법 상에도 '증권'의 개념과 유형을 정의하고 있다. 증권과 자본시장법은 2장과 6장에서 좀 더 자세히 다루기로 하고, 우선 여기에서는 금융투자상품과 연계한 증권과 선하증권에 대해 간략히 살펴보겠다.

자본시장법에서는 증권을 채무증권, 수익증권, 지분증권, 계약증권, 파생결합증권, 예탁증권으로 그 유형을 분류하고 있다.

(1) 지분증권

주식

지분증권은 자본시장법상의 증권 유형 중 하나이며, 지분증권의 대표적인 사례가 주식이다.

회사에서 자금이 필요할 때, 투자자들로부터 투자금을 유치한다. 이때 회사의 총자본을 아주 작은 단위인 주식으로 쪼개고 이를 투자자에게 교부해준다. 투자자들은 투자를 통해 회사의 주인으로서 지분을 갖게 되고 주주로서의 권리도 부여받는다.

주주가 되면 다음과 같은 권리를 부여받게 된다.

- 경제적 이익을 얻는 권리: 이익배당청구권, 신주인수권, 잔여재산분배청구권, 주식매수청구권 등
- 회사의 지배나 경영에 관여하는 권리: 의결권, 주주제안권, 재무제표열람권, 이사해임결의권한 등

경제적 이득뿐만 아니라 회사의 경영에도 관여할 수 있는 권리가 생긴다. 그런데 이런 권리는 눈에 보이지도 않고 형태가 있는 것도 아니라서 그 권리를 행사하거나 제3자에게 이전하는 것이 쉽지 않다. 그래서 주주로서 권리의 존재 증명 및 권리의 내용을 문서에 표상한 것이 바로 주식증권이다.

앞선 그림 1-11의 삼성전자 주식을 보면, '삼성전자 주식회사 株券'이라고 쓰여 있다. 권(券)은 '문서 권(券)'을 의미한다. 그리고 그림 1-11에서 삼성전자 주식 아래 부분에 다음과 같이 표기되어 있음을 확인할 수 있다.

'본 주권은 당회사의 정관에 의한 주식회사 주주임을 증하기 위하여
표면 기명자에게 교부함.'

주권은 주주임을 증명하는 것이며 주주에게 직접 교부되었기 때문에 주권을 소유하고 있는 것으로 주주라는 것을 보장받게 된다. 자금이 필요한 회사에 자본을 투자하면 주주로서 지분을 갖게 되고 다양한 권리를 부여받는다. 이때 주주라는 것을 증명하고 주주로서 받을 권리를 종이에 표상한 것이 주식증권, 주권(株券)이다.

자산유동화증권(ABS)

자산가들은 많은 재산을 속칭 '몰빵'하지 않고 포트폴리오를 구성하는 경우가 많다. 포트폴리오를 구성할 때 고려하는 3가지 지표가 있다. 바로 수익성, 안정성, 유동성이다. 다양한 투자대상이 있지만, 투자대상마다 수익성, 안정성, 유동성이 모두 다르기 때문에 이 3가지 지표를 고려하여 적절하게 포트폴리오를 구성하는 것이 필요하다.

부동산은 일반적으로 수익성과 안정성은 좋지만 유동성(투자한 돈을 얼마나 빠르게 현금화할 수 있느냐)이 낮다는 단점이 있다. 부동산이 유동성이 낮은 주요 이유 중 하나는 바로 부동산의 몸집이 너무 크다는 것이다. 유동성이 낮은 자산의 거래를 쉽게 할 수 있는 방법은 몸집이 큰 자산을 쪼개서 처분하는 것이다. 그런데 물리적 형태의 부동산을 조각낸다는 것은 불가능하다. 따라서 생각해 낼 수 있는 방법이 바로 이 자산을 기반으로 단위가 작은 증권을 발행하고 그 증권을 통해 매각하는 것이다. 이는 마치 동인도 회사가 주식이라는 형태로 지분을 배분한 것과 유사하다.

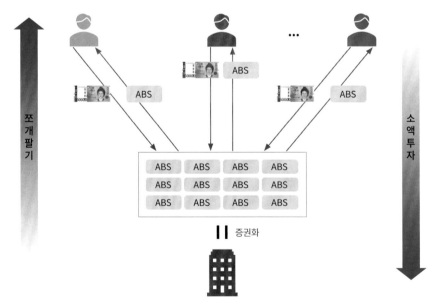

그림 1-28. 자산유동화증권

자산 규모가 너무 커서 유동화가 낮은 건물을 작은 단위의 증권으로 쪼개서 매각하는 것으로 이해하면 된다. 반대로 투자자 입장에서는 소액으로 마땅한 투자처를 찾지 못할 경우 소액으로 자산유동화 증권에 투자할 수 있다.

여기에서는 부동산을 예로 들었지만, 자산유동화증권의 기초 자산이 부동산으로 한정되는 것은 아니다. 기업이나 은행이 유동성이 낮은 다양한 자산(부동산, 대출채권, 매출채권 등)을 근거로 발행하는 증권을 모두 자산유동화증권이라고 말한다.

일반적으로 자산유동화증권은 특수목적회사(SPC)라는 특수목적법인을 통해서 발행된다. 그림 1-28에서는 그림의 간소화를 위해 자산보유자가 증권을 직접 발행하는 것처럼 표현했다. 자산유동화증권은 큰 자산을 조각으로 쪼개서 증권화한다는 측면에서 주식과 유사한 개념으로 이해할 수 있다.

미술작품 조각 투자

미술작품에 투자하는 것은 일부 애호가나 수집가의 영역으로 이해되었으나, 최근에는 다양한 계층, 특히 젊은 세대도 미술작품에 투자하는 것을 볼 수 있다. 일명 아트테크라는 용어로 불린다.

MZ세대가 아트테크에 주목하게 된 배경으로, 미술작품이 보편화되고 미술품에 대한 취미나 선호가 다양해진 측면도 있겠지만 가장 큰 이유 중 하나는 바로 소액투자가 가능해졌기 때문이다.

2017년에 설립된 미국의 마스터웍스(MASTERWORKS)는 미술 작품들을 증권으로 발행하여 다수의 투자자에게 분할 판매하는 서비스를 하고 있다. 우리나라에서도 최근 몇 년 사이 미술품 분할 소유권 거래 플랫폼들이 생겨나고 있다. 여러 사람이 공동으로 미술품을 구매하고 나중에 대여나 매각을 통해 발생한 수익을 나눠갖는 방식이다.

공동 구매한 작품은 특정 개인이 소유할 수 없기 때문에 플랫폼 업체 또는 제3의 위치에 보관되고 공동투자자들에게는 다음 그림과 같은 작품 이미지와 작품정보 · 소유권을 보장하는 증서만 전달하는 방식도 있다(조선일보 기사 참조).

그림 1-29. 미술작품 공동 구매 (출처: 아트앤가이드)

어떤 미술품 공동 구매 플랫폼의 경우, 공동 구매를 하면 재판매 시 투자수익과 함께 특정 갤러리에 전시된 해당 작품을 관람할 수 있는 관람 권리가 주어진다.

미술작품 조각 투자도 주식이나 자산유동화증권과 유사하게 규모가 큰 자산을 잘게 쪼개서 처리하는 것으로 이해할 수 있다.

(2) 채무증권

우리는 살아가면서 돈을 빌려주기도 하고 빌리기도 한다. 빌려주는 사람 입장에서는 빌려준 대가로 만기 때 원금과 이자수익을 받을 권리가 있고, 빌리는 사람 입장에서는 원금과 이자를 지급할 의무가 있다. 그럼 이 권리와 의무가 발생했다는 것을 어떻게 증명하고 권리와 의무 내용을 어떻게 표현할 것인지에 대한 문제가 생긴다. 구두로 할 수도 있겠지만, 구두는 망각과 번복의 위험성이 있기 때문에 차용증이라는 것을 사용한다. 차용증은 '누가 누구한테 얼마 빌렸다'라고 표기함으로써 빌려주는 사람의 권리와 빌리는 사람의 의무가 발생했다는 것을 증명하고 권리와 의무의 내용(원금, 이자, 만기)도 포함한다.

회사에서도 새로운 투자를 위해 돈을 빌려야 할 때가 있다. 이때 발행하는 것이 바로 채권이다. 채권(債券)은 말 그대로 빚문서다. 개인 간 거래에서 차용증을 작성하는 것처럼 회사에서 돈을 빌릴 때는 채권을 발행한다. 채권은 종이 형태의 증서이며 차용증과 유사하게 원금과 만기, 그리고 지급이자가 명시되어 있다. 일반인이 채권에 투자한다는 말은 본인의 돈을 회사에 빌려주고 만기 때 원금과 이자수익을 받겠다는 의미다.

그림 1-30은 채권에 대해 설명하고 있는데, 회사에서 발행하는 채권은 미래의 수익 가치를 기반으로 원금과 이자를 지급하겠다는 것을 표상한 증권이라고 이해할 수 있다.

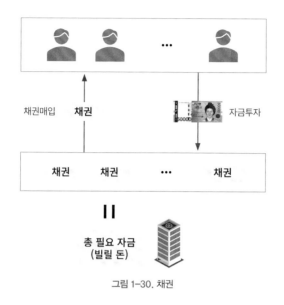

그림 1-30. 채권

우리가 은행에 고정이자를 보장하는 적금에 가입했다고 하자. 돈놀이를 하는 은행의 입장에서 보면 고객으로부터 돈을 빌리는 것이다. 적금 상품에 가입하면 일정한 상품 내용이 포함된 서류를 제공해 주는데, 이 서류가 채권과 유사한 것으로 이해할 수 있다.

참고로 회사에서 자금을 조달하는 대표적인 방식이 바로 주식과 채권이다. 그런데 주식과 채권은 근본적으로 다르다. 주식은 자본을 투자하면 회사의 주인, 즉 지분을 갖게 되는 방식이라면, 채권은 자금을 투자하면 일정 기간 후에 약정된 이자수익을 제공받는 방식이다.

(3) 선하 증권 (Bill of Lading)

선하 증권(船荷證券)은 일반인에게는 낯설지만 무역 종사자에게는 꽤 익숙한 용어다. 선하(船荷)란 배에 싣는 짐을 말한다. 따라서 선하 증권이란 배에 있는 짐을 기반으로 발행된 증권으로 이해할 수 있다.

우리가 물건을 사고 팔 때 만나서 제품의 상태를 확인하고 대금을 지불하고 물건을 건네받는 형식으로 거래가 이루어진다. 그런데 해외 거래의 경우 상황이 달라진다. 브라질에서 커피원두를 수입하기 위해 브라질 업체에 대금을 지불했다고 하자. 브라질에 있는 수입업자가 계약된 원두를 배에 선적 완료했다는 것을 확인할 수 있는 방법이 없다. 그리고 화물이 지구 반대편인 한국에 도착했을 때 이 화물의 주인이 누구라는 것을 확인할 수 있는 방법도 없다. 그래서 지정된 화물이 선적되었다는 것을 인증하고 한국에 도착했을 때 화물의 소유권자가 누구라는 것을 표상한 문서가 바로 선하 증권이다. 선하 증권은 화물에 대한 소유 권리를 표상한 문서이기 때문에 화물이 부산항에 도착했을 때 물건을 인도받을 수 있는 아주 중요한 유가증권이 된다.

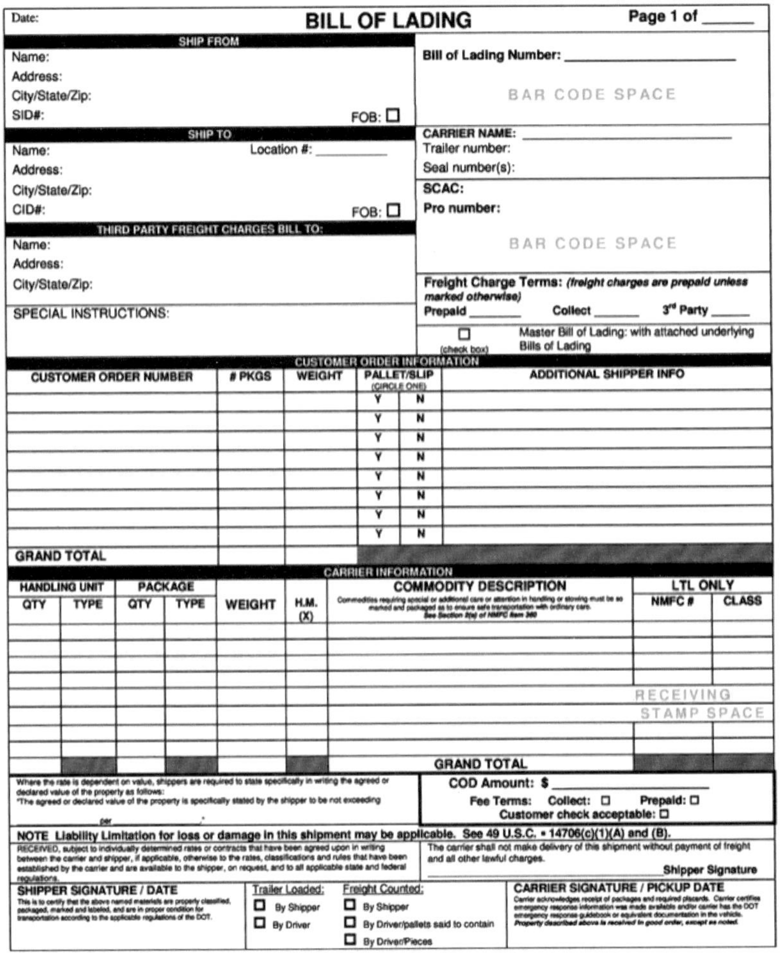

Date: BILL OF LADING Page 1 of ______

SHIP FROM
Name:
Address:
City/State/Zip:
SID#: FOB: ☐

Bill of Lading Number: ______
BAR CODE SPACE

SHIP TO
Name: Location #: ______
Address:
City/State/Zip:
CID#: FOB: ☐

CARRIER NAME: ______
Trailer number:
Seal number(s):
SCAC:
Pro number:
BAR CODE SPACE

THIRD PARTY FREIGHT CHARGES BILL TO:
Name:
Address:
City/State/Zip:

Freight Charge Terms: *(freight charges are prepaid unless marked otherwise)*
Prepaid ______ Collect ______ 3rd Party ______

SPECIAL INSTRUCTIONS:

☐ (check box) Master Bill of Lading: with attached underlying Bills of Lading

CUSTOMER ORDER INFORMATION

CUSTOMER ORDER NUMBER	# PKGS	WEIGHT	PALLET/SLIP (CIRCLE ONE)		ADDITIONAL SHIPPER INFO
			Y	N	
			Y	N	
			Y	N	
			Y	N	
			Y	N	
			Y	N	
			Y	N	
			Y	N	
GRAND TOTAL					

CARRIER INFORMATION

HANDLING UNIT QTY	HANDLING UNIT TYPE	PACKAGE QTY	PACKAGE TYPE	WEIGHT	H.M. (X)	COMMODITY DESCRIPTION Commodities requiring special or additional care or attention in handling or stowing must be so marked and packaged as to ensure safe transportation with ordinary care. See Section 2(e) of NMFC Item 360	LTL ONLY NMFC #	LTL ONLY CLASS
							RECEIVING	
							STAMP SPACE	
						GRAND TOTAL		

Where the rate is dependent on value, shippers are required to state specifically in writing the agreed or declared value of the property as follows:
"The agreed or declared value of the property is specifically stated by the shipper to be not exceeding ______ per ______."

COD Amount: $ ______
Fee Terms: Collect: ☐ Prepaid: ☐
Customer check acceptable: ☐

NOTE Liability Limitation for loss or damage in this shipment may be applicable. See 49 U.S.C. • 14706(c)(1)(A) and (B).

RECEIVED, subject to individually determined rates or contracts that have been agreed upon in writing between the carrier and shipper, if applicable, otherwise to the rates, classifications and rules that have been established by the carrier and are available to the shipper, on request, and to all applicable state and federal regulations.

The carrier shall not make delivery of this shipment without payment of freight and all other lawful charges.
______ Shipper Signature

SHIPPER SIGNATURE / DATE
This is to certify that the above named materials are properly classified, packaged, marked and labeled, and are in proper condition for transportation according to the applicable regulations of the DOT.

Trailer Loaded: ☐ By Shipper ☐ By Driver

Freight Counted: ☐ By Shipper ☐ By Driver/pallets said to contain ☐ By Driver/Pieces

CARRIER SIGNATURE / PICKUP DATE
Carrier acknowledges receipt of packages and required placards. Carrier certifies emergency response information was made available and/or carrier has the DOT emergency response guidebook or equivalent documentation in the vehicle. *Property described above is received in good order, except as noted.*

그림 1-31 선하 증권 (출처: Investopedia)

선하 증권(B/L)은 목적과 필요에 따라 다양한 종류가 있는데, Straight B/L에는 화물을 인도할 수 있는 사람과 주소가 기재되어 있다. 따라서 선하 증권상에 기재된 사람만이 해당 화물을 인도받을 수 있다. Bearer B/L의 경우, 이 선하 증권을 소지하고 있는 사람은 누구든지 상관없이 화물을 인도받을 수 있다. 따라서 Bearer B/L은 양도가 가능하다.

금 보관증 사례로 비유하자면, Straight B/L은 '금 보관인이 이 보관증을 제시할 경우 금을 태환해줌' 이라는 의미라면, Bearer B/L은 '이 보관증을 소유한 사람이면 누구나 이 보관증을 제시할 경우 금 으로 태환해줌'으로 이해할 수 있다.

3) 소유·이용 권리

앞서 토지의 소유권을 위해 토지 문서라는 증서를 사용했다고 설명했다. 어떤 권리도 증서로 발행할 수 있다는 것을 알 수 있다. 지금은 사라졌지만 예전에 시내버스를 타기 위해서는 일명 '버스표'라는 것을 구입해야 했다. 버스표는 버스를 이용할 수 있는 권리가 표상된 증서로 이해할 수 있다.

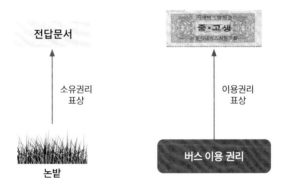

그림 1-32. 소유·이용 권리

어떤 이용 권리뿐만 아니라 권리를 양도하는 것도 표상을 통해 구현이 가능하다. 그림 1-33은 증서 의 한 형태라고 할 수 있는 비행기 탑승권, 영화티켓, 아이스크림 교환권의 양도 여부를 보여준다.

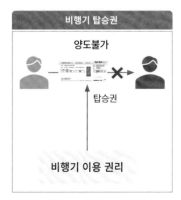
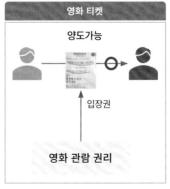
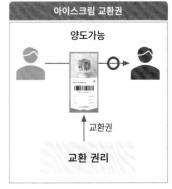

그림 1-33. 양도 가능 증서

비행기 탑승권은 비행기를 탑승할 수 있는 이용 권리를 증명하는 증서다. 그런데 권리를 이용할 수 있는 사람이 특정되어 있어 양도가 불가능하다. 또한 좌석도 지정되어 있어 정해진 좌석에만 앉을 수 있다.

영화 입장권은 영화관에 입장할 수 있는 권리를 증명하는 증서다. 영화 티켓은 이용자를 특정하지 않지만, 좌석은 특정되어 있기 때문에 정해진 좌석에 착석해야 한다.

스마트폰에 저장된 커피 쿠폰도 교환권리가 있는 증서 다. 유효기간 내에 이 증서를 제시하면 해당 상품과 교환이 가능한 일종의 교환 증서다. 커피 쿠폰은 이용자를 특정하지 않기 때문에 양도가 가능하다.

이처럼 실질적인 자산뿐만 아니라 어떤 서비스를 이용할 수 있는 권리도 표상하여 증서로 발행할 수 있다. 또한 증서의 가치와 활용 범위는 증서에 표상된 내용에 따라 결정된다.

이용 권리뿐만 아니라 어떤 (계약) 내용을 증명하기 위한 목적으로 증서를 발행할 수도 있다. 보험증권은 보험계약 내용에 대한 합의 내용을 증명하는 증서다. 보험증권은 피보험자가 특정되어 있기 때문에 양도할 수 없다.

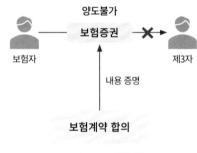

그림 1-34. 보험증권

┌───

Memo · 권리를 사고 판다?

권리라는 무형의 것을 사고 판다는 것이 조금 이해가 안 되는 사람도 있을 수 있다. 하지만 권리를 사고 파는 것은 매우 일상화되어 있다.

금 보관증도 금으로 교환할 수 있는 권리인데, 이 금 보관증을 주고받는다는 것은 금을 태환할 수 있는 권리를 사고 파는 것과 같다.

2022년 초 카카오뱅크 경영진의 스톡옵션 행사 이슈가 논란이 된 적이 있다. 스톡옵션이란 일정 수량의 자기 회사 주식을 일정한 가격으로 매수할 수 있는 권리를 부여하는 것이다.

지구 온난화의 주범인 온실가스 배출을 규제하기 위해 만들어진 권리인 탄소배출권이 있다. 탄소배출권은 국가나 기업 모두 정해진 할당량만 배출할 수 있으며 정해진 양보다 많이 배출하면 필요한 만큼 배출 권리를 사와야 하고, 반대로 할당량보다 적게 배출하면 남에게 배출할 수 있는 권리를 판매할 수 있다.

└───

1.1.4 증서의 이해

앞서 다양한 증서의 사례를 살펴보았는데, 살펴본 내용을 다양한 관점으로 다시 한 번 정리해 보자.

1) 왜 증서가 필요한가?

토지는 인도와 점유가 불가능해서 소유권을 보장하기가 어려운 물건이다. 이때 소유권에 대한 내용을 글자로 문서에 표시하면 소유권을 보장받을 수 있다. 대규모 선단을 꾸리는 것은 대규모 자본이 필요하다. 이때 필요한 자본을 여러 사람으로부터 투자받고 그 지분과 지분에 대한 권리를 표시하여 주식을 발행해주면 된다. 영화를 볼 수 있는 무형의 권리에 대해 그 권리가 존재한다는 것을 증명하는 것도 어렵고 권리의 내용을 표현하는 것도 어렵다. 이때 권리의 존재 및 내용을 표상하여 증서로 만들 수 있다.

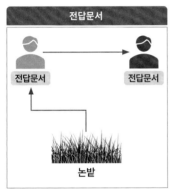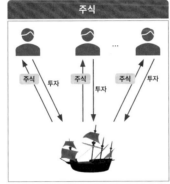

그림 1-35. 왜 증서가 필요한가?

기초 자산이나 기반이 되는 무엇을 현실에서 직접 거래에 이용 및 활용하면 상당한 불편함과 비효율이 발생한다는 것을 알 수 있다. 이때 기초 자산의 가치와 권리 등을 글자로 종이에 표현한 증서를 대신 사용하면 훨씬 편리하고 효율적이다.

2) 증서의 의미와 용도는 무엇인가?

증서 자체는 아무런 내재가치가 없는 종이 쪼가리에 불과하다. 하지만 그 기반이 되는 무엇을 글자로 증서에 어떻게 표상하느냐에 따라 그 증서의 의미와 가치가 결정된다. 앞서 소개한 금 보관증에 표상된 내용 비교를 통해 금 보관증의 용도를 이해해 보자.

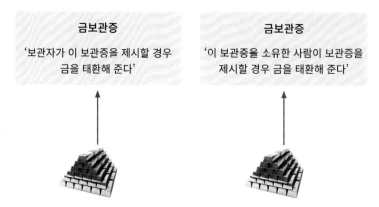

그림 1-36. 증서의 의미와 가치

금 보관증에 표상된 내용은 각각 다음과 같다.

- **보관자에게** 금을 태환해준다.'
- **보관증을 소유한 사람에게** 금을 태환해준다.'

사소한 문구 차이지만 이 차이는 엄청난 위력을 발휘한다.

- '보관자에게 금을 태환해준다.'는 문구가 기입된 이 증서는 그냥 단순히 보관증 용도다. 금을 보관했던 보관자 당사자에게만 금을 태환해준다.
- '보관증을 소유한 사람에게 금을 태환해준다.'는 문구가 기입된 이 증서는 양도가 가능하기 때문에 유가증권처럼 간주되어 화폐 용도로 활용 가능하다.

결론적으로 이 증서의 의미와 가치는 그 증서에 표상된 내용, 즉 문구에 의해 결정된다.

3) 증서의 유형

증서의 종류와 유형은 다양하다. 앞선 사례들을 기반으로 크게 다음과 같은 3가지로 분류가 가능하다. 결제용, 이용권, 증권이 그것이다.

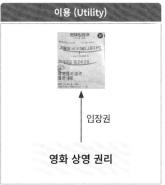
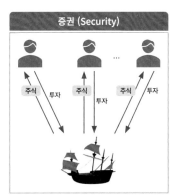

그림 1-37. 증서의 유형

금 기반의 지폐도 일종의 결제용 증서이며 블록체인 기반 비트코인도 일종의 증서 개념으로, 결제용으로 활용할 수 있다.

다양한 이용 권리를 증서의 형태로 사용할 수 있다. 이용권, 교환권, 탑승권, 접근권 등 다양한 이용 권리 및 접근 권한도 증서로 활용될 수 있다. 증권도 그 기초 자산을 기반으로 발행된 증서로 볼 수 있다.

4) 증서 거래와 양도

증서는 그 기반인 기초 자산을 대신하여 거래도 가능하고 양도도 가능한 특징을 가지고 있다. 물건을 거래한다고 하면 일반적으로 물건이 직접 인도되어야 한다. 하지만 물건을 증서로 표상할 경우 물건 대신 증서만으로 거래가 가능하다. 토지 대신 토지문서를 거래하기도 하고, 금 대신 금 보관증을 거래하기도 한다. 증서의 거래만으로 실제적인 물건이 거래되는 것과 동일한 효과가 있다.

권리를 양도하는 것도 가능하다. 영화 티켓은 영화를 관람할 수 있는 권리를 표상한 증서다. 이 영화 티켓을 타인에게 양도한다는 것은 영화를 관람할 수 있는 권리를 양도하는 것이다. 무형의 권리를 양도할 수 있으니 권리가 표상된 증서로 양도하는 것이다.

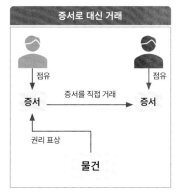
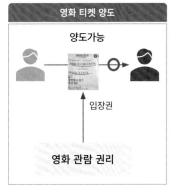

그림 1-38. 증서 거래와 양도

5) 증서 적용 범위

앞선 사례에서 살펴본 것처럼, 증서는 모든 분야에 적용이 가능하며 심지어 그림 1-39에서처럼 증서를 다시 또 다른 증서로 표상하는 것도 가능하다.

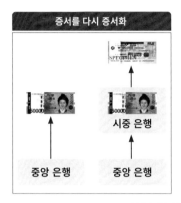

그림 1-39. 증서 적용 범위

지폐도 일종의 증서다. 지폐라는 좋은 거래 및 교환 매개수단이 있지만 지폐를 휴대하지 못할 수도 있고 고액 거래에서는 지폐가 불편하다. 따라서 지폐라는 증서를 기반으로 다시 다양한 증서를 연계할 수 있다. 수표와 양도성 예금증서가 대표적인 사례다.

마일리지도 일종의 증서로 간주할 수 있다. 아빠, 엄마, 자녀 마일리지가 개별로 존재할 경우 이를 기반으로 '가족 합산 마일리지'라는 새로운 마일리지(증서)를 만들 수 있다.

1.1절을 마무리하며

민법(民法)은 인간 공동 생활에 존재하는 사회적인 행위의 준칙으로 작용하고, 그 사이에서 발생할 수 있는 분쟁을 해결하고, 국민 간의 권리와 의무를 중심으로 규정된 법이다.

민법은 총5편으로 구성되는데, 1편 총론에 이어서 2편은 물권을 다루고 있다. 물권은 물건에 대한 권리로 특정한 물건을 타인의 매개 없이 직접 지배하여 이익을 얻을 수 있는 배타적 권리로 정의된다.

물건이란 개념을 포괄적으로 바라본다면, 사람들은 결국 물건에 대한 소유를 위해 살아가고 경제활동을 영위한다고 볼 수 있다. 우리 집 어린 두 딸이 싸우는 이유도 대부분 '내 것, 네 것' 때문이다. 물건 소유를 위해 경제활동을 하는 것이며 소유 과정에서 분쟁도 자주 일어난다. 민간 영역의 대부분 소송과 갈등은 바로 소유와 소유의 이전에 관한 것으로 이해해도 된다.

물건을 소유한다는 것은 그 물건을 이용하고 처분할 수 있는 권리를 가진다는 것을 의미한다. 옛날에는 물건에 대한 소유와 이용이 분리되지 않았다. 어떤 물건을 이용하려면 소유해야 했다. 그러다 경제 규모가 커지고 거래가 활성화되면서 소유와 이용이 분리됐다. 즉 굳이 소유하지 않아도 일정한 대가를 지불하고 이용할 수 있는 권리를 살 수 있게 되었다.

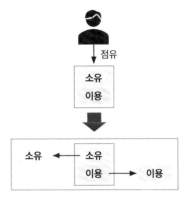

그림 1-40. 소유와 이용 분리

사람들의 생활과 경제활동의 목적이 소유라고 했는데, 이제 소유가 '소유'와 '이용'으로 분리된다면 결국 물건에 대한 소유권 보장, 물건에 대한 거래와 이전, 그리고 물건의 이용 권리라는 3가지 영역으로 구분된다. 이런 중요한 3가지 영역은 현실에서 불편한 점을 발견할 수 있다. 영역별로 불편한 점은 다음과 같이 정리할 수 있을 것이다.

① 소유권 증명

- 점유가 불가능한 물건의 소유권 증명
- 물건의 안전한 관리를 위해 점유를 벗어난 보관
- 형체가 없는 물건의 소유권 증명

② 물건에 대한 거래 및 이전

- 인도(引渡)가 불가능한 물건의 거래
- 하나의 물건을 여러 사람에게 소유권 이전 방안

③ 물건 이용

- 이용 권리의 존재 증명
- 이용 권리 내용의 표현 방안

사람들은 다양한 물건을 소유하고 거래하고 이전하고 이용한다. 이 과정에서 소유권을 증명하기가 어렵거나 물건을 거래하는 데 어려움이 발생하고, 물건을 이용하는 권리를 증명하고 표현하는 깃이 불편하고 비효율적이라는 것을 알게 된다. 그리고 그런 불편함을 개선하려고 꾸준히 노력한다. 이런 과정에서 사람들이 발견하고 발명한 것이 바로 '권리'라는 개념과 '표상(表象)'이라는 아이디어다.

기초 자산이나 물건을 그대로 활용하는 것은 불편하고 비효율적이기 때문에 기초 자산이나 물건 대신에 그것을 기반으로 권리라는 것을 식별 및 분리하고 그 권리를 글자로 표상한 문서를 기초 자산 대신 이용하는 방식으로 불편함과 비효율성을 개선할 수 있었다.

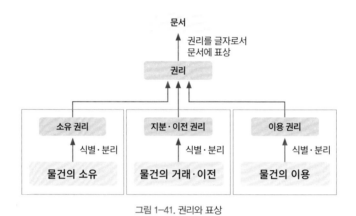

그림 1-41. 권리와 표상

NFT를 다루는 책에서 NFT와 전혀 상관없어 보이는 증서만 설명하고 있어 조금 당황스러울 수도 있다. 하지만 앞서 사례로 들었던 증서들이 현재 토큰이라는 이름으로 바뀌거나 재해석·재탄생하고 있다고 보면 된다. 토큰이나 NFT라는 용어를 사용하지 않았을 뿐 앞선 사례들이 모두 현재 검토되고 있는 토큰과 NFT다. 앞선 사례들에 '증서' 대신 '토큰'을 대입해 보면 최근의 토큰·NFT 프로젝트와 유사하다는 것을 알 수 있다.

1.2 토큰(Token)

비트코인·블록체인·이더리움 이후 토큰이란 용어를 암호화폐의 한 유형으로 많이 이해한다. 이번 1.2절에서 소개하는 토큰이란 개념은 비트코인 이전에 존재하던 토큰 개념이다.

1.2.1 토큰의 개념

지금은 사라졌지만 예전에 시내버스를 탈 때 버스표 또는 버스 토큰을 이용했다. 초기에는 현금을 지불하고 버스에 탑승했다. 하지만 현금은 거스름돈을 처리하는 데 많은 시간이 소요되었고 안내양들의 '요금 빼돌리기'를 차단한다는 명목하에 여성 안내양들의 몸을 수색하는 문제도 일어났다. 그래서 버스표와 버스 토큰이 도입되었다. 버스표는 인쇄 기술이 발달하면서 위조가 가능하며 재사용이 불가능하다는 이유로 나중에는 버스 토큰으로 일부 대체되었다. 버스 토큰은 현금을 대신하여 지불하는 동전 형태의 금속이었다.

그림 1-42. 버스표와 버스 토큰

먼저 토큰이란 개념부터 정확히 이해해 보자.

『옥스포드 영영사전(Oxford Learner's Dictionary)』에서 'Token'이라는 단어를 검색해 보면 다음과 같이 정의되어 있다.

- A round piece of metal or plastic used instead of money to operate some machines or as a form of payment (기계를 작동시키기 위해 돈 대신 사용되는 둥근 형태의 금속이나 플라스틱)

- A piece of paper that you can collect when you buy a particular product and then exchange for something (어떤 제품을 사고 무언가로 교환할 때 사용할 수 있는 종잇조각)

- Something that is a symbol of a feeling, a fact, an event, etc. (느낌, 사실, 사건 등을 상징하는 것)

추가로 위키피디아(Wikipedia)에서도 Token이 다양한 분야에서 여러 가지 의미로 사용되는 것을 확인할 수 있다. 눈에 띄는 2가지 정의를 소개하면 다음과 같다.

- Token, an object (in software or in hardware) which represents the right to perform some operation (어떤 작업을 수행할 권리를 표현하는 객체)

- Token, a voucher or gift card redeemable for items of value (가치 있는 물건과 교환할 수 있는 바우처나 상품카드)

옥스포드 영영사전과 위키피디아에서 정의한 토큰의 개념에서 핵심 키워드만 도출하면 다음과 같을 것이다.

- Instead: 무언가를 대신하여
- Exchange: 무언가와 맞바꿀 수 있는
- Symbol: 무언가를 상징하는
- Represent: 무언가를 대표하는(표현하는)
- Redeemable: (현금 · 상품과) 교환할 수 있는

요약하면, '무언가를 대신 및 대표하여 다른 무엇으로 상징화하는 것'을 토큰으로 이해할 수 있을 것 같다. 이를 바탕으로 앞서 살펴본 버스 토큰의 개념은 '버스 요금을 대신하여 다른 무언가로 상징화한 것'으로 해석할 수 있다.

마지막으로 토큰을 하나의 키워드로 표현할 수 있는 가장 적절한 단어가 'symbol'이 아닐까 개인적으로 생각한다. 이 책에서는 토큰의 개념을 'symbol'이라는 단어를 이용하여 자주 소개한다.

1.2.2 토큰의 활용 사례

비트코인을 시작으로 한 암호화폐가 본격화되면서 토큰이란 용어가 자주 사용되는데, 토큰이란 개념은 비트코인 및 암호화폐 이전부터 다양한 분야에서 많이 활용됐다. 이번 절에서는 암호화폐 이전 토큰의 몇 가지 활용 사례를 소개하겠다.

1) 토큰화 (Tokenization)

IT 분야에 종사하는 사람이라면 토큰이라는 용어를 쉽게 접할 수 있다. IT 보안 관련 '토큰화 (Tokenization)'라는 기술을 들어봤을 것이다.

온라인상으로 개인정보를 그대로 전송하면 개인정보가 유출될 위험이 있다. 그래서 개인정보를 그대로 전송하지 않고 원본 데이터를 '토큰'으로 치환하고 토큰 데이터만 전송하고 저장함으로써 개인정보를 노출시키지 않고 보호하는 기술이다.

그림 1-43은 홍길동이 인터넷으로 물건을 사려고 할 때 성인 인증을 해야 하는 상황을 도식화한 것이다. 성인 인증을 위해 이름과 주민등록번호와 같은 개인정보를 제공해야 한다. 하지만 개인정보를 토큰으로 치환하여 원본 데이터 대신 토큰을 이용하면 개인정보를 제공하지 않으면서 성인 인증을 할 수 있다.

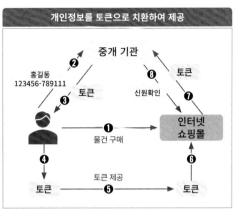

그림 1-43. 토큰화(Tokenization)

'토큰화(Tokenization)' 사례에서 토큰이란 개인정보를 다른 것으로 치환한 것으로 이해할 수 있다. 버스 토큰과 같은 물리적인 형태의 토큰뿐만 아니라 추상적인 형태의 토큰 개념도 가능하다.

2) 토큰링 (Token Ring)

IT에서 네트워크란 데이터를 전송할 수 있는 통신망을 의미한다. 데이터를 통신할 때도 아무렇게나 통신이 이루어지는 것이 아니라 일정한 규칙과 규약이 있다.

도로에 수많은 차가 아무런 규칙 없이 운행한다면 사고나 정체와 같은 문제가 발생할 것이다. 이를 해결하기 위해 신호등과 같은 교통 통제 규칙이 있다. 유사하게, 근거리 네트워크 통신망에서 수많은 노드가 연결되어 데이터를 전송할 때 충돌 없이 데이터를 전송할 수 있도록 규칙이나 규약이 필요한데, 대표적인 방식이 이더넷 방식과 토큰링 방식이다.

이더넷 방식과 토큰링 방식을 이해하기 쉽게 비유를 들어 설명하겠다. 남녀가 모두 이용하는 카페에서 잠금 장치가 없는 화장실이 하나만 있다고 가정해보자. 동시에 화장실을 이용하는 사람들이 있을 수 있기 때문에 상당히 불편한 상황이 발생할 수 있다. 만일 남녀가 동시에 화장실을 접근하는 상황이라면 더욱 난감해진다.

이런 불편함을 해결하는 방법은 크게 2가지 정도다. 하나는 사람들이 눈치를 보면서 화장실이 비었다고 생각할 때 빨리 일어나서 먼저 화장실을 방문하는 것이다. 하지만 상황을 계속 눈치보는 것도 힘들고 눈치본다고 해도 우연히 동시에 화장실에 접근하는 불편한 상황은 여전히 있을 것이다.

다른 방법은 화장실에 잠금 장치를 설치하고 열쇠를 소유한 사람만 화장실에 접근하게 하는 것이다. 이런 경우에는 동시에 화장실에 접근하는 상황은 피할 수 있지만 열쇠를 점유하는 과정이 불편하고 시간이 오래 걸릴 수 있다. 각각의 방식은 장단점이 있다.

첫 번째 사례는 근거리 통신망에서 이더넷 방식과 유사하고, 두번째 사례는 토큰링 방식과 유사하다. 근거리 통신망 환경에서 누가 언제 데이터를 전송할지 알 수 없기 때문에 눈치를 보며 임의로 데이터를 전송하다 보면 데이터 전송 과정에서 충돌이 발생할 수 있다. 이런 충돌 문제를 해결하는 방법으로 토큰이라는 것을 만들어 한쪽 방향으로 회전시키고 이 토큰을 소유한 사람만 데이터를 전송할 수 있게 설정한다면 데이터 전송 충돌과 같은 문제는 발생하지 않는다.

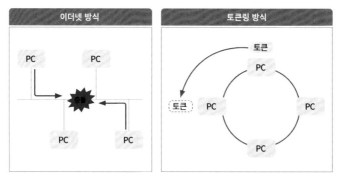

그림 1-44. 토큰링 (Token Ring)

여기에서 토큰이라는 것은 토큰을 소유한 노드만 데이터를 보낼 수 있는 권리를 부여받았다는 일종의 증표다.

정리하면, 데이터를 전송할 수 있는 권리를 대신하여 상징화한 것이 토큰이라 볼 수 있다.

3) 토큰 이코노미 (Token Economy)

암호화폐 활성화와 맞물려 한때 토큰 이코노미(Token Economy)가 유행한 적이 있다. 특히 스팀잇(Steemit)은 대표적인 토큰 이코노미 사례로 소개되면서 블록체인과 암호화폐의 활용 가능성을 높게 평가받는 계기가 되었다.

암호화폐를 계기로 토큰 이코노미가 많이 알려졌지만, 토큰 이코노미는 원래 오래전에 행동심리학에서 사용하던 개념이다. 행동심리학에서 토큰 이코노미는 토큰이라는 보상을 통해 올바른 행동을 유인한다는 행동심리에 기반한 치료법이다.

행동심리학 관점에서의 토큰 이코노미 절차는 다음과 같다.

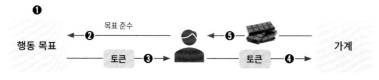

그림 1-45. 토큰 이코노미 (Token Economy)

❶ 올바른 행동을 유인하기 위해 행동 목표를 제시

❷ 목표를 달성하면 인센티브가 주어진다는 것을 숙지하고 목표에 도달

❸ 목표에 도달했을 때 보상으로 토큰 제공

❹ 제공받은 토큰으로 가계에서 필요한 물건을 교환

❺ 토큰을 통해 본인이 원하는 것을 취득할 수 있음

행동심리 기반 토큰 이코노미가 가능하기 위해서는 2가지 요소가 필요하다. 보상해주는 방법과 가계에서 원하는 것을 구입할 수 있는 교환권이다. 이때 보상할 수 있는 기능과 교환할 수 있는 수단을 상징화한 것이 바로 토큰이라고 할 수 있다.

4) 마패 (馬牌)

마패와 토큰은 상관이 없지만 마패가 토큰을 설명하는 데 가장 적절한 사례라고 생각되어 소개하고자 한다.

조선시대에 왕의 특명을 받아 비밀리에 파견되어 지방을 암행(暗行)하면서 악정(惡政)을 규명하고 민정을 살핀 임시관직인 암행어사가 있었다. 암행어사는 비밀리에 멀리 지방으로 이동해야 했기 때문에 이동수단으로 말이 필요했고 임금은 어명으로서 암행어사가 필요한 말을 역관(驛館)에서 이용할 수 있는 권리를 하사했다.

그런데 여기에서 한 가지 문제가 발생했다. 말을 이용할 권리가 있다는 것을 어떻게 증명하고 그 권리의 내용을 어떻게 표현하느냐는 것이다. 그렇다고 어명을 증명하기 위해 임금을 직접 모시고 다닐 수도 없는 노릇이었다. 이때 등장한 개념이 바로 마패였다.

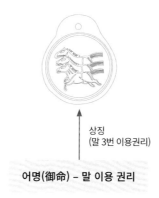

상징
(말 3번 이용권리)

어명(御命) – 말 이용 권리

그림 1-46. 마패 (이미지 출처: 한국문화정보원)

마패란 어명에 기반하여 역마(驛馬)를 이용할 수 있는 권리를 상징화하여 패(牌)에 표상(表象)한 것이다. 말을 이용할 권리의 존재 증명 및 권리의 내용을 표현하기기 이려웠지만, 마패를 통해 비로소 무형의 권리가 실체화된 것이다.

5) 카지노 칩 (Casino Chips)

카지노 칩도 토큰은 아니지만 사실상 토큰과 유사하다. 카지노에서는 왜 지폐 대신 칩(Chips)을 사용하는 것일까?

그림 1-47. 카지노칩 (출처: SBS 드라마 '올인')

카지노에서 지폐 대신 칩을 사용하는 데는 몇 가지 이유가 있다. 먼저 지폐는 불편하다. 지폐는 거스름돈 문제도 있고 사이즈도 커서 테이블 공간을 많이 차지한다. 현금을 직접 이용하면 범죄 발생 우려도 있다. 현금은 강탈하여 외부에서 사용하면 되지만, 칩을 강탈해간다면 카지노에서 해당 칩을 모두 폐기하면 더 이상 현금으로 교환이 불가능하다. 이뿐만 아니라 칩에는 카지노의 고도의 마케팅 전략이 숨어있다. 실제 심리테스트에 의하면, 사람들은 손에서 현금이 빠져나가는 것을 보면 상당한 스트레스가 발생한다고 한다. 따라서 현금을 베팅하면 조심스럽게 소액만 하게 되는 경향이 있다. 반면, 칩을 이용하면 스트레스가 상당히 완화된다고 한다. 칩은 돈으로 교환되지만, 돈은 아니기 때문이다. 눈 앞에서 당장 현금이 빠져나가는 것은 아니니 칩을 이용하면 과감한 베팅을 할 수 있게 된다고 한다.

현금을 사용할 경우 발생하는 이러한 다양한 문제점과 불편 때문에 카지노에서는 현금을 직접 사용하지 않고 현금을 상징화(Symbolized)하여 칩을 사용한다고 이해할 수 있다. 이 칩을 적절한 다른 용어로 대체한다면 바로 토큰이다.

5가지 토큰 사례를 살펴보았는데, 5가지 사례의 토큰 개념을 보면 1.2.1절에서 제시한 키워드와 거의 일치한다는 것을 알 수 있다.

Instead, exchange, symbol, Represent, Redeemable
('무언가를 대신하고', '무언가로 교환할 수 있으며', '무언가를 상징하며', '무언가를 대표하고', '교환할 수 있는')

1.2.3 토큰의 이해

앞서 토큰의 개념과 사례를 살펴보았는데, 이제 토큰의 개념을 정확히 이해해 보겠다.

1) 개념과 사례 요약

먼저 앞에서 소개한 개념과 사례를 정리해 보자.

구분	설명
정의 · 개념	Instead, exchange, symbol, Represent, Redeemable ('무언가를 대신하고', '무언가로 교체할 수 있으며', '무언가를 상징하며', '무언가를 대표하고', '(현금 · 상품과) 교환할 수 있는')
토큰화	직접 사용하기 꺼려지는 것을 대신하여 치환
토큰링	어떤 권리를 부여받은 일종의 증표
토큰 이코노미	기능을 수행하는 동시에, 원하는 물건과 교환할 수 있는 교환 수단
마패 · 카지노칩	이용 권리를 눈에 보이게 표현한 증표 또는 편리한 수단으로 대체

정리하면, 토큰이란 기능과 구현을 편리하고 쉽게 하기 위해 다른 무엇으로 대체하거나 상징성을 부여한 것이며, 거래의 편리 및 보다 유용한 서비스 기능 구현을 위해 대상의 징표로 대신하는 매개수단이다.

이를 구조화하여 표현하면 그림 1-48과 같다.

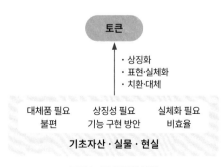

그림 1-48. 토큰의 개념

즉, 기초 자산·실물·현실을 그대로 처리하기에는 불편하기 때문에 그것을 상징화하여 대신 처리, 교환, 이용, 기능 구현 등에 사용하는 것이 토큰이다.

2) 증서와 토큰

앞서 증서와 토큰을 살펴보았는데, 개념, 목적, 구조, 방식 등 증서와 토큰이 상당히 유사하다는 것을 알 수 있다. 증서가 기초 자산에 대한 (소유, 이용 등의) 권리를 글자로 문서에 표현한 것이라면, 토큰은 기초 자산을 다른 수단으로 표현하거나 상징화한 것이다.

둘의 관계를 굳이 따지자면, '상징'이란 단어는 상당히 추상적이고 포괄적인 개념으로서 권리 등을 글자로 표상하는 것도 일종의 상징이라고 볼 수 있다. 따라서 토큰을 증서보다 좀 더 포괄적인 개념이라고 볼 수도 있다. 1.1절에서 다룬 증서라는 개념을 모두 토큰이란 용어로 바꿔 표현해도 이상하지 않다.

현실의 무엇을 그대로 사용하기에는 불편하다. 그래서 거래의 편리성을 위해 해당 대상을 상징화(Symbolized)한 것이 토큰이기 때문에 토큰이라는 표현은 상당히 포괄적으로 사용될 수 있다.

금 보관증도 거래의 편의를 위해 금을 상징화한 토큰으로 이해할 수 있다. 주식도 지분을 상징화한 토큰이라고 볼 수 있다. 점유가 불가능하여 소유권 주장이 어려운 토지의 소유 권리를 상징화한 토지 문서도 토큰이라고 할 수 있다. 한 나라의 경제에 필요한 적정한 화폐를 실체가 보이는 것으로 상징화한 지폐도 토큰이라고 할 수 있다. 영화를 관람할 수 있는 권리를 상징화하여 표현한 영화 티켓도 토큰이라고 할 수 있다. 신분증과 자격증도 어떤 사람의 신분 내용과 자격 내용을 상징화한 토큰이라고 볼 수 있다.

3) 토큰의 이해

토큰의 범위

토큰도 증서와 유사하게 그 적용 범위에 제약이 없다. 토큰의 적용 범위와 관련하여 토큰의 기반이 되는 기초 자산의 적용 범위와 상징화할 수 있는 용도 범위로 구분하여 살펴보자.

토큰도 증서와 동일하게 독립적으로 존재할 수 없으며 반드시 그 기반이 되는 무엇(기초 자산)이 존재해야 한다. 토큰의 적용 대상에 별도의 제약은 없다. 무엇이든지 그것을 기반으로 상징화하여 토큰을 발행할 수 있다.

증서는 표상의 내용을 글자로 기입했지만, 토큰은 단순히 상징화한 것이기 때문에 굳이 글자가 아니라 다른 이미지나 형태로 대체하는 것만으로도 상징화가 가능하다. 상징화하는 형식과 표현에 있어 제약이 없다.

증서에는 오히려 '글자'로 '종이'에 표상한다는 일종의 제약 사항이 있었다. 하지만 토큰은 상징화하는 것이기 때문에 어떤 제약도 없으며 토큰의 적용 범위는 무한하다고 할 수 있다. '이 세상의 모든 것을 토큰화할 수 있다'라고 이야기하는 것도 바로 이런 이유다.

토큰의 형태

증서(證書)는 일종의 문서이기 때문에 초기에는 반드시 문서라는 물리적 형태가 존재했다. 그러다가 디지털 시대에 맞춰 디지털 형태로 전환되고 있다.

토큰은 단순히 상징화한 것이기 때문에 구체적인 형태로 정의되지 않는다. 버스 토큰과 같은 금속 형태도 가능하고 권리를 상징화한 플라스틱 형태도 가능하다. 아예 실체가 없는 추상적인 토큰도 있다. 이런 토큰도 디지털 시대에 맞춰 디지털 형태로 전환되고 있다.

토큰의 재조명

토큰의 개념이 많이 알려지고 토큰의 다양한 활용 가능성이 검토되기 시작한 계기는 바로 비트코인이다. 비트코인과 블록체인으로부터 영감과 아이디어를 얻은 비탈릭 부테린은 이더리움을 개발했고 이더리움을 기반으로 다양한 토큰 활용 가능성을 제시했다.

비탈릭 부테린이 생각했던 토큰의 개념도 앞서 다룬 증서나 토큰의 개념과 크게 다르지 않다. 하지만 일부 이해관계자들과 언론이 토큰의 개념을 오해하거나, (마케팅 전략 관점에서) 의도적으로 토큰을 마치 비트코인과 유사한 화폐 개념으로 홍보하기 시작했다. 토큰을 암호화폐라고 부르면서 미래화폐 또는 가상화폐라는 편협한 개념으로 변질시켰다. 물론 토큰을 결제나 화폐 용도로 활용할 수 있지만, 그것은 토큰 활용의 극히 일부분이다.

비탈릭 부테린은 기존 토큰의 개념을 전자적 형태로 구현하고, 이를 스마트 컨트랙트와 연계하고 블록체인 기반으로 활용하면 엄청난 서비스 혁신을 이룰 수 있다고 생각했다. (이 부분은 2장에서 좀 더 자세히 다룰 것이다.)

1.3 디지털 자산

증서와 토큰은 반드시 기초 자산을 기반으로 한다. 증서와 토큰도 디지털 형태로 전환되고 있으며, 그와 동시에 기초 자산에 해당하는 영역도 점점 디지털 형태로 변환되어 가고 있다. 증서와 토큰, 그리고 그 기초 자산이 디지털화되어 가는 것을 한 번 살펴보자.

1.3.1 디지털(Digital)

1) 디지털이란?

디지털이란 무엇일까? 디지털을 이해하기 위해서는 디지털과 상반되는 개념으로 사용되는 아날로그를 먼저 이해할 필요가 있다. 아날로그는 자연이 주도하는 세상을 의미한다. 세상은 물질로 이루어져 있으며 그 물질의 최소 단위는 원자다. 현실과 자연에 있는 모든 것이 아날로그 세상이다.

디지털은 이런 아날로그 자연과 세상을 숫자로 바꾸어서 표현하고 처리하는 것을 말한다. 정확하게 말하면 0과 1이라는 이진법 논리를 통해서 세상의 모든 것을 표현하고 처리하는 것이다. 디지털의 시작은 컴퓨터다. 컴퓨터가 0과 1만 이해하고 해석해서 처리할 수 있기 때문에 디지털을 0과 1의 조합으로 이해해도 된다. 그렇다고 디지털을 꼭 이진법으로 한정해서 이해할 필요는 없다.

디지털이라는 개념은 컴퓨터 이전부터 존재해왔다. 단지 그것을 인식하지 못했을 뿐이다. 아날로그보다 숫자 형태로 처리하면 더 편리하고 명확한 경우가 있다. 예를 들어 과거에는 통신수단으로 봉화라는 것을 이용했다. 연기를 피우고 안 피우고에 따라 정보가 처리된다. 모스 부호도 짧은 전류와 긴 전류라는 단위를 이용해서 정보를 나타내고 처리한다. 모두 컴퓨터 이전의 디지털 개념이다.

아날로그를 디지털로 처리하면 어떤 장점이나 효과가 있을까? 디지털의 장점을 이해할 수 있는 사례 2가지를 들어보겠다.

중국의 혁명가이자 정치가인 덩샤오핑은 '흑묘백묘론'을 외치며 개방·개혁 정책을 추진했다. 중국이 개방되면서 전 세계 글로벌 기업들은 저렴한 노동력을 찾아 너도나도 중국으로 진출했다. 그런데 글로벌 기업들은 현지 법인과 현지 공장을 운영하면서 중국 직원들과 커뮤니케이션에서 많은 애로가 있었다. 바로 '差不多(차부뚜어)'라는 단어 때문이다. 差不多는 '거의, 대충, 그럭저럭' 정도로 해석될 수 있으며, 중국인들이 일상에서 가장 흔하게 사용하는 단어이기도 하다. 외국인들이 목표한 생산량이 언제쯤 끝나는지 물어보면 '差不多'라는 대답이 돌아온다. 이번 달 판매 목표 달성 여부를 물어봐도 '差不多'라는 대답이 돌아온다. 계량화와 숫자에 익숙한 서양기업들은 도대체 언제 끝나는지, 얼마나 달성되었는지 그러한 대답으로는 알 수가 없다.

어떤 학교에서 1000명의 학생의 우열을 가려야 하는 상황이 있다고 가정해 보자. 어떤 학생이 다른 학생보다 어떤 과목의 성적이 뛰어나다는 정도는 알고 있다. 하지만 1000명의 학생들의 우열을 객관적이면서도 정확하게 가리는 것은 결코 쉬운 일이 아니다. 이때 모든 학생에 대해 과목별로 점수화하고 이를 평균내면 우열을 쉽게 구할 수 있다.

2가지 사례를 통해 보면, 디지털은 업무 처리를 정확하고 빠르게 할 수 있다. 한때 6시그마 경영 혁신 운동이 주목받은 적이 있다. 6시그마 경영 혁신 운동의 핵심 목표는 모든 문제점을 수치로 계량화하고 이를 체계적으로 개선해 나가는 것이다.

이처럼 아날로그 상황을 디지털로 전환하면 상당히 유용할 때가 많다. 더구나 이 디지털이 컴퓨터로 처리되면서 상상하기 어려운 혁신과 가치를 가져다주었다. 아날로그 현상을 디지털로 처리하기 위해서는 우선 아날로그 세상이 디지털로 표현되고, 디지털로 처리되고, 디지털로 전파되어야 한다.

2) 디지털이 작동하는 원리

(1) 디지털로 표현

모든 것이 디지털화되고 있다. 디지털화되기 위해서는 우선 대상과 현상이 디지털(0과 1)로 표현되어야 한다. 어떻게 세상의 현상을 모두 디지털(0과 1)로 표현할 수 있는지 알아보자.

교통신호를 보면 녹색과 빨간색으로 출발과 멈춤을 표현할 수 있다. 이와 유사하게 하나의 전구에서 불이 켜지고 꺼지는 상황을 표현할 수 잇다. 이 경우, 전구 하나로 표현할 수 있는 상황은 몇 가지일까? 답은 2가지다. 켜짐과 꺼짐.

전구 2개를 이용하면 어떨까? On/On, On/Off, Off/On, Off/Off로, 4가지 상황을 표현할 수 있다. 전구 3개를 이용하면 8가지 상황을 표시할 수 있다.

컴퓨터도 기본적으로 전기로 작동하는 장치다. 전류가 흐를 때와 흐르지 않을 때를 1과 0으로 표현한다. 다음으로 디지털의 대표적인 모습인 문자, 이미지, 사운드를 어떻게 0과 1로 표현하는지 알아보자.

문자

문자의 경우, 세상에 존재하는 모든 문자를 한 줄로 세우고 이를 각각 하나의 독립적인 숫자와 1:1로 매칭하면 모든 글자를 숫자로 바꿀 수 있다. 그런데 컴퓨터는 2진수만 이해하기 때문에 숫자도 이진수로 매칭시켜야 한다.

영어를 기준으로 하면, 알파벳 52개(대ㆍ소문자), 숫자 10개, 특수문자 32개가 필요하다. 즉, 94개의 문자를 숫자로 1:1 매칭시키기 위해서는 94개의 숫자가 필요하다. 그런데 이진수로 표현해야 하기 때문에 94개의 이진수 숫자가 필요하다.

하나의 전구는 0과 1만 표현하므로 몇 자리 숫자가 있어야 94개를 표현할 수 있을까?

```
0/1 → 2^1 = 2
0/1, 0/1 → 2^2 = 4
0/1, 0/1, 0/1 → 2^3 = 8
0/1, 0/1, 0/1, 0/1 → 2^4 = 16
0/1, 0/1, 0/1, 0/1, 0/1 → 2^5 = 32
0/1, 0/1, 0/1, 0/1, 0/1, 0/1 → 2^6 = 64
0/1, 0/1, 0/1, 0/1, 0/1, 0/1 0/1 → 2^7 = 128
0/1, 0/1, 0/1, 0/1, 0/1, 0/1 0/1, 0/1 → 2^8 = 256
```

총6개의 자릿수를 이용할 경우 64가지만 표현 가능하기 때문에 94가지를 표현하기 위해서는 7개의 자릿수가 필요하다. 그리고 데이터의 에러를 탐지하기 위해서 1개 자릿수를 추가하여 총8개의 자릿수로 구성한다. 즉, 8자리 이진수 숫자를 이용하면 영어의 모든 글자를 이진수 숫자로 표현할 수 있다. 그래서 문자의 최소 단위인 1바이트는 8비트로 구성된다.

문자를 이렇게 숫자로 매칭하여 표현한 체계가 바로 ASCII 코드다. ASCII는 'American Standard Code for Information Interchange'의 약자로, 영문 알파벳을 사용하는 문자 인코딩이다. 인코딩이란 입력한 문자나 기호를 컴퓨터가 이용할 수 있는 신호(0, 1)로 변환하는 것이다.

그림 1-49를 보면 모든 알파벳, 특수문자, 숫자가 이진수와 1:1로 매칭되어 표현된 것을 확인할 수 있다.

이진법	십진법	십육진법	모양
100000	32	20	`
100001	33	21	!
100010	34	22	"
100011	35	23	#
100100	36	24	$
100101	37	25	%
100110	38	26	&
100111	39	27	'
101000	40	28	(
101001	41	29	)
101010	42	2A	*
101011	43	2B	+
101100	44	2C	,
101101	45	2D	-
101110	46	2E	.
101111	47	2F	/
110000	48	30	0
110001	49	31	1
110010	50	32	2
110011	51	33	3
110100	52	34	4
110101	53	35	5
110110	54	36	6
110111	55	37	7
111000	56	38	8
111001	57	39	9
111010	58	3A	:
111011	59	3B	;
111100	60	3C	<
111101	61	3D	=
111110	62	3E	>
111111	63	3F	?

이진법	십진법	십육진법	모양
1000000	64	40	@
1000001	65	41	A
1000010	66	42	B
1000011	67	43	C
1000100	68	44	D
1000101	69	45	E
1000110	70	46	F
1000111	71	47	G
1001000	72	40	H
1001001	73	49	I
1001010	74	4A	J
1001011	75	4B	K
1001100	76	4C	L
1001101	77	4D	M
1001110	78	4E	N
1001111	79	4F	O
1010000	80	50	P
1010001	81	51	Q
1010010	82	52	R
1010011	83	53	S
1010100	84	54	T
1010101	85	55	U
1010110	86	56	V
1010111	87	57	W
1011000	88	58	X
1011001	89	59	Y
1011010	90	5A	Z
1011011	91	5B	[
1011100	92	5C	₩
1011101	93	5D	]
1011110	94	5E	^
1011111	95	5F	_

이진법	십진법	십육진법	모양
1100000	96	60	`
1100001	97	61	a
1100010	98	62	b
1100011	99	63	c
1100100	100	64	d
1100101	101	65	e
1100110	102	66	f
1100111	103	67	g
1101000	104	68	h
1101001	105	69	i
1101010	106	6A	j
1101011	107	6B	k
1101100	108	6C	l
1101101	109	6D	m
1101110	110	6E	n
1101111	111	6F	o
1110000	112	70	p
1110001	113	71	q
1110010	114	72	r
1110011	115	73	s
1110100	116	74	t
1110101	117	75	u
1110110	118	76	v
1110111	119	77	w
1111000	120	78	x
1111001	121	79	y
1111010	122	7A	z
1111011	123	7B	{
1111100	124	7C		
1111101	125	7D	}
1111110	126	7E	~

그림 1-49. ASCII 코드 (출처: Wikipedia)

예를 들어 NFT라는 글자를 입력한다고 하면, N에 해당되는 부호는 1001110이고, F에 해당되는 부호는 1000110, T는 1010100이다. 즉, 우리가 NFT를 입력하면 컴퓨터는 '100111010001101010100'으로 표현하고 인식하고 저장하고 처리한다.

이미지

다음으로, 이미지를 어떻게 0과 1로 표현하는지 알아보자. 설명을 간단히 하기 위해 흑백 컬러라고 가정해 보겠다.

자연스런 그림도 확대해 보면 그림 1-50처럼 픽셀 단위로 처리되어 있는 것을 알 수 있다. 이때 색상이 있는 부분을 1로 처리하고 색상이 없는 부분을 0으로 처리하면 이미지도 0과 1로 처리할 수 있다.

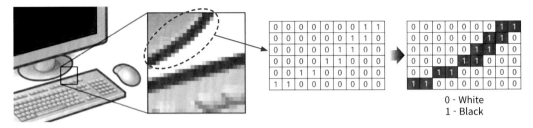

그림 1-50. 이미지의 이진수화

사운드

사운드는 기본적으로 일정한 주파수 대역을 가진다. 아주 간단한 주파수로 표현하면 사운드도 다음과 같이 0과 1로 표현할 수 있다.

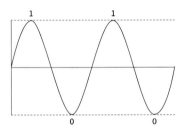

그림 1-51. 사운드의 이진수화

3가지의 대표 사례를 통해 자연의 상황을 디지털로 표현할 수 있음을 알아보았는데, 이런 식으로 접근하면 이 세상의 모든 현상과 활동을 0과 1로 표현할 수 있다.

(2) 디지털 연산

이번에는 0과 1로 표현된 디지털 데이터가 어떻게 처리되는지 알아보자. 디지털의 가장 큰 장점은 바로 빠른 처리 속도다. 디지털이 어떻게 엄청난 속도로 처리 가능한지 아주 간단한 사례를 통해 알아보겠다. (컴퓨터가 어떻게 디지털 연산을 그렇게 빠르게 처리하는지를 설명하려는 것이니 이해되지 않으면 '디지털 연산' 부분은 그냥 넘어가도 좋다.)

컴퓨터는 이진수로 이해하고 처리한다. 컴퓨터는 전기를 통해 작동하는데, 전기가 흐르면 '1', 전기가 흐르지 않으면 '0'이다.

그림 1-52. 전구를 통한 이진수 표현

전기 흐름을 제어하는 스위치의 다양한 조작에 따라 전기가 흐르는 것과 흐르지 않는 것을 이용하여 다양한 연산이 가능하다.

그림 1-53은 스위치 2개를 연결하고 각 스위치에 On/Off 상황을 설정하여 시뮬레이션한 결과다. 다음 그림에서 A 스위치와 B 스위치는 서로 이어져 있으며 연결된 전선이 전구에 연결되어 있는 상태다. 이 상황에서는 A 스위치와 B 스위치 모두 전류가 흘러야 전구에 불이 들어오는 것을 확인할 수 있다.

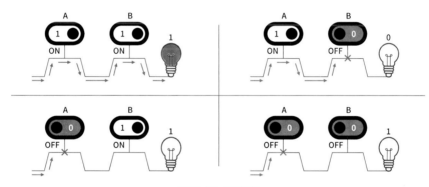

그림 1-53. AND 연산

스위치의 On/Off에 따른 전구의 상태를 정리하면 다음 표와 같으며 이 같은 연산을 AND 연산이라고 한다.

스위치 A	스위치 B	AND 연산
1	1	1
1	0	0
0	1	0
0	0	0

이번에는 스위치의 연결 상태를 조금 바꿔보자. A와 B가 직접 연결되어 있지 않으며 A 스위치와 B 스위치가 각각 전구와 연결되어 있다. A 스위치와 B 스위치 중 어느 하나만 전류가 흘러도 전구의 빛이 들어오는 것을 확인할 수 있다.

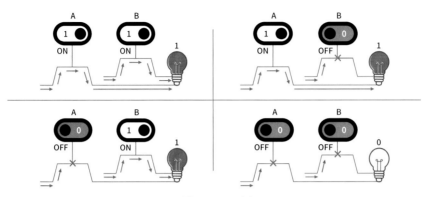

그림 1-54. OR 연산

스위치 A	스위치 B	OR 연산
1	1	1
1	0	1
0	1	1
0	0	0

가장 간단하게 구성 및 구현이 가능한 AND 연산과 OR 연산을 알아보았다. 이에 추가하여 스위치의 배치와 연결 상태를 다양하게 조합하면 다른 연산도 가능하다.

이해를 돕기 위해 2진수의 덧셈을 시뮬레이션해보자. 이진수 '1010'과 '1100'을 덧셈 연산하는 과정을 살펴보자. 0과 0을 더하면 0이고, 1과 0을 더하면 1, 0과 1을 더하면 1, 1과 1을 더하면 (한 자리 올라가서) 0이다. 이것을 구조화하여 표현하면 다음과 같다. 이런 결과가 나오는 연산을 XOR 연산이라고 한다.

	1	0	1	0
+	1	1	0	0
1	0	1	1	0

입력	A	1	0	1	0
	B	1	1	0	0
출력	XOR	0	1	1	0

그림 1-55. XOR 연산

그럼 이 XOR 연산을 구현할 수 있게 스위치 연결 구조 및 전선의 연결 상태를 재배치하면 된다. XOR 구현 설계는 상당히 복잡하기 때문에 전구와 스위치로 표현하지 않고 간단히 구성도만 소개한다. 바로 그림 1-56과 같다. 다시 말하면, 그림 1-56과 같은 구조로 전구와 스위치를 연결하여 설계하면 이진수의 덧셈 연산이 가능하다. (참고로 설명의 편의를 위해 그림 1-56에서는 10자리로 올라가는 부분은 생략했다.)

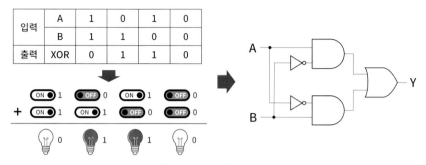

그림 1-56. XOR 연산 설계 로직

이제 2와 4를 더하는 덧셈 연산을 사례를 들어 설명해 보겠다. 그림 1-57은 2와 4의 덧셈을 개념적으로 표현한 것이다. 2에 해당되는 '010'과 4에 해당되는 '100'를 서로 더하는 연산이다. 이진수 더하기는 앞서 XOR 연산을 사용한다고 했다. 앞서 살펴본 전구와 스위치를 재배치하여 XOR 연산이 가능한 구성도를 살펴보자.

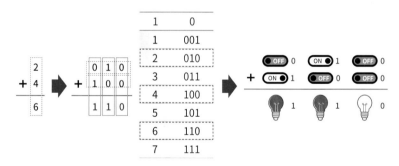

그림 1-57. XOR 연산을 이용한 이진수 덧셈

앞서 설계한 XOR 구성도를 이진수 덧셈 연산에 그대로 적용하면 덧셈 연산이 가능하다.

그림 1-58은 이진수 덧셈에 XOR 구성도를 적용하여 계산하는 것을 보여준다. 그림 1-58은 XOR 연산 구성도를 배치하여 전류만 흘러보내면 2와 4의 덧셈 연산이 이루어짐을 보여준다. 전류가 흐르는 동시에 연산 결과가 출력된다. 여기에서는 간단한 덧셈 연산을 사례로 들었지만, 수가 아무리 커도 XOR 연산 설계를 통해 전류가 흐르는 순간 동시에 연산이 마무리된다. 이를 확대하여 전구와 스위치를 다양하게 재배치하고 확대하면 어떤 연산도 아주 쉽게 처리할 수 있다. 쉽게 말하면, 컴퓨터에서는 전류만 흐르면 모든 연산이 순식간에 완료된다.

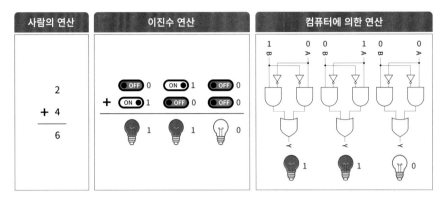

그림 1-58. 컴퓨터의 덧셈 연산

이 XOR 연산이 바로 우리가 알고 있는 진공관이다. 처음에는 이런 로직 구현을 위해 진공관이 사용되었고, 트랜지스터를 거쳐 많은 트랜지스터를 작은 칩 위에 올려놓은 집적회로가 발명되었으며, 현재는 수십억 개의 트랜지스터가 손톱만한 칩에 들어가 초고집적 회로 시대가 되었다.

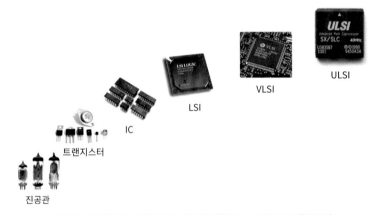

그림 1-59. 진공관 · 트랜지스터 · 집적회로 (출처: be SUCCESS 홈페이지)

(3) 디지털 전송

수많은 사람이 유튜브와 페이스북에 접속하여 엄청난 콘텐츠를 소비한다. 우리가 유튜브에 접속해서 클릭하면 요청 명령어는 태평양을 건너 미국 서버에 전달된다. 그리고 해당 영상 콘텐츠는 다시 태평양을 건너와서 우리의 스마트폰에서 영상을 구현한다.

미국 서버에 있는 디지털 데이터가 어떻게 그렇게 빨리 우리나라에 도달할 수 있을까?

디지털 데이터가 해외로 전송되는 방식에는 몇 가지가 있다. 인공위성을 통한 데이터 전송도 가능하지만, 실제로 그 방법은 많이 사용되지 않는다. 대부분 데이터는 해저 터널에 깔린 광케이블을 통해 전송된다.

그림 1-60. 광케이블

광케이블은 전기신호를 광선 신호로 바꾸어 유리섬유를 통해 0과 1로 구성된 디지털 데이터를 빛의 속도로 원거리에 전달할 수 있다. 빛의 속도로 데이터가 전송되기 때문에 아무리 거리가 멀어도 눈 깜짝할 사이에 수많은 데이터가 오고 간다.

그림 1-61은 구글의 해저 광케이블 구축 현황을 보여준다. 태평양, 인도양, 대서양 등에 수많은 해저 케이블이 이처럼 설치되어 있다.

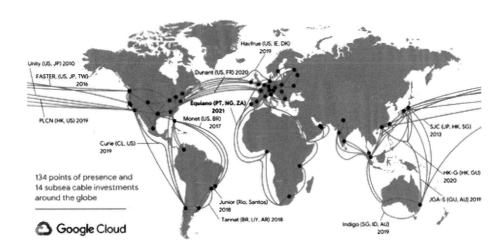

그림 1-61. 구글의 해저 광케이블 구축 현황 (출처: 구글)

(4) 디지털의 생산성

세상에 존재하는 모든 것은 0과 1이라는 디지털로 표현 가능하고, 이 디지털 데이터를 이용하면 전류가 흐르는 동시에 어떠한 연산도 즉시 처리할 수 있다. 그리고 처리 결과는 빛의 속도로 전 세계에 순식간에 전송된다. 이것이 바로 디지털의 힘이다.

영화『매트릭스』를 보면 말 한 마디에 무기 창고가 구현되어 나타나는 압도적인 스케일을 볼 수 있다. 이것이 가능한 이유는 바로 디지털이기 때문이다. 이것은 단순히 영화에서나 볼 수 있는 장면이 아니라 디지털 세상에서는 실제로 가능하다.

그림 1-62. 디지털 세상의 생산성

디지털의 가장 큰 장점 중 하나는 무한 복제와 완벽 복제가 가능하다는 것이다. 아날로그 세상에서는 추가 생산을 하려면 동일한 자원과 시간이 소요된다. 또한 품질도 균일하지 않다. 하지만 디지털 세상에서는 전류가 흐르는 동시에 수백, 수천 개의 동일한 복제품을 만들 수 있으며, 원본과 100% 완벽하게 동일한 복제품이 탄생한다. 디지털 세상에서는 사본이라는 용어는 사용하지만, 실제로는 사본이라는 개념이 없다. 수백, 수천 개가 모두 진본이다.

실물 작품은 아무리 정확하게 모사(模寫)하더라도 원본과 다르다. 하지만 디지털 작품은 완전히 동일하다. 그림 1-63에서는 왜 디지털 작품이 100% 동일할 수밖에 없는지를 보여준다.

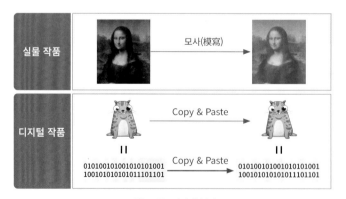

그림 1-63. 디지털 복사

디지털이 완벽한 복제가 가능한 이유는 바로 숫자를 복제하기 때문이다. 모나리자를 카피하는 것은 힘들 수 있지만, 숫자를 카피하는 것은 쉬우면서도 완벽하게 가능하다.

디지털 세상에서 가공할 만한 생산성이 가능한 이유를 정리해 보면 이렇다.

- 모든 아날로그 데이터를 0과 1로 구성된 디지털로 표현 가능

- 전류만 흐르면 아무리 복잡한 연산도 순간 처리

- 빛의 속도로 디지털 데이터 전파

- 무한 복제와 완벽 복제 가능

1.3.2 디지털라이제이션 (Digitalization)

'Digitalization'은 말 그대로 '디지털화(化)'를 의미한다. 단순히 데이터를 디지털로 표현하고 처리한다는 것이 디지털화를 의미하지는 않는다. 프로세스나 업무 방식, 서비스 형태, 또는 자산이 디지털로 바뀌는 것을 말한다.

지도는 네비게이션이 대체했고, 시계도 스마트폰 속으로 들어갔다. 사진기는 디지털카메라를 거쳐 스마트폰에 통합되었다. 카세트테이프의 음악은 MP3를 거쳐 스트리밍으로 소비되고 있다.

각종 문서나 책은 인터넷이나 전자책 형식으로 바뀌고 있고, 지갑이 사라진 지는 오래다. 통장도 사라졌고, 모든 송금이 스마트폰으로 처리된다. 손으로 쓴 편지를 보낸 것은 언제였는지 기억도 나지 않는다.

기업에서는 ERP 기반으로 업무가 처리되고, 음악과 예술품들은 이미 디지털 형태로 전환되었다. 상담 역시 챗봇이 등장하여 인공지능이 대신 상담 서비스를 제공한다. 디지털로 전환되지 않은 것을 찾는 것이 더 쉬운 상황이 되어 버렸다.

모든 것이 디지털화되어 가는 지금, 디지털화가 한 번 더 도약을 준비하고 있다. 바로 메타버스(Metaverse)다. 모든 것이 디지털화되어도 물리적으로 디지털화가 어려운 경우가 있었다. 예를 들면 사무실이나 사람은 디지털화가 불가능하다고 여겼다. 하지만 200여 명 정도의 직원을 둔 부동산 중개업체인 '직방'은 물리적 사무실이 존재하지 않는다. 직원들은 모두 9시에 아바타로 메타버스 속 사무실로 출근한다.

기존 디지털화는 세상의 개별 요소가 디지털화되었다면, 메타버스는 세상 자체가 디지털화된 것이다. 이제 모든 것이 디지털라이제이션되고 있다. 법적·제도적 이슈로 디지털화가 지연되는 경우는 있지만, 기술적으로는 모든 것이 디지털화가 가능하다고 이해해도 된다.

Memo Digitization · Digitalization · Digital Transformation

최근 'Digital Transformation(디지털 트랜스포메이션)'이라는 키워드가 자주 보인다.

Digitization, Digitalization, Digital Transformation

이 3개 용어는 비슷해 보이면서도 의미적으로 다르다.

Digitization

- 데이터를 디지털 형태로 전환
- 예를 들어, 기존의 아날로그 데이터(종이 문서)를 디지털 형태로 전환하거나 데이터 생성 자체를 디지털 형태로 하는 것

Digitalization

- 업무 처리 방식이나 서비스를 디지털화
- 예를 들어, 회사에서 ERP 기반으로 업무 처리, 모바일 뱅킹

Digital Transformation

- 디지털 기술(AI, 모바일, 빅데이터, 클라우드, 블록체인 등)을 활용하여 새로운 비즈니스 모델 및 가치 창조
- 예를 들어, 은행의 데이터 기반 MyData 서비스, AI 기반 맞춤형 서비스

1.3.3 디지털 자산 (Digital Asset)

모든 것이 디지털화되고 있다. 자산도 예외가 아니다. 자산도 디지털 자산으로 변해가고 있다.

기존의 실물 자산을 단순히 디지털 형태로 변환한 디지털 자산도 있다. 예를 들면 종이 화폐를 전자 화폐로 변환한다든지, 종이 증권을 전자증권으로 발행할 수 있다. 그런데 이런 형태의 디지털 자산은 단순히 아날로그 형태를 디지털 형태로만 바꾼 것이기 때문에 'Digitalization'보다는 'Digitization'에 더 가깝다.

기존 자산을 단순히 형태상 디지털로 바꾼 디지털 자산도 있지만, 기존 자산과 근본적으로 다른 디지털 자산도 출현하고 있다.

1) 디지털 자산의 개념

디지털 자산에 앞서 '자산'이라는 말부터 이해해 보자.

자산이란 경제적 가치가 있는 재화를 말한다. 자산은 실물자산과 금융자산으로 나뉜다. 실물자산은 오래전부터 디지털 자산 형태로 많이 바뀌고 있으며 금융자산은 최근 디지털 금융자산으로 많이 변모되는 상황이다.

디지털 실물자산

실물자산은 눈에 보이거나 형체가 있는 경제적 가치를 지닌 재화를 말한다. 대표적으로 부동산, 건물, 미술품 등 다양하며 가치 있는 모든 것을 실물자산으로 간주할 수 있다.

물리적으로 디지털로 전환이 불가능한 실물자산도 많지만, 다양한 자산이 이미 디지털 자산 형태로 존재한다. 컴퓨터에 저장되어 있는 문서, 사진, 영화, 동영상, 음악, 디지털 콘텐츠, 다양한 애플리케이션 등 컴퓨터에 저장되고 컴퓨터를 통해 구현되는 모든 것을 디지털 자산으로 간주할 수 있다.

기업에서 작성하는 모든 문서, 이미지, 로고, 데이터, 디자인, 설계도, 도면, 교육자료, 전략보고서, 사업계획, 다양한 디지털 콘텐츠도 모두 기업의 디지털 자산이라고 할 수 있다. 기업에서는 오래전부터 넘쳐나는 디지털 자산을 효율적으로 수집, 관리, 활용하기 위한 목적으로 DAM(Digital Asset Management)이라는 솔루션을 도입하는 사례도 많았다.

디지털 금융자산

디지털 전환에 따라 기존의 금융자산도 대부분 디지털 형태로 변하고 있다. 예를 들면 주식과 증권은 이미 디지털 증권으로 변경되었다. 온누리 상품권과 같은 지역화폐도 디지털 화폐로 많이 전환되고 있다. 지폐인 법정화폐도 이제 전자적 형태의 화폐인 CBDC(Central Bank Digital Currency)로의 전환을 검토하고 있다.

이처럼 기존의 금융자산을 단순히 디지털 형태로 전환한 경우도 있지만, 기존에 없던, 새롭게 창조되는 디지털 금융자산도 있다. 예를 들면, 암호화폐, 비트코인(디지털 금), NFT, 증권형 토큰 등이다. 대표적으로 디지털 금이라고 평가받는 비트코인은 기존에 없던 전혀 새로운 형태의 디지털 자산이다.

이해를 돕기 위해 대표적 금융자산인 화폐의 발전 과정을 한 번 정리해 보자.

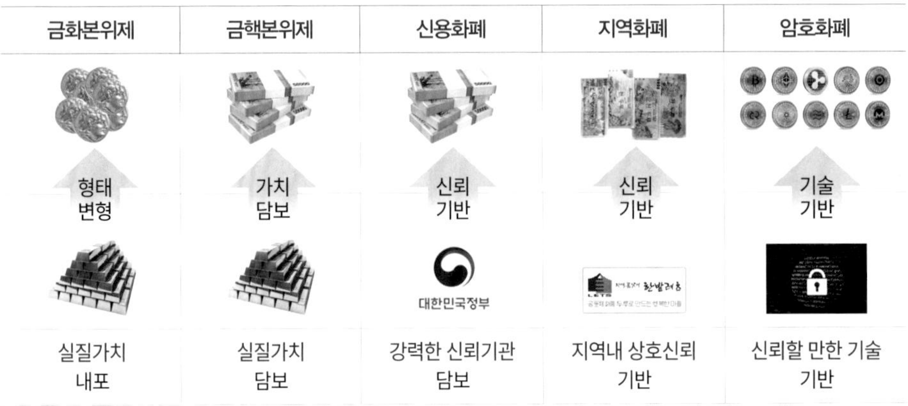

금화본위제	금핵본위제	신용화폐	지역화폐	암호화폐
형태 변형	가치 담보	신뢰 기반	신뢰 기반	기술 기반
대한민국정부			한발계층	
실질가치 내포	실질가치 담보	강력한 신뢰기관 담보	지역내 상호신뢰 기반	신뢰할 만한 기술 기반

그림 1-65. 신뢰의 기반

화폐는 필요한 재화나 서비스를 구매할 수 있는 수단이다. 금본위제의 일종인 금화본위제에서는 금을 직접 주조한 금화라는 화폐를 사용했다. 금화는 불편했기 때문에 금을 금고에 보관하고 보관된 금 범위 내에서 화폐를 발행하는 금핵본위제 시대가 도래했다. 금을 담보로 발행된 화폐는 내재적 가치는 없지만, 금이 그 가치를 담보하고 있기 때문에 실질적인 가치가 있다고 여겼다.

금이라는 실질 자산을 기반으로 화폐를 발행하는 것은 매우 비효율적이며 경제 발전의 족쇄로 작용했다. 따라서 정부라는 강력한 신용을 바탕으로 화폐를 발행하는 신용화폐 시대가 도래했다. 신용화폐는 아무런 내재적 가치가 없지만, 정부라는 강력한 신뢰기관의 보증으로 발행되기 때문에 담보된 가치를 가지고 있다고 여겼다. 신용화폐에서는 필요한 화폐를 유연하게 발행할 수 있다는 장점이 있었지만, 화폐 발행 남발이 문제였다. 이런 과도한 화폐 발행은 인플레이션으로 이어졌고, 이로 인해 경제가 파탄하는 상황이 자주 발생했다. 중앙정부에 의한 과도하고 무분별한 화폐 발행이 큰 문제가 되었다.

이런 시대적 배경으로 탄생한 것이 바로 '비트코인'이다. (비트코인에 대해서는 2장에서 좀 더 자세히 다루겠다.)

비트코인은 기존 자산과 전혀 다른 특징을 가지고 있다.

- 태생부터가 '디지털'이어야 했다.
- 아무런 내재적 가치가 없다.
- 신뢰를 통한 새로운 가치가 창조되었다.

기존 금융자산은 실체가 있는 아날로그 형태다. 자산은 경제적 가치가 있는 것이기 때문에 반드시 내재적 가치가 있거나 실실 가치를 기반으로 하거나, 아니면 최소한 중앙정부와 같은 강력한 신뢰기관을 통해 보증되어야 했다. 그리고 가치는 창조되는 것이 아니라 실질적 가치가 내재된 것을 식별하고 발견하여 부여하는 것이었다.

비트코인은 이런 전통적인 자산과 전혀 다른 개념의 자산이었다. 비트코인의 3가지 특징을 좀 더 자세히 살펴보자.

태생부터가 '디지털'이어야 했다.

신용화폐의 발행 및 송금은 반드시 중앙정부나 시중은행과 같은 신뢰기관을 기반으로 작동한다. 하지만 이런 신뢰기관이 그 신뢰를 저버리고 화폐를 남발하거나 신용거품을 야기하는 문제가 발생했다. 그래서 비트코인은 이런 중앙 · 중개 기관이 없는 화폐를 목표로 했다. 하지만 문제는 신뢰였다. 중앙 · 중개 기관이 없으면 화폐 시스템에서 어떻게 신뢰를 보장할 수 있느냐는 문제가 발생한다. 사토시 나카모토는 중앙 · 중개 기관 없이도 이런 신뢰를 보장할 수 있는 방안으로 암호 기술을 제시했다. 즉, 암호 기술을 통해 신뢰가 구현되고 보장된 화폐 시스템을 제시했다. 이것이 비트코인이다. 암호 기술을 적용하기 위해서는 종이 화폐나 금속 형태이면 안 된다. 암호 기술은 디지털에만 적용할 수 있기 때문에 반드시 화폐도 디지털 형태여야 했다. 암호 기술에 기반한 비트코인은 태생부터가 디지털일 수밖에 없었다. 사토시 나카모토는 비트코인 백서에서 비트코인을 다음과 같이 규정하고 있다.

Bitcoin: A Peer-to-Peer Electronic Cash System

아무런 내재적 가치가 없다.

전통적인 자산은 직접적이든, 간접적이든 아니면 보증을 통해서든 실질적인 내재적 가치가 있다. 하지만 비트코인은 아무런 내재적 가치가 없다. 아무런 내재적 가치가 없는 것을 어떻게 화폐, 즉 금융자산으로 간주할 수 있을까?

비트코인은 아무런 내재가치가 없지만, 암호 기술로 신뢰가 보장되고 그 신뢰를 바탕으로 화폐를 만들었다. 신뢰를 바탕으로 한 화폐의 사례가 있다. 그림 1-65에서 소개한 대전의 한밭레츠가 그렇다. 한밭레츠는 지역공동체의 신뢰를 바탕으로 '머루'라는 화폐를 발행하여 지역 내에서 실제 필요한 물품을 구매할 수 있게 했다. 아무런 내재적 가치가 없어도 신뢰를 바탕으로 자산이 될 수 있다는 것을 보여준다. 이는 비트코인도 내재적 가치가 없지만, 이런 신뢰를 바탕으로 화폐가 될 수 있다는 것을 제시하고 있다.

신뢰를 통한 새로운 가치가 창조되었다.

전통적으로 가치라는 것은 실질적인 가치를 식별하거나 재발견하는 형식으로 부여된다. 무에서 유로 창조되지 않는다. 하지만 비트코인은 신뢰를 바탕으로 새로운 가치가 창조되었다. 그 창조된 가치의 기반은 바로 신뢰할 수 있는 암호 기술이다. 내재가치 또는 어떤 담보에 기반한 실질가치가 없더라도 신뢰를 바탕으로 가치가 창조될 수 있다는 것을 비트코인은 보여준다.

이렇게 단순히 기존의 자산을 디지털 형태로 바꾼 디지털 자산(전자화폐, 전자증권)도 존재하지만, 전통적인 자산과 본질적으로 다른 디지털 자산이 생겨나고 있다.

2) 디지털 자산의 유형

자산은 크게 실물자산과 금융자산으로 구분할 수 있다. 디지털 자산의 유형을 다음과 같이 4가지 유형으로 분류해 보자. 이 분류는 저자 개인의 관점에 따른 것임을 참조해 주길 바란다.

먼저 앞선 디지털 자산 개념에서 설명한 내용을 다음과 같은 분류를 통해 좀 더 구체적으로 이해할 수 있다.

구분	디지털 자산 유형	디지털 자산 유형 사례
실물자산	기존 실물자산을 디지털화	디지털예술품, 디지털 콘텐츠, 애플리케이션
	새로운 디지털 자산	데이터, 가상인간, 게임아이템
금융자산	기존 금융자산을 디지털화	전자증권, CBDC(예정)
	새로운 디지털 금융자산	암호화폐, 디지털 금, 증권형 토큰, NFT

이제 실물자산과 금융자산 관점에서 디지털 자산을 좀 더 자세히 분석해 보자.

증서(증권)와 토큰은 독자적으로 존재하는 것이 아니라 반드시 기초 자산을 기반으로 한다. 증서란 무엇에 대한 증거 문서이고 토큰은 무엇을 상징화한 것이기 때문에 무엇에 해당되는 기초 자산이 반드시 있어야 한다.

기초 자산을 기반으로 증서·토큰이 발행되는 모습을 구조화하면 그림 1-66과 같다. 기초 자산이란 유무형의 모든 자산을 포함한다.

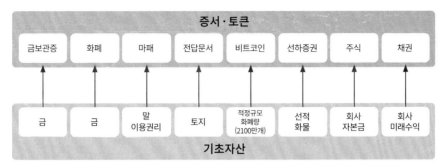

그림 1-66. 기초 자산 기반 증서 · 토큰

오늘날 우리가 일상에서 사용하는 신용화폐(법정화폐)도 한 국가의 시장 경제 질서에 필요한 적정 규모의 기초 자산을 기반으로 한국은행에서 발행한 증서다. 비트코인도 2,100만 개라는 적정 규모의 화폐가 이미 설계되어 디지털 형태로 시스템 속에 매장되어 있다. 일정 단위의 화폐로 상징화한 비트코인이라는 토큰이 10분 단위로 발행되고 있는 것이다.

이런 자산을 그림 1-67처럼 3가지 유형으로 구분해서 설명해 보겠다.

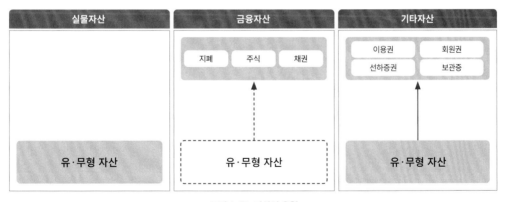

그림 1-67. 자산의 유형

- 실물자산은 유무형의 실물자산으로서 그 자체가 자산이다.

- 금융자산에는 지폐, 주식, 채권 등이 있다. 지폐, 주식, 채권 등도 결국 기초 자산을 기반으로 발행되는 증서다. 하지만 이들은 기초 자산과 사실상 독립적인 형태로 통용되는 금융자산으로 간주할 수 있다.

- 기타자산은 실물자산에 가깝지만 실물자산의 가치와 권리를 표상한 증서 · 토큰과 함께 움직인다. 기초 자산에 기반한 증서들은 기초 자산과 완전히 독립적이 아니라 의존적으로 존재한다. 이용권이라는 것은 독립적인 금융자산이 아니라 기반이 되는 기초 자산을 단순히 이용할 수 있는 권리이기 때문이다.

그림 1-68은 앞선 자산의 3가지 유형이 디지털 자산으로 변화된 것을 보여준다.

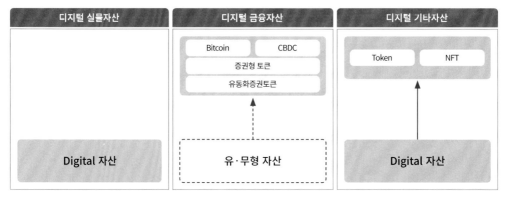

그림 1-68. 디지털 자산의 유형

- 디지털 실물자산은 디지털 형태의 실질 자산을 의미한다.

- 디지털 금융자산은 기존의 금융자산을 단순히 디지털 형태로 변형한 것일 수도 있고, 암호 기술 같은 디지털 기술을 활용한 아예 새로운 형태의 디지털 자산일 수도 있다.

- 디지털 기타자산은 디지털 자산을 기반 및 연계하여 발행하는 자산을 말한다.

1장에서는 증서, 토큰, 디지털 자산을 다루었다. 이 3가지의 관계를 한 번 정리해 보자.

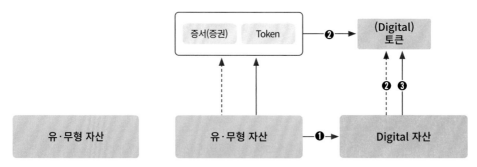

그림 1-69. 증서 · 토큰 · 디지털 자산

과거에는 유무형 실질자산을 거래에 직접 활용하거나 소유권을 보장할 수 있었다.

하지만 이런 자산을 거래에 그대로 활용하기는 불편하고 효율성도 떨어졌다. 그래서 이런 기초 자산을 기반으로 한 증서나 토큰이 생겨났다. 증서나 토큰은 처음에는 단순히 기초 자산을 표상하거나 상징화한 정도였으나, 점차 거래가 활성화되고 제도적 · 시스템적으로 보장되면서 하나의 독립적인 금융자산으로 발전하기도 했다.

모든 것이 디지털화되는 세상에서 자산도 예외는 아니었다. 실물자산이 디지털 형태의 자산으로 변모하고 있으며, 금융자산도 디지털 금융자산으로 발전하고 있다. 그리고 새롭게 변화한 디지털 자산을 기초 자산으로 한 새로운 형태의 (잠재적) 금융자산도 출현하고 있다.

1장을 마무리하며

1장에서는 증서(증권), 토큰, 디지털자산에 대해서 알아보았다. NFT와 전혀 상관없어 보이는 내용에 조금 당황했을 수도 있다. 하지만 NFT의 실체는 토큰이다. NFT를 제대로 이해하기 위해서는 증서, 토큰, 디지털자산의 개념을 반드시 이해해야 한다.

많은 사람이 '토큰'하면 비트코인 · 블록체인의 출현으로 조명받은 암호화폐 관점의 '토큰(Token)'을 떠올리겠지만, 토큰은 오래전부터 용어나 개념이 널리 사용돼 왔다. 이런 토큰이 블록체인 · 이더리움 이후 새롭게 주목받고 다양한 활용 가능성이 부각되면서 그 잠재적 가치에 대한 평가를 기다리고 있다.

2장에서는 1장에서 알아본 토큰의 개념이 블록체인과 이더리움을 기점으로 어떻게 재해석되고 토큰에 어떤 잠재적 가치가 있는지를 살펴보고, 3장에서는 토큰의 한 유형인 NFT에 대해서 자세히 알아본다.

02

블록체인을 통한
토큰의 재발견 및 재해석

2.1 블록체인 기반 토큰 개념의 배경

오래전부터 다양하게 사용되어 온 토큰은 블록체인을 계기로 암호화폐라는 범주로 새롭게 주목받았다. 블록체인 기반 토큰은 비트코인과 블록체인, 그리고 이더리움을 그 배경으로 한다. 따라서 블록체인 기반 토큰 개념을 이해하기에 앞서 관련 배경을 먼저 간단히 검토해 볼 필요가 있다. 2.1절에서 다룰 비트코인, 블록체인, 이더리움은 토큰과 연계되는 내용 위주로 다룰 예정이므로 이것을 비트코인과 이더리움의 전체 내용으로 이해하면 안 되고 관련해서 별도로 학습할 것을 권한다.

2.1.1 비트코인은 무엇인가?

코인, 토큰, 블록체인, 기상화폐의 출발은 비트코인이다. 그런데 의외로 많은 사람이 비트코인에 관해 오해하고 있다. NFT 등이 비트코인과 직접적인 연관성은 없다고 할 수 있지만, 비트코인에 내재된 가치와 철학은 블록체인을 이해하는 데 매우 중요하다.

1) 비트코인 배경

필자는 『비트코인·블록체인 바이블』(위키북스 2021)이라는 책을 통해 비트코인과 블록체인이 탄생한 배경을 금융, 사이퍼펑크, 신뢰기관, 기술 관점에서 많은 분량을 할애하여 설명했다. 여기에서는 토큰과 NFT에 초점을 맞춰 비트코인이 어떻게 토큰에 영향을 주었는지의 관점에서 간략하게 살펴보고자 한다.

사토시 나카모토가 잠적해 버렸기 때문에 비트코인을 이해하기 위해서는 그가 남긴 몇 가지 기록물을 통해 유추해 볼 수밖에 없다. 대표적인 그의 기록물로는 『비트코인 백서』와 'P2P Foundation 게시글'이 있다.

비트코인 백서(White Paper)

비트코인 백서는 다음과 같은 제목으로 시작한다. 'Bitcoin: A Peer-to-Peer Electronic Cash System'.

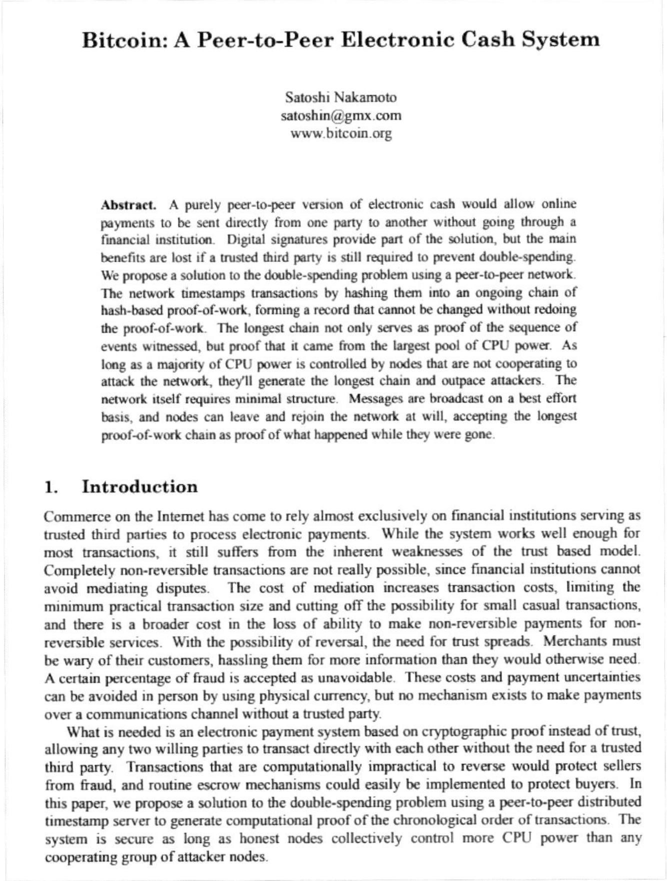

Bitcoin: A Peer-to-Peer Electronic Cash System

Satoshi Nakamoto
satoshin@gmx.com
www.bitcoin.org

Abstract. A purely peer-to-peer version of electronic cash would allow online payments to be sent directly from one party to another without going through a financial institution. Digital signatures provide part of the solution, but the main benefits are lost if a trusted third party is still required to prevent double-spending. We propose a solution to the double-spending problem using a peer-to-peer network. The network timestamps transactions by hashing them into an ongoing chain of hash-based proof-of-work, forming a record that cannot be changed without redoing the proof-of-work. The longest chain not only serves as proof of the sequence of events witnessed, but proof that it came from the largest pool of CPU power. As long as a majority of CPU power is controlled by nodes that are not cooperating to attack the network, they'll generate the longest chain and outpace attackers. The network itself requires minimal structure. Messages are broadcast on a best effort basis, and nodes can leave and rejoin the network at will, accepting the longest proof-of-work chain as proof of what happened while they were gone.

1. Introduction

Commerce on the Internet has come to rely almost exclusively on financial institutions serving as trusted third parties to process electronic payments. While the system works well enough for most transactions, it still suffers from the inherent weaknesses of the trust based model. Completely non-reversible transactions are not really possible, since financial institutions cannot avoid mediating disputes. The cost of mediation increases transaction costs, limiting the minimum practical transaction size and cutting off the possibility for small casual transactions, and there is a broader cost in the loss of ability to make non-reversible payments for non-reversible services. With the possibility of reversal, the need for trust spreads. Merchants must be wary of their customers, hassling them for more information than they would otherwise need. A certain percentage of fraud is accepted as unavoidable. These costs and payment uncertainties can be avoided in person by using physical currency, but no mechanism exists to make payments over a communications channel without a trusted party.

What is needed is an electronic payment system based on cryptographic proof instead of trust, allowing any two willing parties to transact directly with each other without the need for a trusted third party. Transactions that are computationally impractical to reverse would protect sellers from fraud, and routine escrow mechanisms could easily be implemented to protect buyers. In this paper, we propose a solution to the double-spending problem using a peer-to-peer distributed timestamp server to generate computational proof of the chronological order of transactions. The system is secure as long as honest nodes collectively control more CPU power than any cooperating group of attacker nodes.

그림 2-1. 비트코인 백서

9페이지 정도로 많지 않은 분량이지만, 사전 지식 없이 읽기에는 상당히 난해하고 문서에 사용한 표현도 쉽지 않다. 우선 사토시 나카모토가 비트코인을 만들게 된 배경 관점에서 비트코인 백서에서 침조힐 만한 일부 내용을 선별해서 간략히 살펴보겠다.

'Bitcoin: A Peer-to-Peer Electronic Cash System'

- 백서 제목에도 명시된 것처럼 비트코인은 **화폐 시스템**(Cash System)이다.

- 기존의 화폐 시스템은 중앙은행이나 시중은행을 통해서 화폐 발행 및 송금이 이루어졌다. 반면 비트코인은 P2P(Peer-to-Peer) 기반, 즉 **탈중앙·탈중개** 기반으로 작동하는 화폐 시스템이다.

- 현재 대부분 법정화폐는 모두 종이화폐다. 그런데 비트코인은 **전자화폐**다.

'What is needed is an **electronic payment system** based on **cryptographic** proof instead of trust, allowing any two willing parties to **transact directly** with each other **without the need for a trusted third party**.'

- [해석] 전통적으로 신뢰를 보장해주던 **제3 신뢰 기관 없이**, 암호학적 증명에 의해 **개인 간 직접 거래**가 가능한 **전자 결제 시스템**이 필요하다.

- 전통적인 신뢰 구현 방식 대신 암호 기술을 기반으로 신뢰가 보장된 결제 시스템을 의도했다고 이해할 수 있다.

'The **steady** addition of **constant** of amount of new coins is **analogous to gold miners** expending resources to add gold to circulation. In our case, it is **CPU time and electricity** that is expended.'

- [해석] 새로운 화폐를 **일정**하고 **고정적인** 양으로 발행하는 것은 **금을 채굴하는 것과 유사**하다. 금을 채굴해서 화폐로 사용하기 위해 일정한 자원이 소요되는 것처럼 **비트코인에서는 CPU와 전기라는 자원 소비를 통해 채굴**된다.

- 현재 신용화폐는 그 발행이 남발되고 있는 문제점이 있다. 화폐 발행은 과거 금 채굴(금본위제를 암시한다고 볼 수 있음)과 유사하게 일정하고 고정적인 발행이 필요하다. 금 채굴에 어렵고 힘든 곡괭이 작업이 필요했다면 비트코인은 CPU와 전기를 통해 채굴한다.

비트코인 백서의 일부 내용을 통해 비트코인의 개념과 목표, 방식을 이해할 수 있다.

- 탈중앙·탈중개 기반 전자적 화폐 시스템

- 암호 기술을 통해 제3 신뢰 기관 없이 화폐 시스템 구현

- 금을 채굴하는 방식과 유사하게 새로운 화폐를 일정하고 고정적으로 발행

P2P Foundation

다음은 사토시 나카모토가 'P2P Foundation'에 게시한 글이다. 비트코인 백서가 비트코인의 개념 및 작동 원리 등에 초점이 맞춰져 있다면, P2P Foundation에 게시한 글은 비트코인을 만들게 된 배경을 좀 더 자세히 다루고 있다.

Bitcoin open source implementation of P2P currency
February 11, 2009, 10:27:00 PM
I've developed a new open source P2P e-cash system called Bitcoin. It's completely decentralized, with no central server or trusted parties, because everything is based on crypto proof instead of trust. Give it a try, or take a look at the screenshots and design paper:

Download Bitcoin v0.1 at http://www.bitcoin.org

The root problem with conventional currency is all the trust that's required to make it work. The central bank must be trusted not to debase the currency, but the history of fiat currencies is full of breaches of that trust. Banks must be trusted to hold our money and transfer it electronically, but they lend it out in waves of credit bubbles with barely a fraction in reserve. We have to trust them with our privacy, trust them not to let identity thieves drain our accounts. Their massive overhead costs make micropayments impossible.

A generation ago, multi-user time-sharing computer systems had a similar problem. Before strong encryption, users had to rely on password protection to secure their files, placing trust in the system administrator to keep their information private. Privacy could always be overridden by the admin based on his judgment call weighing the principle of privacy against other concerns, or at the behest of his superiors. Then strong encryption became available to the masses, and trust was no longer required. Data could be secured in a way that was physically impossible for others to access, no matter for what reason, no matter how good the excuse, no matter what.

It's time we had the same thing for money. With e-currency based on cryptographic proof, without the need to trust a third party middleman, money can be secure and transactions effortless.

One of the fundamental building blocks for such a system is digital signatures. A digital coin contains the public key of its owner. To transfer it, the owner signs the coin together with the public key of the next owner. Anyone can check the signatures to verify the chain of ownership. It works well to secure ownership, but leaves one big problem unsolved: double-spending. Any owner could try to re-spend an already spent coin by signing it again to another owner. The usual solution is for a trusted company with a central database to check for double-spending, but that just gets back to the trust model. In its central position, the company can override the users, and the fees needed to support the company make micropayments impractical.

Bitcoin's solution is to use a peer-to-peer network to check for double-spending. In a nutshell, the network works like a distributed timestamp server, stamping the first transaction to spend a coin. It takes advantage of the nature of information being easy to spread but hard to stifle. For details on how it works, see the design paper at http://www.bitcoin.org/bitcoin.pdf

The result is a distributed system with no single point of failure. Users hold the crypto keys to their own money and transact directly with each other, with the help of the P2P network to check for double-spending.

Satoshi Nakamoto
http://www.bitcoin.org

그림 2-2. P2P Foundation 게시글 (출처: P2P 포럼 사이트)

참조가 될 만한 내용을 일부 선별하여 설명해보겠다.

'I've developed a new open source P2P e-cash system called Bitcoin. It's **completely decentralized**, with no central server or trusted parties, because everything is **based on crypto proof instead of trust.**'

▪ [해석] 비트코인이라는 P2P 전자화폐 시스템을 개발했다. 비트코인은 **'신뢰'가 아닌 '암호 기술'을 기반**으로 설계했기 때문에 어떤 중앙 서버나 신뢰 기관 없이 완전한 **탈중앙화**로 설계가 가능했다.

'The root problem with conventional currency is all the trust that's required to make it work. The central bank must be trusted **not to debase the currency**, but the history of fiat currencies is **full of breaches of that trust**.'

- [해석] 기존 화폐 시스템이 작동하기 위해 가장 중요한 요소는 바로 신뢰다. 중앙은행은 **화폐 가치를 떨어뜨리지 않도록** 신뢰를 보장해야 하지만, 역사적으로 보면 기존 법정화폐는 **그런 신뢰를 저버렸다**.

'Banks must be trusted to hold our money and transfer it electronically, but they lend it out **in waves of credit bubbles with barely a fraction in reserve**.'

- [해석] 시중은행은 우리의 돈을 잘 보관하고 있어야 하지만, **극히 일부만 유보금으로 남기고 막대한 대출을 통해 신용 거품을 야기**하고 있다.

'Then **strong encryption became available to the masses**, and trust was no longer required.'

- [해석] **강력한 암호 기술이 보편화**되었고 더 이상 신뢰가 필요 없게 되었다.

P2P Foundation 게시글은 다음과 같이 요약할 수 있다.

- 중앙은행이 화폐 발행을 남발해서 화폐 가치를 떨어뜨림(인플레이션)
- 시중은행은 무한한 대출(신용창조)을 통해 신용 거품을 야기
- 암호 기술을 통해 중앙은행과 시중은행 없이 신뢰가 보장된 화폐 시스템을 개발

전통적 화폐 시스템 vs. 비트코인

비트코인을 전통적인 화폐 시스템의 특징과 비교해 보면서 좀 더 명확하게 이해해 보자.

전통적인 화폐 시스템은 발행 방식과 송금 방식 관점에서 다음 그림과 같이 요약될 수 있다. '화폐 발행' 측면에서는 중앙정부(은행)의 신용을 기반으로 화폐가 발행되며 '화폐 송금' 측면에서는 은행을 통해 간접적으로 송금이 이루어진다.

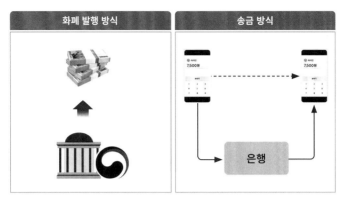

그림 2-3. 전통적 화폐 시스템

'화폐 발행' 관점에서 화폐 발행의 역사를 정리하면 그림 2-4와 같다. 과거 '금본위제'에서 오늘날 '신용 화폐' 시대를 거쳐 최근에는 '탈중앙 기반 화폐'가 주목받고 있다.

그림 2-4. 화폐 발행 방식의 발전

먼저 금본위제의 개념 및 한계점에 대해 알아보자. 과거 사람들은 생활에 필요한 재화와 서비스를 교환할 수 있는 화폐 역시 실질적 가치가 있어야 한다고 믿었다. 따라서 금을 화폐의 근본으로 하는 금본위제가 오래전에 정착되었다. 실질 가치를 지닌 금을 기반으로 화폐를 발행했기 때문에 화폐도 실질적인 가치가 있다고 생각했다. 그런데 금본위제의 한계점이 대두됐다. 경제 규모가 팽창하고 위급한 상황에서는 자연스럽게 화폐가 더 필요하다. 하지만 금본위제는 금을 추가로 보관해야만 화폐를 추가로 발행할 수 있는 구조이다 보니 경제가 급격히 팽창하고 전쟁과 같은 위급 상황에서 화폐를 더 찍어내고 싶어도 금이 없어 찍어낼 수 없는 상황에 놓이게 된다.

다음으로, 신용화폐의 의미 및 한계점에 대해서 알아보자. 금본위제가 유연한 화폐 발행을 저해하고 경제 확장의 족쇄로 작용하자 자연스럽게 금본위제를 폐지하게 된다. 바야흐로 정부의 신용을 기반으로 화폐를 유연하게 발행하는 신용화폐 시대가 도래한 것이다. 신용화폐에서는 정부의 신용을 기반으로 화폐가 발행되기 때문에 정부가 마음만 먹으면 필요에 따라 얼마든지 화폐를 발행할 수 있었다. 그런데 신용화폐 제도도 또 다른 문제점이 노출된다. 화폐 발행의 통제 장치가 사라지면서 엄청난 돈이 시장에 풀리자 자연스럽게 인플레이션 공포가 발생하고 자산시장이 왜곡되어 버블이 형성되는 것이다. 남미의 하이퍼인플레이션이나 미국의 서브프라임 모기지는 둘 다 돈이 너무 많이 풀려서 생긴 문제였다.

마지막으로 탈중앙 기반 화폐의 출현과 의미에 대해 알아보자. 사토시 나카모토는 세계 각국의 하이퍼인플레이션이나 미국의 서브프라임 모기지 사태의 근본 원인은 바로 과도하고 무분별한 화폐 발행이라고 생각했다. 따라서 이런 무분별한 화폐 남발을 차단할 수 있는 근본적인 방법을 고민했다. 화폐 남발의 근본 원인이 중앙은행에 의한 화폐 남발과 시중은행에 의한 신용창조가 그 원인이라고 생각하고 중앙은행과 시중은행이 없는 탈중앙화된 방식의 화폐 발행을 구현하고자 했다. 그런데 중앙은행이나 시중은행 없이 개인 간 화폐를 발행하고 송금한다면 신뢰의 문제가 발생한다. 개인이 발행한 화폐를 어떻게 신뢰할 수 있으며 위변조의 위험으로부터 어떻게 자유로울 수 있겠는가? 그리고 개인 간 온라인으로 송금하면 상대방을 확인하는 문제나 이중지불과 같은 문제점이 노출된다. 이런 신뢰의 문제를 해결하기 위한 방안으로 사토시 나카모토는 암호 기술을 제안했다. 암호 기술을 기반으로 제3 신뢰 기관 없이도 화폐를 발행하고 송금할 수 있는 화폐 시스템, 즉 비트코인을 개발하게 되었다.

이번에는 '화폐송금' 관점에서 기존 송금 방식과 암호 기술을 통한 송금 방식을 비교해 보자. 인터넷 뱅킹을 이용할 때 우리는 상대방에게 직접 송금한다고 생각하지만, 실제로는 시중은행을 거친다. 그림 2-25는 시중은행을 통한 송금 과정과 암호 기술을 통한 개인 간 직접 송금 과정을 보여준다.

왼쪽 그림을 보면, 지폐는 온라인으로 전송이 불가능하기 때문에 반드시 시중은행을 중개로 송금이 이루어진다. 고객은 은행에 계좌를 개설하고 돈을 맡긴다. 은행은 지폐를 금고에 저장하고 송금 요청이 접수되면 요청에 따라 계좌의 상태만 변경한다. 계좌의 상태가 변경되면 변경된 상태를 수신자에게 통지하는 형식으로 송금이 완료된다. 계좌의 상태를 변경할 때도 지폐는 이동하는 것이 아니라 은행 금고에 그대로 보관되어 있다. 이처럼 은행을 통해 송금이 이루어지면서 수수료가 발생하고 은행은 이렇게 보관된 돈을 다른 사람에게 대출하는 형식으로 신용창조를 일으킨다.

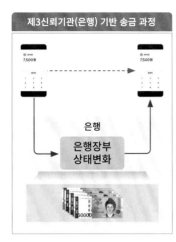
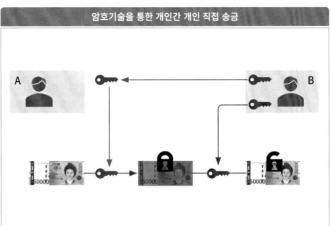

그림 2-5. 화폐 송금 방식의 발전 가능성

왼쪽 그림을 보면, 지폐는 온라인으로 전송이 불가능하기 때문에 반드시 시중은행을 중개로 송금이 이루어진다. 고객은 은행에 계좌를 개설하고 돈을 맡긴다. 은행은 지폐를 금고에 저장하고 송금 요청이 접수되면 요청에 따라 계좌의 상태만 변경한다. 계좌의 상태가 변경되면 변경된 상태를 수신자에게 통지하는 형식으로 송금이 완료된다. 계좌의 상태를 변경할 때도 지폐는 이동하는 것이 아니라 은행 금고에 그대로 보관되어 있다. 이처럼 은행을 통해 송금이 이루어지면서 수수료가 발생하고 은행은 이렇게 보관된 돈을 다른 사람에게 대출하는 형식으로 신용창조를 일으킨다.

오른쪽 그림은 암호 기술을 통한 개인 간 직접 송금이 이루어지는 과정을 보여준다. 탈중앙 · 탈중개를 지향한 P2P 화폐 시스템인 비트코인에서는 기존 은행을 통한 송금 방식과 다른 방법이 필요하다. 바로 암호다. 송신자(돈을 받을 사람)의 암호키로 돈을 암호화하면 온라인 상에서 다른 사람은 그 돈을 사용할 수 없다. 오직 암호화된 돈에 대한 복호화키를 소유한 사람만이 그 돈을 복호화해서 재사용할 수 있다. 이처럼 암호 기술을 이용하면 제3 신뢰 기관 없이도 암호화와 복호화를 통해 송금이 가능하다.

다음으로, 화폐 시스템을 탈중앙 · 탈중개 방식으로 처리하기 위해 필요한 요소를 식별하고 각각의 특징을 알아보겠다. 그림 2-6을 보면 개인 간 송금이 이루어지기 위해서는 3가지 요소가 필요하다는 것을 알 수 있다. 송금할 상대 주소에 해당되는 '계좌', 거래내역을 기록할 수 있는 '장부', 그리고 송금할 '화폐'가 그것이다.

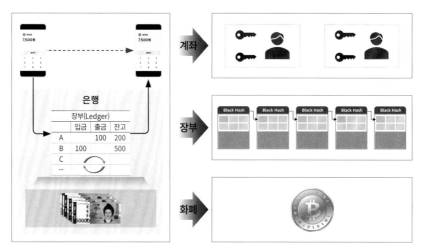

그림 2-6. 탈중개 서비스 구현을 위한 요소 식별

- **계좌**: 탈중앙시스템에서는 개인정보를 기반으로 계좌를 발행 및 관리할 수 있는 별도의 중앙시스템이 존재하지 않는다. 따라서 탈중앙시스템에서는 그림 2-5에서처럼 각 개인이 보유한 개인키와 공개키를 이용하여 송금이 이루어진다.

- **장부**: 화폐와 같은 민감한 시스템에서 장부는 아주 중요한 요소다. 화폐 관련 장부 내역이 임의로 수정되거나 삭제된다면 이중지불과 같은 치명적인 문제가 야기될 수 있기 때문이다. 중앙시스템에서는 중앙통제장치에 의해 장부를 철저히 관리하고 통제하기 때문에 임의적 수정·삭제는 어렵다. 하지만 이런 중앙통제장치가 전혀 없는 탈중앙시스템에서는 임의적 수정·삭제를 차단할 수 있는 다른 방안이 필요하다. 따라서 중앙통제장치가 없더라도 악의적인 수정·삭제가 구조적이고 물리적으로 불가능한 설계가 필요한데, 그것이 바로 블록체인이다.

- **화폐**: 시중은행이 화폐를 지하창고에 저장하고 장부의 상태를 변화시키는 방법으로 화폐를 송금 처리하는 이유는 바로 화폐가 종이이기 때문이다. 따라서 개인 간 직접 송금이 이루어지기 위해서는 기존의 종이화폐를 전자적인 형태로 변경할 필요가 있다. 비트코인은 bit(디지털)로 구성된 coin(화폐)이다.

2) 비트코인의 이해

지금까지 비트코인의 배경에 대해 살펴봤는데, 이번에는 화폐 시스템과 역할, 구현 기술 관점에서 좀 더 자세히 알아보자.

화폐 시스템으로서의 비트코인

먼저 비트코인은 화폐이기도 하지만, 화폐 시스템이기도 하다. 비트코인이라는 화폐 시스템이 구조적으로 어떠한 형태인지를 요약하면 그림 2-7과 같다.

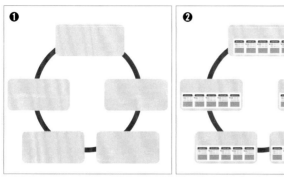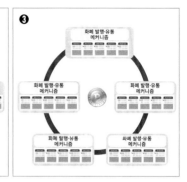

그림 2-7. 비트코인의 구조

그림 2-7의 첫 번째 그림처럼 비트코인은 기본적으로 탈중앙 · 탈중개를 지향한 탈중앙 구조다.

두 번째 그림처럼 중앙통제장치가 없는 완전한 탈중앙 구조에서는 누구나 장부에 접근하여 임의로 장부를 수정 · 삭제하여 이중지불과 같은 문제를 야기할 수 있다. 따라서 중앙통제장치가 없더라도 임의적인 수정 · 삭제가 구조적으로 불가능한 블록체인 장부 기술이 필요하다. 이런 블록체인 장부는 참여자 모두에게 분산되어 각각 저장된다.

세 번째 그림은 탈중앙 구조와 블록체인 장부를 기반으로 화폐 발행 및 송금 서비스가 가능한 화폐 시스템이 구현된 구조로 이해할 수 있다. 따라서 비트코인이라는 화폐 시스템은 형태적 · 구조적으로 그림 2-7의 세 번째 그림으로 요약할 수 있다.

비트코인 역할

비트코인 백서에서도 비트코인을 화폐 시스템이라고 규정하고 있다. 비트코인은 화폐 시스템이다. 화폐를 포함하여 화폐를 발행하고 송금되는 모든 메커니즘이 설계된 화폐 시스템이다. 이런 화폐 시스템 구현을 위해 '비트코인'은 2가지 역할을 한다.

앞서 비트코인 백서에서 사토시 나카모토는 'The steady addition of a constant of amount of new coins is analogous to gold miners'라고 설명했다.

이번 책에서는 자세히 다루지 않겠지만, 사토시 나카모토의 기록과 비트코인의 구조 및 작동 원리를 보면 금본위제와 상당히 유사하다는 것을 알 수 있다.

금을 화폐의 근본으로 사용했던 금화본위제를 그림 2-8에서 살펴보면, 금이 화폐로서 통용되기 위해서는 먼저 금을 땅속에서 채굴하는 과정이 필요하다. 금을 채굴하는 것은 매우 어렵고 힘든 일이다. 광부들이 매우 힘들지만 자발적으로 채굴에 참여하는 이유는 금이라는 보상이 따르기 때문이다.

광부들은 이런 보상을 기대하며 자발적으로 채굴에 참여하는 것이며 채굴된 금은 시장에서 화폐로 사용된다. 이게 금본위제의 작동 방식이다.

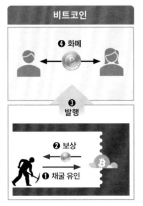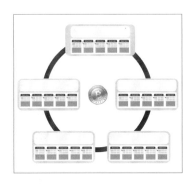

그림 2-8. 탈중앙 관점에서 비트코인 의미

비트코인도 이와 유사하다. 2,100만 개의 유한(有限)한 비트코인은 프로그램적으로 설계되어 비트코인 시스템에 매장되어 있다. 탈중앙화된 환경에서는 시스템을 구축 및 운영할 예산도 없고 관리할 인원도 없다. 하지만 채굴된 비트코인이 보상으로 지급되기 때문에 참여자들이 자발적으로 시스템 운영 및 채굴에 참여하고 이렇게 채굴된 비트코인은 일상에서 화폐로 사용된다.

정리하면, 비트코인은 금본위제의 금과 유사하게 2가지 역할을 수행한다. 첫째는 탈중앙화된 시스템 구조에서 자발적인 참여 유인을 위한 인센티브 역할이다. 둘째는 이렇게 인센티브와 연계하여 발행된 비트코인이 일상에서 화폐로 사용된다. 즉, 비트코인은 탈중앙 시스템 작동을 위한 인센티브인 동시에 화폐다.

왜 암호화폐인가?

비트코인을 암호화폐(Cryptocurrency)라고 부른다. 비트코인을 자세히 분석하고 공부하다 보면 비트코인은 모든 것이 암호 기술로 구현되고 작동되는 것을 확인할 수 있다. 비트코인의 형태적·구조적 측면도 모두 암호 덩어리이며, 작동 원리 및 메커니즘도 암호 기술을 통해 작동된다. 그리고 화폐 서비스 역시 암호 기술을 통해 P2P 송금이 이루어진다. 이렇게 모든 것이 암호 기술로 이루어져 있기 때문에 개발자들이 암호화폐라고 부르기 시작했다.

비트코인은 화폐(Currency)를 지향했고 온전히 암호 기술을 이용했기 때문에 '암호화폐(Cryptocurrency)'라고 명명하는 것은 타당해 보인다. 하지만 다른 대부분 코인과 토큰은 화폐(Currency)를 목적으로 한 것이 아니다. 그리고 특히 토큰은 비트코인·블록체인과 상관없이 예전부터 사용하던 개념이고, 비트코인이 등장한 이후에도 중앙시스템을 기반으로 암호 기술 없이도 발행 및 사용이 가능하다. 개인적으로 토큰을 암호화폐라고 부르는 것은 부적절하다고 생각한다.

비트코인이 형태, 작동 원리, 서비스 측면에서 세부적으로 어떤 암호 기술을 사용하는지 간단히 정리하면 다음 표와 같다. 4장에서 암호 기술에 관해 좀 더 자세히 다루겠지만, 암호 기술이 어떻게 적용되는지는 본 책의 취지에서 벗어나기 때문에 자세히 설명하지는 않겠다. (이 부분을 좀 더 자세히 이해하고자 한다면, 다음 유튜브 방송을 참조해도 좋을 것 같다. 'IT 쉽명깊 – 왜 암호화폐인가', 'IT 쉽명깊 – 암호 기술을 통한 시스템 구현 방안')

구분	비트코인 영역	적용된 암호 기술
형태적 · 구조적 측면	트랜잭션 구성	비대칭키, 해시(Hash)
	블록 구조	해시(Hash)
	블록체인 구조	해시(Hash)
작동원리 · 메커니즘 측면	합의 알고리즘	해시(Hash)
	위변조 차단	해시(Hash)
	화폐발행 · 인센티브 메커니즘	해시(Hash)
화폐 서비스 측면	지갑	비대칭키(공개키, 개인키)
	송금 작동 메커니즘	비대칭키(공개키, 개인키)
	트랜잭션 검증	비대칭키(공개키, 개인키), 해시

2.1.2 비트코인과 블록체인 관계

의외로 비트코인과 블록체인의 개념을 정확히 이해하지 못하거나 둘의 관계를 명확하게 설명하지 못하는 경우를 많이 볼 수 있다. 그리고 사토시 나카모토가 만든 것이 비트코인인지 아니면 블록체인인지 헷갈려 하는 사람도 많다.

이번 절에서는 블록체인 개념과, 비트코인과 블록체인의 관계에 좀 더 집중해서 설명하겠다.

1) 블록과 블록체인의 개념과 구조

블록체인은 분산장부로 불리는 경우가 많다. 먼저 장부에 대해 알아보자. 우리는 일상의 경제활동에서 거래 내역을 장부에 기입한다. 골목식당부터 회사까지 경제활동을 하는 업체나 조직은 대부분 장부를 작성한다. 장부를 작성하는 패턴은 거의 유사하다.

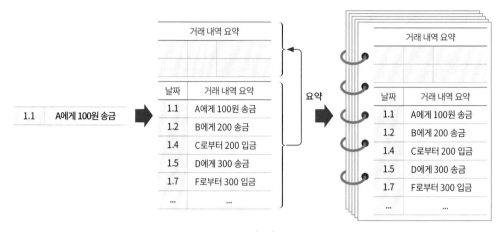

그림 2-9. 장부의 구조

먼저 개별 거래내역을 식별하고 작성한다. 일정한 시간 동안 거래내역이 쌓이면 중간 결산 및 거래 내역을 요약하여 정리한다. 그리고 이런 일정한 규모의 거래내역 페이지를 모두 차곡차곡 엮어서 전체장부를 완성한다.

분산장부라고 부르는 블록체인도 이런 장부 구조와 상당히 유사하다. 개별 거래내역(트랜잭션)이 발생하면, 이 트랜잭션이 블록이라는 공간에 차곡차곡 쌓인다. 일정한 시간 동안 트랜잭션이 쌓이면 트랜잭션을 요약하여 'Header' 부분에 추가하여 블록을 완성한다. 이렇게 완성된 블록을 다른 블록에 체인처럼 서로 연결하는 방식으로 전체 장부를 완성한다. 개별 페이지 장부에 해당되는 블록들이 전체적으로 체인처럼 서로 연결되어 있다고 해서 블록체인이라고 부른다.

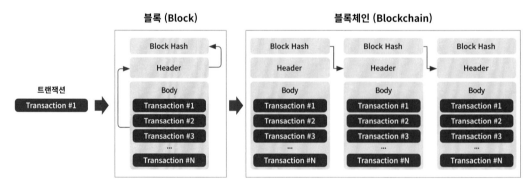

그림 2-10. 블록과 블록체인 구조

블록체인을 단순히 데이터를 기록하고 저장하는 장부로 사용해도 되지만, 비트코인에서는 블록의 완성 과정에서 POW(작업증명)라는 아이디어와 연계하여 화폐 발행, 합의 도달 등 탈중앙 구현에 필요한 다양한 역할과 기능을 수행한다. 이번 책에서는 블록체인을 단순히 장부 개념으로 한정하여 설명하겠다.

블록체인은 단순한 분산장부지만, 탈중앙 구현에 필요한 다양한 기능을 수행하기 때문에 블록체인을 탈중앙 개념과 연계해도 좋다.

2) 비트코인과 블록체인 관계

사토시 나카모토가 쓴 백서의 제목은 '비트코인(Bitcoin)'이다. 그리고 백서에는 '블록체인'이라는 단어는 존재하지 않는다. 따라서 사토시 나카모토가 만든 것은 비트코인이다. 그러면 비트코인과 블록체인의 관계는 무엇일까?

그림 2-11을 보면, 신용화폐 시대에는 중앙정부(은행)에서 화폐를 발행한다. 이런 신용화폐의 문제점은 중앙정부에 의한 무분별한 화폐 발행이라고 설명했다. 사토시 나카모토는 이런 무분별한 화폐 발행을 차단하기 위해 중앙정부(은행)에 의한 화폐 발행을 제거하고 탈중앙 기반으로 화폐를 발행하고 싶어했다. 그런데 탈중앙 기반으로 화폐를 발행하고 송금하면 장부에 대한 신뢰의 문제가 발생한다. 홍길동이 유관순에게 10만 원을 송금하고 그 송금 내역을 수정하거나 삭제하면 10만 원을 다시 송금할 수 있는 이중지불과 같은 신뢰 훼손 문제가 발생한다. 따라서 중앙시스템이 없는 완전한 탈중앙시스템에서는 구조적으로 수정·삭제가 불가능한 장부 설계가 필요했다. 그래서 채택한 것이 바로 블록체인이다.

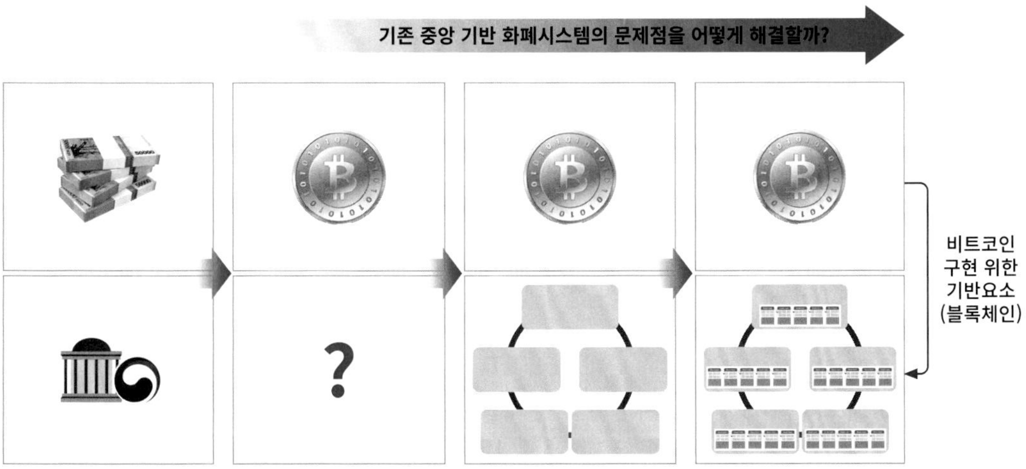

그림 2-11. 비트코인과 블록체인 관계

비트코인과 블록체인의 관계를 다시 한 번 정리해 보자.

비트코인은 백서 제목에서처럼 P2P Electronic Cash System이다. 전통적으로 민감한 화폐 시스템은 중앙은행과 시중은행을 기반으로 작동한다. 개인 간 직접 온라인 송금 과정에서는 수신자가 맞는지, 화폐가 위변조되지 않았는지, 이중지불 시도는 없었는지 등 신뢰의 문제가 발생하기 때문에 반드시 은행을 매개로 송금이 이루어진다.

이처럼 신뢰를 담보해줬던 중앙 · 중개 기관을 배제하면 그들이 보장해줬던 신뢰를 대신 보장해 줄 수 있는 다른 뭔가가 필요하다. 즉, 탈중앙에서도 신뢰를 보장해 줄 수 있는 것이 필요했고 그것이 바로 암호 기술에 기반한 블록체인이다.

이런 맥락에서 이해하면, 블록체인 자체가 탈중앙화를 의미하지는 않는다. 탈중앙화를 구현하기 위한 하나의 방안이자 기술일 뿐이다. 탈중앙화 구현을 위해 반드시 블록체인을 사용해야만 하는 것도 아니다. 탈중앙화를 구현할 수 있는 다양한 기술 옵션 중 하나다. 사토시 나카모토는 탈중앙 화폐 시스템인 비트코인을 설계하기 위해 블록체인을 도입했을 뿐이다. 참고로 비트코인 백서가 나오기 1년 전에 에스토니아에서는 이미 블록체인과 아주 유사한 기술을 보안에 접목하는 방안을 검토하고 있었다.

2.1.3 비트코인과 이더리움 차이

이 절에서는 비트코인과 이더리움의 탄생 배경을 살펴보면서 그 본질을 파악해 보고, 코인과 토큰 관점에서 비트코인과 이더리움이 어떤 차이가 있는지 살펴보고자 한다.

1) 이더리움은 어떻게 탄생했나

그림 2-12를 통해서 이더리움이 탄생하게 된 과정을 간단히 정리해 보자.

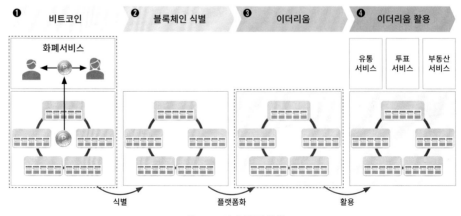

그림 2-12. 이더리움의 탄생

❶ **비트코인**: 비트코인이 세상에 처음 나왔을 때는 그냥 재미있는 가상화폐 정도로 간주되었다. 현실에서 화폐처럼 사용하려는 시도도 있었지만, 크게 주목받지 못했디.

❷ **블록체인 식별**: 한편으로 탈중앙 화폐 시스템을 구현하는 기반 기술에 더 관심을 갖기 시작했다. 사람들은 이 기반 기술을 '블록체인'이라고 부르기 시작했고 그 가치와 활용성을 고민하기 시작했다.

❸ **이더리움**: 그런데 이 블록체인이라는 기술은 화폐 시스템에 특화되어 있었기 때문에 다른 서비스로 적용하기에는 한계가 있었다. 블록체인 기술을 좀 더 다양한 서비스에 적용해 보려고 고민하던 사람들이 있었는데, 그중 한 명이 바로 비탈릭 부테린이다. 그는 블록체인이 단순한 화폐 목적이 아닌 다른 다양한 서비스에서도 활용 가능하도록 블록체인을 플랫폼화한 이더리움을 개발했다.

❹ **이더리움 활용**: 이런 블록체인 플랫폼이 준비되자 다양한 서비스가 별도의 블록체인 없이 이더리움 블록체인 플랫폼 기반으로 서비스를 론칭할 수 있게 되었다. 이것이 DApp(디앱)이다.

정리하면, 화폐 시스템인 비트코인에서 그 기반 기술을 식별 및 개념화하고 이를 범용적으로 활용하기 위해 플랫폼 형태로 개발한 것이 바로 이더리움이다. 비트코인은 화폐 시스템이고 이더리움은 블록체인 플랫폼이다. 비트코인 관점에서 블록체인은 탈중앙 화폐 시스템 구현을 위한 하나의 인프라 요소인 반면, 이더리움은 블록체인 플랫폼 그 자체다.

2) 토큰과 코인 관점에서 본 비트코인과 이더리움의 차이

앞서 비트코인은 2가지 역할을 수행한다고 했다. 즉, '금'과 '비트코인' 둘 다 우선 인센티브 기반으로 채굴되어야 하고, 이렇게 채굴된 것을 화폐로 사용한다.

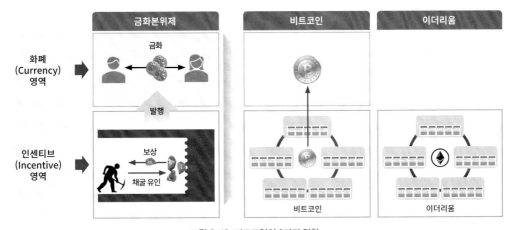

그림 2–13. 비트코인의 2가지 역할

그럼 이더리움은 어떨까? 일단 이더리움은 화폐(Currency)가 목적이 아니다. 하지만 탈중앙 시스템을 구현하기 위해 자발적인 참여를 유인하기 위한 인센티브 목적의 코인은 필요하다. 그래서 이더리움에서는 인센티브 목적의 코인(Ether)이 발행되어야 하지만, 그 코인은 생태계 참여 및 작동(Gas)을 위한 용도로만 활용될 뿐 비트코인처럼 서비스 영역에서 사용되지는 않는다.

이를 표로 정리하면 다음과 같다.

구분	금화본위제	비트코인	이더리움
화폐	금화	비트코인	N/A (해당없음)
인센티브	금으로 채굴 보상	비트코인으로 보상	이더(Ether)로 보상

결론적으로 완전한 탈중앙화를 목적으로 하는 퍼블릭 블록체인(Public Blockchain)은 자발적 참여를 유인하기 위한 인센티브 목적의 코인 발행이 필요하다.

이제 비트코인과 이더리움의 서비스(애플리케이션) 영역을 비교해 보자. 우선 그림 2-14에서 비트코인과 이더리움의 서비스 영역을 살펴보자.

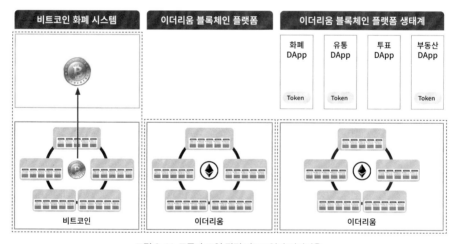

그림 2-14. 토큰과 코인 관점 비트코인과 이더리움

비트코인은 시스템(블록체인) 영역과 서비스(화폐) 영역이 통합된 하나의 화폐 시스템이라고 볼 수 있다. 이 시스템을 작동시키기 위한 인센티브 목적으로 비트코인이 채굴되고, 이 채굴된 비트코인이 다시 서비스 영역에서 화폐로 활용된다는 특징이 있다.

반면 이더리움은 시스템(블록체인) 영역에만 해당된다. 이 시스템 영역을 작동시키기 위해 인센티브 목적으로 이더(Ether)가 채굴되지만, 이 이더가 서비스 영역에서 어떤 기능(교환권, 이용권, 권리증표, 화폐 등)을 하지는 않는다.

이더리움은 블록체인 플랫폼이기 때문에 다양한 서비스들이 그 플랫폼에 론칭하여 서비스할 수 있는 토대만 제공한다. 이 플랫폼 기반으로 론칭한 각각의 서비스 영역에서는 필요에 따라 기능 구현을 위해 토큰을 발행할 수 있다. 이더리움에서 탈중앙 시스템 작동을 위해 인센티브 목석으로 발행되는 이더(Ether)와 서비스 영역에서 발행되는 토큰은 전혀 별개다. 그리고 비트코인은 하나의 시스템이지만, 서비스 영역 관점에서 보면 화폐로서 하나의 기능을 구현하기 때문에 토큰이라고 볼 수 있다.

3) 토큰과 코인의 차이

코인과 토큰을 정확히 구분하여 설명하라고 했을 때 명쾌한 답을 내놓을 수 있는 사람은 많지 않다. 사실 코인과 토큰은 아직 학문적으로나 법률적으로 명확히 정의되지 않았다. 이번 절에서는 코인과 토큰이 어떤 차이가 있고 개념적으로 어떻게 이해하면 좋을지 살펴보면서 두 개념을 좀 더 깊이 이해해 보려고 한다.

토큰과 코인의 차이

먼저 토큰과 코인의 용어 및 구분은 학문적으로나 법률적으로 정의된 것은 없다. 그냥 업계에서 통용(通用)하고 있을 뿐이다. 이런 de facto(사실상의 표준) 기준에 맞춰 코인과 토큰을 설명해 보겠다.

블록체인 분야에서 사용되는 토큰과 코인의 개념을 정의를 내려 설명하기는 어렵다. 처음부터 명확한 기준을 가지고 정의하여 명명한 것이 아니기 때문이다. 우선 다음 그림을 살펴보자. 코인은 블록체인과 연계된다. 그리고 토큰은 서비스 영역에서 사용된다.

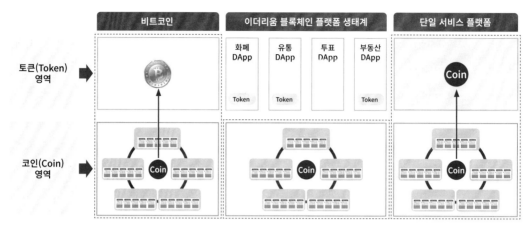

그림 2-15. 코인과 토큰 구분

코인과 토큰을 구분하여 설명할 때 일반적으로 독자적인 블록체인 플랫폼을 가지고 있느냐 아니냐로 구분한다. 독자적인 블록체인 플랫폼을 가지고 있으면 코인이고, 그렇지 않으면 토큰이라 부른다. 그림 2-15의 두 번째 그림은 이더리움을 의미한다. 이더리움은 블록체인 플랫폼이기 때문에 발행되는 이더는 코인이다. 그리고 이더리움 기반의 다양한 DApp(디앱)은 자체 블록체인 플랫폼이 없기 때문에 토큰이다. 세 번째 그림은 자체적인 블록체인에서 코인이 발행되어 서비스 영역에서 그대로 사용되는 사례다. 이것은 자체적인 블록체인 플랫폼을 가지고 있기 때문에 코인이다.

하지만 개인적으로 다음과 같이 구분하는 것은 어떨지 제시하고자 한다. "코인은 블록체인(시스템 영역)에서 인센티브와 연계되어 발행되는 것을 의미하고, 토큰은 서비스 영역에서 서비스 기능 구현을 위해 발행하는 것을 의미한다." 1장에서 토큰의 개념을 알아봤듯이, 토큰을 블록체인 플랫폼을 가지고 있느냐 아니냐로 구분하는 것이 아니라, 서비스 영역에서 어떤 자산이나 기능을 상징화하여 나타낸 것이 토큰이다.

그림 2-15의 첫 번째와 세 번째 그림을 보면 블록체인과 연계되어 발행된 코인이 서비스 영역에서도 그대로 사용되기 때문에 코인이라 부를 수 있다. 하지만 코인이 그대로 서비스 영역에서 사용되더라도 서비스 영역에서 어떤 기능 구현을 위해 활용되고 있다면 명칭을 토큰이라 불러도 상관없다.

암호화폐(Cryptocurrency)가 코인과 토큰을 포함하는 범용 용어로 사용된다. Currency는 사전적 정의를 보더라도 법정화폐적 성격이 강하다. 하지만 특정 서비스에서 사용하는 포인트, 사용권, 게임머니 등을 Currency라고 부르지 않는다. 이런 관점에서 볼 때 비트코인만 암호화폐라고 명명할 수 있겠고, 다른 암호화폐들은 그냥 코인과 토큰으로 부르는 것이 맞지 않을까 생각한다. 참고로 특금법(특정 금융거래정보의 보고 및 이용 등에 관한 법률) 개정으로 이런 암호화폐들의 정식 명칭은 가상자산으로 바뀌었다.

코인과 토큰을 개념적으로 어떻게 이해해야 할까?

앞에서 코인과 토큰을 '독자적인 블록체인 플랫폼 소유 여부'로 구분하는 것보다는 서비스 영역에서 사용되는 것을 토큰이라 하는 것이 더 적절하다고 저자의 생각을 밝혔다. 토큰은 독자적인 블록체인 플랫폼이 없는 개념으로 이해하기보다는 서비스 영역에서 서비스 구현에 필요한 소유권, 이용권, 증권 등을 상징화하여 발행한 것으로 이해하는 것이 더 적절하다. 블록체인 플랫폼과 상관없이 서비스 영역에서 굳이 이런 용도로 발행할 필요가 없다면 토큰을 발행하지 않아도 된다.

이더리움 백서에서 이더리움의 활용으로 '토큰'을 우선적으로 제시하고 있다. 비탈릭 부테린이 어떤 배경과 이해로 토큰을 제시했고 그 토큰을 어떻게 활용하려 했는지 정확히 알 수는 없지만, 개인적으로 그림 2-16처럼이 접근하지 않았을까 유추해 본다.

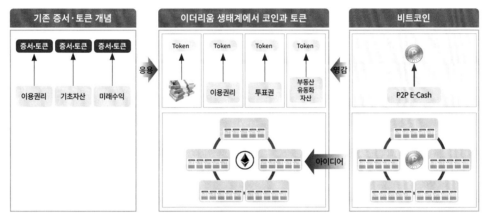

그림 2-16. 이더리움에서 코인과 토큰 설계

먼저 이더리움과 이더리움 기반의 토큰 활용은 비트코인으로부터 직접 영감과 아이디어를 받았다. 시스템 영역에서 비트코인 블록체인과 인센티브로서 코인을 발행하는 것도 그대로 활용했다. 그리고 화폐 서비스에서 필요한 화폐를 상징화한 비트코인을 발행하여 활용하는 것처럼, 이더리움에서는 다른 다양한 서비스 영역에서 필요한 기능을 상징화하여 토큰으로 발행하고자 했다.

비탈릭 부테린이 이더리움에서 제시하는 토큰은 우리가 1장에서 배웠던 증서 · 토큰 개념과 유사하다. 이더리움 백서에 명시된 토큰 관련 설명을 통해 비탈릭 부테린이 토큰을 어떻게 이해하고 있었는지를 알 수 있다.

On-blockchain token systems have many applications ranging from sub-currencies representing assets such as USD or gold to company stocks, individual tokens representing smart property, secure unforgeable coupons, and even token systems with no ties to conventional value at all, used as point systems for incentivization.

(블록체인 기반 토큰 시스템은 USD/금과 같은 자산을 대신하는 하위 화폐에서부터 회사주식, 개별 토큰, 위조 불가능 쿠폰, 통상적인 가치와 연결되어 있지 않은 토큰 시스템에 이르기까지 다양한 응용 분야를 가진다.)

이런 이해를 바탕으로 코인과 토큰의 개념을 이해해 보자. 그림 2-17은 비트코인과 이더리움 기반으로 각각 발행되는 코인과 토큰을 보여준다.

비트코인은 탈중앙 시스템 작동을 위해 자발적인 참여 유인을 위한 인센티브 목적의 코인(비트코인)이 필요하다. 그리고 이렇게 발행된 코인을 서비스 영역에서 사용한다. 이를 서비스 관점에서 이해하자면 10분 단위로 현실에 필요한 화폐를 상징화한 비트코인을 발행하고 있는 것이다.

이더리움은 탈중앙 블록체인 플랫폼이다. 동일하게 탈중앙 시스템을 작동시키기 위해서는 자발적 참여 유인을 위한 인센티브 목적의 코인(이더)이 필요하다. 그리고 이 블록체인 플랫폼 기반으로 다양한 서비스를 론칭할 수 있으며 각 서비스에서는 화폐, 이용 권리, 투표권, 부동산 자산 등을 상징화한 토큰을 발행할 수 있다. 물론 무엇을 굳이 상징화할 필요가 없는 서비스는 토큰 발행 없이 서비스를 진행하면 된다.

토큰이란 블록체인과는 직접 연관이 없으며 서비스 영역에서 기초 자산을 상징화할 필요가 있을 때 발행하는 것으로 이해할 수 있다. 나중에 토큰이 블록체인과 연계될 때 상당한 파급력이 있다는 것을 설명하겠지만, 우선 토큰은 블록체인과 직접적인 연관이 없는 것으로 이해하고 넘어가자.

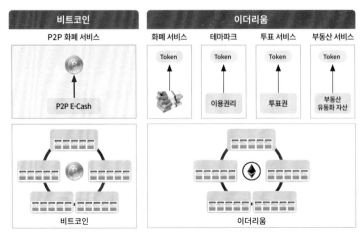

그림 2-17. 이더리움에서 코인과 토큰 이해

공식적으로 등록된 코인과 토큰만해도 1만 개가 넘는다. 거래소에 상장되어 거래되는 대부분은 토큰으로 이해하면 된다. 그러면 코인과 토큰의 가치는 무엇에 의해 결정되는 걸까?

비트코인은 화폐를 지향했지만 현재는 디지털 금이나 안전자산으로 자리를 잡아가는 분위기다. 그렇다면 비트코인이 디지털 금이나 안전자산으로 확실히 자리잡을 수 있는지가 중요한 가치 기준이 된다. 그리고 자리를 잡는다면 디지털 금이나 안전자산으로서 어느 정도의 가치가 있는지가 비트코인의 가치를 결정하는 중요한 지표가 될 것이다.

이더리움은 블록체인 플랫폼이다. 따라서 이더의 가치는 블록체인 플랫폼으로서 기술력, 시스템 안정성, 생태계 구현 역량, 그리고 이더리움 기반으로 얼마나 가치 있는 Dapp들이 론칭되는냐 등 생태계적 관점도 중요한 가치 판단 기준이 될 것이다.

토큰은 일차적으로 토큰이 발행된 서비스 자체가 얼마나 가치 있고 활성화되었느냐가 중요하다. 그리고 발행된 토큰이 해당 서비스에서 어떤 기능과 역할을 하느냐도 가치 판단의 기준이 된다. 토큰은 그 서비스 업체의 지분이 될 수도 있고, 서비스 이용권일 수도 있으며, 단순한 투표권이거나 쿠폰 정도의 개념일 수도 있다. 서비스의 가치와 서비스에서의 활용 역할에 따라 토큰의 가치가 결정된다고 볼 수 있다.

코인과 토큰은 어떻게 변화 · 발전하고 있는가?

비트코인은 시스템(블록체인)과 서비스(화폐) 영역으로 구분할 수 있다. 금본위제에서 금을 기반으로 화폐라는 일종의 증서를 발행한다거나 정부의 신용을 기반으로 지폐를 발행하는 것도 일종의 토큰 개념이다. 이와 유사하게 현실에서 거래에 사용될 수 있는 매개수단을 상징화하여 표현한 것이 화폐로서의 비트코인이라고 할 수 있다.

'비트코인 서비스 영역'에서의 이런 화폐는 이더리움 토큰에 영향을 주었다. 이더리움 기반의 다양한 서비스에서 토큰을 통해 서비스 기능을 구현하는 다양한 프로젝트가 선보였다. 토큰의 유형도 다양화되었다. 단순히 화폐를 1:1로 페깅한 스테이블 코인이나, 특성 서비스의 이용권이나 접근권을 토큰화한 유틸리티 토큰, 그리고 증권을 토큰 형태로 발행하는 증권형 토큰 등도 발행됐다. 그림 2-18은 서비스 영역에서 비트코인으로부터 영감을 받아 다양한 유형의 토큰이 출현하는 것을 보여준다.

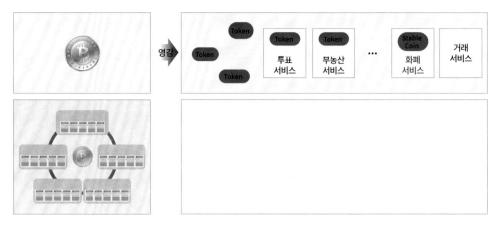

그림 2-18. 토큰 영역의 변화 · 발전

'비트코인 시스템 측면'에서 보면, 탈중앙 시스템 구현이 가능한 블록체인으로부터 영감을 받아 비트코인 블록체인 소스코드를 그대로 활용하여 다른 목적으로 활용하려는 시도도 있었고, 아예 범용 블록체인 플랫폼(이더리움)을 만들기도 했다.

퍼블릭 블록체인(Public Blockchain)이 속도가 느리고 엔터프라이즈 환경에 부적합하다고 판단되어 프라이빗 블록체인(Private Blockchain)도 적극적으로 검토 중이다. 더 나아가 블록체인 대신 다른 기술(ex. DAG 알고리즘)을 활용한 탈중앙 시스템까지 나타났다. 심지어 중앙시스템을 그대로 이용하면서 블록체인이라고 홍보하거나 구색만 갖춘 사례도 많이 나타나고 있다. 그리고 퍼블릭 블록체인에서는 인센티브 목적의 코인 발행이 반드시 필요하다. 하지만 프라이빗 블록체인이나 블록체인으로 위장한 중앙시스템은 코인을 굳이 발행할 필요가 없다. 그림 2-19는 비트코인 블록체인으로부터 영감을 받아 다양한 유형의 블록체인 시스템이 변화 · 발전되어 가는 과정을 보여준다.

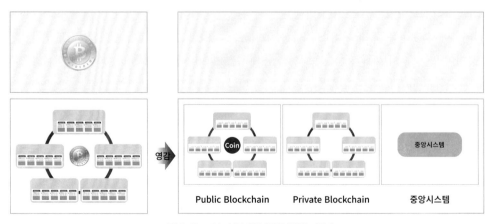

그림 2-19. 코인 · 블록체인 영역의 변화 · 발전

비트코인을 구성한 시스템(블록체인) 영역과 서비스(코인) 영역에서 각각 영감을 받아 블록체인과 토큰이 각각 다양한 형태로 변화·발전 또는 왜곡·변질되어 가는 것을 살펴봤다. 그림 2-20은 서비스 영역의 이런 다양한 형태의 토큰과 시스템 영역의 다양한 옵션들이 이해관계에 맞게 서로 적절한 조합을 이루며 복잡한 양상으로 전개된다는 것을 보여준다. 현실의 블록체인과 코인, 토큰이 이렇게 복잡하게 얽혀 있다 보니 일반인이 볼 때는 상당히 복잡하게 느낄 수밖에 없다.

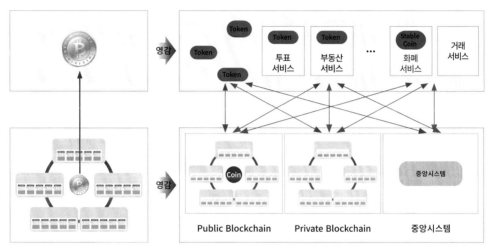

그림 2-20. 현재 코인과 토큰의 모습

그림 2-20을 통해 코인과 토큰이 어떤 위치에 존재하는지를 식별하고, 블록체인은 어떤 유형인지, 그리고 토큰은 서비스에서 어떤 목적으로 발행되는 것인지를 이해할 필요가 있다. 코인과 토큰을 암호화폐로 통칭해 부를 것이 아니라, 둘을 명확하게 구분하고 토큰은 어떤 목적의 토큰인지를 구분해낼 수 있는 인사이트를 우선 갖춰야 한다. 블록체인도 다 같은 블록체인 아니다. 퍼블릭 블록체인인지, 아니면 프라이빗 블록체인인지 구분해야 하며, 블록체인을 가장한 중앙시스템인지 여부도 확인해야 한다.

2.2 블록체인 산업에서 토큰의 올바른 이해

블록체인 산업에서 토큰은 어떻게 이해할 수 있을까? 이 절에서는 다양한 관점에서 토큰을 이해해 보는 시간을 가져 보려고 한다.

2.2.1. 서비스 관점에서 토큰의 이해

많은 사람이 토큰을 암호화폐 관점에서 이해하다 보니 토큰을 잘못 이해하는 경우가 많이 생긴다. 토큰은 암호화폐 이전부터 다양하게 사용되고 있었고, 비탈릭 부테린은 기존의 토큰 개념을 이더리움 기반의 서비스 영역에 접목하고자 했다. 토큰과 블록체인의 연계성은 차차 설명하겠지만, 우선 명확한 이해를 위해서 토큰은 블록체인과 직접적인 연관성이 없다고 이해하는 것이 더 좋다.

이더리움에서 토큰의 의미와 역할에 대해 설명하기에 앞서, 블록체인과 별도로 서비스에서 토큰이 왜 필요하고 어떤 역할을 하는지 알아보겠다. 이 부분은 1장의 토큰에 관한 설명 내용의 연장선으로 이해하면 된다.

1) 토큰화는 자연스러운 발상

화폐의 유용성

지능을 가진 인류는 경제활동을 영위하면서 거래의 편리성과 효율성을 위해 꾸준히 노력해 왔다. 대표적인 사례가 화폐의 발견·발명이다. 화폐는 정말 인류의 3대 발명품 중 하나라 할 정도로 거래의 편리성과 혁신을 가져왔다. 돈이 얼마나 위대한 발명인지는 화폐가 없는 상황을 가정해 보면 이해할 수 있다. 하나의 사례를 들어 설명해 보겠다.

화폐가 없는 세상에서 손님들이 영화관을 찾는 상황을 가정해 보자. 영화라는 서비스를 소비하기 위해서는 그에 상응하는 가치를 영화관에 제공해야 한다. 쌀농사를 짓는 사람은 본인이 수확한 쌀을 영화관에 제공하고자 할 것이다. 어부는 생선을 영화관에 제공하고자 할 것이다. 쌀과 생선을 이용할 경우 가치의 평가부터 인도까지 상당히 복잡하다. 문제는 복잡함만으로 끝나지 않는다. 영화 서비스의 대가로 받은 수많은 생선은 금방 썩어버릴 수 있다. 그러면 영화관은 더 이상 생선을 받으려고 하지 않을 것이며 어부는 영화를 볼 수 있는 기회가 없어진다.

자동차를 생산하는 공장 사장이라면 영화를 보기 위해 본인이 생산한 자동차를 제공해야 한다. 그런데 자동차와 영화 1편을 서로 교환하는 것은 공평하지 않다. 그렇다고 자동차를 쪼개서 문 한 짝만 제공할 수도 없다.

단적인 사례에서도 알 수 있는 것처럼, 화폐가 없는 세상에서는 물건끼리 직접 교환하는 것은 매우 불편하며, 가치를 저장하는 것도 쉽지 않다. 가치를 측정하는 것도 힘들고, 가치를 쪼개는 것도 불가능하다. 거래를 좀 더 편리하게 하고 물건을 더 효율적으로 교환할 수 있는 매개수단이 필요했다. 이런 맥락에서 발명된 것이 바로 화폐다.

과거에는 다양한 화폐가 생겨나고 사라졌다. 과거에는 실물 자산이나 금속 형태가 화폐로 많이 사용되었다. 하지만 그런 화폐 유형 역시 상당히 불편했다. 그래서 생각해 낸 것이 지폐. 실질가치(ex. 금) 또는 정부라는 강력한 신뢰기관을 기반으로 일정한 가치를 종이로 상징화한 것이 바로 지폐다.

화폐만으로 충분한가?

화폐는 거래에 있어 상당한 편리함을 제공했고 거래의 규모와 속도는 급격히 증가했다. 하지만 경제 규모와 활동이 팽창하면서 화폐만으로 모든 불편함을 해소하기에는 부족했다.

과거 버스요금이 150원이었을 때 1000원을 지불하는 고객도 있고 500원을 지불하는 고객도 있고 200원을 지불하는 고객도 있었다. 잔돈을 정산하느라고 버스 운행이 매우 비효율적이었으며, 버스 안내양이 돈을 훔칠 수도 있다는 우려에 안내양 몸을 수색하는 문제도 발생했다. 그래서 현금을 대신해서 사용할 수 있는 토큰을 이용하게 됐다.

과거에는 영화관 입구에서 영화 관람 비용을 현금으로 지급하고 입장 후 빈 좌석을 찾아 영화를 관람했다. 그런데 지정좌석제가 생겨나면서 특정 좌석에 대한 권리를 표상할 수 있는 증서(영화 티켓)를 만들어 이용하게 되었다.

물건을 구입하기 위해서는 현금을 지불하고 물건을 양도받아 점유하면 된다. 하지만 토지는 가져올 수도 없고 점유할 수도 없다. 그래서 땅의 소유권을 증명하기 위해 땅 문서나 등기를 이용하게 되었다.

현실 세계라면 돈을 주고 필요한 물품을 서로 교환하면 되지만, 게임 속 세상에서 필요한 아이템을 서로 교환할 때는 돈을 직접 주고받는 것이 어렵다. 그래서 게임머니라는 게임 속 가상화폐를 만들어서 쉽게 거래했다.

마트 사장님은 충성 고객을 확보하기 위해 구매 시마다 1%를 캐시백(Cashback)하기로 했다. 고객들이 물건을 구입할 때마다 캐시백을 위해 십 원짜리 동전을 매일 확보하는 것도 부담이었고 고객들도 십 원짜리 동전을 챙기는 것이 불편했다. 적립하는 경우에도 적립금을 별도로 관리하는 것이 번거로운 작업이었다. 그래서 사장님은 현금 캐시백 대신 전자적 형태의 포인트라는 것을 만들어 적립하게 했다. 포인트는 사실상 현금과 동일한 역할을 하지만, 현금을 대체한 것이며 거래의 편리성을 제공하는 역할을 한다.

100억짜리 빌딩을 소유한 사업가가 급전이 필요해서 100억짜리 빌딩을 급매하고 싶었다. 하지만 100억을 지불하고 구입할 수 있는 매수자를 찾기가 쉽지 않았다. 대신 일천만 원 정도 금액에서 투자할 수 있는 사람은 많았다. 그래서 100억 빌딩의 소유 권리를 1/1000로 쪼개서 증권이라는 형태로 발행하여 판매했다.

현실의 거래에서는 현금만으로 모든 거래를 편리하게 하는 데 한계가 있다는 것을 알 수 있다. 이때 사람들은 현금과는 별도로 다른 매개수단이나 증서 등을 통해 거래의 편리성을 추구한다.

그림 2-21은 거래의 편리성을 추구해 가는 과정을 간략하게 표현한 것이다. 처음에는 물건을 직접 거래하는 물물교환이었지만, 나중에 화폐를 통해 물건의 거래를 효율적으로 할 수 있었다. 하지만 경제 규모 점점 커지고 거래가 다양화되면서 화폐만으로는 부족하고 다른 보조 매개수단을 이용하기 시작했다.

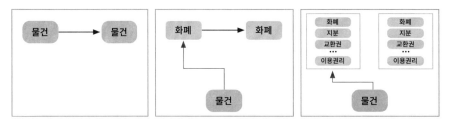

그림 2-21. 거래 · 교환의 편리성 추구

이처럼 화폐 외에도 화폐를 보완하거나 무형의 권리를 표현하거나 어떤 가치를 대체하는 목적으로 다양한 증서나 토큰이 사용된다.

- **화폐 대용**: 양도성 예금 증서, 수표

- **소유 증서**: 부동산 등기 필증

- **지분 증서**: 주식

- **이용 권리**: 비행기 항공권, 버스 토큰, 초대권, 이용권

- **교환권**: 상품권

- **포인트**: 포인트(Point)

토큰화는 자연스러운 흐름

사람들이 거래에 있어서의 불편함을 해결하기 위해 꾸준히 노력해 왔다는 것을 다양한 사례를 통해 살펴봤다. 화폐를 발명했고, 다양한 증서를 활용하거나 다른 무엇으로 대체하여 사용하기도 했다. 여기서 증서나 다른 무엇을 쉽게 토큰이라고 할 수 있다. 따라서 토큰화라는 것은 경제 활동이나 거래에 있어 편리성을 추구하는 인간에게 너무나 자연스러운 흐름이다.

사람들은 끊임없이 기초 자산 거래의 불편함을 개선하기 위해 기초 자산을 기반 · 대신 · 대체 · 상징화하여 문서나 다른 무엇을 통해 거래의 편리함을 추구해왔다. 앞으로도 계속 거래의 편리성을 좇아 새로운 무언가가 출현할 것이다.

2) 토큰화로 거래의 불편함은 사라졌을까?

화폐에 이어 다양한 토큰을 이용하여 거래의 편리성은 얻었는데, 토큰화만으로 거래의 불편한 요소들을 완전히 제거할 수 있을까?

진위(眞僞) 문제

연초부터 모 상장기업 재무팀장이 2000억 원이 넘는 돈을 횡령한 사건이 발생하면서 온 나라를 떠들썩하게 했다. 이 재무팀장은 잔고증명서를 위조하는 방식으로 회삿돈을 몰래 횡령할 수 있었다고 한다.

우리가 경제활동이나 거래에 있어 가장 많이 접하는 이슈나 문제점은 바로 진위(眞僞) 문제, 즉 위조다. 위조는 공문서부터 사문서까지 대상과 영역을 가리지 않고 나타난다. 신뢰를 보장하기 위해 부동산 중개업자를 이용하는데, 부동산 중개사가 나서서 등기부등본을 위변조하는 사례도 종종 발생한다. 인감도장을 위조하기도 하고 계약서를 위변조하기도 한다. 지폐도 위조되고 제품의 진위를 인증해주는 인증서도 위조된다.

위조는 문서만으로 한정하지 않는다. 짝퉁 제품이 넘쳐나고 위작 미술품도 큰 문제로 대두되고 있다. 미술품의 진위를 구별하기 위해 거래 이력을 참고할 수 있겠지만, 거래 이력도 진짜라는 것을 100% 보장하고 확신할 수 없다.

계약의 불이행

민간 영역 거래에서 진위 문제 못지않게 갈등의 요인이 되는 것은 바로 계약 불이행이다. 서로 합의하여 계약을 체결했지만, 계약 조건이 성립되어도 계약의 내용을 이행하지 않는 상황이 많이 발생한다. 계약 불이행 사례는 크게 3가지 유형으로 볼 수 있다. 첫째는 계약한 내용을 위변조하는 형식으로 계약을 불이행하는 것이다. 둘째는 계약 이행을 차일피일 미루면서 계약 당사자를 지치게 만드는 경우이며, 셋째는 '배째라'라는 식으로 계약 이행을 거절하는 경우다. 계약 이행을 보장하기 위해서 선수금이나 담보를 요구하게 되고, 그것이 거래 참여의 진입장벽이 되기도 한다.

신뢰기관 활용 및 시간과 돈

앞선 진위 문제나 계약 불이행 문제를 해결하기 위해서 사람들은 다양한 대응책과 해결방안을 찾고 있다. 먼저 진위 문제를 해결하기 위해 계약서를 공증받거나 제3 신뢰 기관을 통해 검증받는다. 다양한 인증기관을 통해 검증과 진위를 식별하고 인증서를 첨부한다. 계약 이행을 강제화하기 위해 담보를 요구하거나 까다로운 조건을 제시하기도 한다. 계약 불이행을 촉구하기 위해 내용증명을 보내기도 하며 중재기관을 이용하기도 한다. 그래도 계약 이행이 안 될 경우 결국 최후의 수단으로 법의 힘을 이용한다.

이런 진위 문제나 계약 불이행 문제를 해결하기 위해 제3 신뢰 기관을 이용하는 것은 좋지만, 불필요한 돈과 시간을 허비해야 하는 문제가 있다. 신뢰를 보장하기 위해 제3 신뢰 기관을 이용하면 적지 않은 수수료가 발생한다. 계약 불이행 문제가 법원으로 갈 경우 1~2년은 기본으로 걸린다. 기회비용과 심신이 지쳐서 소송을 중단하는 사례도 많다.

토큰은 불편한 거래를 단순히 이용하기 편리한 대상으로 표상 또는 상징화만 했을 뿐, 진위 문제나 계약 불이행 등과 같은 이슈는 거래 과정에서 여전히 남아 있다. 위변조나 계약 불이행으로 인한 당사자 간 분쟁과 기회비용(시간과 돈)은 거래상의 갈등으로 이어진다. 이더리움 블록체인은 바로 이런 문제점을 해결할 수 있는 가능성과 아이디어를 제공한다.

2.2.2 이더리움과 토큰 활용

토큰은 오랫동안 이미 사용되어 왔으며, 현재도 다양한 영역에서 블록체인과 상관없이 활용되고 있다. 이번에는 토큰이 블록체인과의 연계 관점에서 어떤 의미가 있는지 살펴보자. 이더리움에서 제시한 개념을 토큰에 적용할 경우 어떤 의미와 가치가 있는지 알아보겠다.

1) 이더리움에서 토큰 활용

현실 거래의 불편함을 개선하기 위해 토큰을 활용하고 있지만, 여전히 거래 관계에서 다양한 갈등이 발생한다. 이더리움(블록체인) 기반으로 토큰을 이용하게 되면 기존의 문제점들을 상당히 개선할 수 있다.

먼저 기존 거래에서의 불편함과 문제점을 식별해 보자. 거래의 편리성을 위해 증서나 토큰을 발행한다고 하지만, 증서나 토큰 발행 역시 직 · 간접직인 비용이 발생한다. 그리고 앞서 살펴본 위변조, 계약 불이행, 제3 신뢰 기관 비용이 발생한다.

- 증서 · 토큰 발행 직간접 비용

- 위변조 문제

- 계약 불이행 문제

- 제3 신뢰 기관 이용 및 기회비용(시간과 돈)

(1) 토큰화 용이

예를 들어 증서를 발행하는 상황을 가정해 보면, 증서를 발행하기 위해서는 상당한 시간과 비용이 소요된다. 그리고 증서의 진위를 식별하고 보장하기 위한 다양한 부대 장치가 추가되는 경우도 있다. 그리고 실물 자산을 증서화할 때 실물자산과 증서와의 연결관계를 보장하고 인증할 수 있는 제3 신뢰 기관이 필요하다.

이제 이더리움 기반으로 토큰을 발행하는 상황을 가정해 보자. 토큰 발행과 분배는 스마트 컨트랙트 기반으로 처리되기 때문에 편리하고 신속하다. 토큰을 발행하는 데 채 몇 분도 걸리지 않는다. 비용도 거의 발생하지 않는다. 스마트 컨트랙트와 토큰이 블록체인에 저장되기 때문에 위변조 위험으로부터도 자유롭다. 그리고 디지털 자산을 기반으로 토큰화할 경우 디지털 자산을 개인키로 암호화하여 전자서명을 생성할 수 있다.

토큰 발행 및 관리 차원에서 이더리움을 이용하면 상당히 편리하고 효율적이다.

(2) 위변조 차단

실물 자산 및 종이 증서는 위변조를 식별하고 차단하는 데 어려움과 한계가 있다. 위변조 여부를 식별하고 억제하기 위해 별도의 장치나 기관을 이용하면 추가적인 비용과 시간이 소요된다.

하지만 디지털 자산이나 디지털 형태의 토큰은 암호 기술을 이용하면 위변조를 쉽게 식별하고 차단할 수 있다. 디지털을 개인키로 암호화하는 방식으로 쉽게 전자서명을 할 수 있으며 해시 함수를 이용하면 디지털의 무결성을 쉽게 확인할 수 있다. 그리고 스마트 컨트랙트와 토큰은 블록체인에 저장되기 때문에 위변조를 차단할 수 있다.

(3) 계약 이행 강제화

현실에서는 계약 조건이 성립되더라도 사람의 자의적 판단 및 악의적 결정에 의해 계약이행이 실행되지 않는다고 했다. 그림 2-22는 이더리움의 스마트 컨트랙트를 이용하면 계약 조건이 성립할 때 이행이 자동화·강제화되는 것을 보여준다.

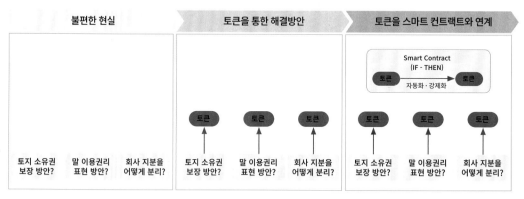

그림 2-22. 이더리움에서 토큰 활용

스마트 컨트랙트의 작동 원리를 좀 더 자세히 이해해 보자. 먼저 계약의 단계를 식별해 보자.

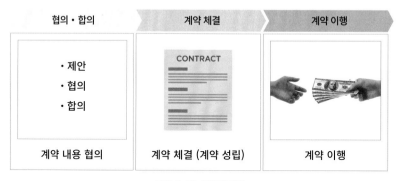

그림 2-23. 계약의 단계

계약은 합의 과정을 거쳐 계약서를 체결하고 조건이 충족되면 이행되는 절차를 지닌다. 앞서 설명한 계약이 불이행되는 상황에서 '위변조'는 계약 체결 단계에서 발생하고, '이행지연'과 '배째라'는 계약 이행 단계에서 발생한다. 정리하면, 계약이 반드시 이행되게 하기 위해서는 계약서가 위변조돼서는 안 되고, 계약 조건이 성립되면 반드시 이행되는 과정이 필요하다.

스마트 컨트랙트를 이용하면 조건이 충족되면 자동으로 실행되는 개념 정도로 이해하지만, 현재 모든 프로그램은 IF-Then으로 작동한다. 조건이 충족되면 실행시킨다는 것이 스마트 컨트랙트의 본질은 아니다. 앞서 계약이 불이행되는 3가지 상황(위조, 지연, 배째라)을 설명했던 것처럼 아무리 계약을 프로그램으로 설정하더라도 이 프로그램을 수정해비리거나 사람이 자의적으로 프로그램 실행을 통제할 수 있다면 아무런 의미가 없다. 따라서 앞서 계약이 불이행되는 3가지 상황을 해결하기 위해서는 '수정 불가능한 프로그램 계약이 조건이 맞으면 강제로 자동 실행되게 설정'하는 것이 필요하다.

그림 2-24는 현실의 계약 불이행 문제가 스마트 컨트랙트를 이용할 경우 어떻게 강제이행을 구현할 수 있는지를 보여준다.

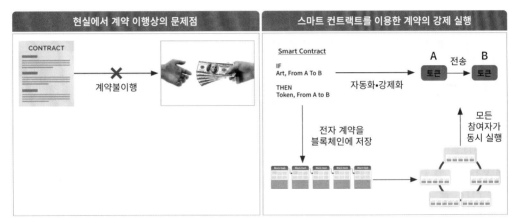

그림 2-24. 스마트 컨트랙트를 이용한 계약 이행 과정

이더리움에서는 계약 조건과 내용을 프로그램으로 설정(자동화 구현)하고 그 프로그램을 블록체인에 저장(위변조 차단)한다. 그리고 계약 조건이 충족되면 특정 개인이 아닌 탈중앙화된 모든 노드가 연계하여 동시에 실행(이행 강제)시키는 방식으로 처리된다.

스마트 컨트랙트는 이행의 자동화보다는 '승낙과 이행이 동시에' 이루어지고 '이행을 강제화' 한다는 데 더 큰 의미가 있다. 중앙 시스템으로 스마트 컨트랙트를 구현한다면 중앙 기관에서 프로그램을 얼마든지 수정할 수 있으며 실행 여부를 임의로 제어할 수 있다. 따라서 계약 조건 성립에 따른 강제이행이 가능하기 위해서는 위변조가 불가능한 블록체인과 실행 여부를 특정 개인이 임의로 제어할 수 없는 탈중앙화 환경이 필요하다.

비탈릭 부테린은 현실 거래의 불편한 요소들을 토큰으로 상징화하고 이 토큰을 스마트 컨트랙트를 연계해 자동화하고 강제화하면 엄청난 업무 효율성 개선 및 분쟁 해결을 실현할 수 있을 거라고 생각한 것이다.

(4) 탈중앙 기반 신뢰 보장

앞서 위변조 차단과 계약 이행을 위해 제3 신뢰 기관이 필요하며 이럴 경우 돈과 시간이 소요되는 문제가 있다고 했다. 그런데 토큰을 블록체인과 연계할 경우 이런 문제점들을 제3 신뢰 기관 없이도 구현할 수 있다는 것을 알 수 있다. 앞서 토큰이 블록체인과 연계할 경우 제3 신뢰 기관 없이 위변조를 차단하고 강제 이행을 구현하는 것을 살펴봤다.

다음 표를 보면 계약 단계별 제3 신뢰 기관을 이용하는 경우와 블록체인에서 제3 신뢰 기관 없이도 어떻게 신뢰를 보장하는지를 비교해서 보여준다.

단계	계약 단계	중앙 (제3 신뢰 기관)	탈중앙(블록체인)
1	계약서 작성	중개소, 신뢰기관	스마트 컨트랙트
2	계약서 서명	당사자 인감, 신뢰기관 인감	전사서명 (개인키)
3	계약서 위변조 방지	신뢰기관 보장	블록체인 저장
4	계약서 공증	공증 사무소	블록체인 저장·공개
5	불이행 대응 조치	법원	스마트 컨트랙트

현실에서는 다양한 중개소나 제3 신뢰 기관에 의지하여 신뢰를 보장한다는 것을 알 수 있다. 반면 제3 신뢰 기관이 없더라도 암호 기술과 블록체인 기술을 이용하면 개인 간 거래에서도 신뢰를 보장할 수 있다.

2) 이더리움 토큰 이해

이더리움 백서 소개

이더리움을 전체적으로 이해하기 위해서는 이더리움 백서(White Paper)를 참조하는 것이 좋다. 비트코인 백서에 비해 내용도 많고 상당히 난해하여 관련 선행지식 없이 읽기에는 상당히 어렵다.

이더리움 파운데이션(Ethereum Foundation) 홈페이지에 가면 백서뿐만 아니라 이더리움 및 ERC 표준 문서 등도 참고할 수 있다.

ethereum.org/en/whitepaper/#applications

Use Ethereum Learn Developers Enterprise Community

Ethereum Whitepaper

This introductory paper was originally published in 2013 by Vitalik Buterin, the founder of Ethereum, before the project's launch in 2015. It's worth noting that Ethereum, like many community-driven, open-source software projects, has evolved since its initial inception.

While several years old, we maintain this paper because it continues to serve as a useful reference and an accurate representation of Ethereum and its vision. To learn about the latest developments of Ethereum, and how changes to the protocol are made, we recommend this guide.

A Next-Generation Smart Contract and Decentralized Application Platform

Satoshi Nakamoto's development of Bitcoin in 2009 has often been hailed as a radical development in money and currency, being the first example of a digital asset which simultaneously has no backing or "intrinsic value ↗" and no centralized issuer or controller. However, another, arguably more important, part of the Bitcoin experiment is the underlying blockchain technology as a tool of distributed consensus, and attention is rapidly starting to shift to this other aspect of Bitcoin. Commonly cited alternative applications of blockchain technology include using on-blockchain digital assets to represent custom currencies and financial instruments ("colored coins" ↗), the ownership of an underlying physical device ("smart property" ↗), non-fungible assets such as domain names ("Namecoin" ↗), as well as more complex applications involving having digital assets being directly controlled by a piece of code implementing arbitrary rules ("smart contracts" ↗) or even blockchain-based "decentralized autonomous organizations ↗" (DAOs). What Ethereum intends to provide is a blockchain with a built-in fully fledged Turing-complete programming language that can be used to create "contracts" that can be used to encode arbitrary state transition functions, allowing users to create any of the systems described above, as well as many others that we have not yet imagined, simply by writing up the logic in a few lines of code.

Introduction to Bitcoin and Existing Concepts

History

The concept of decentralized digital currency, as well as alternative applications like property registries, has been around for decades. The anonymous e-cash protocols of the 1980s and the 1990s, mostly

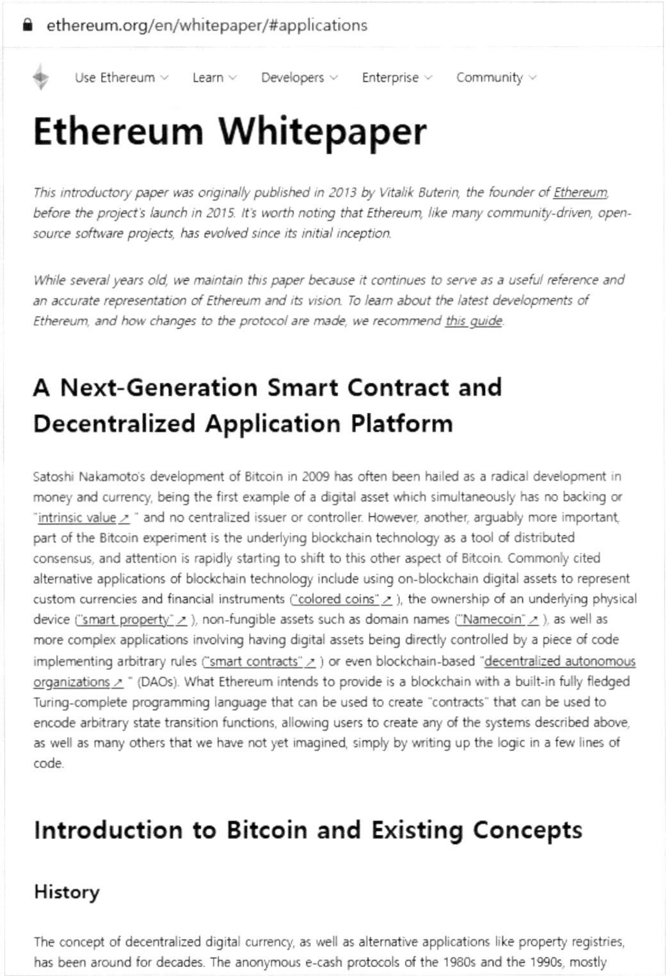

그림 2-25. 이더리움 백서 (출처: Ethereum foundation 홈페이지)

이더리움 백서는 크게 다음과 같이 구성된다.

- A Next-Generation Smart Contract and Decentralized Application Platform
- Introduction to Bitcoin and Existing Concepts
- Ethereum
- **Applications**
- Miscellanea And Concerns
- Conclusion

각 구성의 내용을 간단히 설명하면 다음과 같다.

이더리움 구성	설명
A Next-Generation Smart Contract and Decentralized Application Platform	비트코인으로 시작된 블록체인이 그 활용측면에서 어떻게 발전되어 왔고 이더리움의 활용 목표에 대해 간단히 소개되어 있다.
Introduction to Bitcoin and Existing Concepts	비트코인의 요소와 작동방법에 대해 진단하고 평가한다.
Ethereum	기존 비트코인과 비교 관점에서 이더리움의 목적과 요소 작동원리를 설명한다.
Applications	이더리움의 활용 방향 및 가능성에 대해서 설명한다.
Miscellanea And Concerns	수수료, 이더리움 화폐(Ether), 확장성 등에 대해 설명한다
Conclusion	이더리움의 활용 가치와 전망을 간단히 설명한다

이더리움 활용(Applications)

이더리움 백서 4번째 단락에서 '활용(Application)' 측면을 다룬다. 이 '활용(Application)' 단락에서 토큰의 활용성을 소개한다.

거기서 이더리움의 활용 분야를 다음과 같이 6가지로 소개하는데, 그중 첫 번째가 'Token System'이다.

1. Token Systems

2. Financial derivatives and Stable-Value Currencies

3. Identity and Reputation Systems

4. Decentralized File Storage

5. Decentralized Autonomous Organizations

6. Further Applications

Applications

In general, there are three types of applications on top of Ethereum. The first category is financial applications, providing users with more powerful ways of managing and entering into contracts using their money. This includes sub-currencies, financial derivatives, hedging contracts, savings wallets, wills, and ultimately even some classes of full-scale employment contracts. The second category is semi-financial applications, where money is involved but there is also a heavy non-monetary side to what is being done; a perfect example is self-enforcing bounties for solutions to computational problems. Finally, there are applications such as online voting and decentralized governance that are not financial at all.

Token Systems

On-blockchain token systems have many applications ranging from sub-currencies representing assets such as USD or gold to company stocks, individual tokens representing smart property, secure unforgeable coupons, and even token systems with no ties to conventional value at all, used as point systems for incentivization. Token systems are surprisingly easy to implement in Ethereum. The key point to understand is that all a currency, or token system, fundamentally is, is a database with one operation: subtract X units from A and give X units to B, with the proviso that (i) A had at least X units before the transaction and (2) the transaction is approved by A. All that it takes to implement a token system is to implement this logic into a contract.

The basic code for implementing a token system in Serpent looks as follows:

```
def send(to, value):
    if self.storage[msg.sender] >= value:
        self.storage[msg.sender] = self.storage[msg.sender] - value
        self.storage[to] = self.storage[to] + value
```

그림 2-26. 이더리움 응용 (출처: 이더리움 백서)

백서에 나온 'Token System' 내용을 앞서 살펴봤지만, 여기서 다시 한 번 더 인용하겠다.

> '블록체인 기반 토큰 시스템은 USD/금과 같은 자산을 대신하는 하위 화폐에서부터 회사주식, 개별 토큰, 위조 불가능 쿠폰, 통상적인 가치와 연결되어 있지 않은 토큰 시스템에 이르기까지 다양한 응용 분야를 가지고 있다.'

비탈릭 부테린은 이더리움을 통한 다양한 응용 가능성에 대해 첫 번째로 '토큰 시스템'을 언급했고, 우리가 앞서 살펴본 증서 · 토큰과 유사한 개념으로 이해했다는 것을 알 수 있다.

ERC

토큰과 NFT 관련 자료를 읽다 보면 가장 먼저 접하게 되는 용어가 바로 'ERC'다. ERC-20, ERC-721 등이 자주 소개된다. ERC가 정확히 어떤 의미인지 알아보겠다.

최근의 IT 문화는 과거 경직되고 보수적인 조직과는 달리 개인의 창의적인 아이디어가 중요해지는 환경으로 바뀌고 있다. 누구든지 조직·회사 커뮤니티에 자유롭게 아이디어를 개진하고 좋은 아이디어는 정식 안건으로 채택하고 내부 논의를 거쳐 회사의 공식 정책으로 반영되는 경우가 많다. 회사에서도 이런 문화의 장점을 인식하고 적극적으로 도입하는 추세다.

이런 프로세스가 가장 잘 뿌리내린 분야가 바로 '오픈소스 개발 커뮤니티'다. 특정 주인이나 주도자가 없이 집단 지성이 참여하여 자유롭게 의견을 개진하고 내부 토의와 투표에 의해 코드를 개발하고 개선하고 기능을 추가한다.

이런 절차를 좀 더 구체적으로 보면, 오픈소스 프로젝트에서 기능 추가나 개선을 하고 싶으면 먼저 개발 커뮤니티에 제안해야 한다. 제안한 내용이 토론과 의견을 통해 채택되면 정식으로 반영되는데, 제안 시 '일정한 형식을 갖춘 표준화된 방식과 문서'를 따르도록 했다. 비트코인에서는 이를 BIP(Bitcoin Improvement Proposals)라고 하고, 이더리움에서는 EIP(Ethereum Improvement Proposals)라고 한다.

EIP(Ethereum Improvement Proposal)란 이더리움을 개선하기 위한 제안 내용을 일정한 문서 형식과 공식적인 절차를 통해 발의하는 것을 말한다. 요구되는 형식을 갖춘 EIP가 발의되면 일련번호가 부여되고 내부 토론과 협의를 거쳐 실제 반영될 수도 있고 폐기될 수도 있다.

EIP는 다음과 같은 절차로 진행된다.

1. WIP: 제안된 EIP에 일련번호가 부여되어 정식으로 제출되는 단계

2. Draft: 제안된 내용에 대해 정식으로 토론과 의견이 교환되는 단계

3. Last Call: 1차 검증이 완료된 상태이며, 이 단계에서 기술적 문제나 이의(異議)가 제기되면 다시 Draft 상태로 돌아가는 단계

4. Final: 제안이 승인된 단계

EIP는 다음과 같이 구성된다.

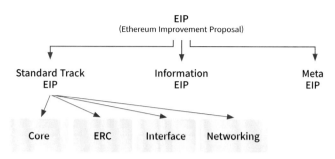

그림 2-27. EIP (Ethereum Improvement Proposal)

- Standard Track EIP: 이더리움 전반적인 것에 관련한 모든 것에 영향을 미치는 변경 및 추가

- Informational EIP: 이더리움 설계 문제를 설명하거나 이더리움 커뮤니티에 일반적인 지침 또는 정보 제공

- Meta EIP: 개발 가이드라인이나 개발툴에 관한 내용

이더리움 구현 및 변경 전반에 대해 다루는 Standard Track EIP는 다시 다음과 같은 4가지로 구성되어 있다.

1. Core EIP: 이더리움 합의 알고리즘이나 마이닝 또는 노드 관리

2. **ERC: 토큰 표준, 지갑 형식과 같은 응용 프로그램 수준 표준 및 규약**

3. Interface: 클라이언트 API/RPC 규격 및 표준에 대한 개선 사항과 방법명

4. Networking: Whisper, Swarm, Light Client Protocol

ERC를 토큰과 연계하여 설명을 요약하면, ERC는 이더리움 EIP(이더리움 개선 제안)에서 토큰 및 지갑에 관해 표준 및 규약을 다루는 부분으로 이해하면 된다.

Memo

ERC(Ethereum Request for Comment)는 어원적으로 RFC(Request for Comments)에서 착안했다. RFC는 IETF(국제 인터넷 표준화기구)에서 인터넷 표준 등을 위해 인터넷 개발에 필요한 기술, 연구 결과, 절차 등을 기술해 놓은 메모다. 쉽게 설명하면 "이렇게 제안하고 싶은데 검토하여 여러분 의견(피드백)을 주세요(Request for Comments)."라는 말을 일정한 형식을 갖추어 공식으로 제안하는 것으로 이해하면 된다. 누구나 RFC 문서를 작성하여 제안하면 일련번호가 부여되고 커뮤니티 내부 검토를 통해서 인터넷 표준으로 인정된다. 한 번 제안된 RFC는 수정할 수 없으며, 동일한 내용에 대해 수정이나 추가적인 개선사항이 있으면 다른 일련번호를 통해 다시 제안해야 한다. RFC 개념과 방식을 이더리움에서 적용한 것이 ERC(Ethereum Request for Comment)다.

EIP에서 4단계가 Final 단계인데, 그림 2-28은 ERC Final 리스트를 보여준다. ERC Final 리스트란 쉽게 말해 내부 논의를 거쳐 최종 승인된 항목이다.

ERC
Final

Number	Title	Author
20	ERC-20 Token Standard	Fabian Vogelsteller, Vitalik Buterin
55	Mixed-case checksum address encoding	Vitalik Buterin, Alex Van de Sande
137	Ethereum Domain Name Service - Specification	Nick Johnson
162	Initial ENS Hash Registrar	Maurelian, Nick Johnson, Alex Van de Sande
165	ERC-165 Standard Interface Detection	Christian Reitwießner, Nick Johnson, Fabian Vogelsteller, Jordi Baylina, Konrad Feldmeier, William Entriken
181	ENS support for reverse resolution of Ethereum addresses	Nick Johnson
190	Ethereum Smart Contract Packaging Standard	Piper Merriam, Tim Coulter, Denis Erfurt, RJ Catalano, Iuri Matias
600	Ethereum purpose allocation for Deterministic Wallets	Nick Johnson, Micah Zoltu
601	Ethereum hierarchy for deterministic wallets	Nick Johnson, Micah Zoltu
721	ERC-721 Non-Fungible Token Standard	William Entriken, Dieter Shirley, Jacob Evans, Nastassia Sachs
777	ERC777 Token Standard	Jacques Dafflon, Jordi Baylina, Thomas Shababi
820	Pseudo-introspection Registry Contract	Jordi Baylina, Jacques Dafflon
1155	ERC-1155 Multi Token Standard	Witek Radomski, Andrew Cooke, Philippe Castonguay, James Therien, Eric Binet, Ronan Sandford
1167	Minimal Proxy Contract	Peter Murray, Nate Welch, Joe Messerman
1363	ERC-1363 Payable Token	Vittorio Minacori
1820	Pseudo-introspection Registry Contract	Jordi Baylina, Jacques Dafflon
2309	ERC-721 Consecutive Transfer Extension	Sean Papanikolas
3156	Flash Loans	Alberto Cuesta Cañada, Fiona Kobayashi, fubuloubu, Austin Williams

그림 2-28. ERC Final (출처: https://eips.ethereum.org/erc)

ERC Final을 보면 'Number'가 부여된 것을 확인할 수 있다. EIP 첫째 단계에서 일정한 형식으로 정식 제안이 되면 시리얼 넘버가 붙는다고 했는데, 이 시리얼 번호가 바로 이 'Number'다. 따라서 ERC-20은 20번째로 제안된 내용인데 최종 승인되었다는 것이며, ERC-721은 721번째로 제안되었는데 최종 승인되었다는 것이다. ERC-21은 어떤 의미일까? ERC-21은 ERC Final 리스트에 포함되어 있지 않다. 따라서 21번째로 제안되었으나 최종 승인되지 않았다는 것을 의미한다.

ERC-20

'ERC-20 토큰'이란 토큰 발행 및 형식 관련해서 20번째로 제안되었고 이 제안된 내용이 표준으로 채택되었으며, ERC-20 기준 및 가이드에 따라 발행된 토큰을 의미한다.

ERC-20 표준의 특징은 발행된 토큰끼리 서로 대체가 가능하다는 것이다. 1만 원짜리 지폐처럼 동일한 가치를 지니고 있어서 서로 대체 및 교환이 가능한 것을 의미한다.

ERC-20 토큰은 다음과 같은 항목 데이터를 입력하면 바로 쉽게 발행할 수 있다.

- Token Name(토큰 이름)

- Token Symbol(토큰 심볼, 3-4자)

- Token decimal(토큰 소수자리)

- Token cap(최대 토큰 수)

- Token initial balance (사용할 수 있는 토큰 수)

- Network (사용할 블록체인 네트워크)

토큰은 직접 프로그래밍을 통해 발행할 수도 있지만, 이더리움에서 ERC-20 표준을 제공하기 때문에 일반적으로 이더리움 ERC-20 표준에 따라 발행한다. 그림 2-29는 토큰을 발행하는 툴의 UI(User Interface)를 보여준다.

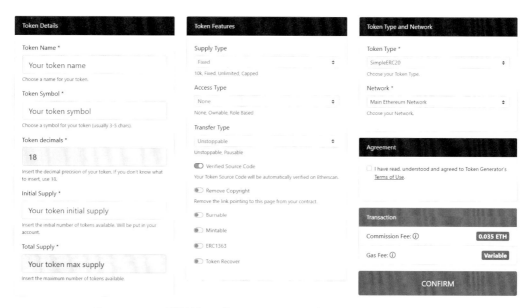

그림 2-29. ERC-20 발행 툴 (https://vittominacori.github.io/erc20-generator/create-token)

ERC-721

최근 NFT가 부상하면서 ERC-721도 주목받고 있다. ERC-20 표준으로 발행된 토큰을 보통 FT(Fungible Token)라고 하고, ERC-721 표준으로 발행된 토큰을 NFT(Non-Fungible Token)라고 한다.

FT는 동일한 가치가 부여되어 대체 가능한 토큰이고, NFT는 특정 대상에 대한 고유한 ID를 지니고 있어 대체가 불가능한 토큰을 의미한다. NFT에 대해서는 3장에서 자세히 다루겠다.

2.3 토큰의 활용 사례

토큰은 증서나 증권과도 밀접하게 연관되어 있다 보니 활용과 관련하여 관련 법의 영향을 많이 받는다. 관련 법을 이해하면 토큰의 활용 범위 및 발행 방식을 이해하는 데도 많은 도움이 된다. 따라서 토큰 활용 사례를 알아보기에 앞서 관련 법을 한 번 검토하고 넘어가고자 한다.

2.3.1 토큰 관련 법 이해

이번 절에서는 토큰과 관련된 법에는 어떤 것이 있는지 알아본다.

1) 특정 금융거래정보의 보고 및 이용 등에 관한 법률

특정 금융거래정보의 보고 및 이용 등에 관한 법률(이하, 특금법) 개념

70년대 후반 석유 파동과 스태그플레이션[1]을 타파하기 위한 방편으로 세계적으로 신자유시대가 도래한다. 무역 장벽이 없어지고 세계화라는 기치 아래 글로벌 다국적 기업들이 앞다퉈 세계 무대에서 무한 경쟁 시대에 뛰어들었다.

국제적인 상품 교역 및 금융 거래도 급증했다. 더구나 인터넷과 통신의 발달로 교역의 규모와 금융 이동이 비약적으로 증가했다. 이는 글로벌 교역 활성화와 경제 성장을 견인했지만, 다른 한편으로 마약, 무기밀매, 도박 등 각종 범죄 행위를 위한 자금 세탁이나 테러 지원과 같은 불법 송금 문제도 본격적으로 대두되기 시작했다.

---

1 서로 상충관계인 실업률 증가(불황)와 인플레이션이 동시에 발생하는 상황

이에 마약 자금 세탁 방지 및 테러 지원금 차단에 공동 대응하기 위해 국제 협력 차원에서 자금 세탁 방지 기구(FATF – Financial Action Task Force on Money Laundering)를 구성했다.

특히 2001년 9.11 테러를 계기로 자금 세탁 방지 관련 국제 규범은 획기적으로 강화됐다. FATF는 처음에는 마약 자금 세탁에 공동 대응하는 목적이 강했으나, 점차 테러 자금 조달, 대량 살상 무기 확산 금융 방지를 위한 영역으로 넓혀갔다.

우리나라에서도 국제 분위기 공조 차원에서 2001년 '특정금융거래정보의 보고 및 이용 등에 관한 법률'을 제정하고, 2009년 FATF에 가입했다.

'특정 금융거래정보의 보고 및 이용 등에 관한 법률' 제1조에 목적이 규정되어 있다.

> 제1조(목적) 이 법은 금융거래 등을 이용한 자금세탁행위와 공중협박자금조달행위를 규제하는 데 필요한 특정금융거래정보의 보고 및 이용 등에 관한 사항을 규정함으로써 범죄행위를 예방하고 나아가 건전하고 투명한 금융거래 질서를 확립하는 데 이바지함을 목적으로 한다.

금융 거래를 하는 기관들은 자금 세탁 방지(AML – Anti Money Laundering), 테러 자금 규제(CFT – Combating the Financing of Terrorism), 고객 확인 절차(KYC – Know Your Customer) 대응 조치를 해야 한다. 특히 고객 확인 의무나 의심 거래 발생 시 보고 의무 등이 있다.

특금법과 가상자산의 관계

2008년 탈중앙화를 기치로 비트코인이 세상에 나온 후로 다양한 암호화폐가 소개되고 있다. 암호화폐는 본인 계좌 없이 개인키와 공개키로 송금 처리가 이루어진다. 즉, 익명성이 보장된다. 이런 익명성을 기반으로 암호화폐가 마약, 무기 밀매, 자금 세탁 등에 본격적으로 사용되기 시작했다. 더구나 익명성을 강화한 모네로와 같은 다크코인이 랜섬웨어 범죄에 자주 이용되면서 국제 사회는 이를 심각하게 인식하기 시작했다. 이에 2019년 FATF 총회에서 가상자산을 위한 자금 세탁 방지 및 테러 자금 조달 금지 관련 기준을 제시했다.

특금법 개정

특금법은 원래 금융 거래를 다루는 기존 금융 회사에만 적용되는 법이었다. 그런데 가상자산이 자금 세탁 등에 활용되자 거래소와 같은 가상자산 사업자에게도 금융 회사 수준의 자금 세탁 방지 의무를 부과하겠다는 것이 이 법의 핵심이다. 2019년 국제기구인 FATF에서 가상자산 관련 자금 세탁 방지 기준을 제시하자, FATF 국제 기준과 보조를 맞추기 위해 국내에서도 특금법을 개정하기에 이르렀다.

특금법 개정은 가상자산도 자금 세탁 방지 의무 대상에 포함시키고, FATF 국제기구의 기준과 보조를 맞추기 위해 국내 법률도 상응하는 내용으로 개정을 추진한 것으로 이해하면 된다.

특금법 개정과 가상자산(토큰) 분야의 시사점

비트코인을 비롯한 가상자산의 대표적인 특징 중의 하나는 익명성이었다. 하지만 특금법 개정을 계기로 더 이상 익명성을 보장할 수 없게 되었다. 가상자산이 제도권에 편입되었다는 점에서 긍정적으로 평가되기도 하지만, 탈중앙화나 암호화폐의 본질과 철학이 상당히 퇴색되어 간다는 부정적인 인식도 있다.

2) 자본시장법

자본시장법은 토큰을 이해하고 관련 서비스를 사업화하는 데 있어 중요한 법률이다. 이와 관련해서는 6장에서 자세히 다루기로 하고, 여기에서는 개념적으로만 설명하겠다.

자본시장법 개요

다양한 유형의 금융상품이 있는데, 특성에 따라 몇 가지 유형으로 나뉜다.

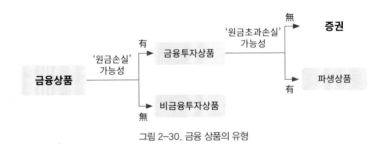

그림 2-30. 금융 상품의 유형

먼저 금융 상품 중에는 원금 손실 가능성에 따라, 원금 손실 가능성이 있으면 금융 투자 상품으로 원금 손실 가능성이 없으면 비금융 투자 상품으로 구분된다. 비금융 투자 상품에는 대표적으로 예금과 적금이 있다. 그리고 금융 투자 상품에는 원금 초과 손실 가능성에 따라, 초과 손실 가능성이 없으면 증권이고 초과 손실 가능성이 있으면 파생 상품이라고 부른다.

금융 상품에 가입할 때 사람들이 일반적으로 내세우는 중요한 기준이 바로 '원금 보장 여부'다. 원금이 보장된다는 것은 안전한 대신 수익이 적은 반면, 원금이 보장되지 않는 상품은 위험 요소는 있지만 수익이 크다. 이를 '투자성'이라고 한다. 투자성이란 원금의 손실 가능성이 있는 상품을 말한다. 즉, 금융 투자 상품은 투자성이 있는 상품을 말한다.

원금이 보장되지 않는 금융 투자 상품은 개인에게 상당히 위험할 수 있다. 따라서 투자자를 보호하는 자원에서 '금융 투자 상품(투자성이 있는 상품)만 한정'하여 투자자를 보호하고 건전한 시장 질서를 유지한다는 목적으로 제정된 법이 바로 '자본시장과 금융투자업에 관한 법률(약칭: 자본시장법)'이다.

관계당국 및 감독기관의 입장에서는 투자자 보호를 위해 법을 통해서 엄격하게 규제하고 관리할 필요가 있는 것이다.

'자본시장법'에서는 금융 투자 상품의 정의를 다음과 같이 규정한다.

> 제3조(금융투자 상품)
>
> ① 이 법에서 "금융투자 상품"이란 이익을 얻거나 손실을 회피할 목적으로 현재 또는 장래의 특정(特定) 시점에 금전, 그 밖의 재산적 가치가 있는 것(이하 "금전등"이라 한다)을 지급하기로 약정함으로써 취득하는 권리로서, 그 권리를 취득하기 위하여 지급하였거나 지급하여야 할 금전등의 총액(판매수수료 등 대통령령으로 정하는 금액을 제외한다)이 그 권리로부터 회수하였거나 회수할 수 있는 금전등의 총액(해지수수료 등 대통령령으로 정하는 금액을 포함한다)을 초과하게 될 위험(이하 "투자성"이라 한다)이 있는 것을 말한다.

자본시장법을 살펴보면 다음과 같이 구성되어 있는 것을 확인할 수 있다.

구성	주요 내용
제1편 총칙	자본시장법의 목적과 관련된 용어 정의
제2편 금융투자업	금융투자업자에 대한 규제 (즉, 인허가, 건전성, 영업행위 등)
제3편 증권의 발행 및 유통	기업이 증권을 발행할 경우의 관련 규제
제4편 불공정거래의 규제	불공정 거래 행위에 대한 규제(내부자 거래, 시세 조정 등)
제5편 집합투자기구	일명 펀드에 관련된 규제
제6편 금융투자업관계기관	금융투자업에 관련된 기관(금융투자협회, 예탁결제원 등)에 대해 규정
제7편 거래소	거래소 관련 규정
제8편 감독 및 처분	금융당국의 감독 권한과 과징금 처분 등에 규정
제9편 보칙	위법 행위 신고자 보호 및 정보 교환 등 규정
제10편 벌칙	벌칙(징역, 벌금, 과태료 등) 규정

자본시장법의 구성을 보면, 금융투자 상품 이해관계자(금융투자업, 관계기관, 거래소, 감독기관) 모두에게 엄격한 규제 규정을 마련하고 있다는 것을 알 수 있다. 증권을 발행하고 유통할 경우의 다양

한 규제를 정의하고 있으며, 불공정 거래 행위에 대한 규제, 금융투자업에 관련한 기관의 규정, 거래소 및 관계 당국에 대한 규정, 그리고 벌칙까지 규정하고 있다.

토큰과 자본시장법은 무슨 연관이 있나?

토큰 자체만 놓고 보면 자본시장법과 직접적인 연관은 없다. 하지만 많은 업체가 ICO와 연계하여 미래 가치에 대한 투자 명목으로 자금을 조달 받고 토큰을 발행한다. 업체들은 투자금을 모집하는 과정에서 회사 지분 개념이나 미래 투자 수익을 전제로 자금을 조달하고 토큰을 배분한다. 이는 마치 자본시장법상에 규정된 투자성이 있는 금융 투자 상품과 유사해 보인다. 토큰이 무늬만 토큰이고 실체는 투자성이 있는 금융 투자 상품이라면 투자자 보호와 건전한 시장 질서 확립을 위해 자본시장법을 통해 감독 및 통제를 받을 필요가 있다.

우선 해당 토큰이 자본시장법상 규정된 증권에 해당되는지는 몇 가지 기준(일명 하위 테스트)에 따라 평가해 봐야 한다. 평가 결과 증권으로 간주되면 자본시장법을 준수해야 한다. 우선 정부는 발행되는 토큰이 증권에 해당되는지 여부와 상관없이 ICO를 전면 금지하는 조치를 2017년 단행했다. ICO 금지는 관련법에 근거한다기보다는 정부의 방침으로서 선언적인 금지 조치였다.

일방적인 금지 조치는 법률적 근거도 약하고, 최근에는 암호화폐 시장이 커지면서 부담을 느낀 관계 당국이 토큰을 자본시장법으로 편입시키려는 방향으로 준비하는 것으로 이해된다.

3) 유사수신행위의 규제에 관한 법률

은행은 불특정 다수로부터 자금을 조달하고 그 조달된 자금을 다시 대출해 주는 일을 하는 곳이다. 따라서 은행은 불특정 다수로부터 자금을 조달하기 때문에 예금자를 보호하고 신용질서를 확립하기 위해 '은행법'을 통해 관리된다. 은행법 제2장에서는 이런 은행업을 경영하기 위해서는 금융위원회의 인가를 받아야 한다고 규정하고 있다.

만일 금융당국의 인허가를 받지 않고 불특정 다수로부터 자금을 조달하면 어떻게 될까? 먼저 이런 행위를 법률적 용어로 '유사수신행위'라고 한다. 유사수신행위란 '은행법' 등 관련법에 따른 인허가나 등록 및 신고를 하지 않고 불특정 다수로부터 자금을 조달하는 행위를 말한다.

이런 유사수신행위는 선량한 거래자에 피해를 줄 수 있기 때문에 '유사수신행위의 규제에 관한 법률(약칭: 유사수신행위법)'로서 제재하고 있다.

> *제2조(정의)* 이 법에서 "유사수신행위"란 다른 법령에 따른 인가 · 허가를 받지 아니하거나 등록 · 신고 등을 하지 아니하고 불특정 다수인으로부터 자금을 조달하는 것을 업(業)으로 하는 행위로서 다음 각 호의 어느 하나에 해당하는 행위를 말한다.
>
> *1. 장래에 출자금의 전액 또는 이를 초과하는 금액을 지급할 것을 약정하고 출자금을 받는 행위*
>
> *2. 장래에 원금의 전액 또는 이를 초과하는 금액을 지급할 것을 약정하고 예금 · 적금 · 부금 · 예탁금 등의 명목으로 금전을 받는 행위*
>
> *3. 장래에 발행가액(發行價額) 또는 매출가액 이상으로 재매입(再買入)할 것을 약정하고 사채(社債)를 발행하거나 매출하는 행위*
>
> *4. 장래의 경제적 손실을 금전이나 유가증권으로 보전(補塡)하여 줄 것을 약정하고 회비 등의 명목으로 금전을 받는 행위*
>
> *제3조(유사수신행위의 금지)* 누구든지 유사수신행위를 하여서는 아니 된다.

간단히 정리하면, 불특정 다수로부터 자금을 조달하기 위해서는 금융당국으로부터 인허가를 받아야 하며, 인허가를 받지 않고 자금을 조달할 경우 '유사수신행위의 규제에 관한 법률'로서 처벌을 받는다.

토큰이 유사수신행위의 규제에 관한 법률과 무슨 상관이 있을까?

ICO의 핵심은 불특정 다수로부터 자금을 조달하는 형태다. 이것은 '유사수신행위'로 충분히 간주될 수 있다. 유사수신행위의 규제에 관한 법률을 보면, 인허가나 등록 및 신고를 하지 않고 유사수신행위를 하는 것을 엄격하게 금지하고 있다. 대부분 ICO를 진행하는 기업들이 인허가나 등록 및 신고를 하지 않고 불특정 다수로부터 자금을 조달하기 때문에 유사수신행위의 규제에 관한 법률 위반이라고 볼 수 있다. 관계당국에서 ICO의 문제점을 지적할 때 적용하는 대표적인 관계법이 바로 자본시장법과 유사수신행위의 규제에 관한 법률이다.

4) 자산유동화에 관한 법률

유동성 또는 유동화라는 말을 많이 사용한다. 유동성은 현금성이라고도 하며, 소유한 자산을 얼마라 빨리, 그리고 쉽게 현금화할 수 있느냐를 의미하기도 한다.

예를 들어 고가의 빌딩 자산이 있는데, 소유주가 빨리 빌딩 자산을 매각해서 현금을 확보하고 싶어도 수백억짜리 빌딩을 쉽게 매매하여 현금화한다는 것은 쉬운 일이 아니다.

앞서 동인도회사는 규모가 너무나 크고 위험 부담도 높기 때문에 선뜻 투자하기가 어렵다고 했다. 그래서 주식이라는 작은 단위로 쪼개서 불특정 다수에게 자본을 받고 제공한 것이다. 큰 빌딩 자산도 이런 형태로 처분이 가능할 것이다. 즉, 이런 빌딩 자산을 기초 자산으로 해서 증권을 발행하고 다수의 투자자들이 소액으로 이 증권을 매입하면 다소 쉽게 자산을 처분할 수 있다.

우리나라에서는 IMF 이후 부동산 경기가 침체되고 건설업자들의 도산으로 금융기관이 채권 확보에 어려움을 겪었다. 이를 위해 부동산의 유동화에 관한 논의가 있었고 이를 계기로 1998년에 자산 유동화에 관한 법률이 제정되었다.

자산유동화에 관한 법률 제1조 목적에서는 다음과 같이 규정하고 있다.

> '금융기관과 일반기업의 자금조달을 원활하게 하여 재무구조의 건전성을 높이고 장기적인 주택 자금의 안정적인 공급을 통하여 주택금융기반을 확충하기 위하여 자산유동화에 관한 제도를 확립하며, 자산유동화에 의하여 발행되는 유동화증권에 투자한 투자자를 보호함으로써 국민경제의 건전한 발전에 기여함을 목적으로 한다.'

토큰이 증권 형태로 발전하면서 '증권형 토큰'이라고 많이 부른다. 그리고 토큰을 자산유동화증권에 적용한 것이 바로 '자산유동화증권형 토큰'이다.

2.3.2 토큰 활용

이 절에서는 다양한 토큰 활용 사례를 살펴보고자 한다.

1) 토큰 활용 사례

(1) 결제ㆍ지불 토큰 (Payment Token)

앞서 오늘날 지폐의 기원도 금보관증에서 시작되었다고 설명했다. 금을 직접 거래에 활용하는 것은 상당히 불편하기 때문에 금을 기초 자산으로 해서 그 가치를 표상하여 증서화한 것이 바로 오늘날의 지폐다. 오늘날 각 국가에서 통용되는 법정화폐인 지폐도 일종의 중앙은행발 증서다. 그 기초 자산이 실물자산에서 정부의 신용으로 바뀌었을 뿐 여전히 중앙은행권(券)이다.

현실의 불편한 것을 상징화(Symbolized)하여 좀 더 편리한 형태로 구현한 것이 토큰이라면, 지폐나 지불 수단도 이런 개념으로 이해할 필요가 있다.

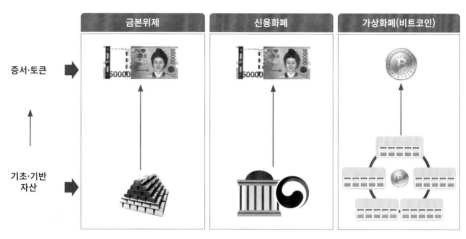

그림 2-31. 화폐 · 지불 수단 사례

금본위제에서는 금이라는 실질 자산을 기반으로 화폐(증서)를 발행했고, 신용화폐 시대에서는 비록 기초 자산은 없지만 정부의 신용을 담보로 화폐(증서)를 발행했다. 사토시 나카모토는 2,100만 개 규모의 화폐를 디지털 형태로 설계해 두었다. 실체가 없는 디지털 형태지만, 신뢰할 수 있는 기술 기반으로 구현된 가상(또는 디지털) 자산으로 이해할 수 있다. 따라서 비트코인은 이 2,100만 개의 가상자산을 기반으로 발행되는 일종의 증서, 즉 토큰이라고 이해할 수 있다.

2019년 페이스북은 '리브라(Libra)'라는 가상화폐 발행을 발표했다. 하지만 미국 정부로부터 일격을 당하고 우여곡절을 겪으면서 2020년 12월에 '디엠(Diem)'으로 리브랜딩하여 출시를 준비 중이다. 리브라(Libra)가 내세웠던 명분은 백서에 잘 설명되어 있다. 전 세계 17억 명이 전통적인 은행 계좌가 없어 은행 서비스를 받지 못하고 있다. 하지만 이들 중 10억 명은 모바일 폰을 보유하고 있고, 5억 명은 인터넷을 활용할 수 있는 상태다. 다시 말해, 은행 계좌가 없더라도 모바일과 인터넷을 통해 금융 서비스를 할 수 있는 가상화폐를 만들겠다는 것이 리브라의 당초 취지였다.

먼저 그림 2-32 왼쪽의 전통적인 은행 서비스를 생각해 보자. 지폐를 기반으로 한 현행 금융 서비스는 개인 간 직접 전송이 불가능하기 때문에 은행에 계좌를 개설하고 은행을 통해서만 송금이 가능하다.

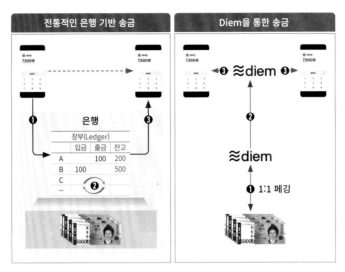

그림 2-32. 은행과 디엠 비교

디엠(옛 리브라)의 생각은 이렇다. 현 지폐는 은행을 통해서만 송금할 수 있기 때문에 지폐를 1:1로 페깅한 전자적 형태의 가상화폐(디엠)를 발행하고 그 디엠을 개인 간 직접 송수신할 수 있도록 한다면 굳이 은행을 낄 필요가 없어진다. 17억 명 중 15억 명은 모바일과 인터넷이 가능하기 때문에 이들도 금융 서비스를 할 수 있게 되는 것이다.

디엠도 현금이라는 자산을 1:1의 가치로서 전자적 형태로 상징화한 일종의 토큰이라고 볼 수 있다. 현실에서 사용되는 지폐는 온라인 송금 등에 불편하기 때문에 이를 전자적 형태로 대체하면 기존 문제점을 쉽게 해결할 수 있다.

화폐 분야를 증서와 토큰 형태로 설명하면 그림 2-33으로 표현할 수 있다.

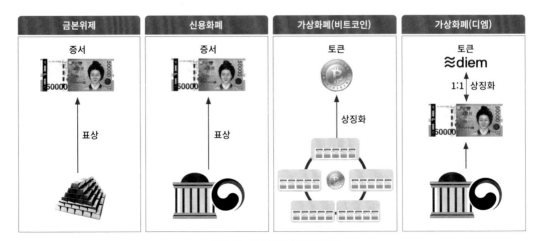

그림 2-33. 화폐 분야의 증서와 토큰

(2) 유틸리티 토큰 (Utility Token)

토큰이 가장 범용적으로 사용될 수 있는 분야가 유틸리티 토큰(Utility Token)이다. 먼저 유틸리티 토큰이라는 개념을 이해할 필요가 있다.

영어로 'Utilize'는 'Use'의 개념이다. Utilize의 명사형에 해당되는 'Utility'는 이용성, 유용성, 다목적 등의 개념을 내포한다. 최근 트렌드인 SUV(Sports Utility Vehicle) 용어에서도 Utility에 다목적 이용라는 개념이 포함되어 있다.

유틸리티 토큰이란 서비스를 이용할 수 있는 권리나 이용권 또는 접근권 등을 토큰으로 상징화한 것이다. 싸이월드의 도토리나 스팀잇도 모두 유틸리티 토큰 영역이다. 유틸리티 토큰의 사례는 매우 다양하기 때문에 여기서는 별도로 소개하지 않겠다.

2017년과 2018년, ICO 초기에는 유틸리티 토큰이 토큰 이코노미와 연계하여 크게 주목받았다. 하지만 현재 유틸리티 토큰은 크게 주목받지 못하고 있다. 이러한 현상은 다음과 같은 3가지 이유 때문인 것으로 생각된다.

첫째, 우리가 인식하지 못하고 용어를 사용하지 않을 뿐, 이미 토큰이란 것을 스마트폰을 통해서 일상에서 사용하고 있다. 전자적 형태의 교환권, 상품권, 이용권, 쿠폰 등이 모두 유틸리티 토큰이다. 초기에는 사람들이 정확하게 인지하지 못한 상태에서 묻지마 투자를 했다면, 유틸리티 토큰의 개념을 이해하게 되면서 투자할 가치가 있는지 회의를 가지게 되었다.

둘째, 2017년 당시 ICO를 진행했던 대부분의 토큰은 유틸리티 토큰이었다. ICO 과정에서 많은 스캠과 사기가 있었고 정부의 강력한 규제 정책으로 유틸리티 토큰에 대한 좋지 않는 인식을 심어주기에 충분했다.

셋째, 유틸리티 토큰이 실질적 가치가 있는 자산을 기반으로 발행되는 것이 아니라 막연한 서비스 이용권이나 접근권 또는 권리 정도의 개념이다 보니 스캠으로 이어지기 쉬웠다. 실체가 없는 것으로 인식되면서 사람들의 관심에서 점점 멀어지게 되었다.

(3) 증권형 토큰 (Security Token)

결제용 토큰과 유틸리티 토큰이 크게 주목받지 못하면서 최근에 관심을 받기 시작한 토큰 영역이 바로 증권형 토큰(Security Token)이다. 실질 자산을 기반으로 증권형 토큰을 발행하는 프로젝트들이 생겨나면서 주목받고 있다.

증권의 개념

증권형 토큰을 이해하기 위해서는 먼저 증권이라는 개념을 이해할 필요가 있다. 일반적인 관점에서 보자면 증서(證書)와 증권(證券)은 상당히 유사한 개념이고, 한자의 의미도 거의 동일하다. 그런데 증서와 증권은 조금 다르다. 증서가 말 그대로 무언가에 대한 권리나 의무 등을 종이에 기입한 문서라면, 증권은 어떤 재산상의 가치에 대한 권리를 문서상으로 표상한 것이다. 즉, 가치가 있는 증서를 증권이라고 한다. 증권의 대표적인 사례가 바로 주식이나 채권이다. 그래서 증권이라고 하면 일반적으로 유가증권(有價證券)을 의미한다.

채권을 영어로 'Securities'라고 하는데, Security는 안전을 의미한다. 이를 재정적 영역에서 재해석하면 재정적 안전, 담보, 금전적 가치가 있는 증서라는 의미이며, 그래서 가치가 있는 증서를 증권이라고 한다.

그런데 내재적 가치가 있는 상품·물건과 권리가 표상된 증권은 조금 다르다.

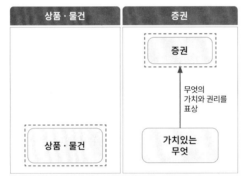

그림 2-34. 상품과 증권 비교

상품과 물건은 그 자체로 내재적 가치가 있다. 반면 증권은 그 자체로는 아무런 가치가 없다. 단지 가치 있는 무언가에 대한 표상일 뿐이다. 5만 원 권 지폐도 마찬가지다. 5만 원 지폐(종이) 자체는 아무런 가치가 없다. 하지만 한국은행 보증으로 5만 원 가치를 종이에 표상한 것이다.

상품·물건과 증권을 비교해서 설명하면 다음과 같다.

구분	상품 · 물건	증권
탄생 방식	생산	창조
내재가치 여부	실질 내재 가치	표상에 의한 간접 표현
관계당국 점검 분야	제품의 생산·분배·소비	표상 내용, 표상 가치 이해

상품과 물건은 생산되지만, 증권은 표상에 의해 창조된다. 그리고 거래 및 경제 활동을 관리 감독하는 관계당국의 입장에서도 관리 및 점검 항목이 각각 다르다. 상품은 생산 · 분배 · 소비 측면에서 제대로 생산되었고 공정한 유통과 분배 과정을 거쳤으며 가격 담합 등은 없었는지에 초점을 맞춰 관리한다면, 증권은 표상한 대상이 무엇이고 그 내용이 적절한지, 그리고 표상한 내용을 소비자에게 정확하게 주지시켰는지를 점검한다. 예를 들어, 물건을 판매할 때는 제품에 대한 과대 · 허위 광고 여부, 불공정 가격 결정 여부를 주로 점검한다면, 증권은 증권 내용(표상 내용)에 중점을 둔다. 상품 약관이 타당한지, 약관 내용을 소비자에게 명확하게 이해 및 주지시켰는지를 확인한다.

증권형 토큰 (Security Token)

1장에서 살펴본 것처럼 증서(증권)와 토큰은 상당히 유사하다. 블록체인이 소개된 이후 기존의 증서 · 증권 · 토큰을 블록체인 기반 토큰의 형태로 대체하려는 시도가 보였다.

다음 그림처럼 증권과 증권형 토큰은 구조적으로 동일하다. 단지 기존의 (종이 · 전자) 증권 대신 블록체인 기반 토큰 개념으로 증권을 발행하는 것을 증권형 토큰으로 이해하면 된다. 증권형 토큰은 기존의 증권 개념을 토큰이라는 명칭과 방식으로 발행한 것을 의미한다.

그림 2-35. 증권형 토큰의 개념

처음에는 증권형 토큰이라는 개념이 없었다. 많은 ICO를 통해 토큰이 발행되었는데, 그 형태나 모델이 증권과 상당히 유사했다. 이에 2018년 미국 SEC(미국증권거래위원회)에서 증권 형태의 토큰을 발행하려면 연방증권법에 따라 발행해야 한다는 공식 성명을 발표했고, 이후 본격적으로 '증권형 토큰'이라는 용어와 개념이 대두되기 시작했다.

그림 2-36. 증권형 토큰 관련 SEC 성명 (출처: SEC 홈페이지)

미국 SEC의 성명 내용은 앞서 국내 자본시장법에서 설명했던 것처럼, 자금 조달을 위해 발행되는 증권은 투자자 보호와 건전한 시장 질서 확립을 위해 증권법에 따라 강력하게 규제되어야 하며, 현재 발행되는 토큰은 무늬만 토큰이지 실제로는 증권과 동일하기 때문에 토큰을 발행하기 위해서는 증권법을 따르라는 것이 골자다.

한동안 이슈가 되었던 리플 소송 건도 바로 이런 맥락이다. SEC에서는 리플에서 발행된 토큰을 증권으로 분류했다. 증권으로 간주되었기 때문에 증권법에 따라 이 증권은 SEC에 등록해야 하는데, 리플은 이 토큰을 SEC에 등록하지 않았기 때문에 '투자자 보호법'을 위반했다고 보고 고소한 것이다.

참고로 증권형 토큰을 발행했다고 해서 모두 자본시장법이나 미국의 증권법을 따라야 하는 것은 아니다. 자본시장법과 증권법은 증권의 특징과 유형을 규정하고 있다. 증권형 토큰이 법에서 규정한 증권으로서의 특성을 가지고 있다면 자본시장법이나 증권법을 따라야 하겠지만, 그 특성에 포함되지 않는다면 따르지 않아도 된다. 하지만 법은 일반적으로 포괄적 항목을 포함한다. 해석하기에 따라서 얼마든지 자본시장법과 증권법에서 명시한 증권으로 간주될 수 있기 때문에 관계당국에서 마음만 먹으면 대부분의 토큰을 증권형 토큰으로 간주할 수 있다.

발행된 증권이 자본시장법이나 증권법상에서 규정한 증권인지 여부를 식별하는 것이 중요한데, 이를 판단할 때 중요한 기준이 바로 하위 테스트(Howey Test)이다.

> **Memo** **하위 테스트 (Howey Test)**
>
> **1.** 돈을 투자한 것이다. (It is an investment of money.)
>
> **2.** 투자로부터 수익을 얻으리라는 기대가 있다. (There is an expectation of profits from the investment.)
>
> **3.** 투자한 돈은 공동 기업에 있다. (The investment of money is in a common enterprise.)
>
> **4.** 수익은 발기인 또는 제3자의 노력으로부터 나온다. (Any profit comes from the efforts of a promoter of third party.)

STO (Security Token Offering)

신문 기사나 자료를 읽다 보면 익숙하지 않은 용어가 많이 소개된다. 증권형 토큰, ICO, STO, 유동화 증권 토큰 등.

먼저 ICO와 STO에 대해 간단히 설명하겠다. 이를 이해하려면 주식시장의 IPO(initial Public Offering)를 이해할 필요가 있다. IPO는 비상장기업이 정해진 절차에 따라 일반 불특정 다수의 투자자들에게 새로 주식을 발행하여 증권시장에 상장하는 것을 말한다.

토큰 시장에서 IPO의 개념을 차용하여 만든 용어가 ICO(Initial Coin Offering)다. IPO와 동일하게 자금 조달을 위해 일반 불특정 다수를 상대로 '토큰을 발행'하는 것을 말한다. 같은 맥락에서 STO(Security Token Offering)는 자금 조달을 목적으로 토큰 대신 '증권형 토큰(Security Token)을 발행'하는 것을 말한다.

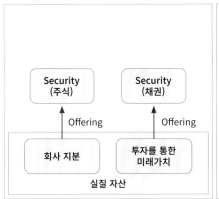

그림 2-37. STO

자산유동화증권형 토큰

'자산유동화증권형 토큰'은 앞서 자산유동화에 관한 법률에서 개념적으로 알아봤다. 자산유동화란 자금 조달 방법 중 하나로, 기업이 보유한 유동성이 떨어지는 자산을 증권으로 전환하여 현금화하는 행위이며, 이때 발행하는 증권을 자산유동화증권이라고 한다.

자산유동화 과정에서 동일한 목적으로 증권 대신 토큰으로 발행한 것이 바로 '자산유동화증권형 토큰'이다. 그림 2-38은 그림 1-28의 내용과 동일하며 단지 '증권'을 'Token'으로만 변경한 것이다.

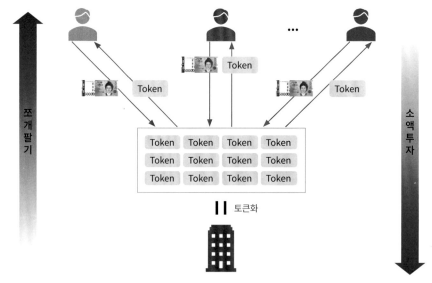

그림 2-38. 자산 유동화 증권형 토큰

주식과 자산유동화증권은 쪼갠다는 측면에서 유사하다. 주식은 회사 자본금을 주식 단위로 쪼개서 지분으로 활용하는 것이라면, 자산유동화증권은 규모가 큰 자산을 쪼개서 증권 형태로 판매하는 것으로 이해할 수 있다.

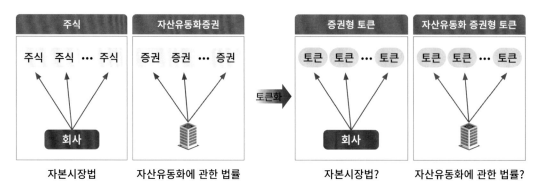

그림 2-39. 증권의 토큰화

증권형 토큰과 자산유동화 증권형 토큰도 주식과 자산유동화증권과 유사하며 단지 주식과 증권을 토큰으로 변경하는 것이다.

신문기사 등에서는 STO를 '증권발행형 STO'와 '자산유동화형 STO'로 구분하여 설명하는 경우가 많다. 증권발행형 STO가 앞서 설명한 증권형 토큰에 관한 것이고, 자산유동화형 STO는 자산유동화형 토큰을 발행하는 것을 말한다.

토큰을 활용한 미술품 공동구매

1장에서 미술품 공동구매에 대해 설명했다. 공동으로 구매하고 각 구매자에게 작품 확인서와 증서를 전달한다. 공동 구매하면 작품을 물리적으로 쪼갤 수 없기 때문에 작품은 그대로 보관하고 소유권만 지분에 따라 나눠서 소유자에게 전달된다. 이때 확인서나 소유증서를 증권형 토큰 형태로 발행할 수 있다.

2) 토큰 유형

FINMA 토큰 유형

토큰의 유형은 다양하다. 토큰의 유형을 분류한 대표적인 사례는 바로 스위스 금융시장감독청(FINMA, Financial Market Supervisory Authority)에서 제시한 유형 분류 모델이다.

FINMA에서는 토큰의 유형을 다음과 같은 3가지로 분류했다.

1. Payment Token

2. Utility Token

3. Asset Token

앞서 토큰 활용 사례에서 살펴본 3가지 유형과 유사하게 이해하면 될 것 같다.

2.3.3 토큰 활용의 발전 과정

토큰도 다양한 형태나 유형으로 발전해 가고 있다. 앞서 설명한 대로 세상의 모든 것이 토큰화가 가능하기 때문에 앞으로도 다양한 유형의 토큰과 보다 다양한 활용 분야가 소개될 것이라 생각한다. 개인적으로 최근 토큰의 활용 상황을 보면 3가지 방향으로 발전할 수 있을 것 같다.

- 증권형 토큰
- 디지털 자산과 연계
- NFT

1) 증권형 토큰

우선 증권형 토큰은 앞서 살펴봤으니 해당 내용을 참조하기 바란다.

기존에 암호화폐(토큰)가 외면 받고 가장 많이 공격받았던 부분이 바로 기초 자산이나 실물자산이 없이 토큰이 발행됐다는 점이었다. 이런 한계점을 의식한 듯 최근에는 부동산, 미술품, 채권 등 실물자산을 기반으로 한 증권형 토큰이 주목받고 있다. 그리고 유동성이 낮은 자산을 토큰으로 나누어 다수의 투자자를 통해 투자하는 유동화증권 토큰도 관심을 끌고 있다.

관계당국도 이런 실질 기초 자산에 기반한 증권형 토큰을 자본시장법과 같은 제도권에 편입하려는 움직임을 보이고 있다.

2) 디지털 자산과 연계

실물자산들이 디지털 자산으로 변화되기도 하고 기존에 없던 새로운 영역의 디지털 자산이 창조되기도 한다. 실물자산에서 파생되었던 다양한 증서나 토큰 개념이 자연스럽게 디지털 자산에서도 그대로 적용된다.

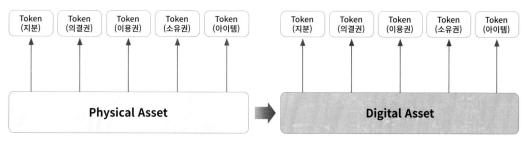

그림 2-41. 디지털 자산에서의 토큰 발행

특히 최근에 메타버스가 주목받으면서 디지털 자산에 대한 개념을 재해석하고 범위도 다양해질 것으로 예상된다. 메타버스는 모든 것이 가상인 가상세계로서 현실의 모든 것이 가상세계에서도 그대로 재현될 수 있으며 현실의 요소나 기능이 가상세계에서도 그대로 필요할 것으로 예상된다. 이제 디지털 자산과의 연계에서 토큰의 다양한 역할이 기대된다.

이 부분은 5장에서 좀 더 자세히 다루겠다.

3) NFT

원래 NFT는 토큰 분류상의 개념이다. 토큰은 다양한 유형이 있고 분류가 가능한데, 그중 서로 대체 가능 여부에 따라서 대체 가능 토큰과 대체 불가능 토큰(NFT)으로 구분된다. 그림 2-42는 대체 가능 토큰과 대체 불가능 토큰의 다양한 활용 분야를 간략하게 정리한 것이다.

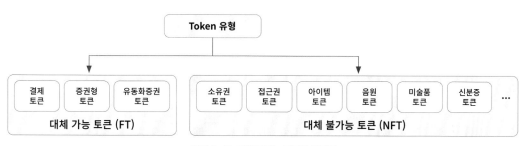

그림 2-42. 대체 불가능 토큰의 잠재성

초기에 토큰은 주로 결제용이나 증권형으로 발전했다. 화폐나 증권은 대부분 교체가 가능하기 때문에 한동안 대체 가능 토큰이 주목받았다. 하지만 최근 디지털 미술품이나 게임 아이템, 그리고 메타버스와 연계하여 대체 불가능한 토큰인 NFT가 주목받고 있다. 대체 가능 토큰이 활용될 수 있는 부분은 상당히 제한적이다. 반면 대체 불가능 토큰은 고유한 식별 값을 바탕으로 다양한 활용 분야가 예상된다.

NFT 관련해서는 3장에서 자세히 다루겠다.

2장을 마무리하며

1장에서 증서와 토큰의 사례와 의미를 알아봤다. 토큰은 오래전부터 개념화되고 다양한 영역에서 이미 활용되고 있었다. 이런 토큰이 비트코인·블록체인·이더리움을 배경으로 재해석되고 스마트 컨트랙트와 블록체인과의 연계를 통해 기존 문제를 해결할 수 있는 하나의 대안으로 받아들여지고 있다.

기존의 증서나 토큰이 블록체인 기반 토큰으로 대체되고 있으며, 이런 블록체인 기반 토큰화를 통해 기존의 문제점들이 개선되고 있다.

토큰은 대체 가능 토큰과 대체 불가능 토큰으로 구분되는데, 초기에 결제 및 증권형 토큰 위주에서 현재는 대체 불가능 토큰이 새롭게 주목받고 있다.

그리고 디지털의 발전과 보편화로 기존의 실물 자산 역시 디지털 자산으로 변모해가고 있다. 심지어 전통적으로 실질가치가 중요하게 간주되었던 화폐, 실질자산(금), 예술품도 이제는 CBDC, Bitcoin, Digital Art 등으로 디지털화되어 가고 있다.

정리한 내용을 간단하게 구조화하여 표현하면 그림 2-43과 같이 정리할 수 있다. 실물자산은 디지털 자산으로 전환되고 있으며, 이런 디지털 자산을 기반으로 대체 가능 토큰과 대체 불가능 토큰으로 구분된다.

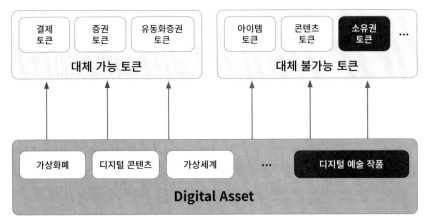

그림 2-43. 디지털 자산과 토큰화

디지털 자산 분야는 다양하고, 이를 기반으로 한 대체 가능 토큰과 대체 불가능 토큰 영역도 다양하다. 대체 불가능 토큰도 아이템 토큰, 콘텐츠 토큰, 소유권 토큰 등 다양하다. 이 책에서는 그중에서 다른 색상으로 표현한 '디지털 예술 작품'과 이를 기반으로 발행되는 대체 불가능 토큰, 특히 '소유권 NFT'에 집중하여 설명해 보려고 한다. 3장에서는 바로 디지털 미술 작품과 소유권 토큰으로서의 NFT에 집중해서, NFT의 실체가 무엇이고 어떤 가치가 있는지 자세히 살펴보겠다.

03
NFT 실체와 활용

NFT를 제대로 이해하는 것이 이 책의 목표임에도 불구하고, 1~2장에서 NFT와 전혀 상관없는 내용을 다뤘다. 앞서 설명했던 것처럼 NFT의 실체는 'Token'이기 때문에 'Non-Fungible'에 앞서 토큰에 대한 이해가 선행돼야 한다는 생각에 책의 전반부에서 토큰에 많은 분량을 할애하여 설명했다. 이번 3장에서는 Non-Fungible에 대해 다루고자 한다. Non-Fungible의 의미, 그리고 NFT의 실체와 그 활용 방안에 대해 알아보겠다.

3.1 NFT(Non-Fungible Token) 개념

많은 사람이 NFT를 Non-Fungible(대체 불가) 관점에서 접근하고 이해하려고 한다. 이런 접근 태도는 Non-Fungible에 나름의 의미를 부여해야 하고 그럴 듯한 논리도 만들어내야 한다는 강박관념에 빠지게 한다. 이는 결국 NFT 개념을 이해하기 어렵게 만든다.

3.1.1 NFT의 개념 이해

토큰의 유형은 다양하다. 총 발행량이 한정된 형태와 발행량을 계속 추가하는 유형이 있다. 양도 여부에 따라서 양도 가능한 토큰이 있을 수 있고 양도가 불가능한 유형이 있을 수 있다. 그리고 활용적 측면에서는 결제, 유틸리티, 증권형으로 구분할 수 있다. 또한, 토큰 간 대체 여부에 따라 대체 가능 토큰(FT)과 대체 불가능 토큰(NFT)으로 구분할 수 있다.

FT와 NFT는 토큰(Token)의 분류상 용어일 뿐, 그 실체는 둘 다 토큰이다.

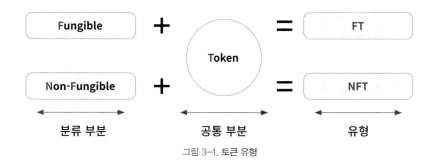

그림 3-1. 토큰 유형

Fungible(대체 가능)은 말 그대로 대체가 가능하다는 것이다. Fungible의 대표적인 사례는 바로 우리가 일상에서 사용하는 지폐다. 지폐는 다른 지폐와 얼마든지 대체가 가능하다. 반면에 Non-Fungible은 서로 대체가 불가능한 것을 말한다. 복잡하게 생각하지 말고 화폐 등 일부를 제외하면 대부분 Non-Fungible이라고 이해하면 된다. 집에서 기르는 2마리의 고양이는 서로 대체가 불가능하다. 레오나르도 다빈치가 그린 그림과 내 딸이 그린 그림은 대체가 불가능하다. BTS의 뉴욕 공연 사진과 런던 공연 사진은 서로 대체가 불가능하다. 홍길동과 유관순은 서로 대체가 불가능하다.

FT(Fungible Token)는 발행된 토큰끼리 대체가 가능한 반면, NFT(Non-Fungible Token)는 토큰끼리 대체가 불가능하다. 비트코인를 포함한 대부분의 암호화폐가 FT이며, 반대로 크립토키티라는 고양이 양육 게임에서 개별 고양이를 기반으로 발행된 토큰은 NFT다.

1) NFT도 토큰의 한 유형

NFT도 토큰의 한 유형이기 때문에 1~2장에서 배웠던 '토큰'이라는 관점에서 FT와 NFT를 이해하는 것이 필요하다.

토큰

NFT도 토큰의 일종이기 때문에 우선 토큰의 개념을 다시 한 번 확인해 보자. 그림 3-2에서처럼 증서는 무엇을 표상한 것이고, 토큰은 무엇을 상징화한 것이다. 증서와 토큰은 목적과 방식, 형태가 아주 유사하다.

앞에서 토큰을 가장 잘 표현한 사례로 마패를 언급했다. 기초 자산(말 이용 권리)을 표상하여 상징화한 것이 토큰(마패)이다.

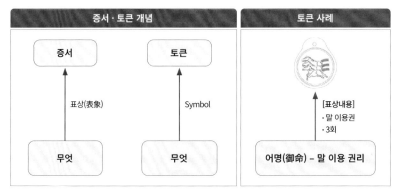

그림 3-2. 토큰의 개념과 사례

NFT도 토큰의 일종이기 때문에 이런 개념으로 이해할 수 있다.

NFT의 실체

토큰 관점에서 FT와 NFT를 비교해서 표현하면 그림 3-3처럼 나타낼 수 있을 것이다.

기초 자산을 어떤 의미와 목적으로 상징화하여 토큰으로 발행할 수 있는데, 발행된 토큰이 서로 대체가 가능하면 FT이며, 서로 대체가 불가능하면 NFT가 된다. 비트코인은 서로 대체가 가능하다. 그래서 비트코인은 토큰의 분류상 관점에서 FT에 해당된다고 볼 수 있다. 반면 고양이 양육 게임인 크립토키티에서 고유한 특성을 가진 고양이를 기반으로 발행된 토큰은 대체가 불가능하기 때문에 NFT가 된다.

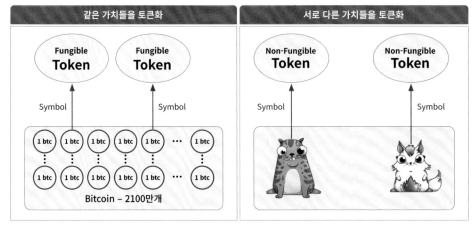

그림 3-3. NFT도 결국 토큰

토큰과 FT, NFT의 개념을 정리하면 그림 3-4처럼 표현할 수 있다.

그림 3-4. 분류상의 개념

- NFT의 실체는 토큰
- NFT는 토큰의 한 종류로서 분류상의 용어

2) Non-Fungible(대체 불가)의 의미

NFT를 이해하기 위해서 먼저 '대체 불가(Non-Fungible)'라는 개념부터 명확하게 이해해 보자.

먼저 Fungible이라는 단어를 롱맨 영영사전에서 찾아보면 다음과 같이 설명되어 있다.

- *fungible things can be exchanged for another amount of the same thing, or used instead of another thing*

- *if one amount of money, bonds, shares etc is fungible with another, they are of the same type and can exchanged for each other, and treated in exactly the same way*

사전에서 정의된 개념에서 핵심 내용만 선별해서 정리하면, Fungible의 개념은 다음과 같이 이해할 수 있다.

- 동일한 것의 같은 양으로 교체 가능
- 대신해서 사용 가능
- 같은 타입이며 서로 교체 가능
- 같은 방식으로 처리 가능

반대로 Non-Fungible은 Fungible과 반대 개념으로 이해될 수 있다.

- 동일한 것의 같은 양으로 교체 불가능

- 대신해서 사용 불가능

- 다른 타입으로, 서로 교체 불가능

- 같은 방식으로 처리 불가능

Fungible/Non-fungible의 사전적 개념을 이해하고 나서 그를 바탕으로 앞서 언급된 사례를 다시 정리하면, 주식이나 비트코인은 같은 양끼리 교체가 가능하고 서로 대신 사용할 수 있는 반면, 그림이나 고양이는 각각 동일한 양으로 대체가 불가능하며 서로 대신하여 사용하기도 어렵고 같은 타입도 아니어서 교체도 불가능하다.

이처럼 FT(Fungible Token)는 특성이나 내용이 동일하여 같은 양으로 교체가 가능하거나 대신 사용이 가능하다. 반면에 NFT(Non-Fungible Token)은 서로 특성과 가치가 달라서 같은 양으로 교체가 불가능하다.

FT와 NFT의 차이를 어렵게 생각할 필요는 없다. 우리는 일상에서 어떤 대상이 서로 교체가 가능한지 아닌지를 직관적으로 식별하고 이해할 수 있기 때문이다. 1만 원짜리 지폐는 서로 교체가 가능하지만, 키우는 고양이는 서로 대체가 불가능하다.

3) NFT 사례

NFT 사례를 한 번 살펴보겠다. NFT는 토큰의 일종으로서 토큰과 동일하게 반드시 그 기초 자산이 존재해야 한다.

그림 3-5는 레오나르도 다빈치의 그림 3점과 이를 기초 자산으로 해서 발행한 토큰을 보여준다. 각각의 그림은 그림 내용, 시기, 아우라(Aura), 가치가 모두 다르다. 따라서 3점의 그림은 대체가 불가능하다고 할 수 있다. 이처럼 대체가 불가능한 그림을 기초 자산으로 하여 발행된 토큰이라면 그것도 대체 불가능하다. 따라서 레오나르도 다빈치 작품 3점을 기초 자산으로 해서 발행된 토큰들은 대체가 불가능한 NFT다.

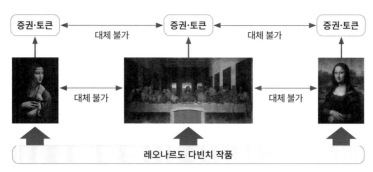

그림 3-5. NFT 사례 (레오나르도 다빈치의 그림들)

아우라(Aura)

아우라(Aura)는 예술 작품에서 느껴지는 고상하고 독특한 분위기를 말한다. 본래는 사람이나 물체에서 발산하는 기운 또는 영기(靈氣) 같은 것을 뜻하는 말이었는데, 1936년 벤야민이 《기술복제시대의 예술 작품(Das Kunstwerk im Zeitalter seiner technischen Reproduzierbarkeit)》이라는 논문에서 사용하여 예술 개념으로 자리잡게 되었다. 아우라는 유일한 원본에서만 나타나는 것이므로 사진이나 영화와 같이 복제되는 작품에서는 아우라가 생겨날 수 없다고 했다. (출처: 두산백과)

그림 3-6은 BTS 공연 사진이다. 첫 줄의 그림은 서울 공연, 뉴욕 공연, 런던 공연의 사진이다. 장소가 다를 뿐만 아니라 각 공연의 관객과 전체적인 분위기 또한 다르다. 따라서 이런 지역별 공연 사진을 기반으로 발행된 토큰은 대체가 불가능한 NFT다.

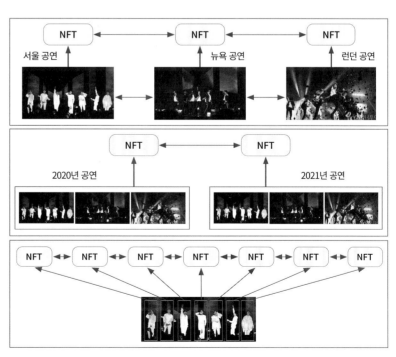

그림 3-6. NFT 사례 (BTS 공연 사진들)

두 번째 줄의 그림은 2020년 공연과 2021년 공연이다. 시기적으로 다를 뿐만 아니라 주제곡도 다르기 때문에 2020년과 2021년의 공연 사진은 서로 대체가 불가능하다. 그리고 이를 기반으로 발행된 토큰도 내체가 불가능하기 때문에 NFT나.

세 번째 줄의 그림은 한 장의 사진이다. 하지만 사진상에서 공연하는 BTS 멤버 각각은 고유하기 때문에 서로 대체가 불가능하다. 따라서 하나의 사진 속 장면이라고 하더라도 각 멤버를 기반으로 토큰을 발행한다면 각 토큰은 대체가 불가능한 NFT가 된다.

3.1.2 NFT 결정 요소

이제 FT와 NFT의 차이점을 이해하고 구분할 수 있을 것이다. 그렇다면 FT와 NFT를 구분하는 결정 요소가 무엇인지 알아보자.

1) 대체 가능 · 불가능은 무엇에 의해 결정되나?

기초 자산에 따른 대체 가능 · 불가능

앞선 레오나르도 다빈치 그림이나 BTS 사진 사례를 보면, 토큰이란 무엇인가를 기반으로 상징화한 것이기 때문에 결국 그 기반이 되는 무엇이 대체 가능한지 불가능한지에 따라 토큰도 대체 가능 · 불가능이 결정된다.

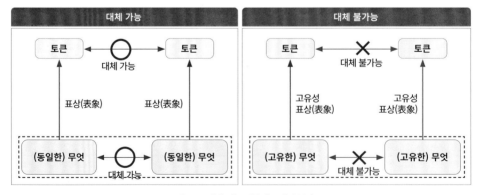

그림 3-7. 대체 가능 · 불가능 결정 분야

레오나르도 다빈치의 그림은 대체가 불가능하다. 따라서 그 대체 불가능한 기초 자산을 기반으로 발행된 토큰도 서로 대체가 불가능한 NFT다. BTS 사진을 기반으로 발행된 토큰도 마찬가지다. 토큰의 기초 자산에 해당되는 사진이 모두 대체 불가능하면 이를 기반으로 발행된 토큰도 대체가 불가능한 토큰이다.

그림 3-7에서처럼 토큰의 대체 가능·불가능은 결국 그 기반이 되는 '무엇'에 의해 결정된다.

동일한 가치인데 대체가 불가능한 사례

토큰의 대체 가능·불가능이 그 기반이 되는 무엇의 대체 가능·불가능에 의해 결정된다고 했는데, 몇 가지 다른 사례를 확인할 수 있다.

다음 두 가지 기사를 한 번 살펴보자. 동일한 가치를 지닌 화폐인데, 500원짜리 동전이 103만 원에 거래가 되는가 하면, 100환짜리 지폐가 1,400만 원에 거래되었다는 기사다. 화폐는 우리가 아는 대표적인 대체 가능 물건인데, 서로 가치가 달라져서 대체 불가능한 상황이 발생했다.

> *"500원=103만원 대박!" 대체 무슨 경매길래…*
>
> *'지난달 말 화동양행이 진행한 화폐경매 행사 '화동 옥션'. 국내외 희귀화폐 958점이 출품된 이날 경매에서 현행 주화 중 가장 높은 가격에 거래된 것은 1998년에 발행된 500원 동전이었다. 낙찰가는 103만원. 액면가의 2060배에 해당되는 금액이었다. 이 동전의 가치가 높아진 것은 화폐수집의 가장 중요한 요소인 '희귀성'에서 높은 점수를 받았기 때문이다. 1998년에는 외환위기 등의 영향으로 증정용으로만 한정해 500원 동전이 발행됐다. 발행된 동전 수는 8000개에 불과했다. 이 중 일부가 시중에서 유통돼 'VIP 대접'을 받고 있다.'*
>
> *출처 – 머니투데이*

> *"묵은 돈·희귀 돈, 수천만원 호가 '돈이 돈번다'*
>
> *이승만 백환짜리 지폐 1400만원 낙찰…98년 발행 500원 주화 100만원*
>
> *'최근 희소성 있는 화폐를 수집한 후 경매나 분양을 통해 수익을 올리는 '화폐 재테크'가 이색 재테크 수단으로 떠오르고 있다. 희소성과 보존상태 등에 따라 최대 수천만원을 호가하기도 해 취미삼아 화폐를 수집하는 수집가들은 물론 재테크족들로부터 인기를 끌고 있다.*
>
> *일반적으로 발행연도가 오래된 화폐일수록 값어치가 높다. 특별한 의미가 부여된 연도에 발행됐거나 일련번호가 희귀한 지폐의 경우 희소성이 높아져 가치가 큰 폭으로 뛰기도 한다. 관심만 가지면 남녀노소 누구나 쉽게 도전할 수 있다는 점도 화폐 재테크가 가진 장점으로 손꼽힌다.'*
>
> *출처 – 스카이데일리*

기사에 따르면, 같은 가치를 지닌 화폐라도 독특한 일련번호에 특별한 의미가 부여되어 가치가 달라졌다. 기본적으로 대체가 가능한 화폐지만 대체가 불가능한 화폐가 된 사례다.

그림 3-8에서 특이한 일련번호를 가진 지폐를 확인할 수 있다. 이런 특이한 일련번호(7777777 또는 1234567)가 부여된 지폐는 그 액면 가치 이상으로 거래된다. 수집상들은 웃돈을 주고라도 이 화폐를 구입한다.

그림 3-8. 화폐의 일련번호와 가치

이런 관점에서 보면, 동일한 1천 원 지폐 또는 동일한 1만 원 지폐라고 하더라도 어떤 의미가 부여되면 그 가치가 달라져서 대체가 불가능해질 수 있다.

다른 고유성을 지녔는데 대체가 가능한 사례

서울 외곽으로 차를 타고 달리다 보면 길거리에 다양한 그림 작품을 진열해 놓고 판매하는 경우를 가끔 볼 수 있다.

그림 3-9. 동일한 가격의 다른 그림들

처음에 그림#2를 구매했는데 마음에 들지 않아 구매 영수증을 제시하며 다른 그림으로 교체 가능하냐고 물어보면 판매상은 영수증에 있는 금액과 동일한 가격의 작품 아무거나 교체가 가능하다고 이야기한다. 각각의 그림은 분명 고유한 속성과 아우라가 내포되어 있어 교체가 불가능한데, 여기에서는 영수증상의 금액만 동일하면 모두 대체가 가능하다.

적절한 비유였는지는 모르겠지만, 앞선 2가지 사례를 토큰 개념도로 표현하면 다음 그림3-10과 같다.

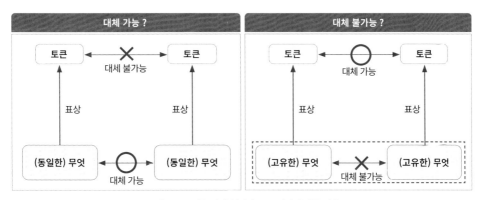
그림 3-10. 기초 자산 성질과 토큰 성질이 다른 경우

사례에서처럼 화폐가 동일한 가치를 지녀 대체가 가능한 기초 자산이라고 하더라도 부여된 의미에 따라 가치가 재평가되고 대체가 불가능할 수도 있다. 그리고 그림은 고유한 속성과 서로 다른 가치를 지니지만, 판매자의 의지 · 의중에 따라 가치를 동일하게 책정하여 대체가 가능할 수도 있다.

2) NFT 결정 요소

NFT 결정 요소를 이해하기 위해서는 먼저 1장과 2장에서 살펴본 증서 · 토큰과 표상의 관계를 상기해야 한다. 증서와 토큰은 기초 자산을 기반으로 하지만, 기초 자산을 있는 그대로 상징화한 개념은 아니다. 기초 자산에서 무엇을 상징화할 것인지는 결국 표상에 의해 결정된다. 기초 자산 전체를 그대로 상징화할 수도 있지만, 다양한 요소와 특성을 지닌 기초 자산 중에서 어느 요소나 특성을 특정해서 상징화할 수도 있다. 토지라는 기초 자산을 기반으로 한 토지 문서는 토지를 그대로 상징화한 것이 아니라 토지의 소유 권리를 상징화한 것이다. 주식은 회사의 실체를 상징화한 것이 아니라 주주로서의 권리를 상징화한 것이다. 금 보관증은 금이라는 실체를 상징화한 것이 아니라 금을 보관하고 있다는 내용을 상징화한 것이다. 증서와 토큰의 가치와 의미는 결국 표상(表象)에 의해 결정된다고 볼 수 있다.

토큰의 의미와 가치가 표상에 의해 결정된다면, 토큰의 대체 가능 여부도 기초 자산의 대체 가능 여부에 의해 결정된다기보다는 어떻게 표상하느냐에 따라 결정된다고 볼 수 있다. 그림 3-11은 표상에 따라 대체 가능 여부가 결정된다는 것을 보여준다.

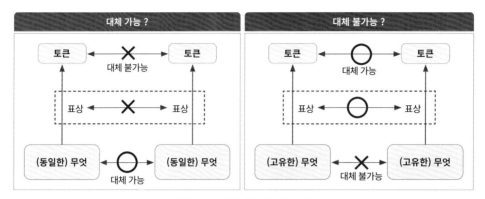

그림 3-11. 표상에 따른 대체 가능 결정

토큰의 성격 및 대체 가능성은 기초 자산의 특성 및 성격에 의해 결정된다기보다는 그것을 어떻게, 어떤 내용으로 표상했느냐에 따라 결정된다고 보는 것이 더 맞을 것이다. 그리고 표상 내용보다 더 중요한 것은 표상에 대해 사람들이 어떻게 해석하고 어떤 의미를 부여하느냐는 것이다.

마패 사례를 다시 한 번 살펴보자. 마패의 기초 자산은 '말 이용 권리'다. '말 이용 권리'를 기초 자산으로 해서 말이 3개 그려진(표상된) 마패는 각각 대체가 가능하다. 반면 말이 3개 그려진(표상된) 마패와 말이 2개 그려진(표상된) 마패는 대체가 불가능하다. 마패(토큰)의 의미와 가치는 표상(말 그림 2개 or 말 그림 3개)에 의해 결정된다고 볼 수 있다.

그림 3-12를 보면, 마패가 대체 가능한지, 대체 불가능한지는 바로 표상(表象)에 의해 결정된다는 것을 알 수 있다.

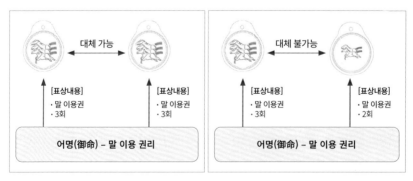

그림 3-12. 마패 사례 (이미지 출처: 한국문화정보원)

1장에서 금 보관증을 어떻게 표상하느냐에 따라서 그 보관증이 단순한 보관증이 될 수도 있고, 유가증권(화폐)이 될 수도 있다고 했다. 태환할 수 있는 권리를 '보관자'로 표상하면 단순한 보관증 역할만 한다. 반면 태환할 수 있는 권리를 '보관증 소유자'로 표상하면 양도가 가능하기 때문에 화폐처럼 사용할 수 있다.

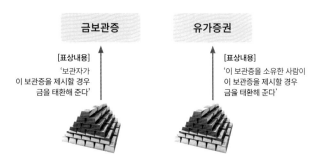

그림 3-13. 표상에 따른 금 보관증의 용도

1장에서 알아봤듯이, 토큰의 의미와 가치는 결국 어떤 내용과 무슨 권리로 표상했느냐에 의해 결정된다고 볼 수 있다. 토큰의 한 유형인 NFT도 그 의미와 가치는 결국 토큰(NFT)화할 때 어떤 내용과 권리를 표상했느냐에 따라 결정된다고 이해할 수 있다. 소유 권리를 표상하면 소유권으로 사용할 수 있고, 이용 권리를 표상하면 이용권으로 사용할 수 있다. 교환권으로 표상하면 그냥 교환권으로 사용할 수 있으며, 원본에 관한 내용과 권리로 표상했다면 원본 인증서 역할을 한다.

3.1절 정리

NFT는 토큰의 분류상의 개념으로서, NFT의 개념과 속성, 특징은 토큰의 그것과 상당히 유사하다. 유사하다기보다 동일하다. 그리고 당연히 그럴 수밖에 없다.

NFT를 발행하는 이유 역시 토큰과 동일하게, 기반이 되는 기초 자산을 현실에서 직접 거래에 이용 및 활용하면 상당히 불편하기 때문에 이를 표상해서 대신 사용하는 것이다. NFT의 의미와 가치 역시 결국 어떻게 표상(상징화)하느냐에 의해 결정되며, NFT의 양도 여부도 표상에 의해 결정된다. NFT의 대상과 적용 범위도 토큰처럼 제한이 없다. 무엇이든지 필요에 따라 상징화하여 NFT로 발행할 수 있으며 상징화하는 내용도 제약이 없다.

FT와 NFT를 구분하는 기준은 그 기초 자산의 대체 가능성에 의해 영향을 받는다. 기초 자산이 대체 가능하면 이를 기반으로 발행된 토큰도 대체 가능하며, 반대의 경우에는 대체 불가능하다. 하지만 궁극적으로는 표상의 내용에 따라 대체 가능 여부가 결정된다는 것도 확인했다. 결론적으로 표상 내용과 토큰을 어떻게 해석하고 어떤 가치를 부여하느냐는 사람의 해석과 의지에 의해 결정된다고 이해할 수 있다.

마지막으로, 현실에서 가치를 지닌 물건과 표상에 의해 창조되는 토큰(NFT)을 비교 분석하면서 마무리하고자 한다. 물건의 속성과 가치는 물건 그 자체로 결정된다. 반면 토큰(NFT)은 기반이 되는 그 무엇을 '어떻게 상징화했느냐(표상)'에 의해 결정된다. 어떻게 표상했느냐에 따라 토큰의 가치와 의미가 결정되며 대체 가능 여부도 결정된다.

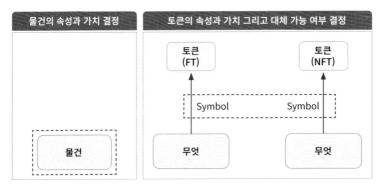

그림 3-14. 물건과 토큰의 가치와 속성 결정 인자

그림 3-14에서는 물건과 토큰 사이에 그 가치와 속성이 결정되는 영역을 점선으로 표시했다. 물건의 속성과 가치는 물건 그 자체가 지닌 가치와 속성에 의해 결정된다. 반면 토큰(NFT)은 기초 자산을 어떻게 표상했느냐에 의해 그 가치와 속성이 결정된다.

3.2 NFT의 실체

지금까지 NFT를 개념적으로 살펴봤는데, 여전히 이해가 안 되고 실제로 어떻게 작동되는지도 막연할 것이다. 이 절에서는 실제 코드 레벨과 구체적인 사례를 통해 NFT의 실체를 이해해 보려고 한다.

3.2.1 코드 레벨에서의 NFT 작동 원리

1) NFT 개념의 비유

NFT의 코드 레벨에서 작동하는 원리를 이해하기 위해 다른 비유를 하나 들어보겠다.

기원전 부여에서 신변의 위협을 느낀 주몽은 자기를 따르는 백성들을 데리고 남하하여 졸본에 정착한다. 주몽은 자기를 따르는 백성들과 의기투합하여 나라의 기틀을 마련하고자 했는데, 먼저 백성들의 역할 분담 및 세금 징수를 위해 집집마다 돌아다니면서 백성의 호구조사를 했다. 호구조사 결과 백성이 1,000명으로 파악되었다. 우선 1,000명 중 절반인 500명은 농사를 짓게 했고, 나머지 500명은 성을 축조하게 했다.

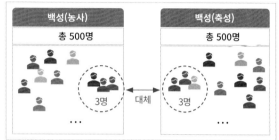

그림 3-15. 고구려 초기 백성 관리

그런데 시간이 흐를수록 한 가지 업무만 반복하는 것이 따분하기도 했고 국가 차원에서도 백성들이 멀티 플레이어가 되는 것이 바람직하다는 생각에 농사와 축성을 3명씩 단계적으로 번갈아 가며 업무를 맡도록 했다. 농사를 짓던 백성 3명과 성을 축조하던 백성 3명을 서로 맞바꾸는 방식으로 역할을 다각화했다. 농사에서 3명을 보내면 성을 축조하는 곳에서 동일한 수의 사람을 농사로 보내는 방식이었다. 그리고 농번기 때는 축성에서 100명을 차출하여 농사를 짓게 하여 농사를 짓는 백성이 600명이 되기도 했다. 그리고 전쟁의 징후가 보일 때는 농사를 짓던 300명을 축성으로 보내 축성 백성이 800명이 됐다. 이런 시스템에서는 개인이 백성이라는 하나의 개념으로 통일되어 있었다. 즉, 1,000명의 백성, 500명의 농사 짓는 백성, 500명의 축성하는 백성으로 인식되었다. 그리고 '각 개인은 1,000명의 백성 중 1명'으로 인식되었다.

일정 시간이 흐르자, 현행 백성 관리 시스템이 다소 비효율적이라는 것을 깨닫게 됐다. 백성도 개별적으로 살펴보면 남성과 여성으로 구분되며, 나이도 모두 다르고, 각자의 특기 및 장단점을 가지고 있었기 때문이다. '1,000명의 백성'으로만 인식할 것이 아니라 고유한 특징을 가진 개인을 식별하여 그 특징에 맞게 관리하고 역할을 배분하는 것이 더 효율적일거라고 판단했다.

그래서 백성 각 개인을 고유하게 식별하고 '백성등록번호(ID)'라는 것을 각 개인에게 부여했다. 그리고 백성 각 개인을 ID를 기준으로 속성(나이, 성, 특기, 장점 등) 정보까지 식별하여 관리했다.

No	백성	ID	속성1	속성2
1	👤	12-01	남성	농사
2	👤	12-02	남성	농사
3	👤	12-03	여성	축성
4	👤	12-04	남성	축성
5	👤	12-05	여성	농사
6	👤	12-06	여성	농사
7	👤	12-07	남성	축성
8	👤	12-08	남성	축성
1000	...	12-0N	여성	농사

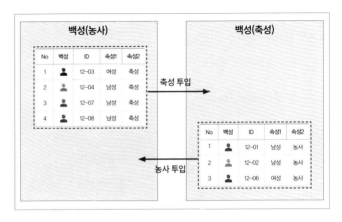

그림 3-16. 백성 ID 기반 인력 관리

백성 각자에게 ID를 부여하고 ID를 기반으로 한 관리 시스템으로 바꾸자 업무 처리 방식도 바뀌게 되었다. 과거에는 '백성 3명'을 축성으로 보내는 방식이었다면, 이제는 '힘이 좋은 ID_12-03, ID_12-04, ID_12-07, ID_12-08'을 축성으로 보내고 '농사 경험이 있는 ID_12-01, ID_12-02, ID_12-06'을 농사로 보냈다. 초기 백성 관리 시스템에서는 사람들이 '백성 1,000명'으로 간주되었던 반면, 두 번째 관리 시스템에서는 사람들이 'ID_0001, ID_0002, ID_003, ···, ID_1000'으로 인식되었다.

정리해 보자. 주민에게 백성등록번호가 부여되지 않는 상황에서 인력 이동 상황을 표현하면 다음과 같다.

'농사에서 축성으로 3명을 이전하고, 축성에서 농사로 3명을 이전한다.'

이를 다시 프로그램적 냄새가 나도록 간략하게 정리하면 다음과 같다.

- *Transfer, from 농사, to 축성, 3*
- *Transfer, from 축성, to 농사, 3*

다음은 백성 각자에게 백성등록번호를 부여한 상황에서 인력 이동 상황을 표현한 것이다.

'농사에서 축성으로 (ID_12-03, ID_12-04, ID_12-07, ID_12-08)을 이전하고, 축성에서 농사로 (ID_12-01, ID_12-02, ID_12-06)을 이전한다.'

이를 간략하게 정리하면 다음과 같다.

- *Transfer, from 농사, to 축성, (ID_12–03, ID_12–04, ID_12–07, ID_12–08)*
- *Transfer, from 축성, to 농사, (ID_12–01, ID_12–02, ID_12–06)*

이런 차이가 발생한 이유는 백성에게 고유한 ID를 부여했기 때문이다. ID가 부여되지 않아 개별적으로 식별되지 않는 상황에서 백성 한 명은 그저 '1/1000'일 뿐이다. 그리고 백성 3명과 다른 백성 3명은 맞바꿈(대체)이 가능하다.

반면 백성에게 고유하게 식별 가능한 ID를 부여한 상황에서는 1,000명의 백성에게 각자 고유한 ID가 부여되며 고유하게 식별된다. 백성 한 명은 단순히 '1/1000'이 아니라 고유하게 식별된 한 명이다.

ID라는 것은 고유하게 식별하기 위해 부여한 것이기 때문에 고유하게 식별된 ID와 다른 ID는 당연히 대체할 수 없다. 1,000명의 백성은 각자 고유한 특징과 속성을 가지고 있지만, 고유한 식별 ID를 부여하지 않는 이상 각 백성은 그저 1/1000에 불과하다. 결과적으로, 무엇을 고유하게 식별할 수 있느냐는 고유한 속성 자체보다는 ID 부여 여부에 따라 결정되고, ID 부여 여부는 절대적인 기준이 있다기보다는 상황과 사람의 판단에 의해 결정된다.

2) ERC–721 작동 원리

이더리움에서 대체 가능 토큰(FT)과 대체 불가능 토큰(NFT)을 구분하는 기준은 어떤 표준을 따르느냐에 의해 결정된다. ERC–20 표준을 따르면 대체 가능 토큰이 되며, ERC–721 표준을 따르면 대체 불가능 토큰이 된다. 따라서 ERC–20과 ERC–721의 차이를 이해하면 FT와 NFT의 차이를 알 수 있다.

NFT(Non–Fungible Token)은 ERC–721 표준으로 구현된 토큰을 의미한다. 따라서 NFT를 정확히 이해하기 위해서는 먼저 ERC–721과 ERC–20의 차이를 이해할 필요가 있다.

다음 사례는 ERC–20과 ERC–721의 transferFrom 함수(function)다. 두 함수를 비교하면 하나의 차이점을 발견할 수 있다.

ERC–20

function transferFrom(address _from, address _to, unit 256 _value) public returns (bool success)

ERC–721

function transferFrom(address _from, address _to, unit256 _tokenID) external payable

ERC-20은 'value' 단위로 전송이 이루어지고 ERC-721은 'tokenID' 단위로 전송되는 것을 확인할 수 있다. ERC-20은 기본적으로 소유자의 잔액을 추적하고 이 소유자가 처리의 기준(기본키)이 된 다. 앞선 비유 사례로 설명하면, '최초 소유자(농사) 잔액은 500', '농번기 때 다른 소유자(축성)로부 터 300이 유입되어 소유자(농사)의 잔액은 800' 이런 식으로 처리된다.

ERC-721은 ID를 추적하며 이 ID가 모든 처리의 기준(기본키)이 된다. 앞선 비유 사례로 설명하면 'ID_12-03은 축성으로 이동', 'ID_12-01은 농사로 이동'과 같은 식으로 처리된다. 이 기본적인 차 이로 인해 NFT의 모든 속성이 결정된다.

토큰의 라이프 사이클을 기준으로 FT와 NFT를 정리하면 다음과 같다.

단계	ERC-20 (FT)	ERC-721 (NFT)
Mint (발행)	발행량 (amount)	발행 토큰 (tokenID)
Transfer (전송)	보내는 양 (amount)	전송 토큰 (tokenID)
Burn (소각)	소각할 양 (amount)	소각 토큰 (tokenID)

NFT는 일반적으로 기초 자산에 고유한 속성이 있는 것으로 이해한다. 틀린 말은 아니지만, 좀 더 정확히 이야기하자면 고유한 속성에 식별 가능한 ID를 부여했느냐에 따라 결정된다.

고유하게 식별하기 위해서 ID를 부여하는데, ID가 부여된 물건끼리 서로 대체한다는 것은 논리적 으로 모순이다. 결국 대체 가능과 대체 불가능은 ID의 부여 여부에 의해 결정되며, 대체 가능 토큰 (FT)은 ID가 부여되지 않은 토큰이고 대체 불가능 토큰(NFT)은 ID가 부여된 토큰으로 이해할 수 있다.

ERC-20 표준과 ERC-721 표준이 차이가 나는 이유는 바로 'tokenId' 때문이다. 즉, ERC-721 표 준을 따른다는 것은 토큰에 ID를 부여했다는 것이다. 따라서 ERC-721 기반의 토큰인 NFT는 고유 하게 식별 가능한 ID가 부여된 것이며, FT는 그런 ID가 부여되지 않았다는 것을 의미한다.

고구려 백성을 ERC-20으로 발행하면 한 명의 백성은 '1/N'으로 식별된다. 또 다른 한 명의 백성도 '1/N'로 식별된다. 따라서 '1/N'과 '1/N'은 서로 대체가 가능하다. 반면 고구려 백성을 ERC-721로 발행한다면 한 명의 백성은 'TokenID_01'로 식별된다. 또 다른 한 명의 백성은 'TokenID_02'로 식 별된다. 따라서 'TokenID_01'과 'TokenID_02'는 서로 대체가 불가능해진다.

고구려 백성처럼 아무리 고유한 속성이 있다고 하더라도 ID를 부여하지 않는다면 각 백성은 1/N으로 서 서로 대체가 가능하며, 설사 고유한 속성이 없더라도 식별 가능한 ID가 부여된다면 대체 불가능하게 된다.

NFT 전송 과정

그림 3-17은 ERC-20 기반 토큰(FT)과 ERC-721 기반 토큰(NFT)이 각각 전송되는 과정을 보여준다.

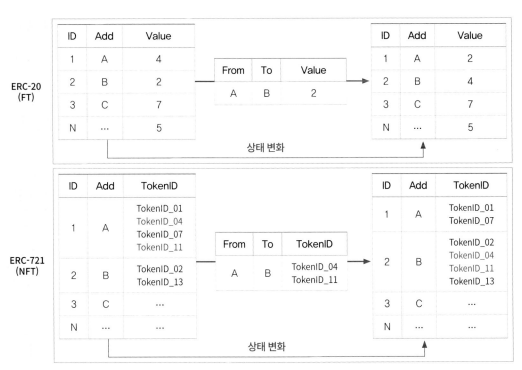

그림 3-17. ERC-20과 ERC-721의 전송 방식

ERC-20 사례에서는 처음에 A의 잔고는 4이고 B의 잔고는 2다. 그런데 A가 B에게 2를 보내자 결과적으로 A는 잔고가 2로 줄어들었고 B는 잔고가 4로 늘어난 것을 확인할 수 있다.

ERC-721 사례에서는, 처음에 A는 TokenID_01, TokenID_04, TokenID_07, TokenID_11을 가지고 있다. 그런데 A가 B에게 TokenID_04와 TokenID_11을 전송했다. 그러자 A는 TokenID_01과 TokenID_07만 보유하게 되었고 B는 TokenID_02, TokenID_04, TokenID_11, TokenID_13을 소유하게 되었다.

ERC-721은 부여된 ID를 기반으로 전송이 처리되기 때문에 ID가 이처럼 식별되어 전송되는 것이 당연하다.

3.2.2 NFT 사례를 통한 이해

이 절에서는 다양한 NFT 사례를 통해 NFT에 대한 이해를 좀 더 확장해 보겠다.

1) 비유 사례

NFT 개념을 몇 가지 사례로 살펴보겠다. NFT를 앞에서 미술품 등과 연계해 이야기해서 다음에 소개할 사례들이 다소 의아하게 느껴질 수도 있다. 하지만 다시 한 번 상기하자면, 이 세상 모든 것은 토큰화(NFT)할 수 있다. 그리고 토큰 중에서 화폐나 증권 등 일부를 제외하면 대부분 NFT 형태로 발행된다.

영화 티켓 발행 사례

과거 영화관은 패스권이 있었다. 영화관 입구에서 패스권만 구입하면 입장하여 자유 좌석에 앉아서 영화를 관람했다. 현재는 지정 좌석제로 바뀌었다. 원하는 좌석을 선택하여 티켓을 발권하면 티켓에 인쇄된 지정 좌석에만 착석할 수 있다.

이 사례를 과거와 현재를 구분해서 정리하면 다음과 같다.

과거 영화 티켓 발행 정보	
Time	Amount
6시	100장
8시	100장
10시	100장

최근 영화 티켓 발행 정보	
Time	ID
	A - 1
	A - 2
	A - 3
6시	A - 4
	...
	J - 9
	J - 10
8시	...
10시	...

그림 3-18. 영화관 티켓 발행 사례

과거에는 100좌석이 구비된 영화관에서 상영 시간대별로 100장의 티켓만 준비하면 됐다. 그리고 이 영화 티켓은 일종의 영화관 입장 패스권이기 때문에 다른 영화 티켓과 대체가 가능했다. 반면 현재는 각 티켓에 좌석이 모두 지정되어 있다. 따라서 영화 티켓별로 ID를 부여하고 ID별로 지정된 좌석 번호를 기입해야 한다. 고유한 식별 ID가 부여된 이 티켓들은 서로 대체가 불가능하다. ID별로 좌석이 지정되어 있기 때문이다.

영화관의 각 좌석은 관점에 따라 고유성이 있다고 볼 수도 있고, 없다고 볼 수도 있다. 동일한 영화를 보는 영화관 내 하나의 좌석이기 때문에 하나의 좌석과 다른 좌석은 차이가 없다. 그런 면에서 보면 대체가 가능하다고 이해할 수 있다. 하지만 반대로 각 좌석은 영화 스크린의 높이와 좌우 각도가 모두 다르다. 따라서 각 좌석은 고유성이 있다고 할 수 있다. 관점이 어떻든 ID를 부여할지 말지는 영화관 사장이 결정하는 것이다. 영화 좌석의 특성이나 속성에 따라 ID 부여 여부를 결정하는 것이 아니다.

요즘에는 영화 티켓이 스마트폰으로 전송된다. 각 영화 티켓에 고유한 ID가 부여되어 있으므로 NFT다. 이 영화 티켓이 이더리움 기반의 ERC 표준을 따른다면 ERC-721 기반으로 발행된 NFT가 된다.

커피 전문점 메뉴

커피와 약간의 디저트를 취급하는 커피 전문점이 있다. 이 커피 전문점은 매일 일정한 커피와 디저트를 준비할 것이다. 평균 주문량을 고려해서 커피는 30잔을 준비하고 디저트는 모두 다른 메뉴로 9개 준비하기로 했다. 그리고 나서 각 교환 티켓을 토큰으로 발행하기로 했다면 ERC-20 표준을 따라야 할까, 아니면 ERC-721 표준을 따라야 할까?

A 커피 전문점		
커피	디저트	
	ID	Menu
	ID #1	A 쿠키
	ID #2	B 쿠키
	ID #3	C 쿠키
	ID #4	A 팥빙수
30잔	ID #5	B 팥빙수
	ID #6	C 팥빙수
	ID #7	A 케이크
	ID #8	B 케이크
	ID #9	C 케이크

그림 3-19. 커피 전문점 사례

커피 30잔은 모두 맛과 모양, 가격이 동일하다. 커피 30잔 각각은 동일한 제품으로 이해할 수 있으며, 따라서 교환권을 토큰으로 발행한다면 ERC-20으로 발행하는 것이 맞을 것이다. 반면 디저트는 3가지 유형으로 분류되며, 유형별로도 각각 다른 메뉴가 준비되기 때문에 토큰으로 발행한다면 ERC-721로 발행하는 것이 맞을 것이다. 즉, 커피 교환권은 FT로 발행하고 디저트 교환권은 NFT로 발행한다.

하지만 동일한 커피로 30잔을 준비하더라도 커피 30잔을 반드시 FT로 발행하지는 않아도 된다. 예를 들어 기수적(Cardinal)으로 30잔이라고 하더라도 30잔을 서수적(ordinal)으로 식별하여 ID를 부여하면 NFT가 된다. 또한 디저트도 모두 다른 맛과 재료로 구성되어 있다 하더라도 커피전문점 주인이 디저트 가격을 모두 동일하게 하고 메뉴 이름을 제거할 수 있다. 이렇게 되면 디저트의 ID와 Menu 이름이 모두 빠진 '디저트 9개'로 표시될 것이다. 이 디저트는 각각 대체가 가능하며, 따라서 FT로 발행될 수 있다.

초대장

초대장을 발행할 때 3가지 옵션을 고려해 볼 수 있다. 첫 번째 옵션은 그냥 시간과 장소만 기입된 초대장이며, 두 번째 옵션은 좌석까지 기입된 초대장, 세 번째 옵션은 초대받은 사람 이름까지 기입된 초대장이다. 옵션별로 초대장을 제작한다면 그림 3-20과 같을 것이다.

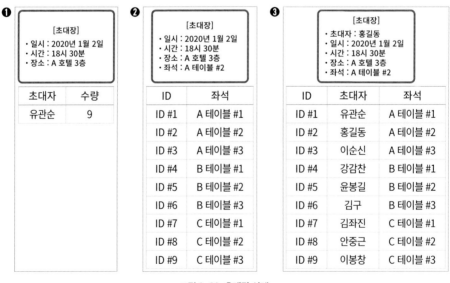

그림 3-20. 초대장 사례

이런 3가지 상황에서는 먼저 행사를 준비한 주최측에서도 준비사항이 달라진다. 첫 번째 초대장 상황에서는 주최측에서 별도로 준비할 사항은 없다. 두 번째 초대장 상황에서는 테이블에 좌석 스티커를 표기하고 초대장에 표기된 좌석별로 실제 착석했는지 확인하는 작업이 필요하다. 세 번째 초대장 상황에서는 입구에서 신분 확인 작업이 필요하며, 테이블에도 좌석 번호와 이름 명판을 각각 비치해야 한다.

초대받은 사람의 입장에서 보면, 첫 번째 초대장 상황에서는 초대장을 소지한 사람은 시간에 맞춰 입장해서 아무 좌석에나 착석하면 된다. 따라서 이 초대장은 서로 대체가 가능하며, '초대장 9개'로 표현할 수 있다.

두 번째 초대장 상황에서는 좌석 번호가 기입되어 있기 때문에 지정된 좌석에만 착석할 수 있다. 따라서 이 초대장은 서로 대체가 불가능하다. 그리고 초대장에는 지정된 좌석이 모두 표기되어 있기 때문에 고유한 ID 기반으로 좌석이 배정될 것이다.

세 번째 초대장 상황에서는 좌석뿐만 아니라 초대받은 사람 이름까지 기입되어 있다. 따라서 이 초대장은 서로 대체가 불가능하며, ID를 기준으로 초대받은 사람과 좌석이 지정되어 있다.

이 초대장을 토큰으로 발행한다면, 첫 번째 상황의 초대장은 FT로 발행될 것이며, 두 번째와 세 번째 초대장은 NFT로 발행될 것이다. 참고로 초대장에 기입된 내용에 따라 초대장의 용도와 활용은 다음과 같이 해석될 수 있다.

상황	첫 번째 상황	두 번째 상황	세 번째 상황
초대장을 다른 사람에게 양도?	가능	가능	불가능
초대장을 다른 초대장과 교환?	가능	가능	불가능
좌석을 서로 바꾸는 것?	가능	불가능	불가능

주식 발행 사례

현실성과는 거리가 멀지만, 주식 발행 상황을 다음과 같이 가정해서 살펴보겠다.

삼성전자의 주식은 삼성전자의 총자본금을 1/N로 나누어서 발행한 것이기 때문에 각 주식의 액면가와 가치는 동일하다. 따라서 삼성전자 주식은 서로 대체가 가능하며, 이를 토큰으로 발행한다면 FT 형태가 될 것이다.

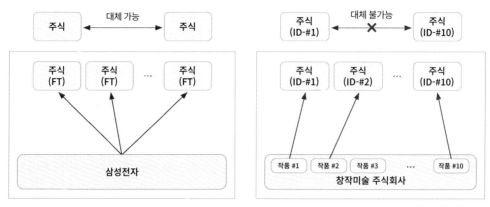

그림 3-21. 주식 발행 사례

그림 3-21의 오른쪽 그림은 창작미술품을 취급하는 회사 사례를 보여준다. 이 회사는 주식을 총자본금의 1/N로 발행하는 것이 아니라 회사가 보유한 각각의 미술 작품별로 발행한다고 가정해 보자. 각각의 작품은 고유하며 가치도 모두 다르다. 따라서 작품#1에 대해서는 ID_#1이라는 주식을 발행할 수 있고, 작품#2에 대해서는 ID_#2라는 주식을 발행할 수 있다. 이럴 경우 주식은 서로 대체 불가능해진다. 그리고 회사의 주식을 토큰으로 발행한다면 NFT 형태가 될 것이다.

기프티콘(Gifticon)

그림 3-22의 기프티콘 이미지는 필자가 최근에 스마트폰을 통해 실제로 받은 것이다. 활동하는 소속 단체에 회비를 납부했는데, 코로나로 회비가 사용되지 못하자 상품권 형태로 페이백(Payback) 된 것이다. 먼저 이 기프티콘은 이용 안내에서 '매장에서 종이상품권으로 교환할 수 있는 교환권'이라고 명시하고 있어 전형적인 토큰이다. 종이상품권을 온라인으로 전송할 수 없으니 디지털 형태의 기프티콘으로 토큰화하여 전송한 것이다. 이 기프티콘(토큰)은 종이상품권으로 교환할 수 있는 것이다.

이 기프티콘을 NFT 구성 요소 관점에서 자세히 살펴보자. 그림 3-22의 왼쪽 그림은 NFT의 개념도와 NFT 토큰의 구성 항목을 개념적으로 표현하고 있다. 이 개념도와 식별된 구성요소를 오른쪽 기프티콘에 그대로 적용해 보면 Token, Token ID, 표상 내용 등을 식별할 수 있다.

먼저 gifticon이라는 쿠폰으로 명명되어 있지만, 다른 명칭을 사용한다면 '토큰'이라 할 수 있다. 그리고 이 쿠폰에는 고유하게 식별 가능한 쿠폰 번호가 부여되어 있다. 따라서 토큰 관점에서 ID가 부여된 NFT로 볼 수 있다.

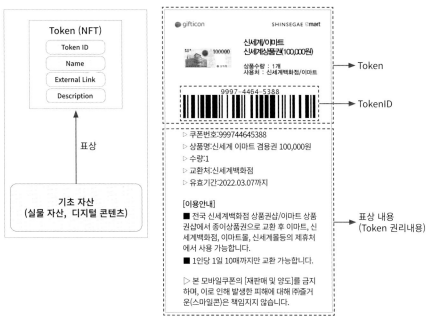

그림 3-22. NFT 구성 및 비유

이 기프티콘을 NFT 구성 요소 관점에서 자세히 살펴보자. 그림 3-22의 왼쪽 그림은 NFT의 개념도와 NFT 토큰의 구성 항목을 개념적으로 표현하고 있다. 이 개념도와 식별된 구성요소를 오른쪽 기프티콘에 그대로 적용해 보면 Token, Token ID, 표상 내용 등을 식별할 수 있다.

먼저 gifticon이라는 쿠폰으로 명명되어 있지만, 다른 명칭을 사용한다면 '토큰'이라 할 수 있다. 그리고 이 쿠폰에는 고유하게 식별 가능한 쿠폰 번호가 부여되어 있다. 따라서 토큰 관점에서 ID가 부여된 NFT로 볼 수 있다.

기프티콘의 이용 안내(표상 내용)를 보면 이 쿠폰의 목적과 의미는 '종이상품권으로 교환할 수 있는 교환권'이라는 것을 알 수 있다. 추가적인 이용 조건으로 '[재판매 및 양도]를 금지' 한다고 명시되어 있다. 즉, 이것을 당근마켓 등에 재판매하면 안 되고, 만일 토큰 형태라면 암호화폐 거래소에서 거래하면 안 된다는 의미다.

정리하면, 특정 권리(매장에서 종이상품권으로 교환할 수 있는 권리)를 상징화해서 표상했기 때문에 그 토큰에 표상된 내용 범위 내에서 권리가 창조되는 것이며 그 권리를 행사할 수 있는 것이다. 결국 토큰(NFT)의 의미와 가치는 그 토큰에 무엇을 표상했느냐, 즉 뭐라고 쓰여 있느냐에 의해 결정된다.

2) ERC-721 실제 적용 사례

앞서 NFT의 개념적인 사례만 살펴보았는데, 이번에는 ERC-721 표준을 적용한 실제 사례를 한 번 살펴보자.

이더리움은 다양한 DApp 서비스들이 론칭할 수 있는 기본 토대를 제공하는 블록체인 플랫폼이기 때문에 이더리움의 성공과 가치는 결국 그 기반으로 론칭된 서비스의 가치와 성공 여부에 의해 결정된다. 이더리움은 플랫폼 론칭 이후 이렇다 할 성공사례(DApp)가 소개되지 않아 노심초사하고 있었다. 그러던 차에 단비와 같은 활용 사례가 소개되는데, 그것이 바로 크립토키티(Cryptokitties)라는 디지털 고양이 양육 게임이다.

크립토키티 이전에도 고양이 양육 게임은 있었지만, 이전의 고양이 양육 게임과 크립토키티는 분명한 차이가 있다. 차이점을 구분하기 위해서 먼저 부모 고양이가 교배해서 새로운 새끼가 탄생되는 과정을 한 번 살펴보겠다.

크립토키티 이전에는 프로그램적으로 임의의 새끼 고양이를 생성해 두고 랜덤하게 하나를 선택해서 출력해 주었다.

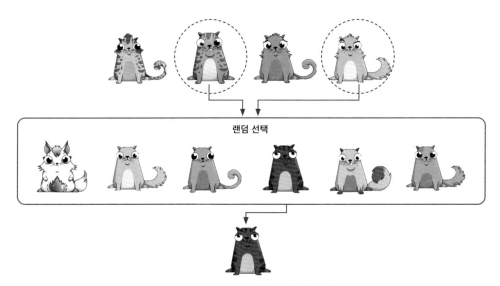

그림 3-23. 크립토키티 이전의 고양이 양육 게임

그림 3-23은 크립토키티 이전에 고양이 새끼가 탄생되는 과정을 보여준다. 먼저 4마리의 부모 고양이를 생성시키고 자손으로 탄생할 수 있는 6마리를 준비한다. 그리고 부모 고양이에서 2번째와 4번째 고양이가 교배하면 자녀 고양이 후보 중에서 하나를 선택해서 새끼로 탄생하도록 설계한다. 여

기서는 자손 후보로 6마리를 구현해 두었지만, 한 마리를 구현해도 되고 수백 마리를 구현해도 된다. 한 마리를 임의로 선택하면 되기 때문이다.

그림 3-23에서는 부모 고양이를 특정할 수 있는 고유값(ID)이 부여되지 않았기 때문에 특정 자녀가 태어나도록 설계할 수 없다. 그림 3-23의 그림상으로는 고양이 그림들이 순서대로 나열되어 있기 때문에 사람의 지각으로 두 번째와 네 번째 고양이가 교배한 것으로 인식할 수 있지만, 컴퓨터에서는 이들이 몇 번째 고양이인지 인식할 수 없다. '첫 번째', '두 번째', '세 번째', '네 번째'를 각각 고양이에 부여해줘야만 비로소 두 번째와 네 번째라는 깃을 인식할 수 있다.

이제 크립토키티에서 새끼가 탄생하는 과정을 살펴보자. 그림 3-24에서는 부모 고양이 각각에 A, B, C, D라는 고유한 식별값을 부여해 주었다.

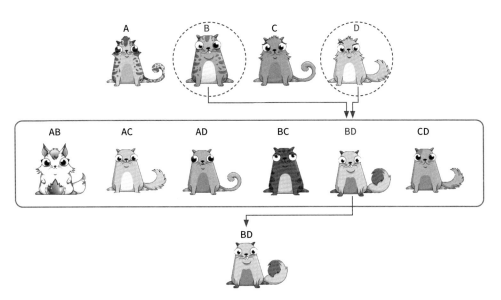

그림 3-24. 크립토키티 고양이 양육 게임

부모 고양이에게 각각 고유한 식별값이 부여되어 있기 때문에 부모 고양이 조합으로 탄생한 자녀 고양이 역시 고유한 식별값을 그대로 물려받는다. 고유한 식별값이 추적되는 것이다. A, B, C, D에서 둘의 조합으로 나올 수 있는 옵션은 AB, AC, AD, BC, BD, CD로, 총 6가지다(여기에서는 성별 구분 없이 조합만으로 자녀가 탄생한다고 가정해 보겠다). 그림 3-24에서 B 고양이와 D 고양이가 교배하면 BD 고양이가 탄생한다는 것을 보여준다. 이런 구조에서는 반드시 자녀 고양이를 6마리 준비해두어야 한다. A, B, C, D가 2개의 조합으로 나올 수 있는 옵션이 6개이기 때문이다.

크립토키티의 고양이들은 각각 고유한 식별 번호와 속성이 담겨 있다. 새끼를 낳을 때도 부모의 식별번호와 고유한 속성을 인자로 그대로 물려받는다. 'AB, AC, AD, · · ·'의 자녀들이 다시 교배를 통해 새끼를 낳는다면, ABAC, ABAD, ABBC, · · · 형태로 식별값은 계속 추적될 것이다.

3) NFT 사례에 대한 시사점

앞서 NFT 비유 사례와 실제 적용 사례인 크립토키티를 살펴봤는데, NFT는 ID를 부여하고 그 ID를 추적할 수 있는 토큰으로 이해할 수 있다. FT는 반대 개념으로서 ID가 부여되지 않으며, ID 추적을 기반으로 한 서비스는 불가능하다.

FT와 NFT 구분 기준

대체 가능 토큰(FT)과 대체 불가능 토큰(NFT)을 구분하는 기준으로 '고유성'을 많이 언급한다. 고유성이 존재하기 때문에 대체가 불가능하다고 이해할 수 있다.

각 대상의 고유성을 식별하고 고유성을 부여하기 위해서는 2가지가 필요하다. 하나는 고유하게 '식별하는 방법'이고 다른 하나는 고유하게 '식별할 내용'이다. 어떤 대상을 고유하게 식별할 때 보통 사용하는 방법이 'ID'다. 대한민국 국민 각자에게 부여된 주민등록번호도 ID다. 이 ID를 기반으로 고유하게 식별한 내용을 보통 '속성'이라고 한다. 즉, 고유성은 'ID'와 '속성'으로 구성된다.

그림 3-25. 크립토키티 NFT

그림 3-25를 보면 각 고양이 외모(형태, 색상 등)만 보더라도 고유성이 존재한다는 것을 알 수 있다. 이런 고유성을 기준으로 ID가 부여된 토큰을 발행하면 서로 대체 불가능한 토큰(NFT)이 된다.

'고유성을 식별하고 ID를 부여한다는 것' 자체가 대체가 불가능하다는 것을 의미한다. 고유하게 식별하고 식별 ID 값을 부여했는데, 그것을 다른 것과 대체한다는 것은 논리적으로 맞지 않는다. 고구려 백성들을 고유하게 식별하기 위해 각 백성에게 백성등록번호를 부여했는데, 백성등록번호가 다른 두 사람을 서로 대체한다는 것은 논리에 맞지 않는다.

ID 부여 여부 기준

그럼 고유하게 식별 가능한 ID를 부여하는 기준은 무엇일까? 앞서 대상의 고유성을 기반으로 ID가 부여된다고 했는데, 현실에서는 다른 경우가 많다.

모든 사람은 외모, 성별, 성격, 체격, 체력 등 각각 고유하다. 그런데 과거 아프리카 노예 무역이 한창이었던 시대의 노예들은 단지 숫자에 불과했다. 노예 한 사람은 그저 '전체 노예 100명 중 한 명'으로 간주되었다. 그리고 노예 1명과 다른 노예 1명은 각각 '1/N'로 간주되어 대체가 가능했다. 고구려 초기 백성들도 그저 숫자에 불과했다.

1만 원짜리는 서로 대체가 가능하지만, 일련번호가 7777777인 지폐와 1300144인 지폐는 대체가 불가능하다. 반대로 미술 작품은 고유하여 대체가 불가능하지만, 길거리에서 동일한 가격으로 판매되는 미술 작품은 서로 대체가 가능하다.

옷은 색상, 디자인, 크기, 소재 등이 모두 다르며 따라서 고유하다. 옷을 진열하여 판매할 때는 각각 고유한 식별번호가 부여되며 가격도 모두 다르다. 하지만 옷이 악성 재고로 장기간 방치될 경우에는 재고를 모두 모아서 무게를 달아 헐값에 처분해 버린다. 즉, 고유한 속성도 상황에 따라서는 사라진다. 속성 자체가 사라지는 것이 아니라 고유한 속성을 무시해 버리는 것이다.

화폐를 토큰으로 발행한다고 가정하면 직관적으로 당연히 대체 가능한 FT 형태가 될 것으로 이해된다. 현재 전 세계적으로 각 국가 중앙은행에서 CBDC(Central Bank Digital Currency)를 검토하고 있다. CBDC 역시 대체 가능 여부라는 기준으로 유형을 분류한다면 FT가 맞다. 현재 CBDC는 검토 단계이기 때문에 정확하게 알 수는 없지만, 필자 생각에는 FT와 NFT가 혼합된 하이브리드 형태일 가능성이 크다. CBDC를 NFT 형태로 발행하면(CBDC를 NFT로 발행한다는 의미가 아니라 '대체 가능 or 대체 불가능 여부' 관점에서 설명한다면 그렇다는 것이다), 정부의 입장에서도 다양한 정책 실현 및 부가 서비스가 가능해진다. CBDC를 특정 지역 경제 활성화를 위해 특정 지역에서만 사용할 수 있게 고유한 식별값을 부여하여 설계할 수 있다. 일종의 지역화폐와 유사하게 특정 목적으로 발행할 수 있다. 이런 특수 목적의 화폐는 다른 화폐와 대체가 불가능하다. 알코올 중독자에게 현금을 지급할 경우 이 현금으로 술을 구매하는 것을 방지하기 위해 CBDC를 통해서 특정 물품(ex. 생필품)만 사용할 수 있게 설계할 수 있다. 그리고 그 외의 특정 목적(코로나와 같은 환경에서 자영업자 지원 등)으로도 사용할 수 있다. 동일한 CBDC이지만, 정부가 고유한 식별값을 부여하여 특수 목적으로 설계하면 다른 화폐와 대체가 불가능해진다.

그림 3-26은 ID를 부여하는 기준과 관련한 3가지 상황을 보여준다.

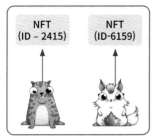 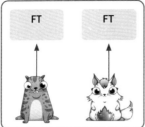 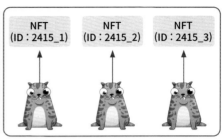

그림 3-26. FT와 NFT의 다양한 형태

그림 3-26의 첫 번째 그림을 보면, 두 마리 고양이는 각각 고유하기 때문에 고유하게 식별 가능한 ID가 부여되어 있다. 이 고양이들을 토큰으로 발행한다면 NFT로 발행하는 것이 맞다. 하지만 두 번째 그림은 고유성을 지니고 있더라도 굳이 고유성을 식별하지 않고 ID도 부여하지 않았다. 이런 경우에는 두 마리 고양이는 대체가 가능한 FT로 발행된다. 세 번째 그림은 모두 동일한 고양이로서 고유성이 없다. 하지만 서수적 일련번호 부여를 통해 고유하게 식별 가능한 ID를 부여했고 따라서 NFT로 발행하는 것이 가능하다.

시사점을 정리하면, 대상의 고유성을 기반으로 고유하게 식별 가능한 ID를 부여할 수 있다. 고유성이 없으면 ID 부여가 어렵다고 생각할 수 있지만, 여러 사례에서 살펴본 것처럼 고유성이 있어도 ID를 부여하지 않을 수 있으며 고유성이 없어도 '서수' 개념 등을 통해 ID를 부여할 수 있다.

FT와 NFT의 구분 기준은 ID의 부여 여부이며, ID 부여 여부의 기준은 고유성이라기보다는 서비스 특징과 서비스 설계자의 의도라고 볼 수 있다. FT와 NFT가 기초 자산의 고유한 속성보다는 식별 ID 부여 여부에 의해 결정된다고 이해하는 것이 더 맞다. 그리고 식별 ID 부여 여부(FT or NFT)를 결정하는 것은 결국 서비스의 목적과 설계자의 해석과 판단이라고 볼 수 있다.

3.2.3 NFT 구현 구성 요소

이 절에서는 NFT 구현에 필요한 구성 요소를 식별하고 각 요소에 관해 상세히 알아보겠다.

1) NFT 구현 구성 요소 식별

토큰(NFT)의 개념 및 구성도는 여러 번 소개했다. 토큰(NFT)은 독립적으로 존재하지 않으며 반드시 기반이 되는 기초 자산이 있어야 하고, 그 기초 자산을 표상·상징화한 것이다. 따라서 토큰(NFT)은 반드시 기초 자산과 표상이 함께 존재해야 한다.

전통적인 토큰의 개념에서 보면, 토큰(NFT)이 반드시 블록체인과 연계될 필요는 없다. 하지만 이더리움 이후 암호화폐 개념으로 통용되는 토큰은 블록체인 연계 관점으로 접근하기 때문에 '블록체인 기반 토큰'으로 이해해야 한다. 토큰(NFT)이 블록체인을 활용할 경우 어떤 의미와 가치가 창출되는지는 2장에서 소개했고, 4장에서도 좀 더 자세히 설명할 예정이다. 앞으로는 블록체인 기반의 토큰으로 이해하자.

이런 이해를 바탕으로 NFT가 구현되기 위한 구성요소를 개념적으로 구조화하면 다음과 같다.

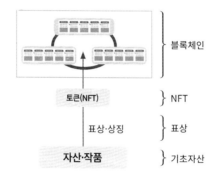

그림 3-27. NFT 구현 구성 요소 식별

이 그림은 기초 자산을 표상·상징화하여 토큰(NFT)을 발행하고 이 토큰이 블록체인에 저장되는 구조다. 즉, NFT를 구현하기 위한 4가지 요소는 다음과 같이 식별이 된다.

- 첫째는 토큰 발행의 기반이 되는 기초 자산

- 둘째는 기초 자산의 무엇을 어떻게 표상·상징화

- 셋째는 기초 자산을 기반으로 표상·상징화된 토큰(NFT)

- 넷째는 탈중앙 인프라 구현을 위한 블록체인

2) NFT 구현 구성 요소 상세
앞에서 나열한 NFT 구현에 필요한 4가지 구성 요소를 하나씩 자세히 살펴보겠다.

(1) 기초 자산
앞서 토큰 개념에서도 살펴봤던 것처럼 유무형 물건 또는 어떤 자산 형태도 기초 자산이 될 수 있다. 이는 토큰의 한 유형인 NFT에도 동일하게 적용된다. 표상·토큰의 기반이 되는 기초 자산의 대상 및 범위에는 별도의 제약이 없다.

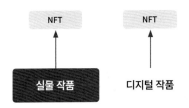

그림 3-28. 기초 자산 범위

하지만 전통적인 토큰과는 다르게, 비트코인·이더리움 이후에 소개되는 토큰은 디지털 자산을 기초 자산으로 염두에 둔 개념으로 이해할 수 있다. 비트코인은 탈중앙 기반으로 발행되는 전자적 화폐를 비트코인으로 상징화하여 구현한 것이고, 이더리움은 다양한 디지털 서비스에서 구현되는 기능, 권리, 가상 자산을 토큰화하는 것을 지원한다.

한편으로 보면, 최근에 NFT가 주목받고 잠재성을 인정받으면서 디지털 작품뿐만 아니라 실물 작품까지 NFT화하는 시도나 프로젝트가 생겨나고 있다.

토큰이나 NFT의 기초 자산 대상을 이해할 때 다른 관점에서 접근하는 것도 필요해 보인다. 바로 암호 기술의 적용 여부다. 1장에서 비트코인은 태생적으로 디지털 형태여야만 했다고 설명했다. 신뢰를 보장하는 제3 신뢰 기관 없이도 탈중앙 기반 화폐를 구현하기 위해 적용한 기술이 바로 암호 기술이다. 암호 기술은 디지털에만 적용할 수 있으며 따라서 탈중앙 기반 화폐를 구현하기 위해서는 반드시 디지털 화폐여야 했다.

단적인 사례로 암호 기술을 이용한 서명 과정을 살펴보자. 그림 3-29는 실물 작품과 디지털 작품에 서명하는 것을 보여준다. 모든 거래나 서비스에서 본인임을 확약하고 부인 방지를 위해 사용하는 것이 서명이다. 서명으로는 서양식처럼 이름 등을 본인만의 독특한 글자 형태로 쓴 서명(Signature)을 사용하기도 하고 우리나라에서는 인감도장을 사용한다. 그리고 온라인이나 디지털에서는 암호 기술을 이용하여 전자서명을 한다.

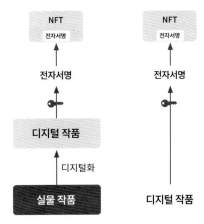

그림 3-29. 실물 작품 전자서명 방식

실물 작품은 개인키를 이용하여 전자서명 할 수 없기 때문에 실물 작품을 먼저 디지털 작품으로 변환하는 과정이 필요하다. 반면 디지털 작품은 개인키를 이용하여 바로 전자서명 할 수 있다.

실물 작품을 전자서명하기 위해 디지털 작품으로 변환했다고 하더라도 실물 작품과 변환된 디지털 작품 사이 연결고리의 신뢰를 보장할 수 있는 별도의 장치가 필요하다. 사소하지만 신뢰 보장 차원에서 보면 제3 신뢰 기관의 개입 여부와 연결된다. 실물 작품은 신뢰를 보장하기 위해서는 결국 외부의 제3 신뢰 기관이 필요한 반면, 디지털 작품은 그 대상에 직접적으로 암호 기술을 적용할 수 있기 때문에 제3 신뢰 기관 없이도 신뢰를 보장할 수 있다.

결론적으로 모든 유무형 자산이 토큰의 기초 자산이 될 수 있지만, 토큰이 암호 기술과 블록체인과 연계되는 구조라면 암호 기술로 직접 제어 및 적용이 가능한 디지털 작품을 기초 자산으로 할 경우 토큰 발행 및 활용이 더 효율적이다.

(2) 표상(表象)

앞서 토큰(NFT)의 의미와 가치는 기초 자산을 어떻게 표상하느냐에 의해 결정된다고 했다. 기초 자산을 어떤 내용으로 어떻게 표상하느냐에 따라 NFT의 의미와 활용은 다양해진다.

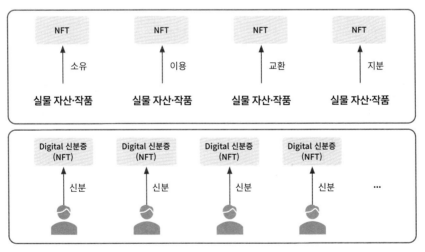

그림 3-30. 표상 내용

그림 3-30의 위쪽 그림은 표상 내용을 어떻게 정의하느냐에 따라 NFT의 의미와 활용이 달라지는 것을 보여준다. '소유' 내용으로 표상하면 NFT는 소유권으로서의 의미를 지니며 그런 목적으로 활용된다. '지분' 내용으로 표상하면 NFT는 지분을 의미하며 지분 목적으로 활용된다.

그림 3-30의 아래쪽 그림은 '신분'이라는 동일한 내용으로 표상했을 때 NFT가 디지털 신분증으로 활용된다는 것을 보여준다.

물론 기초 자신의 특성과 고유성을 기반으로 표상·상징화하겠지만, 어떤 특성을 어떻게 표상할지는 결국 서비스의 특성과 서비스 설계자의 의도에 따라 결정된다.

(3) NFT

토큰은 단순히 기초 자산을 표상·상징화한 것이며, 이는 토큰의 유형인 FT(대체 가능 토큰)나 NFT(대체 불가능 토큰)에 동일하게 적용된다.

토큰(NFT)의 의미와 가치는 명확하다. 토큰(NFT)은 그 자체로는 아무런 의미와 가치가 없다. 단지 기초 자산을 기반으로 어떻게 표상하느냐에 따라 의미가 달라지며 가치가 새롭게 창조되는 것이다.

그림 3-31의 마패 사례를 통해 NFT의 의미와 가치를 이해해 보자. 마패의 의미와 가치는 단순히 표상에 의해 결정되며 마패가 기초 자산에 대한 무엇을 보장하지는 않는다.

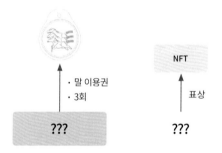

그림 3-31. 표상과 NFT 관계

마패에 말을 2번 이용할 수 있는 권리를 표상했다면 그 마패는 '말 2회 이용 권리'를 의미하며, 3번 탈 수 있는 권리를 표상했다면 그 마패는 '말 3회 이용 권리'를 의미한다.

그리고 이 마패는 기초 자산을 단순히 표상한 것뿐이지, 이 마패가 기초 자산의 무엇을 보장하거나 검증해 주는 역할을 하지는 않는다. 마패는 그것을 휴대한 사람이 암행어사라는 것을 검증해 주는 용도가 아니다. 이 마패는 말 이용 권리가 2번에서 3번으로 위변조되지 않았다는 것을 검증해 주는 것이 아니다. 이 마패는 임금이 정식으로 하사한 것인지, 훔친 것인지를 검증하지 않는다. 이 마패가 의미하는 것은 단순히 이 마패를 휴대한 사람이 말을 3회 이용할 수 있다는 권리가 있다는 것이다. 마패에 표상된 대로 권리를 행사할 수 있으므로, 이 마패가 보장하는 것은 오직 말을 3번 탈 수 있는 권리가 있다는 것뿐이다.

NFT도 마찬가지다. NFT는 그 기초 자산이 진본인지 원본인지를 검증해 주지 않는다. NFT는 작성자가 표상한 내용이 의도한 대로 작성됐다는 것을 보장하지 않는다. NFT는 이 토큰을 가지고 있는 사람이 진짜 소유자라는 것을 보장하지 않는다. NFT는 기초 자산을 단순히 표상·상징화한 것이지, 기초 자산의 무엇을 보장하거나 검증해 주지는 않는다.

그러면 진본 여부, 작성상의 오류 여부, 진짜 소유자 여부는 어떻게 확인하고 보장할 수 있을까? 진본 여부, 오류 여부, 실제 소유자 여부는 토큰(NFT)이 보장하는 것이 아니라 별도의 검증 기관을 통해서 검증되고 보장된다. 예를 들어 진본 여부는 전문가나 외부 전문기관을 통해 검증할 수 있다. 외부 전문기관에 의해 진본임이 검증되면 이 내용을 NFT에 단순히 표상할 뿐이다(이 부분은 뒤에서 좀 더 자세히 다룰 예정이다).

(4) 블록체인

토큰(NFT)에서 블록체인이 무슨 의미가 있는지는 2장에서 살펴봤다. 그리고 4장에서도 좀 더 자세히 살펴볼 예정이다. 여기에서는 NFT와 연계된 블록체인의 형태에 대해서만 간단히 살펴보겠다.

앞선 그림 2-20에서 살펴본 것처럼 블록체인과 연계된 인프라 영역은 다양한 형태로 변화·발전 또는 왜곡·변질되어 가고 있다. 많은 사람이 블록체인이 완전한 탈중앙와 연계된다고 생각하지만, 비트코인 같은 완전한 탈중앙 서비스는 손에 꼽을 정도다. 사실상 비트코인이 유일하다고 이해해도 된다. 블록체인 관련 서비스를 제공하는 업체들은 블록체인이라는 용어를 남발하거나 교묘하게 악용한다.

그림 3-32는 다양한 형태의 기반 시스템 유형을 보여준다. 먼저 시스템 영역을 보면 크게 비트코인 같은 완전한 탈중앙 시스템, 이더리움 같은 탈중앙 시스템, 그리고 Private 블록체인 같은 반중앙·중앙 시스템으로 구분될 수 있다. 그리고 서비스 영역에서는, 비트코인 서비스는 완전히 탈중앙화되어 있는 반면, 이더리움 기반의 다양한 DApp 서비스들은 블록체인 영역만 이더리움을 사용할 뿐 서비스는 철저하게 중앙 집중화되어 있다.

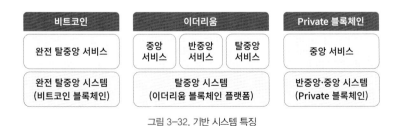

그림 3-32. 기반 시스템 특징

그리고 토큰이나 NFT가 중앙 시스템이나 Private 블록체인 기반으로 서비스되는 사례도 많다. NFT가 이더리움 같은 Public 블록체인을 활용하지만, 높은 가스 수수료나 속도 등으로 원본 파일이 외부의 중앙시스템이나 IPFS 등에 저장되는 경우가 대부분이다.

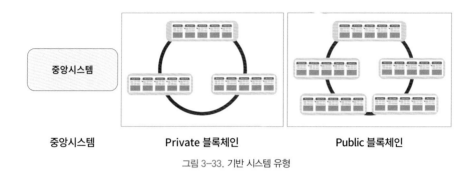

<table>
<tr><td>중앙시스템</td><td>Private 블록체인</td><td>Public 블록체인</td></tr>
</table>

그림 3-33. 기반 시스템 유형

3.2.4 NFT 제작

지금까지 NFT의 개념과 다양한 활용 사례를 살펴봤다. 이번 절에서는 NFT가 실제로 어떻게 제작되는지 디지털 작품과 실물 작품에 대한 NFT를 예로 들어 설명한다. NFT 제작 형태와 과정을 살펴보면서 NFT에 대한 이해를 넓혀 보자.

1) NFT 제작 형태

먼저 NFT는 반드시 기초 자산(실물 작품, 디지털 미술품 등)을 기반으로 발행된다는 본질적 속성이 있다. 이런 이해를 바탕으로 최근에 주목받는 예술 작품 분야에서 NFT를 발행하는 형태를 한 번 살펴보자. 여기에서는 단순히 발행 유형에 대해서만 간단히 살펴보고 미술 작품에서 NFT의 의미와 시사점은 3.3절과 3.4절에서 좀 더 자세히 다루겠다.

(1) 디지털 작품을 기반으로 한 NFT 발행

먼저 가장 일반적으로 소개되는 유형은 디지털 작품을 NFT로 발행하는 것이다.

디지털작품

그림 3-34. 디지털 작품 기반 NFT

디지털 작품이 가지는 고유한 속성을 기반으로 이를 표상·상징화하여 NFT로 발행할 수 있다. 표상·상징화 내용에 따라 NFT는 다양한 의미와 목적으로 활용될 수 있다. 특히 무한 복제되는 디지털 작품에서 원본임을 증명하고 고유성과 희소성의 가치를 부여하는 개념으로 많이 소개되는데, 이 부분은 3.3절과 3.4절에서 살펴보겠다.

(2) 실물 작품(파괴)을 디지털로 변환한 후 NFT 발행

주로 디지털 작품을 NFT로 발행하지만, 최근에는 실물 작품도 NFT로 발행한다. 실물 작품을 NFT로 발행하기 위해서는 우선 실물 작품을 디지털 작품으로 변환해야 한다. 그러고 나서 디지털 작품을 기반으로 NFT를 발행할 수 있다.

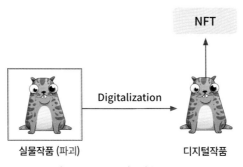

그림 3-35. 실물 작품(파괴)을 NFT로 발행

그런데 NFT가 유일성의 가치를 보장하는 개념으로 간주되면서 실물 작품을 디지털 작품으로 전환한 후 실물 작품을 파괴하는 경우가 있다. 대표적인 사례가 영국 뱅크시의 작품 'Morons'다.

블록체인 기업 인젝티브프로토콜은 뱅크시의 실물 작품 'Morons'를 NFT로 발행하고 실물 작품을 불태우는 장면을 유튜브로 생중계했다. 이들은 대체 불가능한 진품을 보장하기 위해 NFT로 발행한 후 원본인 실물 작품을 불태웠다고 말했다.

(3) 실물 작품(유지)을 디지털로 변환한 후 NFT 발행

앞선 사례와 유사하지만, 실물 작품을 디지털 작품으로 변환하고 실물 작품을 그대로 유지하는 경우도 있다. 이런 경우에는 유일성 보장보다는 원본 작품과 별도로 단순히 디지털 작품을 제작하고 이 디지털 작품을 NFT화한다고 볼 수 있다.

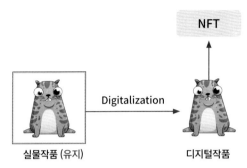

그림 3-36. 실물 작품(유지)을 NFT로 발행

대표적인 사례가 훈민정음 해례본을 NFT화한 것이다. 훈민정음 해례본을 소장하고 있는 간송미술관은 훈민정음 해례본의 디지털 버전을 NFT화하여 문화유산을 보존하고자 한다고 했다. 이런 경우에는 유일성보다는 디지털 자산 형태로 추가로 제작한 형태이기 때문에 원본 실물본을 파괴할 필요는 없다.

(4) 실물 작품을 기반으로 NFT 발행

앞선 3가지 사례는 주로 소유권 개념으로 접근했다고 볼 수 있다. 실물 작품을 온라인에 업로드할 수는 없기 때문에 먼저 디지털화하고 이를 NFT로 발행했다.

그림 3-37. 실물 작품의 NFT 발행

하지만 NFT는 표상에 따라 다양한 용도로 활용될 수 있다. 이런 소유권 개념이 아니더라도 실물 작품에 대한 관람권, 저작권 등을 NFT로 발행할 수도 있다. 이때는 실물 작품은 그대로 두고 단지 관람과 저작에 관한 내용만 표상하여 토큰화하는 것도 가능하다. 따라서 이런 경우에는 군이 실물 작품을 디지털 작품으로 변환할 필요는 없다.

2) 원본 작품의 저장 위치

많은 사람이 디지털 작품과 NFT와의 관계를 헷갈려하거나 NFT에서 블록체인의 활용 목적에 대해 잘 이해하지 못한다.

앞서 기초 자산·표상·토큰으로 구성된 개념도를 많이 살펴보았다. 기초 자산을 상징화하여 토큰을 발행하지만, 기초 자산과 토큰은 별개다. 저장되는 위치도 각각 다를 수 있으며, 존재 이유도 서로 다르다. 과거 금 보관증 사례를 다시 한 번 상기해 보면 금은 세공업자의 금고에 보관 및 지장되어 있으며 금보관증은 시장에서 유통되며 화폐처럼 통용된다. 정리하면 금과 금 보관증은 밀접한 관계에 있지만, 보관되는 위치와 존재 이유는 다를 수 있다.

디지털 작품을 NFT로 발행한다고 하면 디지털 작품은 기초 자산에 해당된다. NFT와 디지털 작품은 밀접한 관계에 있지만 별개이며, 저장되는 위치도 다를 수 있다.

그림 3-38은 NFT를 생성하는 툴(tool) UI를 보여준다. NFT 생성을 위한 요소로서 간단한 이미지, 이름, 외부 링크(External Link) 정도로 구성되어 있다. 기초 자산에 해당되는 디지털 작품 원본 파일이 NFT 안에 저장되기보다는 외부 링크로 연결되어 있다는 것을 확인할 수 있다.

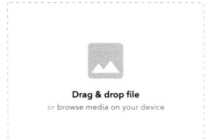

Create new item

Image, Video, Audio, or 3D Model
File types supported: JPG, PNG, GIF, SVG, MP4, WEBM, MP3, WAV, OGG, GLB, GLTF. Max size: 100 MB

Drag & drop file
or browse media on your device

Name *
Item Name

External Link
OpenSea will include a link to this URL on this item's detail page, so that users can click to learn more about it. You are welcome to link to your own webpage with more details.

그림 3-38. NFT 생성 정보 (출처: OpenSea Blog)

NFT를 생성하기 위해서는 해당 이미지를 등록해야 하는데, 이미지 형태나 크기가 제한되어 있다. 일반적으로 해당 작품에 대한 간단한 정보만 NFT에 포함되며 작품 원본 파일이나 관련 정보는 별도로 저장되는 경우가 많다. 그림 3-38의 아랫부분에 있는 'External Link'를 통해 원본 디지털 파일이나 좀 더 자세한 정보를 외부에 연결시킬 수 있다.

디지털 원본 파일을 블록체인에 저장할 경우 과도한 (가스) 수수료 발생 및 속도 등의 현실적인 문제 때문에 NFT만 블록체인에 저장하고 디지털 원본 파일은 외부에 저장한다고 이야기한다. 하지만 가스 수수료와 속도 등의 문제가 사라진다고 해도 반드시 기초 자산(디지털 작품)과 NFT를 함께 묶어서 저장할 필요는 없다.

토큰의 태생 배경을 상기해 보면 좀 더 쉽게 이해할 수 있다. 실물 작품이나 기초 자산을 현실의 거래에서 그대로 활용하는 데 불편함이 없다면 굳이 힘들게 다른 것으로 대체하여 거래에 활용할 필요는 없다. 현실의 물건이나 자산을 그대로 거래에 활용하면 불편하기 때문에 증서나 토큰으로 대체하여 사용하는 것이다. 디지털 작품을 점유를 통해 소유권을 보장할 수 있다면 굳이 토큰화하지 않아도 된다. 하지만 무한 복제된 디지털 작품은 점유를 통한 소유권 보장이 어렵기 때문에 토큰을 통해 소유권을 대신하는 것이다.

3.2절 정리

3.1절과 3.2절을 통해서 NFT의 개념과 실체에 대해 살펴봤다. 앞서 살펴본 내용을 그림 3-39를 통해 간단히 한 번 정리해 보겠다.

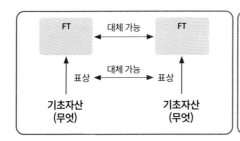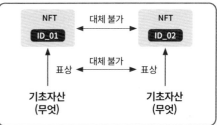

그림 3-39. FT와 NFT 이해

- 기초 자산을 표상·상징화하여 토큰 발행
- FT와 NFT는 분류상의 용어로서 모두 토큰의 한 유형
- FT와 NFT를 구분하는 기준은 ID 부여 여부
- ID 부여 여부 기준은 기초 자산의 고유성보다는 표상 내용에 의해 결정

3.3 NFT 개념에 대한 비판적 고찰

NFT가 주목받으면서 NFT를 다양하게 해석하고 특별한 의미를 부여하는 것을 볼 수 있다. 이번 3.3절에서는 NFT와 관련하여 일반적으로 소개되는 다양한 특장점 및 해석에 대해 한 번 분석 및 평가해 보려고 한다. NFT는 이제 시작되는 단계이고 다양한 해석과 의미 부여가 가능하기 때문에 이번 평가는 지극히 개인적인 관점이며 다양한 해석 중의 하나로 생각하면 좋을 것 같다.

먼저 NFT 관련하여 가장 많이 소개되는 내용을 키워드로 요약해 보면 다음과 같다.

- 원본 증명
- 고유성
- 희소성
- 소유권

NFT의 특장점을 대변하는 이런 키워드에 대해 적절성과 타당성 관점에서 각각 평가해 보려고 한다. 다시 한 번 언급하지만, 여기에서의 평가는 지극히 주관적인 관점 및 해석이라는 것을 참고해 주길 바란다. 먼저 3.3.1절에서는 NFT의 특장점을 이해하기 위한 선행 지식을 소개하고 3.3.2절에서 각 키워드에 대해 평가해 보고자 한다.

3.3.1 NFT 속성과 디지털 특징 이해

NFT의 특장점을 각각 평가하기에 앞서 2가지 선행지식을 이해할 필요가 있다. NFT의 속성과 디지털 세상에서의 원본과 사본의 구분이 그것이다.

1) NFT 속성

NFT 속성에 대해서는 이미 살펴봤지만, NFT 개념을 평가하기에 앞서 다시 한 번 정리하겠다.

토큰(NFT)의 정확한 개념은 기초 자산을 표상·상징화한 것이다. 그림 3-40에서 두 그림의 화살표 방향에 주목하기 바란다. 토큰의 개념을 정확하게 표현한 것은 3-40그림에서 왼쪽 그림이다. 토큰(NFT) 자체만으로는 존재할 수 없으며 토큰(NFT)의 의미와 가치도 오로지 기초 자산과 기초 자산에 기반한 표상에 의해 결정된다.

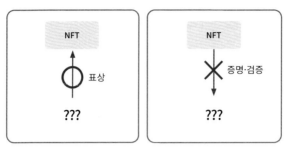

그림 3-40. NFT 속성

그림 3-40에서 오른쪽 그림을 보면 NFT가 기초 자산을 증명 또는 검증하는 것처럼 표현되어 있는데, 이는 논리적으로 맞지 않으며 NFT 개념적으로도 모순이다.

이를 좀 더 자세히 이해하기 위해서 그림 3-41의 사례를 통해 NFT 개념을 살펴보자.

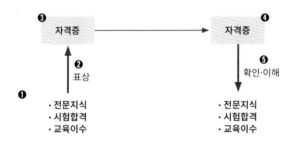

그림 3-41. NFT의 역할

❶ 어떤 사람이 전문 지식을 갖추었고 관련 분야의 공인 시험에 합격했으며 관련 정식 교육을 이수하여 해당 분야에 대해 전문성을 인정받았다.

❷ 그런데 해당 분야에 전문 지식이 있다는 것을 상대방에게 일일이 증명하고 표현하는 것은 상당히 불편하고 비효율적이다. 그래서 이런 자격 내용과 자격을 갖추었다는 것을 공식화된 문구로 글로 표현할 수 있다.

❸ 일정한 전문 지식을 쌓고 해당 시험에 합격하고 교육까지 이수해서 일정 자격을 갖추었다는 것을 문구로 표시하여 자격증을 부여한다. 이 자격증은 기초 자산(①)에 대한 내용을 글로 간단하게 표상 · 상징화한 것으로 이해할 수 있다.

❹ 이런 전문성을 갖추었다는 것을 타인에게 일일이 증명하고 설명하는 것보다는 자격증을 제시함으로써 전문성을 갖추었다는 것을 쉽게 나타낼 수 있다.

❺ 이 자격증의 의미와 목적은 해당 분야의 전문 지식을 갖추고 자격 시험에 합격했다는 것을 쉽게 확인시켜주는 것이다.

자격증이라는 것은 어떤 사람이 전문 지식을 갖추고 자격 시험에 합격했다는 것을 확인해 주는 것이지, 자격증 자체가 이 사람이 시험에 정당한 방법으로 합격했고 교육 이수를 제대로 완료했다는 것을 증명하거나 검증하는 용도는 아니다.

자격증이라는 것 자체가 전문 지식을 갖추고 해당 분야 시험을 합격해야만 부여되는 것이기 때문에 자격증이 있다는 것은 전문 지식을 갖추었고 시험에 합격했다는 것을 증명하고 검증해 주는 것이 아니냐고 생각할 수 있다. 하지만 ❷~❺ 단계가 의미가 있기 위해서는 반드시 ❶ 단계가 선행되어야 한다. 전문지식을 갖추고 정당한 방법으로 시험에 합격했다는 것을 전제조건으로 자격증이 발부되는 것이다. 자격증은 전문 지식과 시험 합격을 증명·검증하는 것이 아니라, 단순히 사람들에게 이런 내용(전문 지식과 시험 합격)을 확인시켜 주는 용도다. 자격증 자체가 시험 부정 행위를 하지 않았다는 것까지 검증하는 용도는 아닌 것이다.

❶ 과정이 실재(實在)했고 ❷를 통해서 ❸을 했기 때문에 ❹❺가 가능한 것이다. ❹❺가 의미가 있기 위해서는 ❶❷❸의 정당성이 전제되어야 한다. ❹❺가 ❶❷❸의 정당성을 검증하는 것은 아니다.

다른 사례로 표현하면, 금 보관증(10온스에 대한 보관)의 용도는 금고에 금 10온스가 저장되어 있다는 것만 확인시켜줄 뿐이지 금 보관증 자체가 금이 진짜 금인지를 검증한다거나 금 무게의 정확성까지 보장하는 용도는 아니라는 것이다.

예를 들어, 홍길동이 부정한 방법으로 사법고시에 합격했다. 부정한 방법은 감독관에 의해 발각되지 않았으며, 따라서 정식 합격으로 처리되었다. 사법시험에 합격하고 2년간의 사법연수원 교육을 통해 변호사 자격증을 획득했다. 그럼 이 변호사 자격증은 홍길동이 변호사로서 전문지식을 갖추었고 사법시험에서 정당한 방법으로 시험에 합격했다는 것을 증명 및 검증한다고 말할 수 있는가?

이 자격증이라는 것은 기초 자산(전문 지식, 시험 합격, 교육 이수)을 단순히 표상한 것일 뿐이지, 이 자격증이 기초 자산의 내용을 증명하고 검증해 주는 것이 아니다. 변호사 자격증에 대한 증명과 검증은 사법시험 주관 기관과 시험 감독 기관에서 하는 것이지, 자격증이 이를 검증하거나 증명하는 것은 아니다. 자격증은 자격 내용을 확인하고 이해하는 것이지, 자격증 자체가 자격 내용을 검증하는 것은 아니다.

기초 자산을 기반으로 토큰(NFT)을 발행한다. 기초 자산이 원본이라는 것이 증명되면 이를 상징화하여 토큰으로 발행할 수 있다. 이 토큰은 일종의 원본 인증서 역할을 한다. 그런데 이 토큰은 기초 자산이 원본이라는 것을 쉽게 확인하는 것이지, 이 토큰이 기초 자산의 원본임을 증명하고 검증하는 것은 아니다.

2) 디지털의 특징 이해

(1) 디지털 원본과 사본을 구분하는 것이 물리적으로 가능한가?

먼저 실물 제품이나 실물 작품은 아무리 정교하게 복제하더라도 원작과 위작이 차이가 난다. 물리적인 작품은 아무리 정교하더라도 원작과 위작이 결코 동일할 수 없다. 하지만 디지털은 다르다. 먼저 디지털이 복사되는 원리를 알아보자.

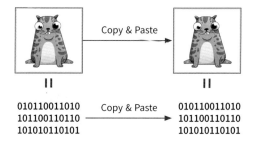

그림 3-42. 디지털의 원본과 사본

디지털은 0과 1로만 구성되어 있다. 즉, 디지털을 복사한다는 것은 이 0과 1로 구성된 숫자를 복사한다는 것과 동일하다. 0과 1로 구성된 숫자는 100% 동일하게 복사가 가능하다. 결국 디지털은 100% 동일하게 완벽한 복사가 가능하다. 디지털 원본과 사본을 구분하는 것은 물리적으로 불가능하다. 디지털 세계에서 사본이라는 용어를 사용하지만, 실제로는 원본을 복사하면 또 하나의 원본이 생성된다. 이것은 디지털의 특징이자 장점이다.

(2) 디지털 원본과 사본을 구분하려는 것 자체가 의미가 있는가?

디지털의 원본과 사본을 구분하는 것은 물리적으로 불가능할뿐더러 구분하려는 것 자체가 의미가 없다.

그림 3-43은 현실에서 디지털 파일을 사용하는 사례를 원본과 사본 관점에서 소개하고 있다.

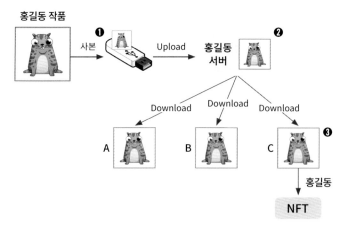

그림 3-43. 원본과 사본의 구분 사례 (1)

홍길동은 디지털 미술 작품을 본인 PC에서 창작했다. 그리고 이 디지털 작품 파일을 복사하여 본인 USB 메모리에 저장했다. 이 USB 메모리에 있는 디지털 작품 파일을 본인 서버에 업로드(Upload)하여 누구나 자유롭게 다운로드(Download)할 수 있게 허용했다. 홍길동은 일주일 뒤에 본인 서버에서 디지털 파일을 다운로드해서 이를 NFT로 발행했다.

이 상황에서 USB 메모리에 있는 파일은 원본일까, 사본일까? 홍길동 서버에 업로드된 파일은 원본일까, 사본일까? A, B, C가 각각 다운로드한 파일은 원본일까, 사본일까? 창작자인 홍길동이 서버에서 다운로드한 본인 작품을 NFT로 발행했다면 이 작품은 원본일까, 사본일까?

그림 3-44는 그림 3-43과 조금 다른 상황이다. 홍길동은 디지털 작품을 창작했다. 그리고 본인 PC에 있는 원본 파일을 친구인 이순신 서버에 직접 업로드해 주었다. 이순신은 본인 서버에 있는 파일을 누구든지 다운로드 받을 수 있게 허용했다. A, B, C는 모두 홍길동의 디지털 작품을 다운로드 받았다. 그리고 C는 이를 복사하여 친구에게 송부했다.

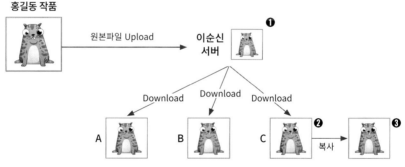

그림 3-44. 원본과 사본의 구분 사례 (2)

이 상황에서 이순신 서버에 업로드된 파일은 원본일까, 사본일까? 이순신 서버로부터 다운로드해서 A, B, C에 저장되어 있는 파일은 각각 원본일까, 사본일까? C가 친구에게 전달한 파일은 원본일까, 사본일까?

디지털 세상에서 사본이라는 용어는 존재할 수 있지만, 사본이라는 개념은 존재할 수 없다. 원본을 복사하면 원본이다. 디지털의 가장 큰 장점이 바로 원본을 복사하면 동일한 원본이 생성된다는 것이다.

3.3.2 NFT의 일반적 개념에 대한 비판적 고찰

NFT와 관련하여 가장 일반적으로 소개되는 다음 3가지 항목의 의미를 평가해 보고자 한다.

- NFT는 원본임을 증명해준다?
- NFT는 고유성을 부여한다7?
- NFT는 희소성의 가치를 보장한다?

하나씩 살펴보자.

1) NFT는 원본임을 증명해준다?

원본 증명과 관련해서는 실물 작품과 디지털 작품을 구분해서 이해할 필요가 있다. 실물작품은 '원작(原作)'과 '위작(僞作)'의 관점에서 살펴볼 필요가 있고 디지털 작품은 '원본(原本)'과 '사본(寫本)'의 관점에서 살펴볼 필요가 있다.

(1) 실물 작품에서 NFT의 원작 증명?

실물 작품에서 NFT가 원작을 증명하는지를 평가하기 위해서는 먼저 3.3.1절에서 살펴본 NFT의 속성과 역할을 다시 한 번 상기할 필요가 있다. 기본적으로 NFT가 기초 자산을 검증하거나 증명한다는 것은 논리적으로 모순이다. 기초 자산을 단순히 상징화한 것이 토큰(NFT)인데, 반대로 이 토큰이 기초 자산의 무언가를 검증하고 증명한다는 것은 논리에 맞지 않는다.

앞선 그림 3-31의 마패 사례를 다시 한 번 떠올려 보자. 역참(驛站)의 역원(驛員)은 마패가 기준에 부합한 정상적인 마패인지 확인은 하겠지만, 이 마패의 기초 자산에 해당하는 '이 마패를 휴대한 사람이 과거시험에 합격했고 암행어사에 임명되었으며 말을 사용할 정당한 권리를 부여받은 사람인지'를 검증하거나 증명하지 않을뿐더러 검증할 수도 없다. 그리고 '이 마패를 휴대한 사람이 실제로 말을 2번 이용할 권리를 하사 받았는지, 3번 이용할 권리를 하사 받았는지'를 검증할 수도 없다. 또한 '마패를 휴대한 사람이 이 마패를 훔쳤는지 아니면 위조했는지'도 검증하지 못한다. 역원은 상대가 마패를 제시하면 마패에 표상된 내용대로 말을 건네줄 뿐이다.

그림 3-45는 그림 3-41과 동일한 그림에서 내용의 문구만 조금 변경한 것이다.

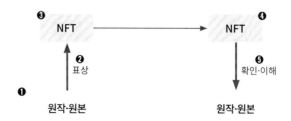

그림 3-45. NFT가 원작 · 원본을 증명할 수 있을까?

NFT는 기초 자산의 원작 · 원본을 증명하는 것이 아니라, 이미 증명된 원작 · 원본을 단순히 표상하는 것이다. 그리고 표상된 NFT를 가지고 원작 · 원본이라는 것을 확인하고 이해하는 것이다. NFT가 원작 · 원본을 확인할 수 있다는 것은 NFT가 발행되기 이전에 이미 원작 · 원본이 검증되었다는 것을 전제조건으로 한다. 물론 검증이 잘못되었을 수 있다. 하지만 NFT는 검증 잘못 여부를 따지는 용도가 아니다.

이해를 돕기 위해 유사하지만 다른 사례를 들어보겠다. 블록체인을 이용하면 위변조가 불가능하기 때문에 유통과정에서의 위변조 문제를 해결할 수 있다고 홍보하는 경우가 있다. 그림 3-46을 한번 살펴보자.

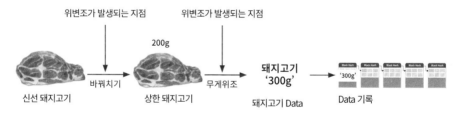

그림 3-46. 블록체인상의 데이터는 신뢰할 수 있는가?

그림 3-46에서 오른쪽에 위치한 블록체인에는 '신선한 돼지고기 300g'이라는 데이터가 입력되어 저장될 것이다. 이 데이터가 위변조를 차단하는 블록체인에 저장되어 있으니 '신선한 돼지고기 300g'이라는 데이터 내용을 신뢰할 수 있을까?

제품의 바꿔치기나 데이터 위변조는 보통 시스템에 입력되기 전에 이미 조작된다. 블록체인에 입력되기 전 단계에서 이미 신선한 돼지고기는 상한 돼지고기로 바꿔치기 되고 무게 데이터도 조작되었다. 이처럼 아무리 위변조가 불가능한 블록체인에 저장된다고 하더라도 이 데이터가 돼지고기의 신선함과 무게의 신뢰성을 보장해 주지는 않는다.

비유하자면, 돼지고기의 상태와 무게가 기초 자산이며 이를 상징화한 데이터(신선 돼지고기 300g) 가 NFT다. 여기에서 데이터(신선 돼지고기 300g)가 돼지고기의 신선 상태와 무게의 정당성을 보 장한다고 할 수 있는가? 이처럼 아무리 이 데이터가 위변조가 불가능한 블록체인에 저장된다고 해 도 그 기초 자산에 대한 신뢰성까지 보장해주지는 않는다.

그림 3-47도 마찬가지다. 미술 작품의 위작은 NFT로 발행하기 이전에 이미 발생한다.

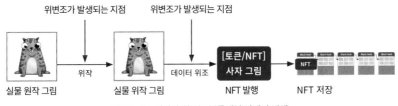

그림 3-47. 위작과 위조는 블록체인 밖에서 발생

이미 위변조된 작품을 표상하여 NFT를 발행하는 것일 뿐, NFT가 위조된 작품인지 진본인지를 검 증·증명하지는 않는다. 이처럼 블록체인에 저장한다 하더라도 NFT가 실물 작품의 위변조 여부까 지 검증해 주지는 않는다.

이런 맥락에서 그림 3-45를 다시 한 번 살펴보자. 어떤 작품을 기반으로 '이 작품은 원본임'이라는 표상을 통해 NFT를 발행했다면 NFT는 '이것은 원본이라고 그러네요'라는 것만 확인해줄 뿐이다. NFT가 그 기초 자산이 진짜 원본인지, 그리고 사람이 NFT에 표상하는 정보가 진실인지를 검증하 고 증명하는 것은 아니다. 원작·원본 여부는 NFT 발행 이전 단계에서 결정되며 그 결정된 결과를 사람이 글자로 단순히 표상해준 것이 바로 토큰(NFT)이다.

(2) 디지털 작품에서 NFT가 원본 증명?

디지털 작품에서도 기본적으로 NFT 속성은 동일하게 적용된다. NFT가 디지털 기초 자산의 원본을 증명한다는 것은 논리적으로 맞지 않는다. 단지 디지털 기초 자산의 원본임이 이미 검증되었다면 그 것을 단순히 표상해준 것이 NFT다.

그리고 앞서 '디지털 특징 이해'에서도 살펴본 것처럼, 디지털에서 원본과 사본은 구분할 수 없으며 구분하려는 것 자체가 의미가 없다. 그림 3-48에서 아무리 사본을 복사하고 서버에서 다운로드 받 았다고 하더라도 A, B, C가 다운로드 받은 파일은 모두 원본이다.

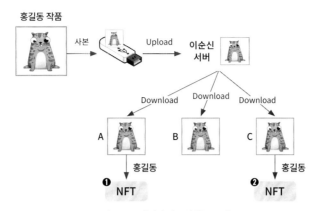

그림 3-48. 디지털 작품의 원본 증명

그림 3-48에서 A, B, C가 다운로드 받은 디지털 작품은 모두 원본이다. 여기에서 A와 C가 각각 이 원본 작품을 기반으로 원본 확인 목적의 NFT를 발행했다면 ❶, ❷의 NFT는 모두 원본임을 확인해 주는 역할을 한다. 다만, ❶, ❷의 NFT 상황에서는 원본·사본의 문제가 아니라 소유권과 저작권 이슈가 발생한다. 홍길동은 본인이 창작한 작품을 NFT로 발행했기 때문에 문제될 것이 없다. 하지만 유관순은 홍길동이 창작한 작품을 몰래 NFT로 발행했기 때문에 소유권과 저작권 이슈에 직면하게 될 것이다.

많은 사람이 무한 복제가 가능한 디지털 작품에서 NFT가 원본임을 증명한다고 설명한다. 이는 무한 복제가 가능한 디지털 작품에서 정말 원본을 식별하고 검증할 수 있다기보다는 무한 복제되는 디지털 작품에서 원본성을 상징한 하나의 NFT를 발행한다면 이 하나의 NFT가 상징적으로 원본임을 보장할 수 있다는 의도일 것이다. 아무튼 'NFT가 디지털 원본임을 증명한다'는 표현은 적절하지 않아 보인다. 차라리 무한 복제되는 디지털 작품에서 원본성을 상징화한 하나의 NFT를 발행함으로써 이 NFT가 원본 인증서 역할을 한다고 설명하는 것이 더 적절해 보인다.

이해를 돕기 위해서 그림 3-49의 두 가지 그림으로 설명해 보겠다. 많은 사람이 NFT가 원본임을 증명한다고 한다면, 그림 3-49의 왼쪽 ❶번 그림을 생각할 수 있다. 최초 원본에서 무한 복제된다고 할 때 최초 원본을 NFT로 발행한다면 이 NFT가 바로 원본임을 증명한다고 이해할 수 있다. 하지만 디지털에서는 원본과 사본의 구분 없이 모두 원본이며, 실제로 최초 원본을 특정하는 것도 쉽지 않다. 그리고 NFT가 기초 자산의 원본성을 증명·검증한다는 것도 논리적으로 맞지 않는다.

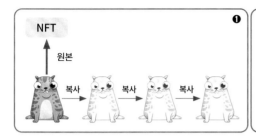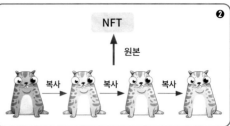

그림 3-49. NFT의 원본 증명성?

무한 복제되는 디지털 작품을 기반으로 NFT를 발행한다고 하면 그림 3-49의 오른쪽 ②번 그림으로 이해하는 것이 더 타당하다. 원본과 사본을 구분할 수 없으며, 특정 원본을 식별하여 NFT로 발행하는 것도 불가능하다. 따라서 무한 복제되는 디지털 원본 작품 전체를 기초 자산으로 하여 원본성을 표상·상징화하여 하나의 NFT로 발행한다면 이 NFT는 무한 복제되는 디지털 작품의 원본을 나타내는 하나의 인증서 또는 증표로 이해할 수 있다.

원본과 사본 구분에서 원본을 특정하여 원본임을 증명한다는 접근보다는, 수많은 원본 중에서 원본성을 하나의 증서로 상징화한다는 접근이 논리적으로 더 타당하다. NFT가 디지털 원본을 특정하여 원본임을 증명한다는 개념은 논리적으로 맞지 않으며, 오히려 무한 복제되는 디지털 원본 작품을 기초 자산으로 하여 하나의 원본성을 상징화하고 원본임을 표현하는 NFT를 발행한다고 설명하는 것이 더 적절해 보인다.

(3) 원작·원본 검증과 표상 위조 대응

이쯤 되면 몇 가지 궁금한 사항이 생긴다. NFT가 아무런 의미와 역할도 없고 단순히 기초 자산을 표상하는 용도라면 다음과 같은 3가지 의문이 들 것이다.

- 단순히 표상만 한다면 NFT가 무슨 의미가 있는가?
- 그럼 기초 자산의 원작·원본은 어떻게 증명하는가?
- 누군가가 표상을 위조하면 어떻게 되는가?

먼저 토큰(NFT)의 의미와 관련해서는 1장에서 설명했던 내용과 동일하다. 현실에서 기초 자산을 거래 및 서비스에서 그대로 활용할 경우 불편하고 비효율적일 때가 많다. 이때 기초 자산을 표상·상징화한 토큰을 대신 사용하면 편리하다. 토큰 자체는 아무런 의미가 없고 기초 자산을 기반으로 표상·상징화한 내용에 따라 토큰(NFT)의 의미가 결정된다.

다음으로, 기초 자산의 원작·원본을 어떻게 증명하는지 알아보자. 앞서 토큰(NFT)은 단순히 기초 자산을 표상한 것일 뿐, 토큰(NFT)이 기초 자산에 대해 검증 및 증명하는 것은 아니라고 설명했다. NFT 발행 관련하여 위변조가 발생할 수 있는 영역은 '기초 자산' 영역과 '표상' 단계다.

그림 3-50. 원작 검증 및 표상 위조 대응

기초 자산에 해당되는 원작을 위작으로 위변조할 수 있으며, 표상 과정에서 위작을 원작이라고 표상 내용을 위조할 수 있다. 기초 자산에서 원작의 검증은 전문가나 제3 기관을 통해서 가능하다. 그리고 표상 과정에서 위변조가 발생했다면 법에 따라 검증하고 처벌할 수 있다.

디지털 작품의 경우에는 조금 다르다. 디지털 작품은 굳이 위작이나 모사를 할 필요가 없다. 그리고 설사 위작이나 모사를 했다고 해도 아주 쉽게 식별 가능하다. 디지털 작품에서는 Copy&Paste하면 100% 동일한 원본 작품이 탄생하는데, 어렵게 위작이나 모사를 할 이유가 없다. 설사 위작이나 모사를 했다고 하더라도 디지털 작품의 해시값 비교를 통해 쉽게 식별할 수 있다.

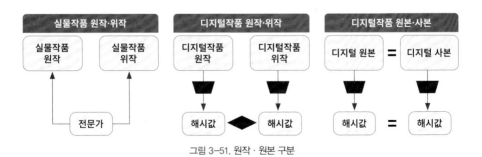

그림 3-51. 원작 · 원본 구분

그림 3-51의 첫 번째 그림은 실물 작품의 원작과 위작은 전문가에 의해 식별이 가능하다는 것을 설명하고 있다. 두 번째 그림은 디지털 작품의 원작과 위작은 해시값을 통해 쉽게 식별이 가능하다는 것을 보여준다. 세 번째는 디지털 원본을 복제한 사본은 원본과 100% 동일하다는 것을 보여준다.

마지막으로 표상을 위조하면 어떻게 되는지 알아보자. 먼저 실물 작품을 NFT화하는 상황을 고려해보자. 그림 3-52에서 ❶번 그림은 홍길동이 창작한 실물 작품을 홍길동이 NFT로 발행하는 상황이며, ❷번 그림은 홍길동 창작 작품을 이순신이 NFT로 발행하는 상황, ❸번 그림은 홍길동 작품의 위작을 유관순이 NFT로 발행하는 상황이다.

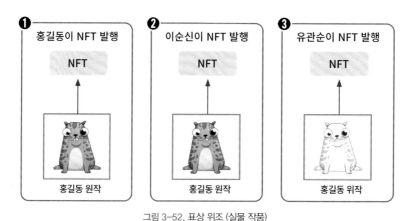

그림 3-52. 표상 위조 (실물 작품)

상황별 대응 방법을 다음과 같이 정리할 수 있다.

❶ 홍길동은 본인의 작품으로 NFT를 발행했기 때문에 문제없음

❷ 홍길동은 이순신을 절도죄로 고소하고 저작권 침해와 손해 배상 청구 소송

❸ 홍길동은 유관순을 상대로 손해배상 및 위자료 청구 소송

그림 3-53은 디지털 작품을 NFT화하는 3가지 상황이다. ❶은 홍길동 원본을 홍길동이 NFT로 발행하는 상황이며, ❷는 사본을 이순신이 NFT로 발행하는 상황이며, ❸은 표절한 작품을 유관순이 NFT로 발행하는 상황이다.

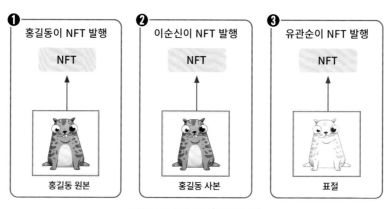

그림 3-53. 표상 위조 (디지털 작품)

상황별 대응 방법을 다음과 같이 정리할 수 있다.

❶ 홍길동은 본인의 작품으로 NFT를 발행했기 때문에 문제없음

❷ 원본 or 사본은 의미가 없음. 단, 홍길동은 이순신을 상대로 저작권 침해 및 손해 배상 청구 소송

❸ 홍길동은 유관순을 상대로 손해 배상 및 위자료 청구 소송

지금까지 설명한 내용을 바탕으로 'NFT가 원본임을 증명해준다?'에 관해 간난히 정리해 보자.

▪ 기초 자산을 단순히 표상 · 상징화한 토큰(NFT)이 거꾸로 기초 자산의 무엇을 검증하고 증명한다는 것은 논리적으로 맞지 않는다.

▪ 디지털 작품에서 원본과 사본은 구분할 수 없으며, 복제된 디지털 작품은 모두 원본이다. 따라서 무한 복제되는 디지털 작품에서 NFT가 원본임을 증명한다는 것도 논리적으로 맞지 않는다.

▪ 무한 복제되는 디지털 원본 작품 전체를 기초 자산으로 하여 원본성을 표상 · 상징화하여 하나의 NFT로 발행한다면 이 NFT는 무한 복제되는 디지털 작품의 원본을 나타내는 하나의 원본 인증서 또는 증표로서의 역할을 할 수 있다.

▪ 실물 작품의 원작 검증 및 증명은 전문가나 제3 기관에서 판정한다.

▪ 디지털 작품은 복사만 하면 100% 동일한 원본이 추가로 탄생하기 때문에 굳이 위작이나 모사를 할 이유가 없으며, 단지 저작권 등의 법적 이슈만 있다.

2) NFT는 고유성을 부여한다?

'NFT가 무한 복제되는 디지털 작품에 고유성을 부여한다'고 많이 이야기한다. NFT가 대체 불가능 토큰이기 때문에 다른 것과 대체가 불가능하니 고유성이 있다는 논리다.

먼저 토큰(NFT)의 개념 속성상 NFT가 기초 자산에 대해 고유성을 부여한다는 말 자체가 논리적으로 성립되지 않으며 수많은 복제본이 존재하는 디지털에서 하나의 원본을 NFT화했기 때문에 이 NFT는 원본이라는 고유성을 지닌다는 논리도 맞지 않다.

디지털 작품에서 고유성의 개념을 이해해 보자. 먼저 고유성이란 어떤 사물이 가지고 있는 고유한 성질이나 그 사물 특유의 속성이다.

그림 3-54의 ❶번 그림은 디지털 고양이의 원본과 사본이다. 디지털 세상에서 원본과 사본이라는 용어는 사용하지만, 속성 관점에서 보면 디지털의 원본과 사본의 차이는 없다. 디지털 원본과 사본 사이에 서로 다른 고유성이 존재한다고 할 수 없다. 원본과 사본이라는 고유한 속성이 있지 않냐고 반문할 수 있겠지만, 그림 3-43과 그림 3-44에서 살펴본 것처럼 디지털 세상에서 원본과 사본의 구분은 불가능할뿐더러 의미도 없다.

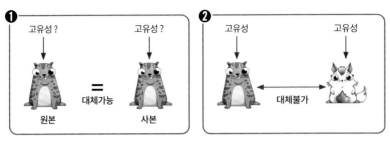

그림 3-54. 고유성 부여

❷번 그림은 서로 다른 고양이다. 서로 다른 고양이는 각각 고유성이 있으며 따라서 대체도 불가능하다.

이런 이해를 바탕으로 그림 3-55를 살펴보자. 100% 동일한 디지털 복제에서 ❶처럼 원본을 특정해서 고유성이 있다고 하는 것은 어색하다. 복제된 모든 디지털 고양이는 100% 동일하며 모두 동일한 속성을 지닌다. 즉, 고유성이 동일하다. 차라리 ❷처럼 무한 복제되는 모든 디지털 작품 전체를 하나의 고유성으로 식별하는 것이 논리적으로 맞다.

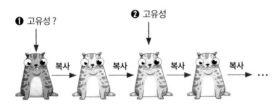

그림 3-55. 원본 · 사본에서 고유성 부여

무한 복제되는 디지털에서 고유성이란 원본과 복제본 사이에 각각 부여하는 것이 아니라 서로 다른 고양이게 부여하는 것이 맞다.

따라서 그림 3-56에서처럼 무한 복제되는 디지털 작품에서 고유성은 원본과 사본 사이에 부여하는 것이 아니라 서로 다른 디지털 작품에 부여한다. NFT 역시 원본과 사본을 특정하여 발행하는 것이 아니라 무한 복제되는 디지털 작품 전체를 NFT로 발행하는 것이 더 타당해 보인다.

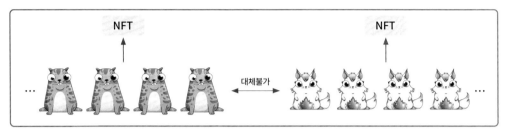

그림 3-56. 무한 복제와 고유성의 관계

무한한 복제본이 존재하는 상황에서 NFT 발행을 통해 원본임을 증명하며, 이 원본은 다른 무수한 사본과 대체가 불가능하기 때문에 고유성과 희소성의 가치가 부여된다고 많이들 이야기한다. 하지만 앞서 이해한 것처럼 원본을 복제하면 또 다른 원본이 탄생하고, 원본과 원본의 고유성은 동일하며, 원본과 복제본은 완벽하게 대체가 가능하다.

'NFT는 고유성을 부여한다?'에서 설명한 내용을 정리하면 다음과 같다.

- 디지털 작품에서 원본과 사본은 구분이 불가능하며 100% 동일하다. 따라서 원본과 복제본의 고유성은 동일하다.

- 디지털 원본과 디지털 복제본은 서로 대체가 가능하다.

- 무한 복제되는 디지털에서 고유성은 원본과 사본 사이에 존재하는 것이 아니라, 서로 다른 디지털 작품에 각각 부여하는 것이다.

3) NFT는 희소성의 가치를 보장한다?

NFT 관련된 기사나 자료를 살펴보면 다음과 같은 표현이 자주 인용된다.

- 고유성이 부여되었기 때문에 희소성이 있다.

- NFT는 고윳값을 지니고 있기 때문에 희소성이 있다.

- 사본이 많을수록 원본에 대한 희소성의 가치는 높아진다.

- 대체 불가하기 때문에 고유성이 보장되고, 따라서 희소성의 가치를 부여한다.

이번에는 앞서 설명한 고유성과 희소성의 개념을 연계하여 NFT가 정말 희소성의 가치를 보장하는지 자세히 살펴보겠다. 먼저 앞선 설명과 동일하게 NFT가 기초 자산에 어떤 가치를 보장하거나 부여한다는 표현 자체가 논리적으로 맞지 않는다.

(1) 용어의 이해

NFT를 설명하면서 부정확한 용어가 너무 남발되고 있다. 따라서 NFT 관련하여 사용되는 용어의 사전적 의미부터 정확히 이해해보자.

- **고유성**: 어떤 사물이 가지고 있는 고유한 성질이나 그 사물 특유의 속성

- **희소성**: 사람들이 원하는 것에 견주어 그 물건이 부족한 정도

- **대체 불가**: 같은 양·타입으로 교체가 불가능하거나 대신 사용이 불가능

먼저 고유성 개념을 좀 더 자세히 이해해 보자. 돌, 공기, 물은 각각 고유성이 있다. 미술품도 각각의 미술품은 각자의 고유성과 아우라(aura)가 있다. 사람들도 각자 태어날 때 고유한 외모·기질이 있다. 고유성과 고유 식별값은 다른 개념이다. 보통 고유성이 있으니 고유한 식별값을 부여할 수 있다고 생각할 수 있겠지만, 고유성이 동일해도 고유한 식별값을 부여할 수 있으며, 고유성이 달라도 식별값을 부여하지 않을 수 있다.

다음으로, 희소성에 대해 알아보자. 희소성은 사람들이 원하는 것에 견주어 그 물건이 부족한 정도를 의미한다. 희소성을 다르게 표현하면 부족함이다. 희소성을 영어로 표현하면 'Scarcity'이다. Scarcity는 부족하다는 의미를 가지고 있다.

고유성과 희소성의 관계

NFT 관련하여 가장 많이 소개되는 표현이 바로 '고유성이 부여되었기 때문에 희소성 가치가 있다'이다. 고유성이 있기 때문에 희소성의 가치가 부여된다는 표현은 얼핏 맞는 것 같다. 하지만 다음 표현을 한 번 살펴보자.

> *공기는 독특한 고유성이 있다. 고유성이 있기 때문에 희소성(부족함)이 부여된다?*
>
> *어린 딸이 방금 그린 그림은 고유성이 있다. 따라서 이 그림은 희소성(부족함)이 있다?*
>
> *각 개인의 서명은 고유성이 있다. 따라서 그 서명은 희소성(부족함)이 있다?*

희소성의 정확한 개념은 '원하는 것(수요) 대비 부족한 정도'다. 그 절대량이 아무리 적어도 사람들이 원하지 않으면 희소성은 없는 것이다. 심지어 유일하다고 해도 수요가 없다면 희소성이 있다고 이야기하지 않는다. 우리집 강아지가 우연히 그린 그림은 유일하고 고유성이 부여된다. 하지만 그것이 희소성(부족함)의 가치가 있다고는 말할 수 없다. 세상의 모든 돌은 그 모양, 크기, 색상, 재질 등이 모두 고유하다. 하지만 각 돌이 희소성(부족함)이 있다고 이야기하지 않는다. 희소성을 유일성·고유성과 연관지어 해석할 수는 있지만, 논리적으로 연관성은 없다.

대체 불가와 희소성의 관계

대체 불가능하기 때문에 희소성의 가치가 부여된다고도 많이 이야기한다. 대체 불가라는 의미는 같은 양이나 같은 타입으로 교체가 불가능하거나 대신 사용이 불가능한 것을 말한다. 다음 표현을 통해 대체 불가와 희소성의 관계 타당성을 검토해 보자.

> *공기와 물은 서로 대체가 불가능하다. 따라서 공기와 물은 희소성(부족함)을 가진다?*
>
> *홍길동과 유관순은 서로 대체가 불가능하다. 따라서 두 사람은 희소성(부족함)을 가진다?*

대체 불가와 희소성의 관계도 마찬가지다. 대체 불가능하다는 것은 같은 양이나 같은 타입으로 단순히 교체가 불가능하다는 의미다. 단순히 대체가 불가능하다고 해서 그것이 희소성(부족함)과 직접적인 인과 관계가 있는 것은 아니다.

(2) 디지털 관점에서 고유성과 희소성 이해

고유성과 희소성을 용어적 개념 차원에서 살펴봤는데, 이 개념을 무한 복제가 가능한 디지털 작품에서 다시 한 번 검토해 보자.

무한 복제되는 디지털에서의 고유성과 희소성 부여 대상

많은 사람이 디지털 원본과 사본을 구분할 수 있으며, 따라서 원본에 대해 원본성과 고유성, 희소성의 가치를 부여할 수 있다고 생각한다. 많은 사람이 그림 3-57처럼 생각할 수 있다.

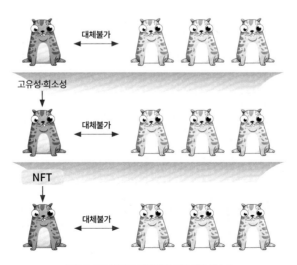

그림 3-57. 디지털 복제품의 고유성과 희소성

다시 한 번 정리하면, 디지털에서 원본과 사본의 구분은 불가능하며 원본을 특정해서 원본성을 보장하거나 무한한 사본이 존재하는 상황에서 원본에 고유성과 희소성의 가치를 부여한다는 것은 논리적으로 맞지 않는다. 디지털 세상에서는 원본을 복제하면 또 다른 원본이 창조된다. 원본과 원본은 대체 가능하며 원본과 원본 사이의 고유성은 동일하다. 결국 디지털에서 원본과 사본 사이에 원본성, 고유성, 희소성의 개념을 적용하는 것은 적절하지 않다.

디지털에서 원본성, 고유성, 희소성의 개념은 그림 3-58처럼 이해하는 것이 더 타당해 보인다.

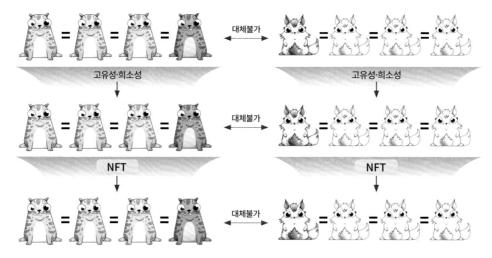

그림 3-58. 고유성 · 희소성의 올바른 대상

같은 고양이를 무한 복제하더라도 그들 사이에는 원본성, 고유성, 희소성 개념이 부여되지 않는다. 모두 동일한 원본이며 모두 동일하게 고유한 속성을 지닌다. 고양이와 다른 고양이를 서로 비교할 때 고유성 개념이 성립할 수 있다.

그리고 서로 다른 고양이 사이에 고유성이 존재한다고 하더라도 이 고유성을 식별하는 것은 바로 ID이고 이 ID를 부여할지 여부는 창작자(또는 토큰 발행자)가 결정한다.

무한 복제되는 디지털에서 고유성과 희소성의 올바른 이해

우선 그림 3-59는 무한 복제되는 디지털에서 NFT를 발행하는 개념을 요약해서 보여준다.

그림 3-59. NFT의 올바른 이해

- 무한 복제가 가능한 디지털 작품에서 원본과 사본을 구분하여 원본임을 증명하고 고유성과 희소성의 가치를 부여한다는 표현은 부적절하다.

- 디지털에서 원본과 복제본은 모두 원본이며 따라서 모두 대체가 가능하다.

- 토큰의 태생적 · 기능적 관점에서도 토큰이 그 기초 자산에 대해 무엇을 증명하고 가치를 부여한다는 것은 논리적으로도 맞지 않는다.

- 원본성, 고유성, 희소성은 원본과 사본 사이에서 식별되는 것이 아니며 토큰(NFT)에 의해 결정되거나 부여되는 것도 아니다. 기초 자산 자체에서 결정된다.

NFT가 원본성을 보장하고 고유성과 희소성의 가치를 부여한다는 표현을 통해 전달하고자 하는 메시지와 의도는 이해한다고 하더라도 디지털에서 하나의 원본성을 증명하고 고유성과 희소성의 가치를 부여한다고 표현하는 것은 분명히 부적절해 보인다. 차라리 다음과 같은 해석이나 표현이 더 나을 것 같다.

무한 복제가 가능한 디지털 작품에서 원본 · 사본 구분은 물리적으로 불가능하다. 대신 수많은 원본 작품 전체를 추상적으로 하나의 원본으로 상징화하여 하나의 토큰(NFT)으로 발행할 수는 있다. 이 토큰(NFT)은 전체(무한 복제품)를 대표하는 하나의 원본 인증서 역할을 한다. NFT가 원본이라는 것을 증명하는 것이 아니라 디지털 세계에 존재하는 수많은 원본을 하나의 원본으로 상징화한 개념으로 이해할 수 있다. 무한 복제품이 존재하는 상황에서 하나의 원본으로 상징함으로써 NFT가 원본 인증서 역할과 함께 원본임을 대표하는 고유성을 지닌다고 볼 수 있다.

인터넷의 모든 사람이 디지털 원본 작품을 이미 소유하고 있거나 소유할 수 있는 환경에서 굳이 하나의 원본임을 상징화하는 토큰(NFT)이 기능적으로나 활용 측면에서 무슨 큰 의미가 있을까 하는 생각도 든다. 모두가 원본을 소유하고 있는데 원본 인증서를 별도로 제작한다는 것이 기능적 · 서비스적 · 활용적 가치가 있는지 의문스럽다.

무한 복제된 디지털 작품에서 토큰(NFT)에 차라리 '소유권' 개념으로 접근한다면 기능적 · 활용적 가치가 있을 것 같다는 생각도 든다. 디지털에서는 누구나 원본 파일을 쉽게 소유할 수 있다. 이런 환경에서는 누가 작품의 진짜 소유자인지 특정할 수 없다. 무한 복제품이 존재하며 누구나 소유할 수 있는 디지털 작품에서 하나의 소유권 개념으로 상징함으로써 NFT가 소유권 개념으로 활용될 수 있다. 이 부분은 3.4절에서 자세히 다루겠다.

요약해서 정리하면, 무한 복제가 가능한 디지털 작품에서 NFT가 원본임을 증명하거나 고유성과 희소성의 가치를 부여한다고 설명하지만, 이는 논리적으로도 맞지 않으며 서비스적 활용 가치도 부족하다. 오히려 무한 복제된 원본 사이에서 소유권이 불명확한데, 이때 전체 원본을 하나로 상징화하여 소유권 개념으로 활용한다면 활용 가치가 있을 수 있다.

3.4 NFT의 활용과 가치

그림 2-43에서 살펴본 것처럼 NFT의 활용과 가치는 다양하고 무궁무진하다. 3.4절에서는 그 활용 가능성 중의 하나인 소유권 관점에서 NFT의 활용 가치를 한 번 자세히 살펴보고자 한다.

3.4.1 소유권의 이해

1) 소유권 관련 법 이해

소유권 관점에서 NFT의 활용 가치를 이해하기 위해서는 먼저 소유권 관련 법을 이해할 필요가 있다. 법은 어려운 용어와 법만의 특유한 표현 때문에 일반인이 이해하기 어려운 경우가 많다. 여기서 최대한 이해하기 쉽게 풀어서 한 번 정리해 보겠다. 참고로 필자는 법을 전문으로 하지 않기 때문에 법 내용을 잘못 해석하거나 잘못된 정보가 전달될 수 있다는 점은 주지해 주길 바란다.

법은 크게 3가지로 구분된다. 공법, 사법, 사회법이다.

공법(公法)	사법(私法)	사회법(社會法)
헌법, 형법, 소송법, 행정법 등	민법, 상법 등	노동법, 사회보장법, 경제법 등

- **공법(公法)**은 개인과 국가 간의 관계를 규율하는 법이다. 공법에는 국민의 권리와 의무 및 국가의 통치 구조를 규정한 헌법, 어떤 행동이 범죄가 되는지, 범죄가 된다면 어떤 벌을 받아야 하는지를 정해 놓은 형법, 재판의 절차를 정해 놓은 소송법, 행정 기관의 조직과 작용 및 구제에 대한 행정법 등이 있다.

- **사법**(私法)은 개인 간의 사적인 생활 관계를 규율하는 법이다. 사법에는 가족 관계와 재산 관계를 정해 놓은 민법, 기업의 경제생활 관계를 정해 놓은 상법 등이 있다.
- **사회법**(社會法)은 근대 이후 사람들의 경제 활동이 자유로워지고 자본주의가 발전하고 경제가 성장함에 따라 다양한 사회 문제가 생겨났는데 이러한 문제를 해결하기 위한 법이다. 사회법은 공법과 사법이 혼합된 법으로, 개인 생활에 국가가 개입하여 권리와 의무 관계를 정해 놓은 법이다. 사회법에는 노동법과 사회보장법, 경제법 등이 있다.

민법과 물권(物權)

개인 간의 사적인 관계를 규율하는 사법은 다시 민법과 상법으로 구분된다.

민법(民法)은 인간 공동생활에서 존재하는 사회적인 행위의 준칙으로 작용하고, 그 사이에서 발생할 수 있는 분쟁을 해결하고, 국민 간의 권리, 의무를 중심으로 규정된 법을 말한다. 상법(商法)은 개인과 상인 간의 관계를 규율하는 법이다.

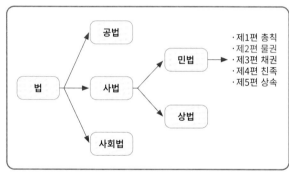 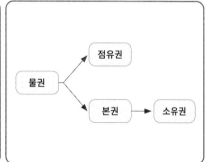

그림 3-60. 법 체계

우리나라 법제처의 국가법령정보센터 사이트(www.law.go.kr)에서 민법을 검색하면 민법이 총 5편으로 구성되어 있는 것을 확인할 수 있다. 1편 총칙을 제외하고 처음으로 등장하는 것이 바로 물권이다.

물권(物權)은 물건(物件)에 대한 권리로 특정한 물건을 타인의 매개 없이 직접 지배하여 이익을 얻을 수 있는 배타적 권리다. 개인 간의 사적인 생활 관계를 규율하는 데 있어 가장 중요한 권리가 바로 물건에 대한 소유의 권리라 할 수 있다. 사람들이 생활과 경제활동을 영위하는 근본적인 이유는 살아가면서 필요한 재화나 서비스를 소유하는 것이며 이 과정에서 다양한 거래 행위가 발생한다. 사람들의 분쟁과 갈등의 대부분은 바로 이 재화와 서비스에 대한 소유 문제 때문에 발생한다고 볼 수 있다.

점유권(占有權)과 본권(本權)

물권은 다시 점유권(占有權)과 본권(本權)으로 구분된다. 어떤 물건에 대한 소유 권리를 인정받는 가장 간단히면서도 기본적인 방법이 무엇일까?

> 당신 손에 있는 스마트폰의 소유권자는 누구일까?
>
> 당신 집에 있는 침대의 소유권자는 누구일까?
>
> 당신 집 벽에 걸려있는 미술품의 소유권자는 누구일까?

여러분이 상점으로부터 물건을 건네받을 때 비로소 내 소유권이 보장되는 것이고, 따라서 대금을 결제한다. 물건에 대한 권리를 보장하는 가장 기본적인 수단은 바로 '인도(引渡)와 점유(占有)'다.

점유만 하면 무조건 소유권이 보장된다는 것이 조금 어색하게 들릴 수도 있다. 하지만 개인에게는 수많은 물건이 있다. 이 모든 물건에 대해 일일이 내가 정당한 소유권자라는 것을 증명하고 보장받는다는 것은 현실적으로 불가능하고 비효율적이다. 그래서 개인이 어떤 물건을 점유하고 있으면 그 물건에 대한 점유권을 보장해 준다. 이것이 바로 민법에 규정된 '점유권'이다. 어떤 물건에 대한 소유 권리를 인정받는 가장 간단하면서도 기본적인 방법은 바로 해당 물건에 대한 점유다.

그런데 분명 그 물건에 대한 정당한 소유 권리를 가지고 있음에도 불구하고 부득이하게 현재 점유하지 못하는 상황도 발생한다. 예를 들면 다음과 같은 상황이 있다.

- 내 물건을 누가 훔쳐간 경우다. 분명 내 소유 물건이지만, 누가 훔쳐갔기 때문에 현재 점유를 못하고 있는 상황이다.
- 업무상 시골집을 비워두고 해외에서 10년간 살다 돌아왔더니 어떤 노숙자가 내 집을 점유하고 있다. 원(原) 소유자는 현재 본인 집을 점유하지 못하고 있는 상황이다.

점유권이라는 것은 현재 점유는 하고 있지만, 점유에 대한 정당성과 법률적 관점에서 소유자라는 것까지 보장해 주지는 않는다. 이때 점유와 소유권을 법적으로 정당화할 수 있는 권리가 바로 본권(本權)이다. 우리가 일반적으로 이해하는 정당한 법적 소유권이 바로 본권이라고 이해하면 된다.

다시 정리하면, 점유권은 물건을 사실상 지배하는 사람에게 주어지는 법적인 지위인 반면, 본권(소유권)은 사실상 지배하지 않더라도 점유나 소유를 법률상 정당하게 인정해주는 권리로 볼 수 있다. 정당한 소유권이 없는 사람이 점유하고 있다면 원 소유권자는 일정한 절차나 법적인 제도를 이용해 그 점유권을 소멸할 수 있는 권리가 있다.

적절할지 모르겠지만, 이런 비유를 들어보겠다. 필자에게는 예쁜 딸이 둘 있다. 코로나 상황이다 보니 학교에도 못 가고 어린 딸 둘만 집에 있는 경우가 많다. 그러다 보니 티격태격 싸울 때도 많고 저녁에 엄마 아빠가 돌아오면 서로 자기가 옳다고 억울해하며 부모에게 하소연한다. 그때 필자는 두 딸에게 이렇게 주문한다.

> '엄마 아빠가 없을 때는 둘째가 일단 언니말을 무조건 들어라. 그리고 부당한 경우에는 저녁에 아빠에게 이야기하면 그 부분에 대해서는 언니를 혼내주겠다.'

애들과 떨어져 있는 상황에서 애들이 싸우는 이유를 모두 들어주고 판단해주는 것은 사실상 불가능하며 비효율적이다. 이런 상황에서는 일단 3살 많은 언니 말을 우선 따르도록 하는 것이 현실적으로나 논리적으로 맞다. 하지만 꼭 언니의 생각과 행동이 맞을 수는 없기 때문에 동생의 입장에서 부당한 경우에는 저녁에 별도로 그 부당성을 이야기하면 그때 언니를 혼내주겠다는 의도다.

세상을 살아가면서 수많은 물건을 소유한다. 이 수많은 물건에 대해 소유권을 검증하고 확인하는 것은 현실적으로 불가능하다. 그래서 일단 점유하고 있으면 그 소유권을 부여해준다. 하지만 부당한 점유를 하고 있는 상황에서는 소유권이라는 법적 지위와 권리를 이용하여 소유권을 보장받고 관철할 수 있다.

따라서 일단은 점유권으로 물건에 대한 권리를 보장하고 점유에 대한 부당함이 있을 경우에는 소유에 대한 법적 권리인 본권을 통해서 물건에 대한 정식 소유권을 주장할 수 있다. 물건에 대한 소유의 근원이 되는 권리라고 해서 본권(本權)이라 하며, 대표적인 본권이 바로 소유권이다. 일단 본권과 소유권은 같은 개념으로 이해하면 된다.

점유권과 소유권 관련하여 다른 사례를 하나 들어보겠다. 홍길동이 10년 동안 해외에 나가 있는 동안 노숙자가 홍길동 집에 들어와서 점유하며 살았다. 이 상황에서는 홍길동이 집에 대한 소유권을 가지고 있지만, 노숙자는 현재 홍길동 집을 점유하고 있기 때문에 점유권이 보장된다. 노숙자는 이 집을 점유하면서 마당에 과일 나무를 심어서 일정한 수익도 발생시키고 있고 10년 동안 거주하면서 적정한 수리를 통해 집을 잘 관리했다. 10년 후 홍길동이 돌아와서 소유권을 제시하며 노숙자에게 집을 비워줄 것을 요구했다. 이때 노숙자는 자기가 마당에 심은 과일에 대한 수익을 보장받을 수 있고 10년 동안 집 수리에 들어간 비용을 청구할 수 있다. 이 2가지 보장 및 청구는 바로 민법으로 보장된 점유권에 기인한다.

> 제201조(점유자와 과실) ①선의의 점유자는 점유물의 과실을 취득한다.

> 제203조(점유자의 상환청구권) ①점유자가 점유물을 반환할 때에는 회복자에 대하여 점유물을 보존하기 위하여 지출한 금액 기타 필요비의 상환을 청구할 수 있다.

제주도, 울릉도, 독도가 대한민국 땅이라는 것은 어떤 객관적인 증거나 특정 권리에 의해 보장되는 것이 아니다. 대한민국과 대한민국 국민이 오랫동안 점유하고 있기 때문에 당연히 대한민국 땅인 것이다. 국제 영토 분쟁에서도 실효적 지배(점유)가 중요한 이유다.

2) 소유권의 변동과 보장

(1) 소유권 변동과 보장 방안

앞에서 물권을 점유권과 소유권으로 설명했다. 그런데 물권에 대한 권리가 변동되는 경우가 있다. 물건에 대한 권리를 다른 사람에게 양도하는 경우, 즉 소유권이 변동되는 경우가 그렇다.

배타적 지배권을 가지는 물건 거래의 안전과 신속한 처리를 위해 물권의 변경과 내용을 외부에서 인식할 수 있게 알리는 것이 필요한데, 바로 공시 제도다.

민법에서는 물건에 대한 권리의 변동(소유권 변동)은 '공시'라는 절차를 거쳐야만 비로소 물건에 대한 권리 변동을 보장한다고 명시하고 있다.

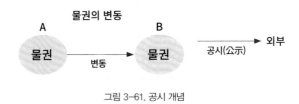

그림 3-61. 공시 개념

먼저 '공시'라는 개념부터 이해해 보자. 공시는 쉽게 말해 '외부에 알리는 것'이다.

공시(公示): 권리의 변동을 점유·등기·등록과 같이 타인이 인식할 수 있는 표상으로써 나타내는 일

공시제도는 물권에 대한 변동에만 적용되는 것이 아니라, 상장회사도 공시의 의무가 있으며 정보보호 공시 제도라는 것도 있다. 이처럼 공시는 주변에서 자주 접할 수 있다.

대외적으로 알린다는 것은 상당한 중요한 의미를 지닌다. 외부에 알리는 것이 왜 중요한지 사례를 통해 알아보자. 남녀가 만나서 결혼을 한다. 그냥 혼인신고만 해도 되지만, 굳이 큰 비용을 들여가며 결혼식을 올린다. 결혼식은 친척뿐만 아니라 친구들을 포함하여 지인들 모두 초대하고 모든 사람이 지켜보는 가운데 우리가 결혼했다는 것을 알리는 행사다. 단순한 절차적 의식이라면 둘만 결혼식을 올려도 되고 가족만 초대해도 되지만, 이렇게 많은 사람을 초대하여 공개적으로 하는 이유는 이렇게

함으로써 부부가 되었다는 것을 세상에 알리고, 다른 한편으론 결혼했다는 사실을 사회적으로 인정받는 것이다. 이처럼 결혼식이란 대외적으로 알리는 의식을 통해서 사회적으로 인정받는 것으로 이해할 수 있다.

2011년 SBS 채널의 『뿌리깊은 나무』라는 사극 드라마가 있었다. 조선 사대부들의 극렬한 반대에도 불구하고 한글을 창제해 가는 과정을 극화한 작품이다. 사극의 마지막 부분에 세종대왕이 직접 나서서 한글 창제를 완성하고 선포하는 의식이 그려진다.

그림 3-62. 훈민정음 반포 (출처: 유튜브)

아무리 좋은 글자를 만들었다고 해도 그것이 저절로 사회적으로 인정받는 것은 아니다. 더구나 사대부들의 극렬한 반대를 무릅쓰고 한글을 인정받기 위해서는 대외적으로 반포하는 의식이 중요했다. 그래서 임금이 직접 나서서 대외적으로 반포함으로써 대외적으로 알리는 동시에, 사회적으로 이를 인정받게 했다.

삼성 이건희는 1993년 독일 프랑크푸르트에서 마누라와 자식만 빼고 다 바꾸라는 일명 '신경영 선언'을 하게 된다. 직원들에게 메일로 각자 통보해도 되지만, 이렇게 선언이라는 형태로 대외적으로 알리는 것은 단순히 알리는 것을 넘어 직원들을 신경영에 참여시키고 선언에 반한 행동을 할 경우에 대한 경고의 의미도 있다.

민법에서 물권에 대한 변동을 공시를 통하도록 명시하는 것도 물건에 대한 권리의 변동을 대외적으로 알림으로써 그것을 사회적으로 인정받게 하고자 하는 것이다. 개인 간 관계에서 물건에 대한 권리 영역은 매우 중요하다. 따라서 물건에 대한 권리 변동 사항을 사회적으로 인정받기 위해서는 이렇게 외부에 공시하는 과정이 필요하다.

(2) 소유권 변동과 보장 유형

민법에서는 공시를 규정하고 있는데, 동산과 부동산에 적용되는 공시 방법이 서로 다르다.

동산과 부동산의 소유권 변동

민법에서 <u>동산은 인도(引渡)를 통한 점유</u>로서 소유권을 보장받을 수 있으며 <u>부동산은 권리상태를 등기부에 기재</u>함으로써 소유권을 보장받는다고 규정하고 있다.

> *제186조(부동산물권변동의 효력) 부동산에 관한 법률행위로 인한 물권의 득실변경은 등기하여 야 그 효력이 생긴다.*
>
> *제188조(동산물권양도의 효력, 간이인도) ①동산에 관한 물권의 양도는 그 동산을 인도하여야 효력이 생긴다.*

Memo · 공시의 원칙 (公示의 原則)

물권의 변동은 언제나 외부에서 인식할 수 있는 어떤 표상, 즉 공시 방법을 수반해야 한다는 원칙이다. 물권은 배타성을 가진 독점적인 지배권이므로 그 소재를 제3자가 쉽게 알 수 있는 방법을 쓰지 않으면 제3자에게 뜻하지 않는 손해를 주어 거래의 안전을 해할 염려가 크다. 민법은 동산에 관하여 인도(제188조), 부동산에 관하여는 등기(제186조)를 공시 방법으로 인정하고 있고, 그 밖에는 판례에서 명인 방법이라는 특별한 관습상의 공시 방법을 인정하고 있다.

출처: 국가법령정보센터

동산(動産)이 인도(引渡)를 통한 점유로서 소유권을 보장한다는 것을 도식화하면 그림 3-63과 같다.

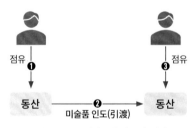

점유 ❶

점유 ❸

동산 ──❷── 동산

미술품 인도(引渡)

그림 3-63. 동산의 소유권 보장 방안

이동이 가능하고 옮길 수 있는 재산인 동산은 상대방에게 물건을 인도(引渡)함으로써 점유가 변경되면 비로소 소유권이 이전된다.

그런데 인도(引渡)와 점유가 불가능한 물건이 존재한다. 바로 부동산이다. 부동산은 점유가 불가능하고 상대방에게 인도(引渡)하는 것도 불가능하다. 그래서 부동산은 점유가 아닌 '등기'라는 제도를 이용한다.

그림 3-64는 부동산이 등기를 통해 그 소유권이 이전되는 과정을 보여준다. 부동산을 직접 이전할수 없기 때문에 부동산을 대신 표상하여 소유증서를 만들고 당사자가 합의하여 소유권이 이전되면 이를 등기소에 등기하여 외부에 공개하는 방식을 통해 소유권이 변동된다.

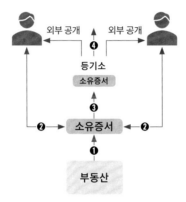

그림 3-64. 부동산의 소유권 보장 방안

등기 제도

고려와 조선시대에도 입안(立案)이라는 부동산 거래 증명 제도가 있었고 중세 유럽에서도 이런 등기 제도가 존재했다. 인도와 점유가 불가능한 부동산을 공부(공적장부)에 등록하여 모두에게 공개하는 방식으로 그 소유권을 보장해주는 제도다. 등기의 사전적 의미는 '일정한 법률 관계를 널리 사회에 공시(公示)하기 위하여 일정한 권리 관계를 공부(公簿)에 기재하는 것 또는 그 기재 자체'다.

민법 제186조에서는 부동산물권변동의 효력으로서 물권의 득실 변경은 등기하여야 그 효력이 생긴다고 명시하고 있다. 이는 부동산 계약서를 작성하고 대금도 모두 지불하고 실제로 거주하기 시작했어도 등기(기록하고 사회에 공시)가 마무리되지 않으면 법적으로 그 소유권을 인정받지 못한다는 의미다.

등기의 핵심 요소를 정리하면 다음과 같다.

- 권리 관계를 공부(공적장부)에 기록
- 등기 내용이 위변조되지 않도록 철저히 관리
- 권리 관계를 사회에 공시(널리 알림)

현 등기 제도에서는 물권의 변동을 공부에 기록하면 누구든지 해당 내용을 열람할 수 있다. 즉, 공적인 장부에 기록하여 대외적으로 널리 알리는 것이 등기 제도다.

그림 3-65는 부동신 등기부등본이다. 등기부등본은 등기이력이 모두 기록되어 있고 소유권자가 아니더라도 누구에게나 소유 현황이 공개된다.

그림 3-65. 부동산 등기부등본 (출처: B-Journal)

등기부등본은 크게 표제부, 갑구, 을구로 구성되는데, 표제부는 부동산 자체에 관한 정보, 갑구는 소유권에 관한 정보, 을구는 소유권 이외에 관한 정보를 포함한다.

등기부등본의 갑구는 소유권에 관한 정보를 명시한다. 예를 들어 본인이 직접 집을 건축했다면 갑구의 1번 순위에 본인이 소유권자로 등록될 것이다. 그리고 만일 건설사를 통해 분양을 받았다면 신탁회사나 건설사가 1번에 등록되고 분양받은 사람은 2번 순위로 소유권자가 표기된다.

3) 소유권과 소유권의 정당성

동산이 점유를 통해서 소유권을 인정받는다고 했는데, 한 가지 궁금한 사항이 생길 것이다. 점유만으로 소유권이 보상된다면, 훔친 물건이거나 강제로 빼앗은, 즉 불법적인 방법으로 점유한 물건도 소유권을 인정받을 수 있을까?

이것을 이해하기 위해서는 '소유권'과 '소유권의 정당성' 개념을 구분해서 이해할 필요가 있다. 기본적으로 동산은 점유를 통해 소유권을 인정하지만, 그 점유에 대한 정당성 문제가 발생했을 때 소유권의 정당성을 따지게 된다. 용어상 혼란을 줄 수 있는데, 그림 3-66에서 B는 점유를 통한 소유권을 주장하는 상황이며 A는 본권(本權)을 통해 소유권을 주장하는 상황이라고 이해하면 된다.

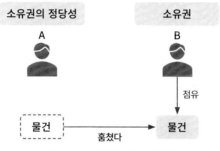

그림 3-66. 소유권과 소유권의 정당성

그림 3-66은 B가 A의 물건을 훔쳐서 현재 점유하고 있는 상황이다. 현재 상황에서는 B가 물건을 점유하고 있기 때문에 물건에 대한 점유권(소유권)은 B에게 있다. A는 B가 자기 물건을 훔쳤다고 경찰에 신고했다. 이때 B는 그 물건의 점유(소유) 과정이 정당하다는 것을 밝히고 증명해야 한다. B가 정상적인 절차와 방법을 통해서 점유하게 되었다는 것을 증명해야 B 소유권의 정당성이 인정된다. 반대로 A가 먼저 현재 B가 점유하고 있는 물건이 A의 소유권이 맞다는 것을 증명해도 된다.

현 시점에서는 비록 B가 그 물건을 훔쳤다고 하더라도 현 상태에서 물건에 대한 점유권자는 B다. A는 소유권의 정당성을 입증함으로써 B의 물건을 되찾아 올 수 있다. A가 소유권의 정당성을 입증하는 증거는 다양할 수 있다.

- 물건을 처음 구입했던 영수증 제시를 통해 소유권의 정당성을 입증할 수 있다.

- 유통 이력에 관한 기록도 제시 가능하다. 이 물건이 어떤 유통 과정을 거쳐 현재 A에게 인도되었는지를 제시하면 된다.

- A 주변의 증인도 A 소유권의 정당성을 입증해 줄 수 있다.

물론 이것은 하나의 사례다. A는 이런 증거들을 통해 B로부터 물건을 되찾아 오거나 B가 끝까지 돌려주지 않는다면 고소를 통해 되찾아 올 수 있다.

정리하면, 동산의 경우 물건을 인도받아 일단 점유하게 되면 소유권이 보장된다. 그리고 정당한 절차와 방법에 의해 점유하고 있다고 증명하는 것이 소유권의 정당성이다. 일반적인 상황에서는 점유를 통해 소유권이 보장되고 이해관계자의 충돌 문제나 법적 이슈가 발생했을 때는 점유의 정당성을 통해서 소유권의 정당성을 인정받는다.

매매계약서, 유통이력, 구매영수증 등은 모두 소유권의 정당성을 입증하는 자료이지, 그것 자체가 소유권을 의미하지는 않는다. 동산에서 소유권을 보장받는 방법은 바로 '점유'다. 대부분의 거래에서 물건을 인도받아 점유하게 되는데, 이처럼 점유를 통해서 소유권이 보장된다.

Memo 〉 **선의취득(善意取得)**

앞서 불법적인 점유를 하고 있더라도 정당한 소유권(본권)을 이용하여 물건을 되찾아 올 수 있다고 했다. 그런데 한 가지 예외 사항이 있다. 바로 선의취득이다.

쉽게 예를 들면 A는 어떤 물건의 원 소유자, B는 A의 물건을 훔친 자, C는 B로부터 물건을 구매한 자다. 현재 C가 A의 물건을 점유하고 있다. 이때 A는 소유권(本權)을 이용하여 C로부터 물건을 되찾아 올 수 있다. 하지만 C가 장물인지 모르고 B로부터 구입했다면 돌려줄 의무는 없다. 선의취득이란 설사 장물이라고 하더라도 장물인지 모르고 구매했다면 그 소유권을 인정해 주는 제도다.

선의취득에 대해서는 6장에서 좀 더 자세히 다루겠다.

3.4.2 디지털 작품의 소유권 보장 방안

이 절에서는 디지털 작품의 소유권 문제를 알아보고 그 보장 방안을 상세히 알아본다.

1) 디지털 작품의 소유권 문제

동산은 인도와 점유를 통해서 소유권이 보장된다. 실물 미술작품도 동산이기 때문에 실물작품 역시 인도와 점유를 통해 소유권이 보장된다.

그림 3-67에서 왼쪽 그림은 실물 작품의 소유권을 보장하는 방법을 표현한 것이다. A가 실물 작품을 직접 점유하고 있기 때문에 이 작품은 A의 소유라는 것을 알 수 있다.

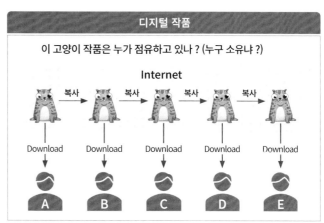

그림 3-67. 실물 작품과 디지털 작품의 소유권 문제

그림 3-67에서 오른쪽 그림은 디지털 작품에서 소유권 관련 이슈를 보여준다. 실물 작품에서는 점유를 통한 소유권 보장이 명확했는데, 디지털 작품으로 넘어오면서 소유권에 대한 개념이 애매해졌다.

디지털 작품은 인터넷 세상에서 무한 복제가 가능하며 복제된 모든 작품은 원본이다. 그리고 유저들은 누구나 쉽게 디지털 작품을 다운로드 받아 소유(점유)할 수 있다. 인터넷상의 누구든지 디지털 작품의 원본을 점유하고 있는 상황이다. 미술품과 같은 동산은 점유를 통해서 소유권을 보장받는다고 했는데, 디지털 작품은 수많은 사람이 동시에 원본 작품을 각각 점유하고 있기 때문에 이 작품의 점유권자가 누구인지 불명확하다. 작품에 대한 점유권자가 누구인지 불명확하기 때문에 결국 이 작품에 대한 소유권자가 누구인지도 불명확하다. 이것이 바로 디지털 작품에서의 소유권 이슈다. 아무리 복제되어 모든 사람이 점유하고 있다고 하더라도 창작자는 누구인지 알 수 있기 때문에 소유권자를 특정할 수 있다고 하겠지만, 현 민법에서는 동산은 점유를 통해서 소유권을 보장한다고 명시하고 있다. 그리고 무한히 넓은 인터넷 세상에서 사람들을 일일이 찾아다니며 작품의 창작자가 본인이라는 것을 알리고 증명하는 것도 사실상 불가능에 가깝다. 이로 인해 인터넷 세상에서 무한 복제되는 디지털 작품의 소유권 이슈가 생기는 것이다.

고양이 작품이 복제되어 무수한 원본이 창조되었다. 그리고 이런 원본 작품들은 수많은 사람이 각각 다운로드 받아 점유하고 있다. 이런 상황에서 이 고양이 작품을 누가 점유하고 있는지 또는 이 작품의 소유권자가 누군인지 알 수가 없다.

정리하면, 민법에서 동산은 점유를 통해 소유권을 보장한다고 명시되어 있는데, 디지털 작품(동산)에서는 모든 사람이 동일한 원본을 점유(소유)하고 있기 때문에 더 이상 점유를 통한 소유권을 보장할 수 없다. 즉, 기존 점유를 통한 소유권 보장 체계로는 디지털 작품의 소유권을 더 이상 보장할 수 없다.

2) 디지털 작품의 소유권 보장 방안

소유권을 보장하는 방법은 2가지다. 하나는 점유를 통한 소유권 보장이고, 다른 하나는 등기를 통한 소유권 보장이다. 디지털 작품이 더 이상 점유를 통한 소유권 보장이 어렵다면 대안으로 생각해 볼 수 있는 방법이 바로 등기를 통한 소유권 보장 방안이다.

(1) 디지털 작품의 소유권 보장 방안

동산에서 점유를 통한 소유권 보장이 어려울 경우 다른 방법인 등기를 통한 디지털 작품의 소유권 보장 방안을 검토할 필요가 있다.

그림 3-68은 점유를 통한 소유권 보장과 등기를 통한 소유권 보장을 보여준다. 먼저 왼쪽 그림은 점유를 통한 소유권 보장이다. 실물 작품에서는 점유를 통한 소유권 보장이 가능하지만, 디지털 작품은 더 이상 점유를 통한 소유권 보장은 어렵다.

그림 3-68의 오른쪽 그림은 등기를 통한 소유권 보장 방안을 나타낸다. 앞서 그림 3-64에서 등기를 통한 부동산의 소유권 보장 방안과 유사하게 동산도 등기를 통한 소유권 보장 방안을 검토할 수 있다. 고양이 디지털 작품을 표상하여 소유 증서를 발행하고 이것을 등기소에 등기(기록)하고 공개한다면 등기를 통한 소유권을 보장할 수 있을 것 같다.

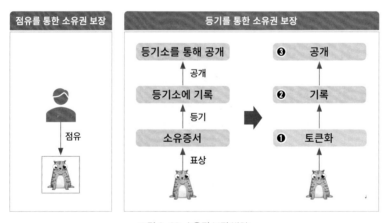

그림 3-68. 소유권 보장 방안

등기를 통한 소유권을 보장하는 방법을 보면 3가지 요소를 식별할 수 있다. 바로 표상, 등기, 공개다. 이를 토큰(NFT) 관점에서 다시 정리하면 다음과 같은 식별이 가능하다.

- **토큰화**: 기초 자산(디지털 작품)을 기반으로 한 토큰화
- **기록**: 공부에 기록하고 위변조되지 않도록 등기소에서 철저히 관리

▪ **공개**: 누구에게나 투명하게 공개

(2) 등기를 통한 디지털 작품의 소유권 보장 방안 상세

앞서 등기를 통한 소유권을 보장하기 위한 방안으로 식별된 3가지 요소를 각각 상세히 살펴보자.

(가) 소유 권리를 토큰화(NFT)

앞서 증서나 토큰이 활용되는 사례를 소개했다. 회사의 전체 자본금은 너무 규모가 크기 때문에 주식 형태로 쪼개서 지분에 따라 주식을 발행했다. 자산유동화증권도 너무 큰 자산(빌딩)을 증권 형태로 쪼개서 판매하는 것이다. 현실 거래에서 실물 자산을 그대로 활용하는 것은 불편하거나 무형의 권리를 표현하는 데 한계가 있어서 거래의 편리성이나 처리의 효율성을 위해 증권이나 토큰 형태로 대체하여 활용한다고 설명했다.

그림 3-69의 왼쪽 그림을 보면 규모가 큰 자산을 작은 형태로 쪼개서 토큰을 발행해 처리하는 것을 보여준다.

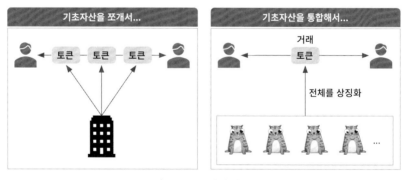

그림 3-69. 토큰의 다양한 형태

그림 3-69의 오른쪽 그림은 왼쪽 그림과 조금 다른 모습을 보여준다. 동산은 점유를 통해 소유권을 보장할 수 있었는데, 디지털 작품이 무한 복제되어 누구나 원본을 점유할 수 있는 상황에 놓이면서 더 이상 점유를 통한 소유권을 보장할 수 없게 되었다. 이런 현실의 한계점(디지털 작품의 소유권 보장 방안)을 극복하고 해결하기 위해 토큰을 활용할 수 있다. 토큰의 목적이 기초 자산을 그대로 활용하는 데 한계점이 있을 때 이를 상징화하여 토큰으로 대체하여 편리하게 사용하는 것이기 때문이다. 현실의 디지털 작품은 점유를 통한 소유권 보장이 어렵기 때문에 무한 복제된 수많은 원본 디지털 작품 전체를 기초 자산으로 하여 상징화하고 소유권 개념의 토큰을 발행한다면 이 토큰(NFT)은 전체 디지털 작품에 대한 하나의 소유권을 표현한 것으로 이해할 수 있다.

그림 3-69의 왼쪽 그림이 규모가 큰 기초 자산을 조각내어 거래를 편리하게 했다면, 오른쪽 그림은 수많은 원본 작품을 추상화하여 하나의 토큰으로 발행하여 소유권을 상징적으로 표현한 것이라 할 수 있다.

이것을 표로 간단히 정리하면 다음과 같다.

구분	자산유동화증권	디지털 작품 소유권 토큰
토큰 목적	실물 자산을 거래에 그대로 활용하기에 불편하거나 무형의 권리를 표현하는 데 어려움이 있을 경우 그 기초 자산을 표상 · 상징화하여 토큰으로 대체하여 활용	
현실 한계점	기초 자산 규모가 너무 커서 매각이 어려움	디지털 작품들이 무한 복제되고 모두가 점유(소유)하고 있어 더 이상 점유를 통한 소유권 보장이 어려움
토큰 발행 방법	기초 자산을 쪼개서 수 개의 토큰(증권)으로 분할	무한 복제된 수많은 원본 작품을 하나의 토큰으로 추상화
토큰 발행 목적	쪼개 팔기	소유권 보장

그림 3-70을 통해 설명한 내용을 다시 정리해 보자.

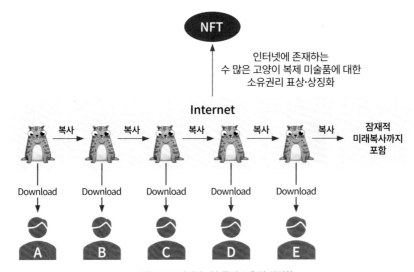

그림 3-70. 디지털 미술품의 소유권 상징화

디지털 작품이 무한 복제되어 누구나 이 디지털 작품을 점유하게 되면서 더 이상 점유를 통한 소유권을 보장하기가 어렵게 되었다. 이때 인터넷에 복제된 고양이 작품 전체를 상징화하여 하나의 토큰(NFT)으로 발행하면 이 토큰(NFT)은 인터넷에 분포된 수많은 고양이 작품을 대표하여 하나의 소유권을 상징하게 된다.

(나) 토큰(NFT)의 기록 · 공개

등기를 통해 소유권을 보장하기 위해 식별된 3가지 요소 중 '기록'과 '공개'를 함께 살펴보겠다.

소유권을 토큰화(NFT)하였다면 이제 이 토큰을 등기소에 기록(등기)하고 외부에 투명하게 공개할 수 있어야 한다.

등기소는 소유권을 표현한 토큰이 공부(公簿)에 기록되게 하고 위변조되지 못하게 철저히 관리하면서 필요시 누구에게나 투명하게 공개하는 역할을 수행해야 한다. 소유권에 대한 내역이 공부에 기록되고 위변조되지 않도록 관리되고 투명하게 공개되면 이 소유권 기록에 대한 신뢰성을 보장할 수 있다고 볼 수 있다. 등기소의 역할을 3가지 키워드로 도출하면 다음과 같다.

- 공부(公簿)에 기록
- 위변조 차단
- 투명한 공개

'공부에 기록', '위변조 차단', '투명한 공개'라는 키워드 차원에서 이런 등기소의 역할과 가장 잘 맞는 시스템을 머리에 쉽게 떠올릴 수 있을 것이다. 바로 블록체인이다.

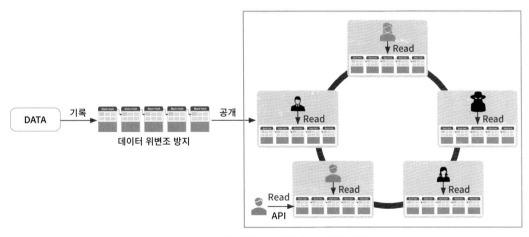

그림 3-71. 위변조 차단과 투명 공개를 위한 블록체인

블록체인은 데이터를 장부(블록)에 기록하고 위변조를 원천적으로 차단하며 모든 정보가 투명하게 공개되는 특성을 지니고 있다.

디지털 작품이 점유를 통한 소유권 보장이 더 이상 어렵다면 대안으로 등기를 통한 소유권 보장 방안을 검토할 수 있다. 먼저 수많은 디지털 작품 복제품을 추상화하여 하나의 소유권으로 표현하는 토큰(NFT)으로 발행하고, 이 토큰을 공부에 저장하고 위변조가 불가능하게 관리하면서 투명하게 공개한다면 등기를 통한 소유권 보장이 가능하다는 것을 이해할 수 있다.

(3) 토큰(NFT)화를 통한 디지털 소유권 보장 방안

지금까지 설명한 내용을 하나의 그림으로 정리하여 표현하면 그림 3-72와 같다. 점유를 통한 소유권이 어려워진 디지털 작품들을 먼저 하나의 소유권으로 상징화한 토큰을 발행하고 이 토큰의 등기를 통해 소유권을 보장할 수 있다.

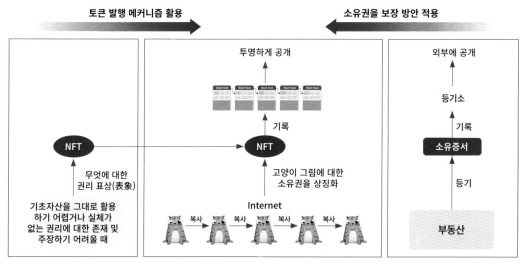

그림 3-72. 디지털 자산의 토큰화를 통한 소유권 보장 방안

부동산은 직접 점유가 불가능하기 때문에 부동산 관련 소유 권리를 표상하여 소유 증서를 발행하고, 이를 등기소에 등기하고 외부에 공개하는 방식으로 부동산의 소유권을 보장한다. 디지털 작품도 이런 등기 제도를 적용하기 위해서는 먼저 무한 복제된 디지털 작품들을 상징화하여 소유권 보장을 위한 하나의 토큰(NFT)으로 발행할 필요가 있다. 토큰(NFT)은 무한 복제된 수많은 원본 디지털 작품을 하나의 소유권으로 상징화한 것이기 때문에 누구나 디지털 원본 작품을 소유하고 있다고 하더라도 이 토큰(NFT)을 인터넷에 존재하는 수많은 디지털 작품을 대표하는 하나의 소유권으로 볼 수 있다.

등기 제도를 이용하면 왜 소유권이 보장될까?

등기 제도를 이용하면 왜 소유권이 보장되는지를 사례를 통해 알아보자. 쉽게 이해하기 위해 토지 소유권 관련 단계적(①~④) 상황을 통해 설명해 보겠다.

[① - 소유권 관련 문서나 관련 기록이 하나도 없는 상황]

일반적으로 물건(동산)은 자기 집에 보관 및 점유를 통해 소유권을 주장하지만, 점유나 이동이 불가능하고 넓은 들판에 방치되어 있는 토지를 본인 소유라고 주장할 수 있는 근거는 없다. 오랫동안 농사를 지어오고 있으며 주변 사람들에게 지속적으로 그 토지가 내 소유라는 것을 설파했다고 하더라도 악의적인 사람이 이 땅에 대한 소유 증거를 제시하라고 행패를 부리면 방법이 없다.

[② - 소유권 보장 근거 문서나 이전 소유주로부터 매입한 서류가 존재하는 상황]

소유권을 보장할 수 있는 근거 문서나 이전 소유주로부터 매입한 서류가 있으면 소유권을 주장하기가 훨씬 수월해진다. 하지만 소유권 관련 근거 문서가 존재한다고 해서 모든 게 해결되는 것은 아니다. 악의적인 사람이 이 소유권 근거 문서나 매입 서류의 진위 여부를 따지기 시작하면 이를 증명하고 개별적으로 대응하는 것도 결코 쉬운 일이 아니다.

[③ - 소유권을 보장하는 문서를 공인기관에서 보관하는 경우]

소유권 보장 문서를 해당 관청의 공부(公簿)에 기록하여 보관하게 한다면 예전 문제들은 상당히 개선될 것이다. 소유권 근거 문서가 공인 기관에 모두 기록되어 있기 때문에 진위 여부를 따지지도 않을 것이며 개인이 별도로 진위 여부를 증명하고 개별적으로 대응할 필요도 없어진다. 하지만 여전히 한계점은 존재한다. 당사자가 직접 해당 기관에 가서 일일이 소유권 보장 근거 문서를 보여주는 수고를 해야 한다.

[④ - 소유권을 보장하는 문서를 공부에 기록하고 누구에게나 개방하는 경우]

④번은 ③번과 큰 차이가 없어 보이지만, '모두에게 완전히 개방'은 상당한 의미를 지닌다. 내 소유권 관련 기록이 단순히 해당 관청의 공부에 기록되어 있다는 것과 모든 사람에게 투명하게 공개되어 있다는 것은 다르다. 소유권 관련 기록이 모두에게 투명하게 공개되어 있다면 의식적이든 무의식적이든 소유권에 대한 개념과 윤리가 변한다. 소유 권리 내용이 투명하게 공개되어 있다면 소유권에 대한 개념이 정착되고 내 소유가 아닌 남의 땅을 함부로 침범해서는 안 된다는 사고방식이 정립된다. 현재 등기부등본 제도는 국가라는 강력한 신뢰기관(등기소)에서 공부를 통해 관리하고 있으며 완전히 개방되어 있어 누구나 등기소에서 등기부등본을 떼어볼 수 있다.

디지털 작품에 대한 소유권도 이런 관점에서 설명할 수 있다. 점유나 이동도 불가능하고 넓은 들판에 널려져 있는 토지에 대한 소유권을 주장하는 것은 쉽지 않다. 이와 유사하게 무한 복제되어 독점적 점유가 불가능하고 인터넷이라는 공간에 산재되어 있는 디지털 작품에 대한 소유권을 보장하는 것은 쉽지 않다. 이때 무한 복제된 디지털 작품을 상징화하여 소유권 관련 기록을 하나의 토큰(NFT)으로 발행하고, 그 토큰을 블록체인이라는 공부에 기록하고 투명하게 공개한다면 디지털 작품에 대한 소유권 개념이 정착될 수 있다고 생각할 수 있다.

3.5 NFT에 대한 올바른 이해

이 절에서는 앞서 살펴본 내용을 정리한다.

3.5.1 관점별 NFT의 의미 이해

앞서 살펴본 내용을 몇 가지 관점으로 정리하면서 NFT의 정확한 의미를 알아보자.

토큰과 NFT의 관계

토큰에는 다양한 유형이 있다. 그중 대체 가능 여부에 따라 FT와 NFT로 구분된다.

- FT: Fungible Token (ERC-20 표준으로 발행)

- NFT: Non-Fungible Token (ERC-721 표준으로 발행)

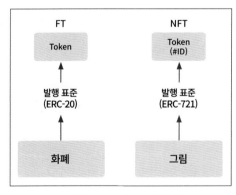

그림 3-73. FT와 NFT의 구분

NFT는 토큰의 한 유형이며 NFT는 분류상의 용어다.

NFT의 태생적 의미

1~2장을 통해 증서와 토큰의 개념과 의미를 살펴봤다. NFT도 토큰의 한 종류이기 때문에 NFT의 태생적 의미도 토큰(Token)과 동일하다.

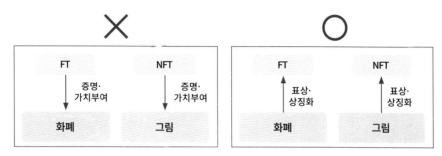

그림 3-74. NFT의 태생적 의미

그림 3-74에서 양쪽 그림의 화살표 방향을 보면 기초 자산을 기반으로 단순히 표상하거나 상징화한 것이 바로 토큰(NFT)이다. 따라서 토큰(NFT)이 기초 자산의 원본성을 증명하거나 고유성과 희소성의 가치를 부여한다는 것은 논리적으로 맞지 않다.

NFT의 의미와 가치

기초 자산을 표상·상징화한 것이 토큰(NFT)이기 때문에 토큰(NFT)은 기초 자산의 의미를 내포하고 있다고 할 수 있다. 하지만 토큰(NFT)의 의미와 성격은 결국 표상·상징화에 의해 결정된다. 따라서 NFT의 의미와 가치는 표상에 의해 결정되며, 그에 따라 결국 발행자에 의해 결정된다고 이해할 수 있다.

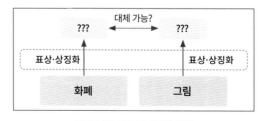

그림 3-75. NFT의 의미와 가치

토큰(NFT)이 어떤 의미가 있고 어떤 가치를 지니며 대체 가능한지 여부 등은 모두 표상(表象)하는 과정에서 결정된다.

FT와 NFT의 형태적 · 구조적 차이

FT와 NFT의 형태적 · 구조적 차이는 바로 ID 부여 여부다. ID는 고유하게 식별하기 위한 것이다. 고유하게 식별 가능한 ID를 부여하면 당연히 대체 불가능하게 된다.

그림 3-76. FT와 NFT의 형태적 차이

FT와 NFT의 발행 기준

FT와 NFT를 구분해서 발행하는 기준은 어떤 고차원적인 로직보다는 사람의 일반적인 지각으로 쉽게 판단할 수 있다. 토큰화할 때 ID를 부여할지 안 할지는 상식선에서 쉽게 인지할 수 있다. 1만 원 가치 화폐를 토큰으로 발행하는 상황이라면 굳이 개별 지폐를 고유하게 식별할 수 있는 ID를 부여할 필요가 없을 것이다. 반면 어떤 작가의 여러 작품을 각각 토큰화한다면 각 작품마다 ID를 부여하는 것이 맞을 것이다.

ID 부여 여부는 대상과 서비스 형태에 따라 직관적으로 선택해서 결정하면 된다. ID를 부여할 대상이 별도로 존재하는 것도 아니며 ID를 부여했다고 해서 진본임을 증명해주거나 존재하지 않는 희소성이 갑자기 생겨나는 것도 아니다. 대상의 성격에 따라 일반적으로 ID 부여 여부를 결정할 수 있겠지만, 궁극적으로는 토큰(NFT)을 어떻게 활용하고 어떻게 규명할 것인지는 결국 발행자의 의도에 따라 결정된다고 볼 수 있다. 작가가 본인의 작품 10점을 토큰화할 경우 굳이 ID를 부여하지 않고 FT 형태로 발행해도 전혀 상관없다. 한국은행에서 CBDC를 발행할 때 다양한 목적으로 활용하기 위해서 각 화폐마다 ID를 부여할 수도 있다. 결국, FT로 발행할지, NFT로 발행할지는 그 기초 자산의 고유성에 의한 것이 아니라 발행자가 결정하는 것이다.

1~2장에서 살펴본 내용을 상기하면, 세상의 모든 것을 토큰화할 수 있다. FT로 발행할지 NFT로 발행할지는 발행자의 ID 부여 여부에 의해 결정된다. 실제로 화폐나 주식 정도를 제외하면 대부분 토큰은 NFT 형태로 발행하는 것이 맞다.

사람도 토큰화할 수 있다. 아니 이미 NFT로 토큰화되어 있다. 바로 주민등록번호 때문이다. 대한민국 국민 각자를 13자리 번호로 상징화한 것이 바로 주민등록번호다. 주민등록번호를 NFT라 부르지 않을 뿐이지, 주민등록번호는 대표적인 NFT 사례다.

일상에서 토큰화할 수 있는 몇몇 사례를 소개하면서 FT와 NFT 중 어느 것이 더 적절한지 살펴보자.

① 주민등록번호를 토큰화

- **기초 자산**: 홍길동
- ID: 123456-789123
- **용도**: 신분 증명
- **토큰 표준**: ERC-721 (NFT)

② 자격증이나 수료증을 토큰화

- **기초 자산**: 홍길동
- ID: #12345
- **용도**: 자격 증명
- **토큰 표준**: ERC-721 (NFT)

③ 5만 원권 지폐를 토큰화

- **기초 자산**: 한국은행 보장 화폐
- **용도**: 거래 매개수단
- **토큰 표준**: ERC-20 (FT)

④ 영화 티켓을 토큰화

- **기초 자산**: 홍길동이 지불한 영화 요금
- **용도**: (특정좌석) 상영 권리
- **토큰 표준**: ERC-721(NFT)

⑤ 디지털 작품을 토큰화

- **기초 자산**: 디지털 작품
- **용도**: 소유 권리
- **토큰 표준**: ERC-721 (NFT)

굳이 'NFT'라는 용어를 떠들썩하게 사용할 필요가 있는가?

NFT 이해관계자(미술산업 업계, 블록체인 업계, 토큰 종사자, 트렌드 분석가, 투자자 등)에게 NFT는 아주 좋은 키워드다. 대체 불가라는 엄청난 의미가 포함되어 있고, 블록체인과 연계시킬 수 있으며, 이를 통해 희소성, 고유성, 소유권 보장, 원본 증명 가치를 내세워 자연스럽게 NFT는 가치가 높고 NFT로 발행하면 가격이 오른다는 그럴듯한 논리로 시장을 띄울 수 있기 때문이다.

'대체 불가'라는 키워드를 남용하는 것까지는 괜찮다. 하지만 대체 불가라는 의미가 왜곡되어 사용되고 본래의 의미를 훼손시키는 것은 문제다. 필자가 여전히 잘못 이해하고 있을 수도 있지만, 필자의 생각으로는 NFT는 고유성, 희소성, 원본 증명 등과 상관이 없다.

현실의 실물 자산이나 만질 수 없는 권리 등을 그대로 사용하기에는 불편하기 때문에 상징화하여 다른 대체 수단으로 교체하여 사용하는 것이 토큰이다. 토큰은 유무형의 기초 자산을 좀 더 편리하고 효율적으로 활용하기 위해 상징화한 것이기 때문에 세상 모든 것을 토큰화(다른 것으로 상징화)할 수 있다. 화폐 등 일부만 제외하면 토큰화할 때 고유한 ID를 부여한 NFT 형태로 발행하는 것이 맞다. 세상의 모든 것을 토큰화할 수 있고 토큰 발행 방식에 있어 대부분 NFT로 발행이 된다. 이런 상황에서 굳이 NFT라는 용어를 이렇게 요란하게 사용할 필요는 없을 것 같다.

토큰이나 NFT라는 용어를 사용하지 않을 뿐, 우리는 이미 오래전부터 토큰이나 NFT를 사용해 왔다. (전자) 증권, 채권, 선하증권, 게임 아이템, 전자화폐, 영화 티켓, 교환권, 상품권, 소유권, 보관증 등이 모두 증서이자 토큰이다. 그리고 대부분은 ID가 부여된 NFT 형태다. 하지만 우리는 이들을 굳이 어렵게 '대체 가능 증권', '대체 불가 게임 아이템', '대체 불가 영화 티켓', '대체 불가 상품권'이라고 부르지 않는다. 그냥 증권, 아이템, 상품권, 영화 티켓이라 부른다. 토큰의 ID 부여 여부는 크게 중요하지 않다. 서비스의 형태나 필요에 의해 ID 부여 여부를 선택하면 된다. 세상의 모든 것이 토큰화된다고 할 때 토큰이 발행될 때마다 굳이 요란하게 '대체 불가'라는 키워드를 가져다 붙일 필요가 있는지 의구심이 든다.

그래서 이 책을 통해 한 가지 제언하고자 한다.

NFT라는 용어 대신 그냥 토큰이라는 용어를 사용하면 더 좋을 것 같다. 그 이유는 앞서 설명하기도 했지만, 토큰(Token)과 NFT의 근원적인 차이 때문이기도 하다. '토큰'은 목적적 성격을 지닌 용어다. 반면 'NFT'는 토큰의 발행 방식을 규명하는 방법적 성격을 지닌 용어다. 기초 자산을 상징화하여 발행하는 상황에서는 '토큰'이라는 목적적 성격의 용어가 더 적합하다. 그리고 그 토큰의 ID 부여 여부를 식별해야 하는 상황에서는 NFT라는 방법적 성격의 용어를 사용하면 된다.

토큰(NFT) 발행의 4단계

앞서 살펴본 토큰에 대한 이해를 바탕으로 토큰의 발행 절차를 간단하게 도식화하여 정리하면 그림 3-77처럼 표현할 수 있다.

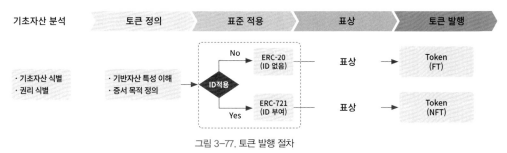

그림 3–77. 토큰 발행 절차

- 기초 자산 분석: 토큰은 기초 자산을 상징화한 것이기 때문에 기초 자산에 대한 성격 규명 및 분석이 우선

- 토큰 정의: 기초 자산 분석 후 토큰의 발행 목적 및 방식 등에 대한 개념 설계

- 표준 적용: 서비스 목적 및 토큰 개념 설계를 바탕으로 ID 부여 여부를 결정

- 표상(表象): 기초 자산을 표상 · 상징화할 내용 정의 및 기입

- 토큰 발행: 토큰 발행 (FT or NFT)

3.5.2 그런데 도대체 NFT가 무엇인가?

NFT 관련하여 수많은 기사나 보고서 등이 쏟아져 나오지만, 솔직히 NFT의 개념과 가치가 무엇인지 명확하게 감이 오지 않는다. 그리고 이 책에서도 1~3장에서 걸쳐 NFT를 설명하고 있지만, 여전히 명확하게 NFT가 무슨 의미고 그 정의가 무엇인지 명쾌하지 않다.

NFT의 개념을 명쾌하게 이해하기 어렵게 만드는 이유는 다음 3가지가 아닐까 하고 생각한다.

첫째는 NFT의 잘못된 개념과 이해다. 즉, 'NFT가 원본임을 증명하고 고유성과 희소성의 가치를 부여한다'고 알고 있는 것이다. 언론 등에서 이미 너무나 보편적으로 이야기하고 받아들여서 이런 표현의 타당성에 이의를 제기하기조차 어려운 상황이 되어 버렸다. 사람들은 이를 진리라고 믿고 NFT를 이런 관점에서 이해하려고 한다. 그 때문에 명확하게 이해되지 않는 것이다.

둘째는 NFT가 디지털 미술 작품 및 예술품과 연계되어 소개되다 보니 NFT를 예술품 영역으로 한정하여 생각한다. 그것이 NFT의 개념을 이해하기 어렵게 만든다.

셋째는 NFT라는 용어 때문이다. NFT를 토큰의 한 유형 관점에서 접근하는 것이 맞지만, 토큰과는 별개로 NFT를 전면에 내세웠다. NFT를 전면에 내세우다 보니 '대체 불가, 고유성, 희소성, 원본 증명'과 연계시켰다. 이런 키워드들은 토큰의 본래 개념과 상당히 이질적이다. NFT의 본질은 토큰인데, 토큰의 본래 개념과 이질적인 키워드를 전면에 내세우다 보니 그 본질을 이해하지 못하는 것이다.

토큰과 NFT(Non-Fungible Token)는 단순하게 이해하고 있는 그대로 받아들일 필요가 있다. NFT를 보면 '대체 불가'라는 키워드가 떠오르고 이 키워드는 고유성·희소성·원본 증명을 자동으로 연상시킨다. 이런 상태에서는 절대 NFT를 이해할 수 없다. 필자가 NFT와 대체 불가라는 키워드를 굳이 사용하지 말자고 하는 이유도 그것이다.

NFT 관련 책을 쓰면서 1~2장에서는 증서와 토큰만 설명했다. 그리고 3장에서도 'NFT'라는 용어보다는 '토큰(NFT)'라는 용어를 주로 사용했다. NFT를 명확하게 이해하기 위해서는 '토큰' 관점에서 이해하고 접근해야 한다. 그래서 책 구성이나 용어 선택에 있어서도 고의로 'NFT' 노출을 최소화하고 '토큰'을 전면에 내세웠다.

대체 불가, 고유성, 희소성, 원본 증명이라는 키워드는 우선 잠시 접어두자. 토큰과 NFT의 개념을 명확하게 이해하고 나서 살펴봐도 늦지 않는다. NFT는 토큰 관점에서 접근할 필요가 있다. 토큰은 1장부터 계속 설명해왔기 때문에 토큰이 어떤 개념인지는 이제 이해했을 거라 생각한다. 이제 토큰 관점에서 NFT를 이해해 보자.

NFT의 개념은 다음과 같이 이해하면 된다.

> *'고유하게 식별 가능한 ID가 부여된 토큰'*

그리고 이 세상의 대부분의 토큰은 ID가 부여되는 NFT 형태다.

디지털 작품 영역에서도 NFT를 다시 한 번 검토해 보자. NFT가 무한 복제되는 디지털 작품에서 원본임을 증명하고 대체 불가능하기 때문에 고유성과 희소성의 가치가 부여된다는 억지 논리를 만들 필요가 없다. 규모가 큰 자산은 현실에서 거래하기 어렵기 때문에 여러 개로 쪼개 토큰으로 발행하여 거래를 쉽게 할 수 있다. 반대로 너무나 많은 원본이 인터넷에 유포되어 있어 소유권을 특정하기 어려운 디지털 작품의 경우에는 인터넷의 원본 작품을 상징화하여 하나의 토큰으로 발행하면 그 토큰을 소유권 개념으로 활용할 수 있다. 무수히 많은 디지털 작품을 기초 자산으로 하여 상징화하는 것이 토큰이며, 토큰을 발행할 때 ID 부여 여부는 선택사항이다. 그리고 수많은 디지털 작품을 하나의 토큰으로 발행한다고 하더라도 반드시 ID를 부여해야 하는 것은 아니다.

토큰과 NFT를 개념적으로 이해하는 것을 돕기 위해 이런 사례를 들어 보겠다. 가장 이상적인 민주주의는 대한민국 국민 모두가 직접 정치에 참여하는 직접민주주의다. 하지만 직접민주주의는 현실적으로 실현 불가능할 뿐만 아니라 비효율적이다. 따라서 대부분 국가는 대의민주주의를 채택하고 있다. 지역별로 대표를 선출하여 대표자가 지역을 대표하여 정치를 하는 것이다. 토큰이란 기초 자산을 대신, 대체, 대표, 상징하는 것이라고 했다. 각 지역이라는 기초 자산을 대표하여 선출된 국회의원은 개념적으로 토큰이라고 할 수 있다. 그리고 선출된 국회의원들은 서로 대체가 불가능하기 때문에 토큰의 유형상으로는 NFT다. 국회의원을 우리가 이해하는 토큰(NFT)으로 비유한다는 것 자체가 다소 엉뚱하다. 하지만 NFT가 대체 불가, 고유성, 희소성, 원본 증명 관련 개념이 아닌 기초 자산을 기반으로 대표·상징화한다는 본질적 개념에 좀 더 집중하기 위해 예로 들었다.

3장을 마무리하며

3장을 시작하면서 제시했던 첫 문장을 다시 한 번 인용해 보겠다.

> 많은 사람들이 NFT를 Non-Fungible(대체 불가) 관점에서 접근하고 이해하려고 한다.
> 이런 접근은 Non-Fungible에 나름의 의미를 부여해야 하고 그럴듯한 논리도 만들어내야 한다
> 는 강박관념에 빠지게 한다. 이는 결국 NFT 개념을 이해하기 어렵게 만드는 모순에 빠지게 만
> 든다.

NFT를 명확하게 이해하기 위해서는 NFT(Non-Fungible Token)의 실체를 먼저 이해할 필요가 있다. NFT의 실체는 토큰이며, 따라서 먼저 토큰을 명확하게 이해할 필요가 있다.

최근 NFT는 무한 복제되는 디지털과 예술품 영역에서 많이 언급되고 있다. 하지만 토큰과 NFT의 활용 범위와 가치는 무궁무진하다. 디지털과 예술품 영역으로 한정하여 생각할 필요가 없다.

무한 복제되는 디지털 미술품 영역에서 토큰(NFT)의 활용 가치 중의 하나가 '소유권'일 것이다. 인터넷·디지털 세상에서는 누구나 디지털 작품의 원본을 점유할 수 있다. 이런 상황에서 점유를 통해서는 소유권을 보장받을 수 없다. 이때 무한 복제된 원본 작품을 하나의 토큰으로 상징화하여 소유권 개념으로 활용할 수 있다.

'Ethereum Foundation' 홈페이지를 방문하면 ERC-721[1] 을 다음과 같이 정의하고 있다.

*'A standard interface for non-fungible tokens, like a **deed** for artwork or a song'*

ERC-721을 'like a deed'로 표현하고 있다. 'Deed'를 영영사전에서 검색해 보면 다음과 같이 설명하고 있다.

---

1 https://ethereum.org/ko/developers/docs/standards/tokens/erc-721/

'an official paper that is a record of an agreement, especially an agreement concerning who owns property'

(자산 소유권에 대한 합의 기록을 담은 공식 문서)

토큰은 거래의 편리성을 위해 탄생했다. 이 세상의 모든 것을 토큰화할 수 있다. 심지어 디지털 자산이나 디지털 세상의 모든 것도 토큰화가 가능하다. 세상의 모든 것을 토큰화하여 거래의 편리성을 제공하기 때문에 토큰화 자체만으로도 의미가 크다.

그런데 토큰이 블록체인과 연계되면 그 잠재력은 무궁무진할 것이다. 토큰이 블록체인과 연계할 경우 어떤 잠재력이 있는지 3가지로 정리할 수 있다.

첫째, '2.2.2 이더리움과 토큰 활용'에서 소개했던 것처럼 토큰을 스마트 컨트랙트와 연계할 경우 계약 불이행과 관련된 많은 현실적 문제를 해결할 수 있다. 계약 이행 강제화 차원에서 스마트 컨트랙트가 의미를 가지기 위해서는 블록체인이 필요하다.

둘째, '3.4 NFT의 활용과 가치'에서 소개했던 것처럼 점유를 통한 디지털 작품의 소유권 보장이 어렵기 때문에 대안으로 등기 제도를 이용할 수 있다. 거래 기록을 등기하고 위변조를 차단하고 투명하게 공개하는 등기소의 역할을 할 수 있는 시스템이 바로 블록체인이다. 즉, 디지털 작품의 소유권을 보장하기 위한 디지털 등기소 구현을 위해 블록체인이 필요하다.

셋째, 디지털 자산이나 디지털 세상의 모든 것도 토큰화하여 거래의 편리성을 보장할 수 있다. 당연히 메타버스와 같은 가상세계에서도 토큰은 주목 받을 것으로 생각한다. 메타버스 세상에서는 현실의 법·제도·시스템을 그대로 적용하기에는 한계가 있다. 따라서 메타버스 세상은 DAO(Decentralized Autonomous Organization)와 같은 탈중앙 자율 조직에 의해 운영될 가능성이 크다. DAO 구현을 위한 핵심 인프라가 바로 블록체인이다.

(최근) 토큰의 모티브를 제공한 것은 바로 비트코인이다. 비트코인은 철저하게 암호 기술로 구성되고 작동하며 서비스된다. 정말 비트코인은 그 자체가 암호다. 블록체인 역시 암호로 구성된 암호 덩어리다. 토큰과 토큰 관련 생태계를 이해하고 활용하기 위해서는 암호 기술과 블록체인 기술은 필수다.

4장에서는 암호 기술을 이용하여 어떻게 블록체인을 구현했고, 그 블록체인이 어떻게 NFT와 연계되는지를 설명하겠다.

필자가 암호 분야 전문가는 아니지만, 기회가 될 때마다 암호 기술의 중요성을 강조한다. 단순히 비트코인과 블록체인 기술이 암호 기술을 기반으로 해서가 아니다. 암호 기술이 가진 잠재성과 활용성 때문이다.

사람들은 필요한 재화나 서비스를 소유하기 위해 경제 활동을 한다. 각자 필요한 재화와 서비스를 상대방과 거래하며, 거래의 편리성을 위해 화폐를 사용한다. 이런 경제 활동과 거래 행위에서 가장 중요한 것은 신뢰다. 그런데 개인 간 거래에서 신뢰를 보장할 수 없으니 중앙정부나 제3 신뢰 기관을 통해 간접적으로 신뢰를 보장했다. 화폐 역시 중앙은행에 의해 발행되고 시중은행을 통해서 송금이 이루어진다.

사토시 나카모토는 비트코인을 통해서 중앙기관이나 제3 신뢰 기관 없이도 신뢰를 구현할 수 있다는 가능성을 보여주었다. 이것은 단순한 탈중앙 기반 화폐를 만들었다는 개념을 넘어, 기존 체계와 사상을 송두리째 뒤흔드는 것이다. 어떤 중앙기관이나 중개기관 없이 개인 간 거래에서 신뢰를 보장할 수 있다는 것은 기존의 생각으로는 도저히 받아들일 수 없는 것이다. 모 정치인이 TV에서 민간에서 화폐를 발행하는 것은 사기라고 할 정도로 우리는 무의식 중에 신뢰는 반드시 중앙기관이나 제3 신뢰 기관을 기반으로 해야 한다고 생각하고 있다. 그런데 비트코인은 이런 중앙기관 없이도 신뢰를 보장할 수 있다는 가능성을 열어 주었다. 이런 탈중앙 환경에서 개인 간 신뢰를 구현하는 기반 기술이 바로 '암호 기술'이다. 비트코인은 암호화폐라고 할 정도로 하나부터 열까지 모든 것이 암호다.

세상의 모든 기능과 서비스가 디지털로 전환되고 있다. 그리고 이제 또 다른 디지털 세상을 맞이할 준비를 하고 있다. 바로 메타버스다. 기존의 디지털이 단순히 기능이나 서비스를 디지털로 전환한 것이라면, 메타버스는 세상과 생활 자체가 디지털이다. 기존의 사회 시스템이나 프로세스를 디지털 기반으로 구현해야 하며, 세상의 모든 서비스를 기존 거버넌스에서 벗어나 새로운 메커니즘으로 설계할 필요가 있다. 이때 필요한 기술이 바로 암호 기술이라고 확신한다.

비트코인·블록체인 또는 토큰(NFT)이 아니더라도 앞으로 도래할 다양한 기술과 서비스를 이해한다는 측면에서도 암호 기술에 대한 기본적인 지식과 이해는 반드시 필요하다.

4.1 암호 기술과 블록체인

비트코인은 암호화폐라고 부를 정도로 형태, 작동 원리, 서비스 방식 등 모든 것이 암호 기술로 이루어져 있다. 비트코인의 핵심 인프라 요소라고 할 수 있는 블록체인도 모든 것이 암호다. 그런데 비트코인과 블록체인이 무슨 대단한 암호 기술을 사용하고 있는 것은 아니다. 가장 일반적인 암호 기술을 다양하게 연계하고 특징을 적재적소에 잘 배치했을 뿐이다.

이 책의 집필 방향이 암호 기술과 블록체인은 아니기 때문에 체계적이고 자세한 설명보다는 NFT와 블록체인과의 연계성 측면에서 필요한 지식 정도만 소개하고 넘어가겠다. 기회가 된다면 별도로 암호 기술을 학습할 것을 권한다. 4.1절에서 소개하는 암호 기술과 블록체인에 관한 설명은 4.2절을 이해하기 위한 선행 지식 정도로 이해하면 된다.

4.1.1 암호 기술

이번 절에서는 암호에 대한 이해와 더불어 몇 가지 암호 기술에 관해 알아보겠다.

1) 암호의 개요

일반적으로 암호라고 하면 어떤 비밀정보를 다른 사람이 판독하지 못하게 변형하여 감추는 것으로 이해한다. 그림 4-1은 비밀정보를 그대로 전송할 경우 관련 정보가 탈취될 염려가 있기 때문에 원문을 암호화하여 해독하기 어렵게 만들어 전송하고 수신자는 그 암호문을 해독하여 원문으로 바꾸는 모습을 보여준다.

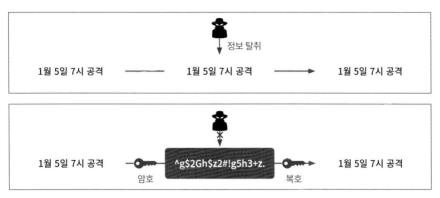

그림 4-1. 암호 개념

암호는 일반적으로 '암호화'와 '복호화' 과정을 거친다.

- **암호화**: 해독이 가능한 평문을 판독하지 못하도록 암호문으로 바꿈
- **복호화**: 해독이 어려운 암호문을 판독이 가능한 평문으로 복구

암호는 다양한 유형과 분류가 있는데, 우선 크게 양방향 암호와 일방향 암호로 구분할 수 있다. 일반적으로 암호는 암호화와 복호화 과정을 거치는 양방향 암호가 있고, 암호화되고 나면 복호화가 불가능한 일방향 암호도 있다.

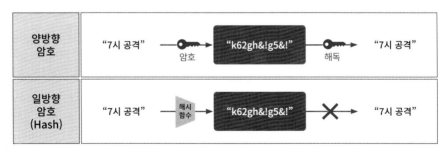

그림 4-2. 양방향 암호와 일방향 암호

- **양방향 암호**: 평문을 암호문으로 암호화하고 이를 다시 평문으로 복호화
- **일방향 암호**: 평문을 암호화하고 다시 평문으로 복호화가 불가능

일방향 암호에서 평문으로 복호화가 되지 않으면 무슨 소용이 있느냐 할 수 있겠지만, 일방향 암호인 해시(Hash)는 정보를 숨기는 용도가 아니라 다른 용도로 활용된다.

2) 양방향 암호 – 비대칭키 암호 기술

암호는 양방향 암호와 일방향 암호로 구분된다고 했는데, 양방향 암호는 다시 대칭키 암호와 비대칭키 암호로 구분된다.

대칭키 암호는 하나의 키(Key)를 이용하여 암호화와 복호화를 하는 것이다. 대칭키의 대표적인 사례로는 바로 '4자리 비밀번호로 된 자전거 자물쇠'를 생각하면 된다. 4자리 비밀번호를 통해 잠그고 다시 4자리 비밀번호를 통해 잠금을 해제한다. 이때 4자리 비밀번호가 바로 키(Key)다. 반면 비대칭키 암호는 쌍(Pair)으로 구성된 두 개의 키를 이용하여 하나로 암호화하고 쌍의 관계인 다른 하나로 복호화하는 것을 말한다. 그림 4-3은 대칭키와 비대칭키의 개념을 도식화한 것이다.

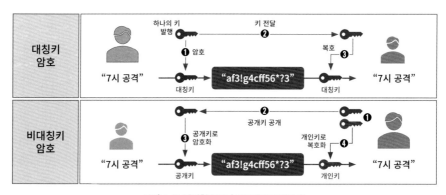

그림 4-3. 양방향 암호 (대칭키와 비대칭키)

- **대칭키 암호**: 하나의 키로 암호화와 복호화
- **비대칭키 암호**: 쌍으로 구성된 두 개의 키로 각각 암호화와 복호화

비대칭키는 쌍으로 구성된 2개의 키를 이용하는데, 이 두 키를 각각 개인키와 공개키라고 한다.

- **개인키**: 외부에 절대 공개하면 안 되고 반드시 개인만 보관하는 키
- **공개키**: 외부에 공개되어 누구나 접근 및 이용 가능한 키

비대칭키는 하나의 키로 암호화하고 다른 키로 복호화한다는 간단한 개념이지만, 키가 쌍(Pair)의 관계에 있고 개인키와 공개키라는 특징을 이용하면 다양한 서비스 구현이 가능하다.

- A키와 B키는 서로 쌍(Pair)의 관계
- A키로 암호화하면 B키로 복호화되고, B키로 암호화하면 A키로 복호화 가능
- 하나는 외부에 공개하는 공개키고 다른 하나는 본인만 간직하는 개인키

먼저 그림 4-4에서 첫 번째 그림을 보면, 쌍의 관계인 A키와 B키를 이용하여 A키로 암호화하면 이 암호문은 반드시 B키를 통해서만 복호화가 가능하다. 반대로 B키로 암호화하면 반드시 A키를 통해서만 복호화가 가능하다. 이런 개념과 특징을 좀 너 확장하면 다양한 해석과 응용이 가능하다.

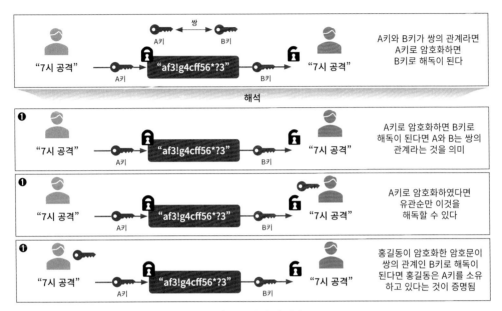

그림 4-4. 비대칭키 이해

❶ A키로 암호화한 암호문이 B키로 해독된다면 A키와 B키는 서로 쌍(Pair)의 관계라는 것을 의미한다.

❷ A키로 암호화한 암호문에 대해 유관순이 B키를 소유하고 있다면 유관순만 이 암호문을 해독할 수 있다.

❸ 홍길동이 어떤 암호문을 만들었다고 할 때 유관순이 B키로 이 암호문을 해독했다면 홍길동이 A키로 암호문을 만들었다는 것을 확인할 수 있다.

비대칭키의 대표적인 사례가 바로 공동인증서(옛 공인인증서)다. 금융기관에서 공동인증서(공인인증서)를 신청하면 관계 기관에서는 신원 증명 후 쌍으로 구성된 개인키와 공개키를 발행해 준다. 개인키는 본인 USB 메모리에 저장하고 공개키는 제3 신뢰 기관인 공개키 저장소에 보관하고 공개한다. 이후에 은행에서 송금을 위한 신원 인증 시 본인의 개인키를 제공하면 은행은 공개키 저장소에 공개된 공개키를 가져온다. 개인키로 암호화한 것이 쌍의 관계인 공개키로 해독되면 신원이 맞다는 것이 증명된다.

이런 특징을 이용한 비대칭키 활용 사례를 살펴보자.

비대칭키를 이용한 전송

그림 4-5의 첫 번째 그림을 보면, 수신자는 2개의 키를 발행한다. 공개키를 송신자에게 전달하면 송신자는 공개키로 평문을 암호화하여 전송한다. 이 암호문이 수신자에게 전달되면 수신자는 공개키와 쌍의 관계인 개인키로 해독한다. 이것이 의미하는 것은 개인키를 소유한 사람만 암호문을 해독할 수 있다는 것이다.

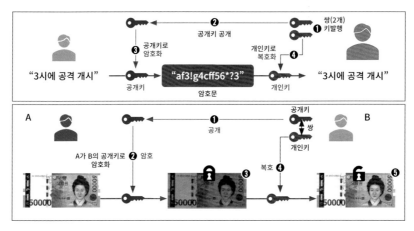

그림 4-5. 비대칭키 활용 (전송)

이런 원리를 이용하면, 그림 4-5의 두 번째 그림처럼 비대칭키를 이용하여 화폐 송금도 가능하다는 것을 알 수 있다. 돈을 암호화하면 개인키를 소유한 사람만 암호화된 돈을 해독할 수 있기 때문에 이는 마치 개인키를 소유한 사람에게 송금하는 것과 동일한 효과를 얻을 수 있다.

❶ B는 공개키와 개인키를 발행해서 공개키를 A에게 전송한다.

❷ A는 B의 공개키를 이용하여 5만 원을 암호화한다.

❸ 암호화된 5만 원은 다른 사람은 사용할 수 없다.

❹ B는 공개키와 쌍의 관계인 개인키를 이용하여 복호화한다.

❺ 암호화된 5만 원이 복호화되었기 때문에 B는 이제 5만 원을 사용할 수 있다.

비대칭키를 이용한 전자서명

비대칭키를 이용한 전자서명 과정을 설명하기에 앞서, 일반 계약에서 자주 사용하는 인감도장 사례를 먼저 살펴보겠다. 그림 4-6의 왼쪽 그림은 인감도장을 통한 서명 과정을 보여준다. 계약 당사자인 홍길동은 먼저 인감도장을 제작해서 인감을 관계 기관에 등록한다. 인감 등록 이후 홍길동은 인감도장을 이용하여 계약서에 날인한다. 계약 당사자가 홍길동이 맞다는 것을 증명하기 위해 계약서에 찍힌 홍길동 인감과 등록된 인감을 서로 대조하여 일치하면 계약서 상의 도장이 홍길동 인감도장이 맞다는 것이 검증된다.

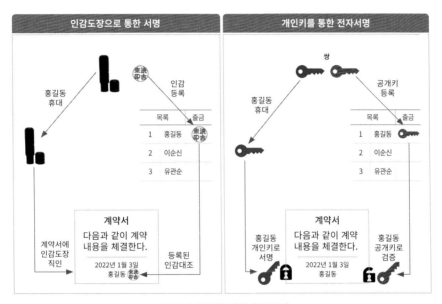

그림 4-6. 비대칭키 활용 (전자서명)

전자계약서에서는 인감도장을 사용할 수 없다. 따라서 전자계약서에서는 인감도장 대신 전자서명이라는 것을 사용하는데, 이 전자서명을 구현하는 기술이 바로 비대칭키 암호다.

그림 4-6의 오른쪽 그림은 개인키를 통한 전자서명을 보여준다. 비대칭키를 이용한 전자서명은 인감도장 서명 원리와 거의 동일하다. 쌍으로 구성된 개인키와 공개키를 발행해서 개인키는 홍길동이 휴대하고 공개키는 공개키 저장소에 등록한다. 홍길동이 전자계약서를 서명하는 방법은 바로 홍길동만 간직하고 있는 개인키로 전자계약서를 암호화하는 것이다. 이 전자서명을 검증하는 방법은 공개키 저장소에 등록된 공개키로 해독하는 것이다. 개인키로 암호화한 전자서명이 공개키 저장소의 공개키로 해독된다면 이 서명은 홍길동 전자서명이 맞다는 것이 검증된다.

'서명'이란 계약 내용에 대해 확약하고 책임을 지겠다는 의미가 있다. 따라서 당사자 본인만이 독점적으로 소유하고 배타적으로 사용할 수 있는 것을 이용하여 서명한다. 서양에서는 사인(Signature)을 주로 사용하고 우리나라에서는 인감도장을 많이 사용한다. 인감도장은 오직 본인만 소유하고 사용할 수 있기 때문에 인감도장으로 날인한다는 행위는 곧 서명이 된다. 이와 마찬가지로, 비대칭키에서 개인키는 오직 본인만이 소유하고 이용할 수 있기 때문에 이 개인키로 암호화하는 것이 바로 전자서명이 된다.

전화기와 전화번호도 이런 쌍의 관계에 있으며 이런 쌍의 관계를 이용하여 다양한 서비스를 구현할 수 있다.

- **홍길동 전화기**: 전화기는 항상 홍길동만 독점적으로 소유하고 배타적으로 이용
- **홍길동 전화번호**: 전화번호는 외부에 공개되어 누구나 알고 있음

홍길동이 인터넷으로 상품을 주문할 때 주문한 사람이 홍길동이 맞는지 인증하는 방법을 살펴보자. 상품을 판매하는 곳에서는 통신사에 등록된 홍길동의 전화번호로 '인증번호'를 문자로 보낸다. 홍길동의 전화번호와 홍길동의 전화기는 쌍의 관계이기 때문에 홍길동의 전화기로 인증번호가 전송될 것이다. 전화기를 휴대한 홍길동이 받은 인증번호를 다시 적어서 전송하면 홍길동이라는 것이 인증된다. 전화번호(공개키)와 전화기(개인키)는 쌍의 관계이기 때문에 전화기에 표시된 인증번호를 적어 보내면 그 사람이 홍길동이라는 것을 인증할 수 있다. 왜냐하면 이 전화기는 홍길동만 소유하고 접근할 수 있기 때문이다.

3) 일방향 암호 – 해시(Hash)

이 절에서는 해시의 개념 및 특징과 함께 다양한 해시의 응용 사례와 방법을 살펴본다.

(1) 해시의 개념

'Hash(해시)'를 위키피디아에서 찾아보면 다음과 같이 설명하고 있다.

> *Hash is a culinary dish consisting of chopped meat, potatoes, and fried onions. The name is derived from French: hacher, meaning "to chop".*

해시는 잘게 다진 고기, 감자, 양파 등을 이용한 요리이며, 어원은 '잘게 자른, 다진'을 의미하는 'hacher(프랑스어)'에서 유래한 것임을 알 수 있다.

Hash (food)

From Wikipedia, the free encyclopedia

For other things called "hash", see hash (disambiguation).

Hash is a culinary dish consisting of chopped meat, potatoes, and fried onions. The name is derived from French: *hacher*, meaning "to chop".[1] It originated as a way to use up leftovers. In the USA by the 1860s, a cheap restaurant was called a "hash house" or "hashery."[2]

An order of corned beef hash for breakfast

그림 4-7. 해시(Hash) 개념 (출처: 위키피디아)

일방향 암호인 해시(Hash)가 왜 '잘게 다진 고기 요리'에 해당되는 용어를 사용하는지 알아보자. 앞서 양방향 암호는 암호화와 복호화가 가능하다고 했다. 반면 일방향 암호인 해시는 암호화만 가능하고 복호화는 불가능하다. 해시 요리에서도 잘게 다진 고기를 원형으로 복구하는 것은 사실상 불가능하다. 이런 특징이 일방향 암호인 해시에도 그대로 적용된다.

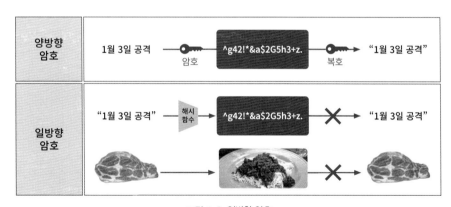

그림 4-8. 일방향 암호

해시란 해시 요리처럼 어떤 데이터를 입력하면 일방향으로 다른 형태로 변형(암호화)시켜 버리고 복호화가 안 된다. 해시함수를 개념적으로 정의하면, '임의의 어떤 데이터를 입력하면 고유하게 식별 가능한 고정된 길이의 데이터로 출력하는 함수'를 말한다. 이는 마치 신생아가 태어났을 때 그 신생아를 고유하게 식별하기 위해 3자리로 구성된 이름을 부여하는 것과 유사하다.

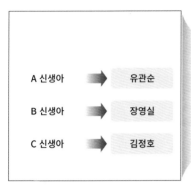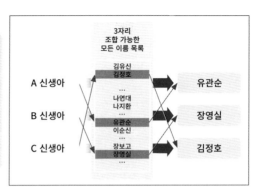

그림 4-9. 해시 개념 이해를 위한 비유

신생아에 이름을 부여하는 방식을 그림 4-9를 통해 좀 더 자세히 살펴보면, 신생아에 이름을 지어주는다는 것은 마치 3자리로 구성된 모든 가능한 이름 조합 목록에서 하나의 이름을 선택해서 출력하는 것으로 해석할 수 있다. 해시도 이와 유사하다. 어떤 입력 데이터에 대해 고유하게 식별 가능한 모든 출력값 목록에서 하나를 선택해서 출력하는 것이다.

(2) 해시의 특징

대한민국에서 국민에게 주민등록번호를 부여하는 사례를 살펴보자. 대한민국 국민으로 태어나면 13자리로 구성된 주민등록번호가 부여된다. 주민등록번호에는 몇 가지 특징이 있다.

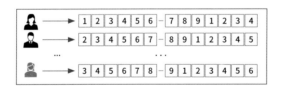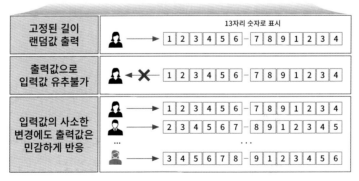

그림 4-10. 해시의 특징 이해

첫째, 신생아가 태어나면 13자리 고정된 길이의 주민등록번호가 랜덤하게 부여된다. (과거에는 주민등록번호 뒷자리가 지역에 기반해 부여됐지만, 주민등록법 시행 규칙 개정안으로 현재는 랜덤하게 부여된다.)

둘째, 주민등록번호만 보고 그 번호의 대상자가 누구인지 식별하는 것은 불가능하다.

셋째, 대한민국 국민 개개인에 대해서는 고유한 주민등록번호가 부여된다. 동명이인이라고 하더라도 주민등록번호는 무조건 다르다. 어떤 값이 입력되더라도 출력값은 모두 다르다. 이를 다르게 표현하면, 입력값이 소금만 변경되어도 출력값이 달라진다. 즉, 입력값의 사소한 변경에도 출력값이 민감하게 반응한다고 설명할 수 있다.

방금 설명한 내용을 그림 4-11에서 좀 더 구조화해서 살펴보겠다. 해시(Hash)란 임의의 입력값을 고정된 길이(256bit)의 값으로 출력하는 것을 말한다. 이런 개념의 해시 함수에는 3가지의 중요한 특징이 있다.

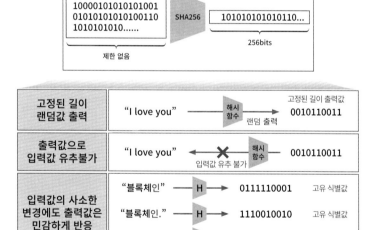

그림 4-11. 해시 특징 정리

1. 어떤 데이터를 입력해도 고정된 길이의 값을 랜덤하게 출력

2. 출력값을 이용하여 입력값을 유추하는 것이 불가능

3. 입력값에서 점 하나만 바뀌어도 전혀 다른 값을 출력

해시의 개념과 특징을 설명했지만, 해시의 실제적인 개념은 그림 4-12처럼 이해하는 것이 올바르다. 이 세상에는 무수히 많은 데이터가 있다. 해시함수는 어떤 데이터를 입력해도 고정된 길이의 고유하게 식별 가능한 값을 랜덤하게 출력한다.

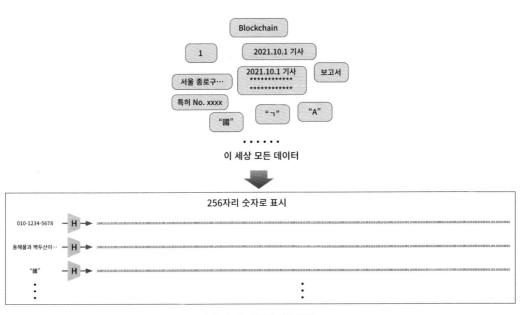

그림 4-12. 해시의 실제 개념

이는 마치 대한민국 국민을 해시함수에 입력하면 언제나 고정된 길이의 주민등록번호가 부여되는 것과 유사하다. 대한민국 국민 누구를 해시함수에 입력하더라도 출력값에 해당하는 주민등록번호가 동일한 경우는 없다. 즉, 어떤 입력값을 대입하더라도 출력값은 모두 다르다.

(3) 해시의 응용

해시는 다양하게 활용될 수 있으며 실제로도 그렇다. 지면 관계상 해시의 활용성을 모두 설명하기는 어렵고, 이 책의 취지에 맞는 내용 하나만 간단히 소개하겠다.

본인 PC에 수많은 데이터 파일이 저장되어 있다고 가정해 보자. 각 데이터 파일이 위변조되었는지를 확인하기 위해 어떻게 하면 될까? 가장 일반적으로 생각할 수 있는 방법은 각 데이터 파일을 하나씩 검토하면서 위변조되었는지 확인하는 것이다. 하지만 이는 너무 비효율적이다. 대신 각 데이터 파일의 해시값을 구하고, 그 결과를 그림 4-13과 같이 트리 형태로 구성하면 유용할 것이다. 이런 트리 형태를 머클트리라고 하며 최상위에 있는 값을 머클루트라고 한다.

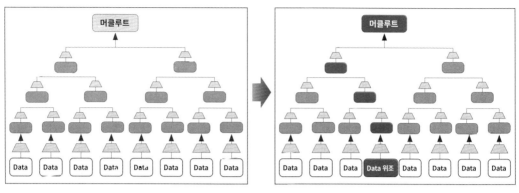

그림 4-13. 해시 활용 사례

앞서 해시의 특징에서 '입력값의 사소한 변경에도 민감하게 반응한다'는 특성이 있다. 어떤 입력값을 해시함수에 대입해도 출력값은 항상 서로 다르다고 했다. 이는 입력값에서 점 하나만 바뀌어도 그 결괏값이 완전히 달라진다는 것을 의미한다. 그림 4-13의 오른쪽 그림을 보면, 데이터 하나가 위변조되었다. 데이터가 위조되면 그 해시값도 당연히 변경될 것이며 해시로 연결된 모든 값이 연쇄적으로 변경되어 최상위에 있는 머클루트 값 역시 변경된다. 이런 구조에서는 모든 개별 데이터 파일의 위변조 여부를 직접 확인할 필요 없이 최상위에 위치한 머클루트 값의 변경 여부만으로 PC의 모든 데이터 파일이 위변조되었는지 쉽게 확인할 수 있다.

4.1.2 블록체인

2.1.2절에서 블록과 블록체인의 개념을 설명했다. 여기에서는 블록체인의 구조적 관점에서 좀 더 자세히 설명하겠다. 이더리움의 블록체인 구조는 다소 복잡해서 좀 더 간단한 구조인 비트코인 블록 · 블록체인과 유사한 구조로 설명하겠다.

1) 블록 · 블록체인 개념

먼저 앞선 그림 2-9에서 블록은 장부와 유사한 개념으로 설명했다. 일반 장부에서는 개별 거래 기록을 기입하고 일정 시간의 거래 기록이 모이면 하나의 페이지로 만들고 각 페이지를 모두 엮어서 전체장부로 완성한다. 이와 유사하게, 개별 트랜잭션을 블록에 저장하고 완성된 블록을 다른 블록과 모두 체인처럼 연결한 것이 블록체인이다.

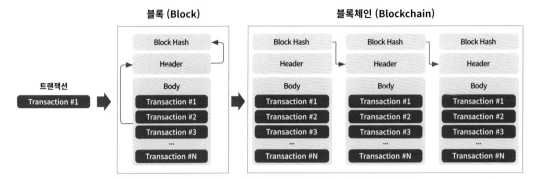

그림 4-14. 블록과 블록체인 개념

트랜잭션들을 모아서 블록을 만들고 블록을 서로 연결하여 블록체인을 만든다.

- **트랜잭션**: 하나의 거래 기록

- **블록**: 장부 한 페이지 (일정한 시간 동안의 트랜잭션 모음)

- **블록체인**: 전체 장부 (블록이 체인처럼 연결됨)

2) 블록 · 블록체인 구조

블록과 블록체인의 특징은 블록과 블록체인의 독특한 구조에 기반하기 때문에 먼저 블록과 블록체인의 형태적 · 구조적 특징을 이해할 필요가 있다.

그림 4-15의 왼쪽 그림을 보면 블록은 Body, Header, Block Hash로 구성되어 있는 것을 확인할 수 있다. 그리고 Body의 모든 트랜잭션은 하나의 해시값으로 Header에 연결되고, Header는 다시 하나의 해시값으로 Block Hash에 연결된다.

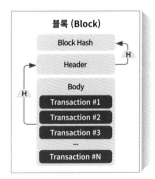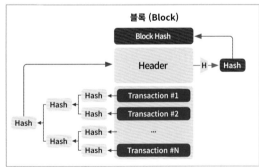

그림 4-15. 블록의 구조 이해

그림 4-15의 오른쪽 그림은 Body의 트랜잭션이 각각 어떻게 Header에 연결되는지를 보여준다. 이런 연결 구조는 앞서 살펴본 머클트리 형태다. 즉, 머클트리의 최상위 값인 머클루트 값이 Header에 포함된다. 그리고 Header 전체의 해시값이 바로 Block Hash 값이 된다.

그림 4-16은 완성된 블록의 Block Hash가 다시 다음 블록의 Header에 포함되는 것을 나타낸다. 이처럼 각 블록의 Block Hash 값이 다음 블록의 Header에 연결되는 방식으로 모든 블록이 체인처럼 연결되어 있다.

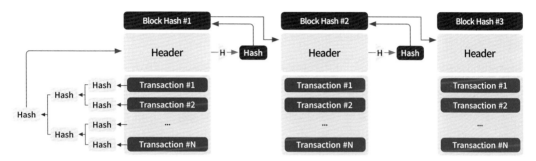

그림 4-16. 블록체인 구조 이해

그림 4-16을 정리하면, 개별 트랜잭션이 머클트리 형태로 구성되어 하나의 머클루트 값으로 표현되고, 이 값이 Header에 포함되며, Header의 해시값이 다시 Block Hash가 되고, 이 Block Hash는 다음 블록의 Header에 다시 포함된다. 즉, 모든 데이터가 '해시(Hash)' 함수를 매개로 모두 연결되어 있다. 해시를 기반으로 연결된 이런 독특한 구조는 데이터가 점 하나만 바뀌어도 연결된 모든 해시값이 변경되는 특성을 보인다.

4.1.3 암호 기술과 블록체인을 통한 기능 구현

앞서 암호 기술과 블록체인을 간단하게 살펴보았는데, 이번 4.1.3절에서는 이런 암호 기술과 블록체인을 이용하여 어떤 기능과 서비스를 구현할 수 있는지 살펴보겠다. 전통적인 기능과 서비스는 주로 중앙기관, 중앙시스템, 제3 신뢰 기관을 통해 구현되었다. 하지만 암호 기술을 활용하면 이런 중앙기관 및 제3 신뢰 기관 없이도 다양한 기능과 서비스를 구현할 수 있다. 이런 관점에서 암호 기술이 어떻게 활용될 수 있는지 알아보자.

다음 표는 기능과 서비스가 전통적으로 중앙 집중 · 제3 신뢰 기관 기반으로 구현된 반면, 암호 기술을 이용하면 이런 중앙기관 없이도 서비스를 구현할 수 있다는 것을 간략히 정리한 것이다.

구분	전통적인 서비스 방식	암호 기술을 통한 구현 방안
1) 서명	인감도장(주민센터, 등기소)	비대칭키를 통한 전자서명
2) 송금	시중은행 통한 온라인 송금	비대칭키를 통한 탈중개 송금
3) 데이터	중앙 집중 데이터 관리	분산구조 · 블록체인(Hash)
4) 위변조 차단	중앙 통제 장치 이용	블록체인(Hash)

상기 표를 염두에 두고 다음 4가지 사례를 검토하면 좋을 것 같다.

1) 전자서명

일상에서 서명은 매우 자주 사용된다. 서명할 때 단순히 이름을 쓰는 형식의 서명도 가능하지만, 중요 계약이나 거래에서는 인감도장을 활용하는 경우가 많다. 그런데 인감도장은 제3 신뢰 기관에 인감 등록 과정이 필요하며 제3 신뢰 기관을 통해서만 인감을 검증할 수 있다. 그리고 거래나 계약도 점차 디지털 형태로 전환되는 상황에서 인감도장은 디지털 환경에서 더 이상 유효하지 않다. 탈중앙 · 탈중개 환경에서도 서명을 구현할 수 있으며, 특히 디지털 환경에서 서명하는 방법이 바로 비대칭키를 이용한 전자서명이다.

그림 4-17은 증서나 문서 등 모든 부분에서 서명이 필요하다는 것을 보여준다. 무엇을 표상 · 상징화하는 토큰에서도 서명은 필요하다. 그리고 디지털 환경에서 서명이 필요한 경우에는 비대칭키를 이용한 전자서명을 구현한다.

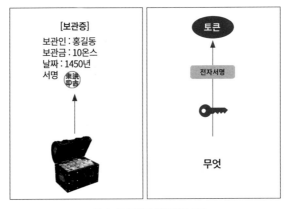

그림 4-17. 증서에서의 전자서명

그림 4-18은 종이 계약서와 전자 계약서에서 서명하는 방법을 각각 보여준다. 먼저 종이계약서의 경우에는 계약서상에 인감도장을 날인하는 형식으로 서명한다. 당사자가 독점적으로 소유하면서 배타적으로 사용할 수 있는 본인의 인감도장으로 날인했다는 것은 계약서를 확인 · 확약하고 계약서의 내용을 승인 및 책임지겠다는 것을 의미한다.

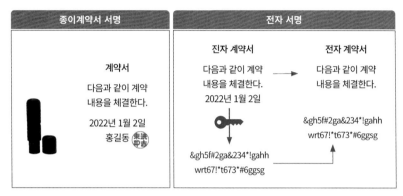

그림 4-18. 전자적으로 서명하는 방식

종이 계약서는 계약서상에 인감도장을 날인하는 형식으로 서명하지만, 전자 계약서는 계약서 파일을 개인키로 암호화하는 방식으로 전자서명을 한다. 그림 4-18에서 전자서명하는 과정을 보면 전자 계약서를 개인키로 암호화하면 암호문이 생성된다. 개인키로 암호화한 이 암호문이 바로 전자서명이다. 이 전자서명이 인감도장의 날인과 동일한 의미를 지닌다.

서명(署名)이란 행위자가 자기와 동일성을 표시하고 책임을 분명하게 하기 위해 본인 이름을 쓰는 것을 말한다. 이름을 쓰면 다른 사람이 도용해서 사용할 수 있기 때문에 본인만 표현할 수 있는 독특한 글씨체로 서명하거나, 중요한 계약은 주로 인감도장을 사용한다. 서명이란 개인만이 소유하고 사용할 수 있는 것으로 표시하는 것이다.

- **이름을 글자로 서명**: 본인만 구현할 수 있는 독특한 글씨체로 이름 작성
- **인감도장 날인**: 본인만 소유 · 사용할 수 있는 도장으로 계약서상에 날인
- **개인키로 암호화**: 본인만 소유 · 사용할 수 있는 개인키로 전자 계약서를 암호화

앞서 그림 4-6에서 전자서명하고 검증하는 과정을 간단히 살펴봤다. 이 과정을 좀 더 자세히 구현하면 그림 4-19와 같다. 그림 4-6과 그림 4-19를 연계해서 살펴보면 좀 더 쉽게 이해할 수 있다.

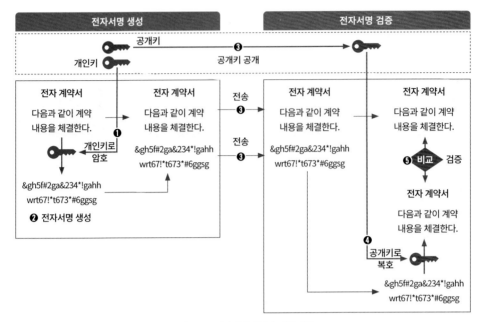

그림 4-19. 전자서명 생성과 검증 절차

❶ 생성자는 전자 계약서를 개인키로 암호화한다.

❷ 전자 계약서를 개인키로 암호화한 암호문이 바로 전자서명이 된다.

❸ 공개키, 전자 계약서, 전자서명을 전송한다. (여기에서 공개키란 전자서명 과정에서 사용된 개인키와 쌍의 관계인 공개키를 의미한다.)

❹ 전송된 전자서명을 공개키로 복호화한다.

❺ 공개키로 복호화한 계약서와 원래의 계약서를 서로 비교하여 검증한다.

정리하면, 크고 작은 모든 거래에서 서명을 한다. 중요한 거래나 계약에서는 전통적으로 인감도장을 사용했다. 그런데 인감도장으로 서명을 하기 위해서는 인감을 등록하고 관리해 줄 수 있는 제3 신뢰 기관(주민센터, 등기소)이 필요하다. 반면에 개인키와 공개키로 구성된 비대칭키 암호 기술을 활용하면 제3 신뢰 기관 없이도 전자서명을 구현할 수 있다.

2) 전송 및 송금

물건을 전달하거나 송금 과정 등 개인 간 거래에서는 신뢰의 문제가 발생하고 거래 비용이 높다. 따라서 대부분의 거래나 송금은 중개기관이나 제3 신뢰 기관을 활용한다.

암호 기술을 이용하면 제3 신뢰 기관 없이도 개인 간 직접 전송할 수 있다. 원리를 쉽게 설명하기 위해 택배 사례를 한 번 들어보겠다. 일반적으로 택배기사는 택배를 택배 주인에게 직접 전달해 주는 P2P 전송을 생각할 수 있다. 하지만 택배 주인이 부재 중이거나 도난 등의 위험으로 P2P 전송은 제약이 있다. 이때 생각할 수 있는 대안이 경비실이라는 제3의 신뢰기관을 활용하는 것이다. 하지만 경비실이 없는 주거지도 많고 경비실이 있더라도 경비 아저씨가 부재 중일 경우 헛걸음을 할 수 있다.

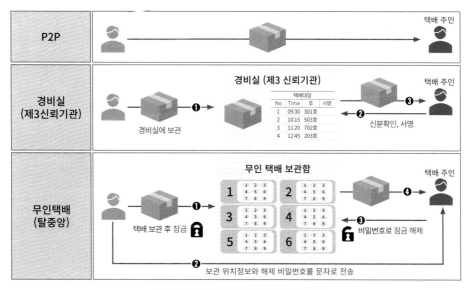

그림 4-20. 잠금과 해제를 통한 전송 아이디어

이런 문제점의 대안으로 최근에 '무인 택배 보관함'이 도입됐다. 그림 4-20의 세 번째 그림은 무인 택배 보관함이 작동하는 원리를 보여준다.

❶ 택배기사가 물건을 보관함에 넣고 잠근다.

❷ 택배기사는 택배가 보관된 위치와 비밀번호를 택배 주인에게 문자로 전송한다.

❸ 택배 주인은 비밀번호를 이용하여 보관함을 해제한다.

❹ 보관함에 보관된 택배를 꺼낸다.

무인 택배 보관함은 경비실과 같은 제3의 신뢰기관이 없더라도 '잠금과 잠금 해제'라는 원리를 이용하여 안전하게 물건을 P2P(Peer to Peer)로 전송할 수 있다는 것을 보여준다.

이런 '잠금과 잠금 해제(암호화와 복호화)'를 화폐·토큰 송금에도 적용할 수 있다. 그림 4-21은 비대칭키를 이용하여 송금하는 과정을 보여준다. 동일한 내용으로 그림 4-5에서 설명했기 때문에 세부적인 작동 절차는 생략하겠다.

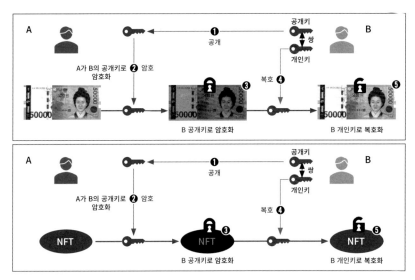

그림 4-21. NFT 직접 송금 아이디어

무인 택배 보관함과 유사하게 화폐, 토큰, NFT도 비대칭키를 이용하여 상대방에게 직접 전송할 수 있다는 것을 확인할 수 있다.

정리하면, 전통적으로 물건을 안전하게 전달하거나 송금하기 위해서는 중간에 제3 신뢰 기관이 필요했다. 택배를 전달하기 위해서는 경비실이 필요하고 온라인 송금을 하기 위해서는 시중은행이 반드시 필요하다. 그런데 개인키와 공개키로 구성된 비대칭키 암호 기술을 이용하면 경비실이나 시중은행 없이도 개인 간 직접 택배배송이나 온라인 송금이 가능하다.

3) 데이터의 투명한 공개

기업이나 조직은 수많은 데이터를 저장하고 있으며 사용자들은 각 데이터에 대해 '읽기', '쓰기', '수정', '삭제' 권한에 따라 데이터에 접근하여 활용한다.

데이터에 대한 접근이나 데이터의 기밀성·무결성은 아주 중요하고 민감한 문제이기 때문에 기존 중앙시스템 환경에서는 중앙 통제 장치를 통해서 데이터에 대한 접근이나 사용(읽기·쓰기·수정·삭제) 권한을 철저하게 통제한다. 모든 사용자에 대해 각각 접근 권한을 부여하여 권한이 허용된 사용자만 시스템과 데이터에 접근할 수 있게 통제한다. 그림 4-22의 왼쪽 그림은 전통적인 중앙 시스템에서 데이터에 대한 접근을 통제하는 모습을 보여준다.

반면 블록체인 환경에서는 모든 데이터가 모든 사용자에게 완전히 공개된다. 공개된다기보다는 모든 사용자가 동일한 데이터를 다운로드 받아 본인 노드(PC)에 저장한다는 것이 더 정확한 표현이다. 모든 데이터를 본인 컴퓨터에 다운로드 받아 저장하고 있기 때문에 모든 데이터에 직접 접근할 수 있는 것이다.

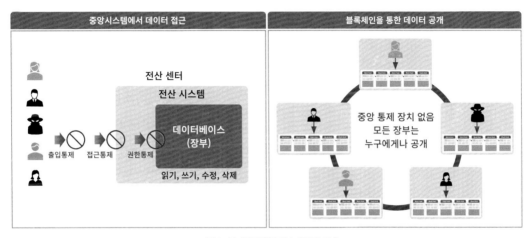

그림 4-22. 블록체인에서 데이터 공개

그림 4-22의 오른쪽 그림에 좀 더 집중해서 자세히 살펴보자. 모든 사람에게 데이터를 투명하게 공개하는 방식은 두 가지다. 첫 번째는 하나의 데이터 파일을 중앙 집중적으로 관리하면서 모든 사람에게 '읽기 권한'을 부여하는 것이며, 두 번째는 데이터 파일을 모든 사람에게 분산 저장하고 각자 본인 PC에 저장된 파일에 직접 접근하는 것이다. 블록체인이 사용하는 방식은 후자다. 그래서 블록체인을 분산원장이라고 한다. 그런데 후자의 방식에서는 악의적인 사람이 장부에 접근하여 임의적으로 데이터를 수정·삭제할 수 있는 위험성이 존재한다. 이런 위험성에도 불구하고 블록체인이 이런 방식을 채택한 이유는 블록체인이라는 독특한 기술을 활용하여 구조적·물리적으로 데이터의 수정·삭제가 불가능하게 설계했기 때문이다. 블록체인을 통해 어떤 경우에도 데이터의 수정·삭제가 불가능하기 때문에 누구에게나 데이터 파일을 공유해서 접근할 수 있게 허용하는 것이다.

앞선 그림 4-16에서 블록체인의 구조를 살펴봤는데, 블록체인은 해시(Hash)를 통해 구현된 것을 확인했다. 해시라는 암호 기술을 이용하여 블록체인이라는 독특한 기술을 구현했고 이 블록체인 기술을 이용하여 데이터의 수정·삭제가 구조적으로 불가능하게 만들었다. 결국 데이터 수정·삭제가 불가능한 블록체인을 이용하여 수정·삭제의 위험성을 차단했기 때문에 누구에게나 장부를 공유할 수 있는 것이다.

정리하면, 데이터는 중요하고 아주 민감하다. 전통적인 중앙 시스템은 데이터의 악의적 위변조를 차단하기 위해 사용자별 권한을 부여하여 데이터 접근 및 활용을 철저히 통제한다. 반면 블록체인에서는 투명성 확보를 위해 장부를 모두에게 완전히 개방했다. 누구에게나 장부를 투명하게 공개할 경우 악의적인 사용자에 의해 데이터가 위변조될 수 있다는 문제점이 존재한다. 그럼에도 불구하고 블록체인이 모두에게 장부를 투명하게 공개할 수 있었던 이유는 바로 블록체인이 구조적으로 데이터 위변조가 어렵게 설계되어 있기 때문이다. 결국 암호 기술에 기반한 블록체인 기술을 활용하면 중앙 통제 장치 없이도 데이터를 투명하게 공개하면서 위변조의 위험성도 차단할 수 있다.

4) 데이터 저장 및 위변조 차단

블록체인에서 데이터의 위변조를 차단하는 원리를 이해하기 위해서는 앞서 학습한 해시라는 암호 기술의 특징과 블록체인의 독특한 구조를 상기할 필요가 있다. 블록체인의 위변조 차단 원리는 다음의 2가지 특징과 연계되어 있다.

- 블록체인은 해시를 통해서 모두 연결되어 있는 구조를 띤다.
- 해시는 사소한 변경에도 민감하게 반응한다.

이 2가지 특징을 정리하면 '사소한 변경이 블록체인 전체에게 영향을 준다'는 의미로도 해석할 수 있다. 하나의 데이터를 위변조하려고 하면 블록체인 전체가 변경되어 버린다. 그러면 블록체인을 다시 만들어야 하는데, 전체 블록체인을 다시 만든다는 것은 사실상 불가능하다.

그림 4-23은 해시의 특징과 블록체인의 독특한 구조를 보여준다.

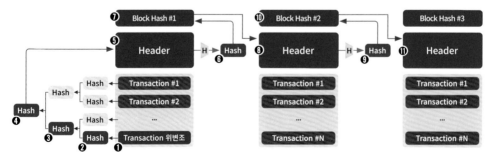

그림 4-23. 블록체인의 위변조 차단 방식

❶ ~ ❹ 트랜잭션 하나가 위변조되면 머클루트까지 연속으로 값이 변한다.

❺ 머클루트가 변했기 때문에 Header 값도 변한다.

❻ Header 값이 변했기 때문에 Header의 해시값도 변한다.

❼ Header의 해시값이 변하면 Block Hash 값도 변한다.

❽ ~ ⓫ Block Hash 값이 변하면 연결된 다음 블록에 연쇄적으로 영향을 준다.

데이터의 사소한 변경에노 연결된 모든 블록체인이 변경되었다. 모든 블록체인이 변경되면 연결된 모든 블록을 다시 생성해야 하는데, 모든 블록을 다시 생성한다는 것은 사실상 불가능하다.

위변조가 어려운 블록체인의 독특한 구조는 마치 끝말잇기 게임과도 유사하다. 아래 끝말잇기 사례에서 '터미널'을 '터키'로 변경하면, 터미널 이후의 모든 단어에 영향을 준다. 따라서 '터키'를 기반으로 끝말잇기를 다시 만들어야 한다.

컴퓨터 → 터미널 → 널뛰기 → 기러기 → 기네스북 → 북소리 → 리어카 → · · ·

정리하면, 데이터의 위변조는 아주 민감한 사항이다. 전통적으로 데이터의 위변조를 차단하기 위해 중앙시스템과 중앙통제장치를 활용했다. 하지만 블록체인이라는 독특한 장부 구조를 활용하면 완벽하게 데이터 위변조 문제를 해결할 수 있다. 결국 데이터의 위변조 방지를 위해서 전통적으로 중앙통제장치를 활용했지만, 암호 기술을 활용한 블록체인을 이용할 경우 이런 중앙통제장치 없이도 데이터의 위변조 위험성을 차단할 수 있다.

암호 기술을 활용하여 구현할 수 있는 기능이나 서비스 4가지를 살펴봤다. 물론 암호 기술을 통해 구현되는 서비스는 아주 다양하며, 이 4가지는 아주 단적인 사례다. 전통적인 기능 구현이나 서비스 수행을 위해서는 중앙 · 중개 기관을 활용해야 했다. 하지만 암호 기술을 활용하면 이런 중앙 · 중개 기관 없이도 필요한 기능이나 서비스를 구현할 수 있다.

4.1.4 암호 기술과 블록체인을 이용한 탈중앙 NFT 작동 구현 가능성

4.1.3절에서 암호 기술을 통해 구현할 수 있는 4가지 사례를 살펴보았는데, 이번에는 암호 기술과 블록체인을 이용하여 탈중앙 방식으로 NFT 작동 구현 가능성을 한 번 간단히 정리해 보겠다. 암호 기술을 통해 실제로 서비스가 구현하는 절차나 작동 원리는 이 책의 취지와 맞지 않기 때문에 생략하고 단순히 서비스별 구현에 필요한 암호 기술 유형만 간단히 나열하는 선에서 마무리하고자 한다.

그림 4-24는 탈중앙 기반 NFT 서비스 구현을 위해 활용할 수 있는 암호 기술의 유형을 보여준다. 암호 기술을 활용하면 필요한 웬만한 서비스나 기능을 모두 구현할 수 있다고 보면 된다.

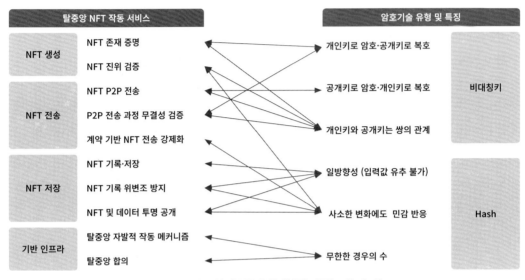

그림 4-24. 암호 기술과 블록체인을 활용한 탈중앙 구현 가능성

4.2 블록체인 기반 NFT를 통한 디지털 작품의 소유권 보장 방안

3장에서 동산은 '점유'를 통해 소유권을 보장하고 부동산은 '등기'를 통해 소유권을 보장한다고 설명했다. 그리고 디지털 미술품은 동산이지만 사실상 점유가 불가능하기 때문에 소유권을 보장하기 위한 다른 방안을 검토할 필요가 있다. 검토할 수 있는 방법은 2가지다.

- 첫째는 점유를 통한 소유권 보장이 어려울 경우 다른 방법인 등기를 통한 소유권을 보장하는 방안을 검토할 수 있다. (3장에서 설명한 방법)
- 둘째는 물건 자체에 대한 점유가 어려우면 물건을 토큰화하여 토큰(NFT)에 대한 직접 점유를 통해 간접적인 방법으로 소유권을 보장할 수 있다.

최근 NFT가 디지털 미술품과 연계하여 소유권 개념으로 사용될 수 있다고 많이 이야기한다. 이는 앞에서 말한 첫째 방법을 의미한다. 둘째 방법은 현재 이더리움 토큰에서 사용되는 방법은 아니지만, 1장의 그림 1-38에서 개념적으로 설명한 바 있다. 이처럼 토큰을 직접 양도하는 방식에 대해서는 4.2.2절에서 그 가능성을 개념적으로 살펴볼 예정이다.

4.2.1절에서는 첫째 방법을 기술적인(암호 기술과 블록체인) 관점에서 좀 더 자세히 알아보겠다. 4.2.2절에서는 둘째 방법을 개념적 · 기술적으로 좀 더 자세히 알아보겠다.

4.2.1 등기를 통한 소유권 보장 방안

그림 3-72에서 토큰 메커니즘과 현 등기 방식을 연계하여 디지털 미술품을 NFT화하고 이를 블록체인에 기록하면 등기와 아주 유사한 방식으로 소유권을 보장할 수 있다는 것을 알아봤다. 구체적으로 어떻게 구현할 수 있는지 알아보자.

1) 등기를 통한 소유권 보장 구현 요소

먼저 부동산 소유권 보장을 위한 부동산 등기 구현에 필요한 요소를 식별할 필요가 있다. 우선 등기의 개념부터 다시 살펴보자[1].

- 등기(登記)는 일정한 사항을 널리 일반에게 공시(公示)하기 위해서 공개된 공부(公簿)에 기재하는 행위 또는 그 기재 자체를 말한다.
- 등기 제도는 부동산의 특정, 권리 내용의 명시, 물권 변동의 사실과 내용을 등기부에 기재함으로써 거래 관계에 서게 되는 제3자에 대해 그 권리의 내용을 명백히 알도록 하여 거래의 안전을 보호하기 위한 제도이다.

등기의 개념으로부터 등기의 목적과 관련하여 핵심 키워드를 도출하면 다음과 같다.

- 사실과 내용 → 증서
- 등기부에 기재 → 기록
- 명백히 알도록 → 공개

등기의 핵심은 '어떤 사실과 내용'을 '등기부에 기재'하여 '명백히 알도록' 하는 것이다. 이를 요약하면 '증서를 기록하고 공개'하는 것으로 이해할 수 있다. 등기의 개념을 NFT · 블록체인과 연계하여 디지털 작품의 등기 구현을 위한 식별된 요소를 좀 더 세분화하여 정리하면 다음 표와 같다.

---

1 출처: 위키피디아

구분	세부 항목 식별	설명
증서	표상	권리 내용 및 물권 변동을 표상하여 토큰화(NFT)
	전자서명	NFT(표상한 증서) 확약에 대한 전자서명
기록	장부(등기부)	블록체인이라는 장부 활용
	기록	블록에 데이터를 기록하고 저장
	위변조 차단	블록체인을 통한 위변조 차단
	법적 효력 (강제 이행)	스마트 컨트랙트를 통한 이행 강제화
공개	대상 불문 공개	탈중앙 · 분산장부를 통해 누구에게나 개방
	투명 공개	누구든지 장부에 대한 읽기 가능

증서(토큰)는 표상 과정을 거쳐 토큰(NFT)으로 발행하고 전자서명을 통해 완성된다. 그리고 이를 장부(등기부)에 기록하고 위변조를 차단하도록 철저한 관리가 필요하며 이를 투명하게 외부에 공개할 수 있는 방안이 필요하다. 이렇게 식별된 세부 요소들을 하나씩 기술적 관점과 연계해 살펴보겠다.

(1) 표상 및 전자서명

토큰(NFT)의 개념과 토큰을 발행하는 방법은 앞서 알아보았다. 토큰(NFT)을 발행하는 것은 기술적으로도 어렵지 않고 절차도 단순하다. 프로그램적으로 설계하여 그냥 ID를 부여하여 NFT를 발행해도 되고 이더리움의 ERC-721 표준에 따라 필요한 정보만 입력하면 쉽게 발행할 수 있다. 토큰 발행 관련해서는 그림 2-29를 다시 한 번 확인해 주길 바란다. 전자서명에 관해서도 앞서 충분히 알아봤기 때문에 여기서는 NFT의 생성 · 전송 · 검증 관점에서 전체적인 절차 정도만 간단히 소개하겠다.

그림 4-25는 전자서명 관점에서 NFT의 생성 · 전송 · 검증을 보여준다. 앞선 그림 4-6과 연계해서 그림 4-25를 체크하면 좀 더 쉽게 이해할 수 있을 것이다.

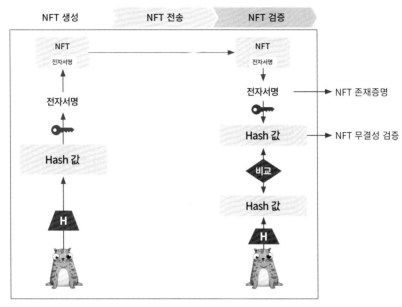

그림 4-25. NFT 전자서명

증서에는 발행자의 서명이 반드시 필요한 것처럼, 토큰 역시 발행자의 전자서명이 필요하다. 디지털 작품을 개인키로 암호화하여 전자서명을 생성하고 이 전자서명을 토큰(NFT)에 포함시키면 된다.

NFT 생성

디지털 파일을 개인키로 암호화한 것이 전자서명이다. 디지털 파일을 직접 개인키로 암호화해도 전자서명이 되지만, 실제적으로는 디지털 파일의 해시값을 먼저 구하고 이 해시값을 개인키로 암호화하여 전자서명을 생성한다. 해시값을 적용하는 이유는 검증 과정에서 무결성을 검증하는 데 용이하고 고정된 길이의 데이터로 축약할 수 있기 때문에 더 효율적이기 때문이다.

NFT 전송

NFT 전송이란 비트코인처럼 NFT가 실제로 전송된 상황일수도 있고, 아니면 NFT가 블록체인 등에 기록되어 있는 상태를 의미할 수도 있다. NFT 생성과 검증 사이에 존재하는 추상적인 중간 개념으로 이해하면 된다.

NFT 검증

개인키를 이용하여 암호화한 것이 전자서명이기 때문에 개인키와 쌍을 이루는 공개키로 해독이 되면 그것은 개인키 소유자가 서명한 것이 맞고 전송 과정에서 위변조가 안 되었다는 것을 검증하는 것이다.

(2) 스마트 컨트랙트를 이용한 강제 이행

먼저 2장의 그림 2-23과 2-24를 통해서 스마트 컨트랙트의 개념과 유용성에 대해 다시 한 번 복습하기를 바란다. 현실의 모든 거래에서 문제가 되고 분쟁과 갈등의 원인이 되는 부분이 바로 합의한 계약 내용을 이행하지 않는 것이다. 작성한 계약서를 위변조한다든지, 계약 이행을 자일삐일 연기하거나 일방적으로 계약 이행을 파기해 버리는 경우가 이에 해당한다. 이런 문제점을 해결하기 위한 하나의 방법이 계약서를 위변조하지 못하게 블록체인에 저장하고, 특정 주체에 의해 이행이 통제(지연, 불이행)되지 않게 참여한 모든 노드가 계약 조건 충족 시 동시에 스마트 컨트랙트 실행에 참여하는 것이다.

그림 4-26은 스마트 컨트랙트가 분산된 장부인 블록체인에 저장되는 모습을 보여준다. 이렇게 저장된 스마트 컨트랙트는 계약 조건이 충족되면 블록체인 플랫폼에 참여한 모든 노드가 일제히 실행시킨다. 특정 주체에 의해 이행이 통제되지 않기 때문에 조건만 충족되면 강제 이행이 가능한 것이다. 그림에서는 참여한 모든 노드가 동시에 스마트 컨트랙트를 실행시키는 모습을 표현하지 않았지만, 이더리움의 경우 EVM(Ethereum Virtual Machine)이라는 일종의 분산 컴퓨팅을 통해 모든 노드의 동시 실행이 가능하다.

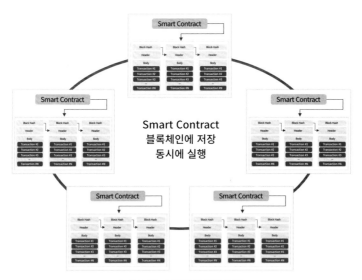

그림 4-26. 스마트 컨트랙트 구현

현실에서는 등기까지 마쳤는데 대금 지불 등을 이행하지 않을 경우 제3기관(법원 등)을 통해서만 이행을 강제화할 수 있다. 반면 스마트 컨트랙트를 프로그램적으로 토큰과 연계시키고, 스마트 컨트랙트가 위변조되지 않도록 블록체인에 저장하고 조건 충족 시 모든 노드가 동시에 실행하게 하면 토큰이 강제로 전송되게 설계가 가능하다. 블록체인에 기반한 스마트 컨트랙트를 이용하면 계약 불이행에 따른 갈등과 분쟁을 제거할 수 있으며 외부기관에 의지해 소송할 필요도 없게 된다.

> **Memo** EVM (Ethereum Virtual Machine)
>
> EVM은 이더리움 블록체인 플랫폼에 참여하는 모든 노드가 공유하는 하나의 거대한 분산 컴퓨터로 이해할 수 있다. 참여한 전체 노드를 추상적으로 통합한 일종의 가상머신(Virtual Machine)이다. 스마트 컨트랙트는 EVM을 통해서 실행된다.

(3) 블록체인과 위변조 차단

등기 제도의 핵심은 권리 관계를 공부(公簿)에 기록하고 위변조되지 않도록 철저하게 관리함으로써 신뢰성을 담보하는 것이다. 블록체인은 등기의 이런 필요한 요구조건을 완벽하게 구현할 수 있다. 블록체인은 특정 중앙시스템이나 개인에 의해 독점되지 않고 탈중앙 기반으로 구현된 공적 장부다.

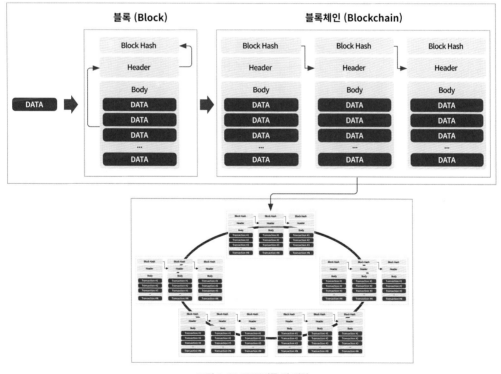

그림 4-27. NFT 기록 및 저장

암호 기술을 활용한 블록과 블록체인의 독특한 구조적 설계를 통해 한 번 기록된 데이터는 수정이 사실상 불가능하다. 토큰(NFT)의 등기 과정에서 위변조 차단을 통해 신뢰를 구현하는 목적으로 블록체인은 최적이다.

(4) 탈중앙 · 분산구조를 통한 투명한 공개

앞에서 어떤 시스템의 데이터를 투명하게 공개하는 2가지 방식을 설명했다. 하나는 데이터를 하나의 중앙 시스템에서 관리하고 모든 사람에게 이 시스템에 저장된 데이터를 읽을 수 있는 권한을 부여하는 것이고, 다른 하나는 데이터 자체를 모든 사람에게 공유해 주는 것이다. 카카오뱅크의 모임 통장이 전자에 해당되는 것이라면, 블록체인은 후자에 해당된다.

블록체인은 탈중앙화와 분산장부 구조를 통해 모든 데이터가 모든 참여자에게 실시간으로 직접 공유된다. 참여한 모든 사람이 동일한 장부를 직접 저장 · 소유하기 때문에 투명한 공개가 구현되는 것이다.

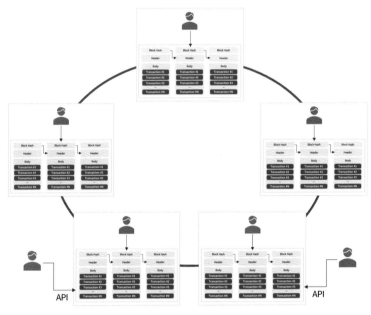

그림 4-28. NFT 정보 공개

등기소가 등기 정보를 중앙집중적으로 저장하고 관리하면서 공개 요청이 있을 경우 필요한 정보를 제공해주고 있는 반면, 블록체인은 모든 등기 정보를 사용자의 PC에 직접 저장하는 방식으로 등기 정보를 공개한다. 등기 정보가 모두에게 공개된다기보다는 모든 사람이 모든 등기 정보를 직접 소유하고 있다고 표현하는 것이 더 정확하다.

2) NFT를 통한 디지털 작품의 등기 구현

앞서 디지털 작품의 등기를 통한 소유권 구현 요소를 알아봤다. 이를 통합하여 하나의 그림으로 표현하면 그림 4-29와 같다. 왼쪽 그림은 부동산 등기 방식을 구조적으로 표현한 것이며, 오른쪽 그림은 점유를 통한 디지털 작품의 소유권 보장이 어려울 경우 무한 복제된 디지털 작품을 NFT로 상징화하고 그 NFT를 등기하는 방식을 통해 소유권을 보장한다는 것을 보여준다. NFT는 스마트 컨트랙트와 연계하여 강제 이행 및 전송이 가능하며 블록체인에 저장된 NFT는 투명하게 모든 사람에게 공개된다.

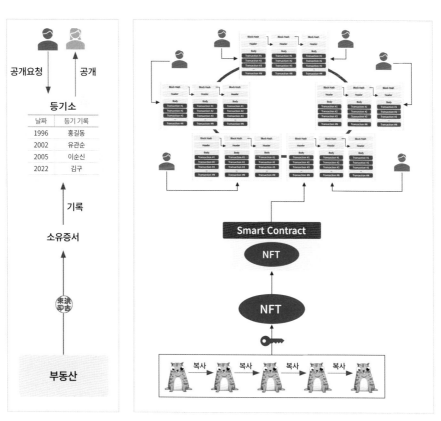

그림 4-29. 디지털 작품의 소유권 증명

이 방식은 부동산이 등기를 통해 소유권을 보장하는 방식과 디지털 작품의 소유 권리 등을 토큰(NFT)화하여 이 토큰을 블록체인에 저장하고 외부에 공개한다는 측면에서 유사하다. 부동산의 등기 제도와 디지털 작품의 NFT를 블록체인에 기록하는 방식으로 소유권을 보장하는 방식은 목적 달성 측면에서 유사해 보이지만, 목적을 구현하는 방법에 있어서는 근본적으로 다르다.

부동산 등기 제도는 등기소와 제3 신뢰 기관이라는 철저한 중앙 집중 방식에 기반한다. 인감도장 등록, 계약서 공증, 계약 불이행 시 법원을 통한 강제 집행, 등기소의 독점적 장부, 등기소를 통한 위변조 방지 방안, 요청한 사람에 한하여 700원이라는 수수료를 지불하고 열람 가능 등 전통적인 중앙 집중 방식에 기반하여 소유권을 보장한다.

반면 NFT를 통한 소유권 보장 방식은 개인만이 소유한 개인키로 전자서명을 생성하며 전자서명 과정에서 해시값 적용을 통해 수정 여부를 검증할 수 있다. 또한 스마트 컨트랙트를 통해서 계약 이행을 강제화할 수 있으며 블록체인 저장을 통해 위변조도 차단할 수 있다. 그리고 누구나 장부를 소유하여 언제든지 정보에 대한 접근이 가능하다.

이를 표로 정리하면 다음과 같다.

부동산 등기 제도	NFT 통한 소유권 구현
인감도장 등록 (주민센터, 등기소)	개인키(Private Key) 활용
계약서 공증 (공증사무소)	전자서명 과정에서 Hash 값 적용
계약 불이행 시 법원 통한 강제 집행	스마트 컨트랙트 활용
등기소의 공부(公簿) 독점	블록체인 저장 및 분산 구조
등기소에 의한 기록 위변조 방지	블록체인을 통한 위변조 차단
700원 수수료를 통한 열람	누구나 모든 장부를 소유

이런 관점에서 NFT와 블록체인을 연계하여 살펴보면 점유가 불가능한 디지털 미술품을 소유권 관점에서 상징화하여 NFT를 생성하고 이를 블록체인에 저장(등기)하고 공개하는 방식으로 소유권 보장이 가능해진다. 더 나아가 전통적인 등기 제도가 중앙시스템에 기반한 반면, NFT와 블록체인을 활용할 경우 탈중앙화 기반 등기 시스템을 구현할 수 있다.

4.2.2. NFT 직접 전송을 통한 소유권 보장 방안

디지털 작품의 소유권을 보장하는 방법으로 2가지를 언급했다. 4.2.1절에서는 등기를 통한 소유권 보장 방법에 대해 알아보았다. 이번 절에서는 디지털 작품 소유권을 토큰화하고 이 토큰을 직접 인도 및 점유하는 방식을 통한 소유권 보장 방안을 검토해 보겠다.

비트코인은 수신자의 주소로 직접 전송한다. 정확히는 수신자의 주소를 목적지로 하는 트랜잭션에 의해 전송이 일어난다. 반면 토큰은 전송 방식이 다르다. 토큰이 상대방 주소로 직접 전송되는 것이 아니라 토큰의 거래 내역을 기록하는 장부의 상태만 변화시킨다. 그림 4-30은 시중은행의 송금 방식과 토큰의 송금 방식을 보여준다.

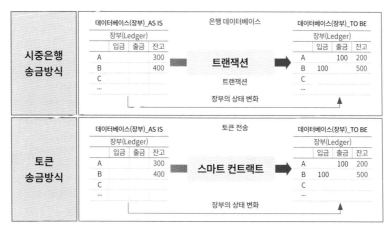

그림 4-30. 이더리움 토큰의 전송 방식

현 법정화폐인 지폐는 온라인 송금이 불가능하기 때문에 P2P 송금이 불가능하다. 그래서 중간에 은행과 같은 금융기관을 통해 간접적으로 송금한다. 은행은 계좌 기반 중앙 장부를 관리하면서 송금 요청이 오면 단순히 계좌의 잔고 상태만 변화시키는 방식으로 송금을 처리한다.

토큰도 마찬가지다. 스마트 컨트랙트가 실행되면 이를 기반으로 토큰 관련 장부의 잔고 상태만을 변화시킨다. 4.2.1절에서는 이런 장부의 잔고 상태를 블록체인에 기록하는 방식으로 등기를 구현했다.

하지만 토큰의 잔고 상태 변화가 아닌 토큰(NFT)을 직접 전송하여 그 토큰을 점유하는 방식으로 소유권을 보장하는 방법도 개념적으로 검토할 수 있다. 지폐도 한국은행에서 돈을 증서화한 것이고, 필요한 화폐를 토큰 형태로 발행한 것이 비트코인이다. 토큰과 유사한 개념이라 할 수 있는 지폐나 비트코인도 P2P 직접 전송을 할 수 있으며 전송 및 점유를 통해 소유권이 보장된다.

1) 직접 전송을 통한 소유권 보장 아이디어

동산은 기본적으로 물건에 대한 점유로 소유권을 보장받지만, 물건에 대한 점유가 어렵다면 물건에 대한 소유 권리를 표상하여 증서로 발행하고 이 증서를 점유하는 방식으로 소유권을 보장할 수 있다. 그림 4-31에서 위에 있는 그림은 실물 작품이 인도(引渡)와 점유를 통해 소유권이 보장되는 것을 보여준다. 만일 실물 작품을 그대로 인도 및 점유하기 어려울 경우 실물 작품을 표상하여 증서화하고 실물 작품 대신 이 증서를 직접 인도(引渡) 및 점유하여 소유권을 보장할 수 있다.

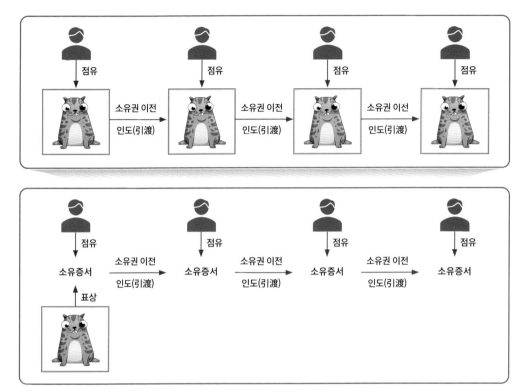

그림 4-31. 소유권의 직접 이동

그림 4-32는 무한 복제되어 더 이상 점유를 통해 소유권을 보장하기 어려운 디지털 작품을 상징화하여 NFT로 발행하고 이 NFT를 직접 인도 및 점유함으로써 소유권을 보장하는 모습을 보여준다.

비트코인의 경우 수신자의 주소(수신자 공개키)와 송신자의 서명(송신자 개인키)으로 구성된 트랜잭션에 비트코인을 직접 탑재하여 전송이 이루어진다. NFT의 경우에도 이런 형식으로 수신자에 직접 전송하는 처리 방식이 가능하다.

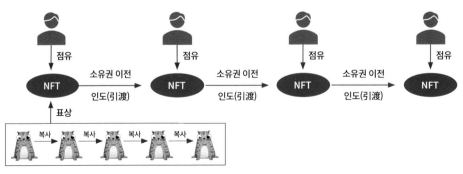

그림 4-32. NFT 직접 전송

2) 직접 전송을 통한 소유권 보장 원리

앞서 설명한 내용을 개인키와 공개키를 통해 직접 전송하고 이런 거래 이력을 블록체인에 저장하여 점유와 소유권의 정당성을 부여하는 방법을 구체적으로 살펴보자.

(1) 점유를 통한 소유권 보장

그림 4-33은 NFT가 개인키와 공개키를 통해 전송되는 과정을 보여준다.

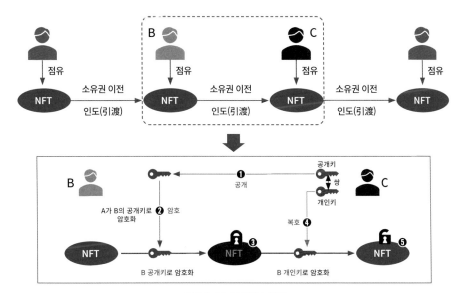

그림 4-33. NFT 전송 원리

그림 4-33에서 B에서 C로 NFT가 전송되는 과정과 원리를 이해할 수 있다.

❶ C(수신자)는 공개키와 개인키를 발행하고 공개키를 B(송신자)에게 전송

❷ B는 C의 공개키를 이용하여 NFT를 암호화

❸ C의 공개키로 암호화된 NFT는 C 개인키 소유자 외에는 아무도 해독할 수 없음

❹ C는 공개키와 쌍의 관계인 개인키를 이용하여 암호화된 NFT를 해독

❺ C만 NFT를 해독할 수 있기 때문에 NFT는 C에게 전송되는 효과

(2) 점유의 정당성 보장 방안

앞서 NFT를 직접 전송하고 점유함으로써 소유권은 보장받지만, 잠재적 논쟁을 피하고 점유의 정당성을 보장할 수 있는 방안이 추가로 필요하다. 그것은 바로 소유권에 대한 인도 및 점유에 대한 내용을 기록하고 외부에 공시하는 것이다.

그림 4-34는 NFT가 전송되는 거래 기록을 개별 거래 단위로 분류하고 개별 거래 단위를 다시 정형화된 형태로 구조화한 것을 보여준다. A에서 B로 인도되는 과정을 구조화하고 이를 다시 정형화된 형태로 갖추면 다음과 같은 형태가 된다. 그림 4-34의 제일 아래에 있는 형태를 보통 트랜잭션이라고 한다. 트랜잭션은 일반적인 장부에서 하나의 거래 기록 정도로 이해하면 된다.

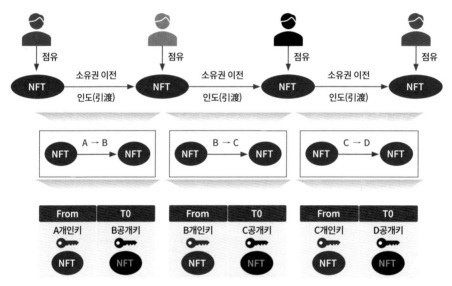

그림 4-34. NFT 전송 트랜잭션

그림 4-35는 작성된 하나의 거래 기록(트랜잭션)이 장부(블록)에 저장되는 모습을 보여준다. 블록은 Body, Header, Block Hash로 구성되어 있고 트랜잭션은 Body에 차곡차곡 저장된다.

일정 시간 동안 트랜잭션이 Body에 쌓이면 Body의 머클루트값이 Header에 저장되고 Header의 해시값이 Block Hash가 되면서 블록이 생성된다. 이 블록이 합의 과정을 거쳐 다른 블록들과 체인처럼 연결된다. 여기서 한 가지 주의할 것은 그림 4-34에서 'A→B' 트랜잭션, 'B→C' 트랜잭션, 'C→D' 트랜잭션이 차례로 하나의 블록에 순서대로 저장되는 것이 아니라는 점이다. 네트워크에서는 수많은 거래가 실시간으로 발생하고 분산된 노드에 전파되기 때문에 블록에는 발생 순서 또는 거래 순서에 상관없이 트랜잭션이 저장된다.

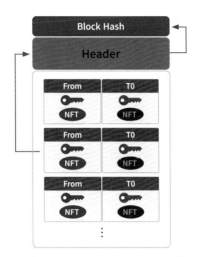

그림 4-35. NFT 전송 트랜잭션의 블록 저장

그림 4-36은 블록이 다른 블록과 연결되어 전체 장부를 구성하는 것을 보여준다. 전체 장부(블록체인)를 보면 개별 거래 기록이 모두 포인터로 연결되어 있는 것을 확인할 수 있다. 개별 거래 기록인 트랜잭션들이 거래 순서에 상관없이 저장되지만, 거래가 모두 포인터(Pointer)로 연결되어 있기 때문에 어디에서 어디로 전송되었는지 논리적으로 식별이 가능하다. 따라서 트랜잭션과 트랜잭션을 연결한 포인터를 통해 NFT에 대한 소유 관계 및 거래 이력을 투명하게 확인할 수 있다.

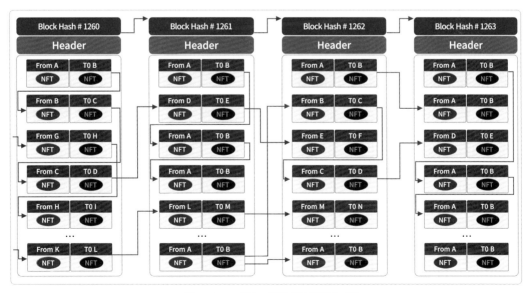

그림 4-36. NFT 전송 트랜잭션의 블록체인 저장

그림 4-37은 참여자의 각 노드에 블록체인이 실시간 전파되어 저장된 모습을 보여준다. 네트워크에 참여한 모든 사람은 각자 전체장부를 저장하면서 쉽게 접근할 수 있다. 각자 본인 PC(노드)에 저장된 장부를 통해 NFT의 거래 이력 및 소유 관계를 실시간으로 확인할 수 있다.

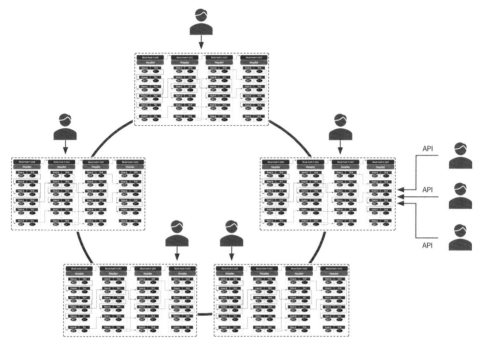

그림 4-37. NFT 거래 · 이력 내역 공개

그림 4-37을 보면 블록체인을 직접 소유하지 않으면서 API를 통해 블록체인에 접근하는 사람들을 볼 수 있다. 모든 참여자가 전체장부를 저장하고 실시간으로 전파하는 것은 네트워크적으로도 비효율적이며 요즘 모바일 시대에 블록체인 전체를 스마트폰에 저장하는 것도 현실적으로 불가능하다. 따라서 일부 노드만 블록체인 전체를 저장하고 나머지 사람들은 스마트폰을 이용해서 API를 통해 블록체인에 접근하는 방식을 취한다.

그림 4-38은 앞서 소개한 전체 과정을 하나의 그림으로 나타낸 것이다.

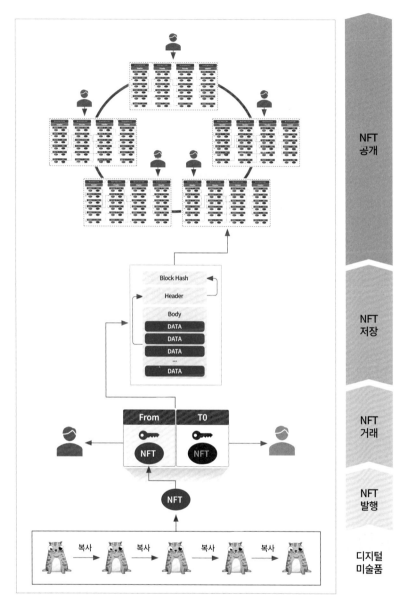

그림 4-38. 소유권 증명을 위한 NFT 활용

- **디지털 미술품**: 디지털 미술품은 점유가 불가능하여 소유권 보장이 어려움

- **NFT 발행**: 이런 디지털 미술품의 소유권을 상징화하여 NFT로 발행

- **NFT 거래**: NFT를 개인 간 직접 전송 및 점유를 통해 소유권을 보장

- **NFT 저장**: NFT와 거래 이력(트랜잭션)을 블록체인에 저장

- **NFT 공개**: 분산된 구조를 통해 블록체인 정보를 투명하게 공개

4.2.3 NFT의 직접 전송을 통한 소유권 정당성 확인 방안

3장의 그림 3-66에서 소유권과 소유권의 정당성 개념을 분리해서 알아보았다. 동산과 NFT는 인도와 점유를 통해 소유권을 보장하지만, 소유권의 정당성까지 보장하는 것은 아니다.

일상에서 어떤 물건을 점유하면 소유권이 보장되지만, 점유 자체가 소유권의 정당성까지 보장해 주는 것은 아니다. 소유권의 정당성은 실물 작품의 경우 원작임을 증명하는 데도 유용하다. 물건에 대한 소유권의 정당성을 요구할 경우, 이 물건을 점유하게 된 정당한 절차나 방법을 제시해야 한다. 이를 위해 이 물건의 구매 영수증, 매매 계약서, 거래 이력 등의 추가적인 정보가 필요하다. 이번 절에서는 이런 소유권의 정당성이 블록체인을 통해 구현되는 방법을 살펴본다.

1) 실물 작품의 문제점 및 대응 방안

2016년 문화체육관광부에서 다음과 같은 보도자료를 내놓았다.

> '위작 유통을 방지하기 위한 미술품 유통 투명화 및 활성화 대책을 발표했다. 이는 미술품 유통 시장과 공정한 거래 관행을 확립함으로써 위작 범죄를 억제하고 한국 미술시장의 안정적 성장 발판을 마련해 나가겠다는 계획이다.'

그림 4-39. '미술품 유통 투명화 대책' 보도자료

미술품의 위작 논란은 끊임없이 있어왔다. 비단 국내뿐만 아니라 해외에서도 위작 논란으로 시끄럽다. 유통 작품의 50%가 위작이라는 말이 떠돌 정도다. 이런 문제점에 대한 대책으로 정부에서도 2016년 미술품 유통 투명화 및 활성화 대책을 발표했고, '(가칭) 미술품 유통에 관한 법' 제정을 추진하기도 했다(제출되었지만 통과되지는 못했다).

실물 작품의 진본임을 검증하는 일반적인 방법은 다음과 같다.

- 창작자가 살아있다면 창작자에게 직접 물어보는 것이다. 아무리 정교하게 위작했어도 창작자는 위작 여부를 알아볼 수 있기 때문이다.

- 전문가와 과학 기술을 동원한다. X-Ray, 적외선, 자외선 촬영 등 과학적인 방법을 동원하고 전문가가 판단하는 것이다.

- '프로비넌스(Provenance)'다. 작품에 대한 소장·거래·유통 이력을 통해 미술품의 진위를 검증할 수 있다.

> **Memo   프로비넌스(Provenance)**
>
> 'Provenance'는 프랑스어인 'provenir'에서 유래했다. Provenir은 '유래하다, 기원하다'라는 의미다. 프로비넌스 (Provenance)는 미술품에서 자주 사용되는 용어인데, 쉽게 '소장 이력, 거래 이력, 작품 이력, 출처' 등으로 이해하면 된다.
> 위작 논란이 끊임없이 제기되는 미술품 시장에서 프로비넌스는 진본임을 증명하는 데 아주 중요한 수단이다. 프로비넌스에는 구매영수증, 매매계약서, 경매·전시 카달로그 등 제품 이력 및 유통 과정을 입증할 수 있는 어떤 문서든 포함된다.

앞서 진본임을 검증하는 3가지 방법을 소개했지만, 여전히 한계가 있다.

- 예전에 천경자 화백의 '미인도'가 논란이 된 적이 있다. 모두 '미인도' 작품이 원작이 맞다고 하고 이력 정보도 제시했지만, 정작 창작자 본인인 천경자 화백은 이 작품이 본인 작품이 아니라고 주장했다. 아무리 객관적인 증거가 있다고 하더라도 작가 본인이 부인하면 진본임을 주장하기가 힘들다.

- 아무리 최신 기술을 동원한다고 해도 최종 판단은 결국 사람이 한다. 물론 전문가의 전문성을 발휘하겠지만, 100% 확실성을 보장하지는 않는다. 아무리 뛰어난 감정사라고 하더라도 결국 위작 여부에 대한 판단은 주관적인 의견일 수밖에 없고 사람이다 보니 부정의 유혹으로부터 자유로울 수 없다.

- 프로비넌스는 위작 여부를 판단할 때 가장 중요한 요소이지만, 이력 데이터의 오류와 위변조 가능성으로부터 자유로울 수 없으며, 특히 모든 이력 정보를 체계적이고 투명하게 관리하려면 그 만큼의 비용이 발생한다.

이런 문제점을 해결하는 방안으로서 프로비넌스를 블록체인으로 구축하는 것을 생각해 볼 수 있다. 미술 작품에 대한 이력, 이벤트, 변동이 발생할 때마다 관련된 정보를 블록체인에 저장하여 위변조를 차단하고 관련 정보를 투명하게 공개하면 프로비넌스를 쉽게 구현할 수 있다. 특히 위변조 차단과 데이터를 투명하게 공개하는 방식은 프로비넌스 구현에 아주 적합하다.

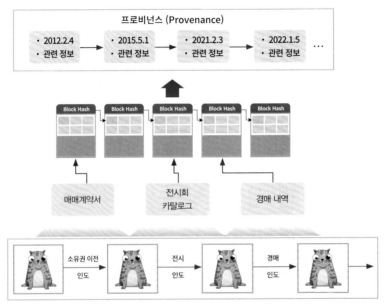

그림 4-40. 실물 작품의 블록체인 활용 프로비넌스 구현

2) 디지털 작품의 창작자 검증

실물 작품과 달리 디지털 작품에서는 위작 논란이 거의 없다. 실물 작품의 경우에는 실물 작품이 하나밖에 존재하지 않기 때문에 아주 유사하게 위작을 만들려는 시도가 있을 수 있다. 하지만 디지털 작품은 Copy & Paste로 100% 동일한 또 다른 원본을 클릭 한 번으로 만들 수 있기 때문에 굳이 위작을 만들 동기가 없다.

디지털 작품에서는 대신 다른 문제가 발생한다. 실물 작품은 점유가 가능하지만, 디지털 작품은 독점적 점유가 불가능하다. 이런 허점을 이용하여 아무나 소유권 행세를 할 수 있다. 전자서명 방식과 유사하게 개인키와 공개키를 이용하면 창작자에 의한 NFT 발행인지를 검증할 수 있다.

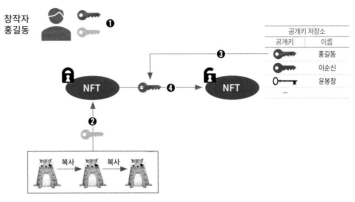
그림 4-41. 디지털 작품 창작자 검증

❶ 창작자인 홍길동은 개인키와 공개키를 발행한다.

❷ 본인이 창작한 디지털 작품을 NFT로 발행할 때 본인 개인키로 암호화하고 공개키는 공개키 저장소에 등록한다.

❸ 다른 사람이 홍길동에 의해 발행된 NFT가 맞는지 검증하기 위해 공개키 저장소에서 홍길동 공개키를 이용하여 검증한다.

❹ 공개키 저장소에 보관된 홍길동 공개키로 복호화되면 이 NFT가 홍길동의 개인키로 암호화되었다는 것을 의미한다. 홍길동의 개인키는 홍길동만 소유하고 있기 때문에 결국 그 NFT는 홍길동이 발행했다는 것이 증명된다.

3) 디지털 작품 유통 이력 추적

NFT가 정당한 사람(창작자)에 의해 발행된 것이 확인되었다면 이후부터는 거래 및 유통 이력만 추적하면 창작자와 소유권자의 이력 정보를 신뢰할 수 있게 된다. 앞서 살펴본 것처럼 모든 거래 이력을 트랜잭션 형태로 블록체인에 저장하면 그 이력을 쉽게 추적할 수 있다.

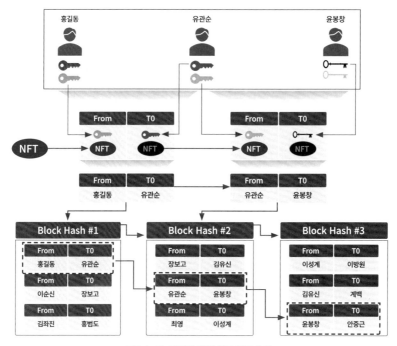

그림 4-42. 디지털 작품 유통 이력 추적

그림 4-41에서 NFT가 창작자인 홍길동에 의해 발행되었다는 것이 검증되었다. 그림 4-42에서는 '홍길동에서 유관순으로 거래' 이력이 생성되었고, '유관순에서 윤봉창으로 거래' 이력이 생성되었다. 첫 번째 블록에 '홍길동과 유관순의 거래 이력 정보'가 저장되었고 두 번째 블록에는 '유관순과 윤봉창의 거래 이력 정보'가 저장되었다. 세 번째 블록에는 '윤봉창과 안중근의 거래 이력 정보'가 저장되어 있다. 그리고 각 트랜잭션은 실제로 포인터를 통해 모두 연결 및 추적된다.

이를 바탕으로, 창작자인 홍길동이 발행한 NFT는 다음과 같은 거래 이력이 있다는 것을 확인할 수 있다.

홍길동 → 유관순 → 윤봉창 → 안중근 → …

앞서 소개한 내용은 실제 적용된 사례라기보다는 암호 기술을 미술품 거래 및 유통 신뢰성 확보를 위해 적용할 수 있는 가능성이나 아이디어 수준에서 소개한 것이다.

4장을 마무리하며

4장에서는 암호 기술을 이용한 NFT 구현, 등기를 통한 소유권 보장 방안, 미술품 유통 신뢰성 확보 방안 등에 대해 살펴봤다. 암호라고 하면 비밀정보를 숨기는 정도로 이해하지만, 실제로 암호의 활용 및 적용 범위는 무한하다. 4장에서 살펴본 것처럼 활용성도 무궁무진하지만, 혁신성도 뛰어나다. 수백 년간 인류는 중앙기관과 제3 신뢰 기관을 통해 신뢰를 보장해 왔다. 하지만 암호 기술은 이런 중앙기관이나 제3 신뢰 기관 없이도 신뢰를 보장할 수 있는 가능성을 부여주었다.

일반인에게 암호는 상당히 낯설고 어렵다. 암호가 여전히 어렵게 느껴진다면 암호 기술을 통해 다양한 활용과 응용이 가능하다는 정도로 이해하고 넘어가도 좋다. (암호 기술 및 활용을 좀 더 쉽게 이해하고 싶다면 필자의 다른 저서인 『비트코인 · 블록체인 바이블』(위키북스 2021)을 참조해도 좋다.)

4장에서 암호 기술의 활용성과 혁신성에 대해 살펴보았지만, 암호 기술은 적용성에 있어 한 가지 한계점이 있다. 바로 디지털에만 적용할 수 있다는 것이다. 암호 기술을 통해 구현한 탈중앙 기반 화폐 시스템인 비트코인 백서의 제목도 "Bitcoin: A Peer-to-Peer Electronic Cash System"이다. 암호 기술의 활용성과 혁신성의 대상은 바로 디지털이며, 앞으로 도래할 메타버스 시대에서는 암호 기술이 더 중요하고 폭넓게 활용될 것으로 기대된다.

또한, 현실의 서비스와 자산이 메타버스 세상에서도 그대로 재현될 것으로 예상된다. 이때 디지털 자산과 무형의 권리 등을 구현하고 실체화할 수 있는 중요한 수단이 바로 토큰(NFT)이다. 메타버스 세상은 현실의 중앙시스템이나 제3 신뢰 기관이 그대로 적용하기에는 한계가 있다. 결국 DAO와 같은 탈중앙 자율 조직에 의해 시스템과 서비스가 수행될 것으로 예상되는데, 이때 토큰(NFT)이 스마트 컨트랙트 및 블록체인 기술과 연계하여 중요한 역할을 수행할 것으로 기대한다.

5장에서는 메타버스 세상에서 암호 기술, 블록체인, 토큰(NFT)이 어떻게 상호작용하며 어떻게 서비스가 구현되고 시스템이 작동되는지 살펴보겠다.

05
메타버스에서의 NFT 활용

2021년 2개의 트렌드 키워드를 뽑으라고 한다면 당연히 메타버스와 NFT일 것이다. 2022년 정부 예산을 보더라도 메타버스에 많은 예산을 편성한 것을 확인할 수 있다. 메타버스는 이제 막 개념화되고 검토하기 시작하는 단계로 아직 정확한 개념이 정립된 것이 아니며 범주와 세계관, 그리고 비즈니스 모델도 가늠하기 어려운 상황이다.

이런 상황을 고려하여 이 장에서는 메타버스에 체계적으로 접근하기보다는 NFT와의 연계 관점에 한정해서 메타버스 및 NFT·메타버스 연계성을 검토해 보려고 한다. 따라서 5장에서 소개하는 내용은 메타버스에 대한 일반적인 내용이라기보다는 NFT 관점에서 바라본 내용 정도로 이해해 주기 바란다.

5.1 NFT 관점에서 메타버스 이해하기

현재 메타버스는 다양한 관점에서 접근하고 이해할 수 있다. 앞서 NFT가 주로 거래 및 경제 활동 관점에서 해석되고 활용될 수 있다는 것을 소개했다. 따라서 이번 메타버스에 대한 접근 역시 거래 및 경제 활동 관점에서 이해해 보려고 한다.

5.1.1 메타버스의 개념 이해

메타버스는 '가상 · 초월'을 의미하는 '메타(Meta)'와 '세계 · 우주'를 뜻하는 '유니버스(Universe)'의
합성어다. 일반적으로 메타버스하면 3D 가상현실로 많이 언급된다. 하지만 그것만으로는 메타버스
를 이해하기에 많이 부족한 것 같다.

1) 메타버스는 어떻게 부각되었나?

(1) 욕구 충족과 상상력

다음 그림은 이정문 화백의 1965년 작품 「서기 2000년대 생활의 이모저모」다. 1965년에 2000년
대의 모습을 상상하며 그린 그림이다. 그림을 보면, 태양광 전기, 달나라 여행, 원격 진료, 원격 수
업, 메뉴 추천 서비스, 전기차, 소형 TV 등이 소개되고 있다. 1965년에 그렸다고 믿기 어려울 정도
로 그림에 비친 모습은 2000년대의 생활 모습과 거의 흡사하다.

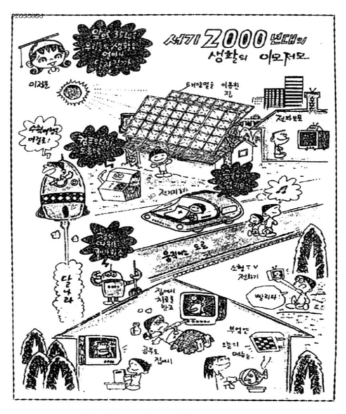

그림 5-1. 이정문 화백 「서기 2000년대 생활의 이모저모」 (출처: 전자신문)

컴퓨터가 없던 1965년 당시 상황에서 보자면, 그림 속의 모습은 현실과는 괴리가 있는 정말 상상으로만 가능한 모습이다.

대부분 사람은 이상에 대한 동경을 그리며 다양한 상상의 나래를 펼친다. 이상 추구에 대한 상상, 편리성 추구에 대한 상상, 일탈에 대한 상상, 슈퍼 히어로에 대한 상상, 자존감을 높이는 상상, 대리만족을 위한 상상, 열등감을 회피하는 상상, 현실 도피를 위한 상상, 자아성취를 위한 상상, 부족한 욕구를 채우기 위한 상상, 즐거움을 추구하기 위한 상상 등 욕구 충족을 위해 다양한 상상을 한다. 이런 '상상의 나래(날개)'는 언제부터 시작되었을까? 모르긴 해도 인류가 생존하기 시작하면서 시작되었을 것이다.

상상은 현실에 존재하지 않거나 현실에서 경험하지 못하는 것을 머릿속으로 그려보는 것을 의미한다. 따라서 상상과 현실은 항상 괴리가 있다. 현실에 존재하거나 현실에서 경험하고 있다면 그것은 상상이 아니다. 상상과 현실에 괴리가 발생하는 이유, 다시 말하면 필요한 욕구를 현실에서 실현 불가능한 이유로는 크게 3가지 정도를 생각할 수 있다.

그림 5-2. 상상과 현실 괴리 원인과 대응

첫째, '현실적 제약'이다. 기술적으로나 물리적으로 불가능한 것은 아니지만, 어떤 욕구를 충족하기 위해서는 엄청난 돈이 소요된다든지, 윤리적인 문제로 제약받는 경우가 있다. 또한 사람들을 만날 수는 있지만, 코로나와 같은 상황에서는 대면 접촉을 기피하게 된다. 동화속 신데렐라가 불가능한 것은 아니지만 현실적으로 어렵다.

둘째는 '기술적 한계'다. 미래에는 기술의 발전으로 가능할 수 있지만, 현재 기술로는 구현이 어려운 경우다. 사람들은 영화 「스타워즈」처럼 우주에서 레이저 무기를 이용하여 우주전쟁 경험을 상상해 볼 수 있다. 로봇 태권V의 훈이처럼 태권V와 일체화되어 멋진 태권 동작으로 악당을 쳐부수는 상상을 할 수 있다. 먼 미래에는 충분히 가능하겠지만, 현재의 기술로는 제약이 있다.

셋째는 '물리적 불가능'이다. 먼 과거 공룡시대로 돌아가서 공룡들과 어울리는 것을 상상해 볼 수도 있고 임진왜란 당시 명량해전 모습을 직접 참관해 보고 싶을 수 있다. 하지만 과거로 돌아간다는 것은 물리적으로 불가능하다.

그럼 이런 상상과 현실의 괴리에 대해 사람들은 어떻게 대응해 왔을까? 먼저, 상상은 그저 상상으로 그치는 경우가 많았다. 상상의 속성이 현실에서 이루기 어려운 것을 머릿속으로나마 느껴보는 것이기 때문에 대부분 상상은 그저 상상에 머무르는 경우가 많았다.

그런데 상상이 실제 현실로 되어가고 있다. 앞선 1965년 시대의 상상이 2000년대에 그대로 현실이 되고 있다. 일반적으로 기술의 발전과 사회의 변화, 또는 개인적인 경제력 향상으로 과거에는 상상에만 머물렀던 것이 이제 현실로 되는 경우도 많아졌다.

하지만 아무리 기술이 발전하고 경제력이 높아진다고 하더라도 여전히 상상을 모두 실현하기에는 한계가 있다. 특히 인간의 무한한 욕구와 풍부한 상상력을 현재의 기술과 돈으로 모두 채울 수는 없다. 이때 사람들이 선택할 수 있는 방법이 바로 간접 경험을 통한 실현이다. 현실에서 우주전쟁은 불가능하지만, 가상의 공간에 우주와 아주 유사한 모습을 설정해 두고 마치 우주에서 실제 우주선을 작동하면서 우주전쟁에 참여하는 체험을 할 수 있다. 가상 공간에서 공룡이 살아가는 모습과 환경을 조성하고 거기에 직접 참여할 수 있다. 상상의 현실화가 어려울 때 가상공간에서 간접 체험을 통해 인간의 필요한 욕구를 충족할 수 있다.

(2) 메타버스 개념 부각

가상현실은 인간의 욕구와 상상력을 현실에서 실현하기 어려울 때 생각해 낼 수 있는 방법 중 하나다. 언제부터인가 상상력과 가상현실을 '메타버스'라는 용어로 대신 사용하기 시작했다. 우선 메타버스 개념이 부각된 배경을 개념, 기술, 최근 이슈 관점에서 살펴보겠다.

메타버스 관련 개념의 등장과 소개

필자가 생각하기에 메타버스 개념을 생성, 소개, 발전 측면에서 정리하면 다음과 같다.

- 1992년 소설: 『스노 크래시』(문학세계사, 2021)
- 1999년 SNS: 싸이월드
- 1999년 영화: 「매트릭스」
- 2003년 서비스: 세컨드라이프
- 2009년 영화: 「아바타」
- 2017년 기술: VR, AR, MR 기술
- 2018년 영화: 「레디 플레이어 원」

가상현실 개념은 오래전부터 존재했을 수도 있지만, 메타버스의 시초를 1992년에 출간한 닐 스티븐슨의 SF 소설인『스노 크래시(Snow Crash)』로 본다. 『스노 크래시』라는 소설에서는 가상현실의 개념을 제시하기도 하지만, '메타버스'와 '아바타'라는 용어가 최초로 등장한다. 1999년에 개발을 시작한 국내 싸이월드도 메타버스 초기 개념으로 이해할 수 있다. 본인 이바타와 도토리라는 일종의 토큰을 이용하여 가상공간에서 사회관계를 형성하는 모습은 메타버스의 개념과 기본 구성 요소에 부합된다고 볼 수 있다. 이후 영화「매트릭스」, 세컨드라이프, 영화「아바타」등은 모두 메타버스 개념이 접목된 작품이라고 할 수 있다. 세컨드라이프를 만든 필립 로즈데일은『스노 크래시』로부터 영감을 얻었다고 말한 바 있다.

그러다가 2017년부터 VR, AR, MR 기술이 선보이기 시작하면서 가상현실과 메타버스의 실현 가능성이 열렸다. 2018년 스티븐 스필버그 감독의「레디 플레이어 원」이라는 영화는 메타버스가 어떤 개념인지를 가장 잘 보여준 작품이라는 평가를 받기도 했다. 이 영화를 보면 메타버스가 실현될 수 있다는 가능성을 충분히 보여주고 있다.

물론 메타버스의 개념과 유형, 그에 대한 해석은 여전히 다양하겠지만, 메타버스 관련 개념이 1992년『스노 크래시』소설 이후부터 꾸준히 소개되고 재해석되어 왔음을 알 수 있다.

메타버스 관련 기술의 성숙

가상현실이나 메타버스라고 하면 VR, AR, MR, HMD(Head Mounted Display) 정도로 쉽게 구현되는 것으로 생각할 수 있지만, 메타버스를 구현하는 것은 그렇게 단순하지 않다. 인공지능, 클라우드, 센서 기술, 햅틱 기술, 컴퓨팅 그래픽, 컴퓨팅 프로세싱 등 훨씬 다양하고 고차원적인 기술이 연계되고 필요하다.

자세한 기술 요소 및 기술 내용은 소개하지 않겠지만, 중요한 것은 아무리 메타버스가 개념화되고 주목받는다고 하더라도 기술적으로 성숙하지 못하고 뒷받침되지 않는다면 메타버스 구현은 절대 불가능하다는 것이다. 최근 들어 메타버스라고 개념화하기 시작한 것도 조잡하기는 해도 어느 정도 기술 성숙이 이루어졌기 때문이다. 상상이 현실화되는 것도 결국 기술의 진전이며, 간접 경험을 통해 현실화를 구현하는 것도 결국 기술의 발전과 진화가 선행되어야 한다. 아무리 언론이나 저명인사가 메타버스 도래를 외치고 정부에서 관련 예산을 편성한다고 해도 우선적으로 살펴야 하는 것은 바로 현재의 기술 수준과 전망이다.

최근 메타버스에 대한 주목 배경

가상현실과 메타버스라는 개념과 이해는 오래전부터 존재했지만, 최근 1~2년 사이에 갑자기 큰 주목을 받고 있다. 그렇다고 해서 최근 1~2년 사이 눈에 띌 만한 기술적 혁신이나 진전이 있었던 것도 아니다. 왜 최근에 갑자기 이처럼 주목받게 된 것일까? 개인적으로는 서너 가지 요인이 복합적으로 작용하면서 메타버스라는 키워드를 통해 분출되지 않았나 하는 생각이 든다.

첫 번째 요인은 바로 코로나 팬데믹이다. 2022년 현재는 코로나에 대해 어느 정도 이해하고 위드코로나를 준비해가는 상황이지만, 코로나가 처음 발생했던 2020년 초에는 공포 그 자체였다. 전쟁 중에도 종교행사는 가졌는데, 이처럼 종교행사까지 중단된 적은 처음이라고 토로하는 종교인도 있었고, 명절 때 가족 간의 만남도 금지되었으며 부모님의 임종을 지키지 못하는 초유의 상황도 발생했다. 이런 상황에서 자연스럽게 '비대면'이라는 새로운 생활 모습이 자리 잡게 되었다. 대면 수업은 온라인이나 줌 수업으로 대체되고, 직장인들은 재택근무를 하면서 온라인에 접속하여 업무를 보게 되었으며, 도시락 배달이 급증했다. 은행권에서 절대 예외가 인정되지 않았던 신분 증명 역시 비대면으로 이루어졌다. 이렇게 '비대면'이라는 새로운 가치가 보편화되면서 몸은 떨어져 있지만 사이버 상에서 줌이나 온라인을 통한 접촉이 늘어나게 됐고 자연스럽게 '메타버스'가 주목받게 되었다. 비대면 상태로 가상의 세계에서 현실의 모습을 그대로 재현할 수 있는 메타버스는 코로나 환경에서 주목받기에 충분했으며, 아주 자연스러운 현상이었다.

두 번째 요인은 엔비디아 창립자 겸 CEO인 젠슨 황(Jensen Huang)의 GTC October 2020 기조연설이다. GPU를 설계하고 생산하는 엔비디아는 인공지능 알파고를 계기로 주가와 회사의 가치가 급등했다. 엔비디아 GTC(GPU Technology Conference)에서 CEO의 기조연설 내용은 회사의 가치에 걸맞게 큰 주목을 받았다. 콘퍼런스에서 젠슨 황은 다음과 같은 내용의 연설을 했다.

그림 5-3. 기조 연설 중인 엔비디아 CEO 젠슨 황(출처: 유튜브)

"If the last 20 years was amazing, the next 20 will seem nothing short of science fiction. The metaverse is coming. Humans as avatars and software agents interact in the 3rd space."

(지난 20년이 놀라웠다면, 앞으로 20년은 공상 과학이나 다를 비 없을 것입니다. 메타버스 시대가 오고 있습니다. 인간 아바타와 SW 에이전트가 3차원 공간에서 상호작용합니다.)

인공지능, 게임, 가상현실(메타버스) 구현에 가장 핵심적인 부품 중 하나가 바로 GPU다. GPU의 선두기업인 엔비디아 CEO가 언급한 '메타버스'라는 키워드는 사람들의 시선과 주목을 받기에 충분했고 미래를 향한 핵심 키워드로 등극하는 계기가 되었다.

세 번째 요인은 마인크래프트와 로블록스와 같은 게임이다. 마인크래프트와 로블록스 게임은 출시된 지는 상당히 오래되었지만, 최근 메타버스 게임으로 불리면서 크게 주목받고 있으며 이용자 수도 급증하고 있다. 마인크래프트와 로블록스는 그냥 게임이다. 그런데 이들 게임은 기존의 다른 게임과 다른 측면이 있다. 마인크래프트와 로블록스 게임 장르를 대변하는 핵심 키워드는 바로 오픈월드와 샌드박스다. 기존 게임의 특징은 개발자들이 미리 설정하고 구현된 경로로만 이동할 수 있었고 게임의 패턴이나 전술 및 규칙이 어느 정도 설정되어 있었다. 게이머들은 이렇게 미리 설정된 경로와 규칙 범위 내에서만 게임을 즐겼다. 반면에 오픈월드라는 개념은 게임 속에서 어디든지 옮겨다닐 수 있는 이동의 자유가 허용된 게임을 말한다. 이동 경로가 제한·제약되어 있는 것이 아니라 게이머가 이동하는 곳이 바로 경로가 되는 것이다. 현실과 동일하게 어디든지 자유롭게 옮겨다닐 수 있다.

또한, 샌드박스라는 개념은 높은 자유도를 기반으로 다양한 게임 패턴과 전략을 스스로 만들 수 있는 것을 의미한다. 오픈월드와 샌드박스가 구현된 게임에서는 게이머들은 능동적이고 적극적으로 플레이할 수 있으며 창의적이면서도 게임에 더 몰입할 수 있다. 가상의 공간에서 아바타를 통해 어디든지 자유롭게 이동할 수 있고 다양한 게임 패턴을 스스로 설계한다는 개념은 메타버스와 개념적으로 아주 유사하다. 따라서 이러한 게임을 메타버스 게임이라고 한다. 마인크래프트와 로블록스가 낮은 연령층에서 주로 이용하는 게임이라는 한계는 있지만, 그 인기와 유저 수는 상상 이상이다. 기존의 게임 형식과 장르가 전혀 다르다는 측면에서도 주목할 만하다.

마지막으로, NFT의 부상도 빼놓을 수 없을 것 같다. NFT가 주목받으면서 메타버스의 인기도 덩달아 더 오르고 있다. NFT가 메타버스 세상에서 중요한 역할을 할 것으로 소개되면서 자연스럽게 인기 동반 상승을 누리고 있다. 이런 전반적인 분위기에 호응하기 위해 정부 관계 당국에서도 2022년 메타버스 지원 예산을 급증했고 메타버스 경제·사회 추진 전략 수립 계획 및 투자 계획을 발표하기도 했다. 가장 적극적인 측은 이해관계자들이다. 끊임없이 새로운 테마를 생산해내야 하는 주식시장, 트렌드 변화를 기반으로 생계를 유지하는 트렌드 메이커들, 그리고 그런 분위기를 밑천으로 기 삿거리를 생성해 내는 언론이 이런 분위기를 놓칠 이유가 없다.

2) 메타버스의 개념 이해하기

인간의 무한한 욕구를 채워주기에 현실은 너무나 많은 제약이 있다. 그래서 사람들은 머릿속의 상상을 통해 대리만족을 느끼지만, 단순히 상상만으로 끝나는 경우가 대부분이다. 하지만 과학기 술의 발전으로 상상이 현실이 되어가고 있으며, 현실화가 어려울 경우 간접 경험 등을 통해 현실화 (化)를 추구한다. 이처럼 실제 현실화가 어려울 때 간접 경험을 통해 현실화하는 것이 일종의 증강 현실/가상현실이다. 현실과 상상의 괴리를 간접 경험을 통해 좁히는 것이 증강현실/가상현실이라 할 수 있다.

일반적으로 메타버스는 아바타를 기반으로 한 3D 가상현실로 소개된다. 기존에도 다양한 가상현실 이 존재했다. 하지만 메타버스가 기존 가상현실과 구분되는 차이점은 본인 아바타가 있고 현실과 유 사한 3D 가상현실이라는 점이다. 그렇다면 아바타가 있고 3D 가상현실을 갖추었다면 모두 메타버 스라고 할 수 있을까?

현재 메타버스를 정확히 정의하기는 힘들다. 계속 변화하고 발전되어 가는 단계이다 보니 명확하게 정의하는 것 자체가 의미가 없다. 여기서는 메타버스의 개념에 대한 몇몇 사례를 통해서 메타버스의 의미를 좀 더 자세히 이해해 보자.

- 'A metaverse is a network of 3D virtual worlds focused on social connection' (메타버스는 사회적 연결에 중 점을 둔 3D 가상 세계의 네트워크) – Wikipedia
- '가상과 현실이 상호작용하며 공진화하고 그 속에서 사회, 경제, 문화 활동이 이루어지며 가치를 창출하는 세상' – 『메타버스 비긴즈』(굿모닝미디어, 2021)
- '나를 대변하는 아바타가 생산적인 활동을 영위하는 새로운 디지털 지구' – 『메타버스 새로운 기회』(베가북스, 2021)
- '경제 활동을 포함한 우리의 일상생활을 영위할 수 있으면서도 비현실 경험을 진짜처럼 경험할 수 있는 공간 그리고 인간 커뮤니케이션을 그대로 구현한 환경에서 진짜보다 더 진짜 같은 경험을 할수록 높은 단계의 메타버스라고 말할 수 있다.' – 『메타버스 해석과 합리적 개념화』(송원철 외1, 2021)
- '현실세계의 사람들이 아바타를 통해 교류하고 다양한 가상환경에서 여러 가지를 경험하는 온라인 세계' – 닐 스티 븐슨 (SBS D Forum 연설문 중)
- '인간 아바타와 SW 에이전트가 3차원 공간에서 상호작용한다' – 젠슨 황 (GTC Conference 연설문 중)

여기서 각각의 메타버스 개념 자체에 집중하기보다는 다양한 개념 사례가 말하고자 하는 키워드에 집중할 필요가 있을 것 같다. 메타버스를 아바타를 기반으로 한 3D 가상현실 정도로 이해하지만, 상기 개념 시례를 살펴보면 기존 메타버스의 개념과 약간 차이가 있음을 알 수 있다. 위 개념 사례로부터 주요 키워드를 도출해 보면, '사회적 연결', '상호작용', '가치 창출', '생산적 활동', '경제 활동', '인간 커뮤니케이션', '아바타를 통해 교류', '상호작용' 등을 식별할 수 있다.

'(3D) 가상현실'은 가상공간(환경)에서 가상의 상황을 경험하고 체험하는 데 집중된 개념이다. 반면 메타버스 개념은 단순한 (3D) 가상현실을 넘어 '사회적 연결', '상호작용', '가치 창출', '생산적 활동', '경제 활동', '커뮤니케이션'이 가미된 형태로 이해할 수 있다. 따라서 메타버스란 사람들의 다양한 욕구와 상상력을 아바타를 통해 객체(아바타)와 객체(아바타), 그리고 객체(아바타)와 대상(가상현실과 가상상황) 간 서로 상호작용하면서 신경험을 창조하고 새로운 가치를 창출하는 포괄적인 개념으로 이해할 수 있을 것 같다.

정리하면, 인간은 현실에 대한 무력감을 극복하고 무한한 욕구를 채우기 위해 다양한 상상을 한다. 하지만 상상을 현실화하는 것이 사실상 어렵고 불가능했기 때문에 대부분 상상에 그쳤다. 그런데 과학기술의 발전으로 상상이 현실이 되기도 하고 현실화가 어려운 경우에는 간접 체험이나 상상을 재현하는 방식으로 현실화(化)를 꾀하기도 한다. 불가능할 것 같았던 상상이 현실화되자 이제 사람들은 그 상상이 현실화되는 세상에서 새로운 세계관을 형성하고 새로운 경제 활동과 새로운 가치를 창출하려고 한다.

메타버스의 개념 및 관련 내용은 수많은 책과 보고서에서 다루고 있다. 메타버스는 이제 막 시작하는 단계이며 그 범위와 발전 가능성은 다양하다. 현시점에서는 메타버스의 개념 정의에 집중하기보다는 메타버스를 통해 구현할 수 있는 서비스의 범위와 잠재적 가치에 좀 더 집중하는 것이 더 좋을 것 같다.

5.1.2 메타버스에 주목해야 하는 이유

메타버스의 열풍 및 환상과 대조적으로, 메타버스는 허상이다. 단순한 게임이다. 또는 그저 단순한 오락거리다 정도로 폄훼하는 목소리도 의외로 많다. 현시점에서 메타버스의 전망과 가치를 정확히 평가하는 것은 시기상조다. 이 책 또한 메타버스의 가치나 활용, 잠재력을 평가하는 목적이 아니다 보니 이런 내용은 다루지 않겠다. 다만 메타버스의 가치와 잠재력에 대한 평가는 보류하더라도 현시점에서 메타버스에 주목해야 하는 이유를 한 가지 관점에서 살펴보고자 한다.

1) 플랫폼 경제 사례

(1) 카카오톡

10여 년 전에 카카오톡 서비스가 처음 소개됐을 당시 모습을 생생하게 기억한다. 카카오톡 서비스 이전에는 이메일을 많이 사용했고, 네이트온과 같은 PC 메신저도 많이 활용했으며, 핸드폰을 통해 간단한 문자 교환도 가능했다.

초기 카카오톡 버전은 디자인 측면이나 기능면에서 많이 부족했다. 그리고 버그와 에러도 종종 발생하여 괸련 공지 글이 자주 게시됐던 기억이 난다. 서비스를 제공했던 카카오는 폭증하는 이용자 수를 감당하기 위해 지속적인 서버 증설과 서비스 개선을 수행했다. 마땅한 수익 모델이 없었던 카카오톡은 자연스럽게 적자가 눈덩이처럼 늘어갔다. 주변이나 언론에서 유료화 또는 적절한 수익 모델 제시를 조언했지만, 카카오톡은 엄청난 적자를 감수하면서도 끝까지 공짜와 무료 전략을 고수했다.

초기 카카오톡은 그저 단순한 재미였다. 실시간으로 공짜 문자를 무한으로 보낼 수 있다는 것은 매력적이었고, 특히 대면이나 전화로 대화하기 어렵거나 어색할 경우 글로 실시간 대화하는 듯한 효과를 느끼면서 사람들의 소통 방식이 바뀌었다. 재미에 공짜라는 장점을 더하고, 내가 사용하기 위해서는 상대방도 사용해야 한다는 네트워크 효과까지 더해져 가입자가 폭발적으로 증가하기 시작했다. 카카오톡은 처음에는 단순히 커뮤니케이션 도구였지만, 점차 생활의 일부로 자리 잡아 갔다. 개인뿐만 아니라 단톡방을 통해서 커뮤니티 모임도 했다. 기업이나 기관에서도 카카오톡을 기반으로 한 서비스를 제공하기 시작했다. 사람들은 자연스럽게 카카오톡에 머무는 시간도 길어졌고 생활에서 가장 많이 찾게 되고 가장 오래 머무르는 공간이 되어 버렸다.

어느덧 대한민국 국민이면 누구나 카카오톡에 가입하게 되었고 매일 가장 많은 시간을 카카오톡에서 보내게 되었다. 결국 카카오톡을 떠나서는 생활이 불편 또는 불가능할 정도가 되자 카카오는 서서히 본색을 드러내기 시작했다. 손해 보는 장사가 어디 있겠는가? 카카오도 수익을 추구하는 기업이다. 전국민 모두가 이용하고 가장 오랫동안 머무른다는 특장점을 기반으로 그때부터 카카오는 다양한 서비스와 수익모델을 만들어가기 시작했다. 선물하기부터 시작해서 게임, 엔터테인먼트, 모빌리티, 쇼핑뿐만 아니라, 본래 서비스(메신저)와 전혀 상관없어 보이는 은행, 증권, 투자 등 무한 확장을 이어가고 있다.

2021년 한때 카카오 그룹은 시가총액 3위에 등극했다. 계열사는 2021년 6월말 기준 해외 법인을 포함해 158개로, 국내에서 두 번째로 많은 계열사를 보유한 업체가 되었다. 말이 3위이지, 10여 년 전 단순한 스마트폰 앱으로 출발한 회사가 굴지의 LG와 현대자동차를 뛰어넘을 거라고는 그 누구도 상상하지 못했을 것이다.

대기업그룹 시가총액 순위 30일 종가 기준

순위	종목	그룹 소속 상장사 수	그룹 시가총액
1	삼성	16개	621조867억6585만7250원
2	SK	21개	192조3732억8820만3290원
3	카카오	5개	122조1799억1178만5900원
4	LG	14개	121조4415억6928만1250원
5	현대자동차	12개	118조1979억7049만300원
6	네이버	1개	62조5843억5349만5000원
7	셀트리온	3개	45조4984억6115만4000원
8	포스코	6개	38조7323억967만1880원
9	현대중공업	8개	24조8972억4301만6330원
10	롯데	11개	20조3927억5650만3810원

자료=한국거래소

그림 5-4. 카카오 그룹 시가총액 순위 (출처: 조선일보)

2010년 당시 초기 카카오톡을 한 번 생각해 보자. 유사한 서비스도 있었고 단순히 스마트폰 어플 중 하나였다. 어플의 기능도 문자 전송 하나였다. 기능 구현이나 서비스적 가치 측면에서도 특별한 것은 전혀 없었다. 이런 미천한 기업이 어떻게 10년만에 LG와 현대자동차를 뛰어넘는 대기업이 될 수 있었을까? 정답은 바로 '플랫폼(Platform)'에 있다.

카카오톡은 단순한 문자 서비스였지만, 대한민국에서 가장 많은 이용자를 확보하고 있으며, 가장 오랫동안 머무르는 서비스다. 카카오톡은 사람들이 모여서 자유롭게 대화하는 공간, 즉 플랫폼을 제공한다. 사람이 있는 곳에 돈벌이가 있고, 규모의 경제 실현이 가능하다. 더구나 플랫폼에 일단 귀속되면 절대 빠져나갈 수 없다. 누구도 카카오를 더 이상 단순한 카카오톡 서비스 업체로 생각하지 않는다. 카카오의 서비스와 경제의 장악력은 더욱 가속화될 것이다.

(2) 유튜브(YouTube)

2005년 2월에 유튜브(YouTube)가 설립되었다. '당신의 모습을 방송하세요'라는 슬로건으로 시작된 유튜브는 개인이 자유롭게 자신과 주변의 재미있는 동영상을 올려서 서로 공유하는 서비스다. 유튜브가 직접 수많은 콘텐츠를 창작해서 제공하는 것이 아니라 누구나 동영상을 올리고 공유할 수 있는 공간, 즉 플랫폼만 제공한다. 다시 말해, 콘텐츠 제공과 소비는 모두 일반 사람의 참여로 이루어진다.

유튜브 초기에 올라온 영상을 보면 누가 봐도 콘텐츠 품질이나 내용이 조잡했다. 그러다 일부 영상이 의외로 인기를 끌기 시작했고 딱딱한 글보다는 시각성과 직관성이 뛰어난 동영상을 선호하게 되면서 유튜브는 큰 인기를 누리게 되었다. 2006년 구글은 16억5천만 달러를 들여 유튜브를 전격 인수했다. 유튜브 인수를 두고 당시 구글에 온갖 부정적인 평가가 쏟아졌다. 이런 서비스에 16억5천만 달러를 지불한다는 것이 납득하기 어렵다는 의견부터, 일반 사람이 업로드한 질 떨어지는 콘텐츠를 누가 소비하겠냐는 비아냥도 있었다. 그런데 가장 큰 문제는 유튜브가 마땅한 수익 모델이 없다는 것이었다. 이런 이유로 구글의 유튜브 인수에 대해 상당히 비판적인 시선이 많았다. 하지만 유튜브 인수가 구글의 가장 성공한 결정이었다는 것을 증명하는 데는 그리 오래 걸리지 않았다. 이제는 신의 한수였다는 찬사로 그 결정을 평가한다.

2021년 9월 기준, 한국인이 가장 오래 사용한 스마트폰 앱으로 유튜브가 1위로 집계되었다. 이 기간의 한국인의 유튜브 사용 시간은 총 701억 분으로, 다른 앱 서비스보다 압도적으로 높다.

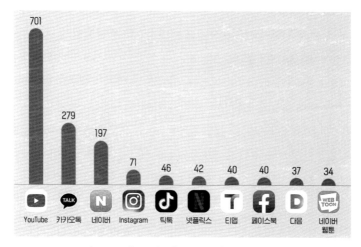

그림 5-5. 스마트폰 앱 사용 시간 비교 (출처: ChosunBiz)

유튜브는 더 이상 개인이 단순히 재미로 영상을 올리는 공간도 아니고 그저 가십거리로 콘텐츠를 소비하는 장소도 아니다. 유튜브는 이제 모든 분야의 정보와 콘텐츠를 생산하고 소비하는 거대한 콘텐츠 플랫폼이다. 또한, 콘텐츠 생산과 소비만으로 그치지 않고, 모든 서비스가 유튜브와 연계하여 이루어진다.

이제 사람들은 정보를 검색할 때 네이버나 구글보다는 유튜브에서 검색한다. 필요한 모든 정보와 콘텐츠가 유튜브에 넘쳐나며 음성과 영상으로 구성된 동영상은 글자보다 정보 전달력이나 이해도가 훨씬 더 높다. 정보 검색뿐만 아니라, 경험과 지혜를 구하기 위해서도 유튜브를 이용한다. 코로나 시대에 사람들은 헬스장이나 스포츠센터보다는 유튜브 영상을 따라하며 일명 홈트(Home Training)를 즐긴다. 요리도 유튜브를 보고 따라하며 재태크도 유튜브를 이용해 공부한다. 오락이나 엔터테인먼트도 유튜브를 통해 소개하고 사람들은 그것을 보며 즐긴다. 학원과 교육은 이미 유튜브로 서비스

한 지 오래다. 모든 분야에 대한 교육 프로그램이나 학원 강의가 유튜브에 공개된다. TV 프로그램이나 뉴스도 대부분 유튜브를 통해 소비된다.

그뿐만이 아니다. 가수들은 뮤직비디오를 유튜브를 통해 최초 공개하고, 종교행사는 유튜브 라이브를 통해서, 홈쇼핑도 유튜브를 통해 진행된다. 콘퍼런스나 설명회도 유튜브로 이루어진다. 정부나 공공기관의 정책 발표회도 유튜브를 통한다. 기업들은 옥외광고나 TV 광고 대신 유튜브를 통해 광고와 제품 소개를 한다. 2022년 보신각 타종 행사도 유튜브 라이브로 방송되었다. 홍콩 시위나 미얀마 시위도 유튜브를 통해 전파된다.

유튜브가 이처럼 가장 가치 있는 서비스 중 하나로 우뚝 성장하게 된 배경은 무엇일까? 바로 플랫폼이다. 수많은 프로슈머(Prosumer)[1]가 유튜브에 머무르기를 좋아하고 머무를 필요가 있었다. 과거에는 콘텐츠가 일부에 의해 독점적으로 제작되고 일방적으로 전달되었다. 자연스럽게 콘텐츠의 내용과 생산 방식, 수량이 제한될 수밖에 없었다. 하지만 일반인 누구나 콘텐츠를 생산할 수 있게 되면서 콘텐츠는 다양해졌고 분야도 제한이 없어졌다. 다양한 콘텐츠가 생산되자 자연스럽게 콘텐츠 소비로 이어졌다. 여기에 더해 유튜브 플랫폼은 수익을 콘텐츠와 공유하는 인센티브 모델을 제시함으로써 단순한 재미뿐만 아니라 돈을 벌 수 있는 환경도 제공했다. 인센티브라는 달콤한 맛을 느낀 유튜버들은 좋은 콘텐츠가 돈으로 연결될 수 있다는 것을 깨달았다. 결국 좋은 콘텐츠는 더 많은 콘텐츠 소비로 이어졌고, 더 많은 콘텐츠 소비는 다시 더 좋은 콘텐츠 제작을 유인하는 선순환 생태계가 조성되었다. 없는 콘텐츠가 없을 정도로 다양한 콘텐츠가 생산되었고, 자연스럽게 사람들은 콘텐츠 소비를 위해 유튜브로 몰려들었다. 콘텐츠가 소비되자 자연스럽게 수익이 발생했고, 이 수익의 일부는 다시 더 좋은 콘텐츠 생산에 투입되었다. 네트워크 효과에 의해 사람들은 유튜브로 더 몰리게 되었고 광고 의뢰도 유튜브로 이동했다.

'당신의 모습을 방송하세요'라는 슬로건으로 시작된 유튜브의 핵심 가치는 바로 '방송의 민주화'다. 이런 가치는 동영상 콘텐츠의 프로슈머(Prosumer)를 양산했다. 사람들은 콘텐츠를 소비하기 위해 유튜브에 몰렸고, 또 다른 한편으로는 콘텐츠를 생산하기 위해 몰렸다. 자연스럽게 보다 많은 사람이 유튜브에서 더 오랫동안 머무를 수 있는 기반이 조성됐다. 여기에 수익 공유 모델을 제시하여 콘텐츠 품질이 개선되고 더 많은 프로슈머가 유튜브에 참여할 수 있는 동기를 부여했다. 더욱 많은 사람이 더 많은 시간을 유튜브에서 보냈고 서비스와 기업은 많은 사람이 머무는 곳을 찾아 투자하고 서비스를 확대해가고 있다. 사람들이 머무를 수 있는 공간이 제공되자 사람들이 알아서 몰렸고 사람들이 상호작용하면서 새로운 가치가 생성됐다.

---

1 생산자(Producer)와 소비자(Consumer)의 합성어로, 소비는 물론 생산에도 직접 참여하는 사람을 말한다. 유튜버는 콘텐츠를 소비도 하지만 동시에 콘텐츠 생산에도 참여한다.

2) 플랫폼으로서의 메타버스

약을 팔러 다니지 말고 약을 팔 수 있는 장(場)을 서게 하라!

가족의 생계를 책임지고 있는 유관순은 밭에서 기른 무와 배추를 수확하여 집집마다 돌아다니면서 팔아 돈을 벌고, 그 돈으로 쌀을 수확해서 판매하는 집을 찾아가 쌀을 사 오는 생활을 이어가고 있었다. 이를 지켜보던 홍길동은 떼돈을 벌 수 있는 기발한 아이디어를 생각해 냈고, 동네 중앙에 길이 교차하는 허허벌판의 넓은 터를 매입하여 '시장'이라는 장소를 설립했다. 이 시장이라는 장소는 처음에는 생소했지만, 물건을 판매하고 구입하기 위해 번거로운 발품을 파는 대신 시장에만 가면 물건을 팔 수도 있고 살 수도 있었기 때문에 사람들이 하나둘씩 모여들기 시작했다. 사람들이 모이기 시작하자 이 시장에만 오면 생활에 필요한 모든 물건을 구입할 수 있게 되었다. 결국 시장은 블랙홀처럼 상품의 수요자와 공급자를 끌어들였다. 시장의 초기 목적은 단순히 물건을 사고팔기 위한 장소였지만, 사람들이 모이기 시작하자 새로운 서비스와 시설이 생겨나기 시작했다. 많은 사람이 모이자 당장 먹고 쉴 수 있는 장소와 서비스가 필요했다. 그래서 식당과 숙박업소가 생겨나기 시작했다. 교통의 편의를 위해 시장 주변으로 교통 시설과 서비스가 발달하기 시작했다. 장사와 거래가 활발해지자 자연스럽게 금융 서비스도 활성화됐다. 사람들은 돈 버는 것을 넘어 돈을 쓰는 데도 관심을 갖게 되었다. 그래서 유흥시설과 문화공간이 자리 잡게 되었다. 그리고 다양한 분쟁과 치안 문제도 대두되어 법을 집행하는 기관과 치안을 담당하는 기관도 들어서게 되었다. 허허벌판이었던 터는 시장으로 발전했고 더 나아가 어느덧 지역을 대표하는 대도시로 발전해 있었다.

플랫폼 전략

플랫폼 기업이 많다. 네이버, 카카오, 유튜브, 구글 등 이런 기업은 소위 잘 나가는 기업이다. 왜 플랫폼 기업이 성공할 수밖에 없는지 이해하기 위해서는 플랫폼 전략을 이해해야 한다. 플랫폼의 기본적인 전략은 사람들을 최대한 모이게 하고 일단 모이면 절대 빠져나가지 못하게 하는 것이 핵심이다. 그리고 가두리에 갇힌 사람들을 상대로 서비스를 제공하고 수익을 거두면 된다. 플랫폼의 일반적인 전략 및 단계를 한 번 설명해 보겠다. 그림 5-6은 플랫폼 기업이 교과서처럼 사용하는 플랫폼 구축 전략이다.

진입장벽 제거	네트워크 효과	Lock-In	수익모델
• 무료서비스 • 공짜 마케팅 • 재미·관심유발	• 입소문 • 파워유저 활용 • 임계점 돌파	• 대체제 타파 • 충족고객 확보 • 전환비용	• 광고 • 수수료/구독료 • Freemium[2]

그림 5-6. 플랫폼 구축 전략

❶ 진입 장벽 제거

플랫폼의 첫 번째 전략은 최대한 사람을 끌어모으는 것이다. 전혀 생소한 영역에 사람을 끌어모으기 위해서는 2가지 요소가 필요하다. 공짜와 재미다. 어떤 가치가 있는 서비스를 제공하면서도 공짜여야 하며 재미도 있어야 한다.

❷ 네트워크 효과

처음에는 사람들을 끌어모으기 힘들지만 일정 임계치에 도달하면 그때부터는 사람들이 서로 끌어당기는 네트워크 효과가 발생한다. 입소문과 상호작용을 통해 알아서 플랫폼에 참여하여 네트워크가 커진다.

❸ 락인(Lock-In)

일정 규모로 사람들이 모이고 서비스가 이루어지면 그때는 경쟁사나 대체될 수 있는 것을 제거한다. 이렇게 함으로써 다른 것으로 대체할 수 있는 전환비용을 아주 높게 만든다. 대체제가 없기 때문에 어쩔 수 없이 사용해야 한다.

❹ 수익모델

사람들이 모이고 Lock-In되면 플랫폼 업체는 이제 본색을 드러내고 수익화에 전념하면 된다. 이용자는 뒤늦게 플랫폼에서 빠져나오고 싶어도 락인(Lock-In)되어 버렸기 때문에 울며 겨자 먹기로 플랫폼을 이용할 수밖에 없는 상황에 직면한다.

처음에는 공짜 미끼를 통해 사람들을 유도하고 일정 임계치에 도달하면 가두리에 가두고 수익을 극대화하는 것은 하나의 고도화된 전략이다. 플랫폼을 부정적인 측면에서 보면 플랫폼 업체의 비열한 마케팅 전략으로 치부할 수 있지만, 다른 한편으로 보면 플랫폼은 엄청난 가치와 잠재력이 있다. 허허벌판이었던 빈 공터가 시장이라는 플랫폼을 통해 하나의 대도시로 발전한 것처럼, 카카오톡은 단순히 문자 서비스에서 시작했지만 사람들이 모여 플랫폼이 되자 모든 서비스와 사업을 빨아들이는 거대한 대기업이 되었다. 그리고 이를 통해 카카오는 다양한 혁신 서비스를 창조하면서 사회에 새로운 가치를 만들어 가고 있다. 단순히 개인이 재미로 올린 동영상으로 시작되었지만, 유튜브는 콘텐츠 생산과 소비의 새로운 선순환 생태계를 이룩했으며 새로운 경제 가치를 창조해가고 있다.

---

2 Freemium: Free와 Premium의 합성어로, 기본적인 기능은 무료로 제공하고 고급 기능은 돈을 받고 판매하는 전략을 말한다.

메타버스에 주목해야 하는 이유

플랫폼은 플랫폼 기업의 입장에서는 기업의 가치와 수익을 극대화할 수 있는 전략이지만 참여자와 새로운 생태계 측면에서는 선순환 모델과 새로운 가치를 창조할 수 있는 기반으로 작동할 수 있다. 플랫폼의 가치는 이용자 수와 이용자들이 머무는 시간에 비례한다. 플랫폼이 어떤 서비스를 제공하느냐 또는 얼마나 높은 수익 모델을 가지고 있느냐가 중요한 것이 아니라 이용자 수와 머무는 시간이 중요한 가치 요소다. 수익은 일단 사람들이 모이고 머무르고 나서 생각해도 늦지 않기 때문이다.

그림 5-7. 플랫폼의 가치 평가 기준

페이스북이 사명을 '메타'로 변경했다. 변경 사유로 애플의 새로운 '개인정보보호정책' 발표로 맞춤형 광고 수익이 어렵게 되어 대응 차원이라는 측면도 있고, 반사회적 수익 모델을 채택해왔다는 내부자 고발 등을 돌파하기 위한 조치라고 해석하는 사람도 있다. 하지만 개인적으로는 보다 근원적인 이유가 있다고 생각한다.

페이스북은 전형적인 플랫폼 서비스 기업이다. 페이스북의 가치는 이용자 수와 그들이 머무는 시간에 의해 결정된다. 광고업체들은 이용자 수와 이용자가 머무는 시간을 기준으로 페이스북에 광고를 제공하기 때문이다. 조사에 따르면, 페이스북의 이용자 수는 꾸준히 감소하고 있다. 반면 유튜브 이용자 수는 꾸준히 증가하고 있다. 그런데 특히 젊은 세대 위주로 메타버스 게임 이용자와 게임 시간이 급증하고 있다. 페이스북 입장에서는 당연히 선제적 대응 차원에서 메타버스로 갈 수밖에 없다.

현재 메타버스 콘텐츠는 게임 위주로 한정되고 절대적으로 부족하지만, 콘텐츠가 다양해지고 킬러 애플리케이션이 출현한다면 하루 아침에 시장의 판도가 바뀔 수 있다. 먼저 메타버스는 기존의 다른 콘텐츠·서비스보다 차원이 다른 재미와 경험 가치를 제공할 수 있다. 페이스북은 글자를 통해, 인스타그램은 사진을 통해, 유튜브는 동영상을 통해 재미를 전달한다. 이들은 모두 2차원 세상이다. 그런데 메타버스는 3~4차원이다. 재미와 느낌에 있어 차원이 다르다. 단순한 재미를 넘어 새로운 세계관이 정립되고 현실의 문제를 해결하고 가치를 창출할 수 있는 충분한 잠재력을 지니고 있다. 이렇게 되면 사람들이 페이스북이나 유튜브보다 메타버스로 이동하여 메타버스에서 더 많은 시간을 보낼 것이라는 사실이 자명해진다.

메타버스도 처음에는 재미 위주로 콘텐츠가 제공될 것이다. 더 많은 사람이 메타버스에서 점점 더 많은 시간을 보내게 되면, 자연스럽게 이용자뿐만 아니라 페이스북과 유튜브 콘텐츠나 관련 서비스도 메타버스로 이동할 것이다. 기업도 메타버스를 좀 더 주의 깊게 바라볼 것이며 광고나 수익 모델도 자연스럽게 메타버스로 이동할 것이다. 사람들은 재미를 찾아 몰려들 것이고, 사람들이 모이고 머무르는 시간이 길어지면 자연스럽게 돈 냄새를 맡은 기업들의 참여가 확대될 것이다. 그리고 그것이 투자로 이어져 새로운 서비스와 콘텐츠가 생산될 것이다. 메타버스가 굳이 번거롭게 새로운 혁신 서비스를 구축하려고 노력하지 않더라도 이용자 수와 머무르는 시간이 늘어나 하나의 거대한 플랫폼으로 형성되면 다양한 서비스와 혁신 가치는 자연스럽게 따르게 되어 있다. 단순 문자 서비스 업체가 플랫폼이 되자 전혀 상관없어 보이는 주식과 은행 분야 서비스를 제공한다. 단순히 개인 동영상을 올렸던 서비스가 플랫폼이 되자 방송국 콘텐츠를 소비하고 정부의 정책을 발표한다. 이처럼 어떤 서비스나 산업이 플랫폼이 되느냐 안 되느냐에 따라서 전후의 서비스 모델이나 산업 형태는 완전히 달라진다.

2006년 유튜브와 2010년 카카오톡을 생각해 보자. 각각 허접한 개인 영상이 하나둘씩 업로드되고, 단순히 문자를 전송하는 하나의 어플에 불과했다. 하지만 두 업체는 플랫폼 기업으로 성장하면서 서비스 생태계와 산업의 기준을 새롭게 정립했다. 현재의 메타버스도 2006년의 유튜브와 2010년의 카카오톡 수준 정도로 이해할 수 있다. 별 볼일 없고 허접하다. 하지만 만일 메타버스가 산업과 세상의 플랫폼으로 구축된다면 이야기는 달라질 것이다. 그래서 메타버스가 현재 어떤 서비스를 제공하고 어떤 가치를 창출할 수 있느냐로 접근하기보다는 메타버스가 플랫폼이 될 수 있느냐, 그렇다면 그 가능성은 어느 정도냐의 관점에서 접근하는 것이 필요하다. 쉽게 말해서 많은 사람이 재미 또는 어떤 이유로든 메타버스에 몰려들 가능성을 평가하는 것이 중요하다. 아무리 메타버스가 허구이고 사기라고 하더라도 일단 사람들이 몰려들면 상황이 달라진다.

카카오톡과 유튜브가 하나의 기업 차원에서 서비스를 플랫폼화하여 회사의 가치와 잠재력을 보여준 사례라면, 메타버스는 산업과 경제의 새로운 플랫폼이 될 경우 산업 전체를 재정의할 수 있는 가치와 잠재력이 충분하다.

캐나다 투자기업 Tokens.com이 디센트럴랜드(Decentraland)에 250만 달러 상당의 토지를 구입했다는 기사가 있었다. 그리고 삼성전자 미국 법인은 디센트럴랜드에 가상 매장인 '삼성 837X'를 오픈했다고 한다.

그림 5-8. 디센트럴랜드 삼성전자 가상 매장 (출처: 뉴스퀘스트)

한편으론 이해가 되지 않는다. 실체도 없는 가상의 땅을 250만 달러를 지급하고 구입하는 것이나 가상 공간에 가상 매장을 오픈하는 이유가 의아할 수 있다. 그런데 이렇게 생각해 볼 수도 있다. 기존에는 코엑스 등 물리적인 장소에서 콘퍼런스를 진행했다. 그런데 최근에는 코로나 정국 등과 맞물려 콘퍼런스 대부분이 유튜브 라이브로 진행된다. 콘퍼런스 발표자도 본인 사무실에서 온라인으로 발표하고 참석자들도 각자 집에서 유튜브 라이브를 통해 참여한다. 이런 풍경이 보편화되면 일정한 가상의 공간을 설정하고 발표자나 참가자는 본인만의 아바타를 통해 가상 공간에 모여서 콘퍼런스를 진행할 수 있다. 물리적 공간에서 콘퍼런스를 진행하기보다는 현장감이 떨어지겠지만, 단순히 유튜브 라이브를 통하는 콘퍼런스보다는 그래도 좀 더 콘퍼런스다운 맛을 느낄 수 있을 것이다. 이때 콘퍼런스 내부 모습만 가상 공간에 급조하여 구현하고, 디센트럴랜드의 유명한 가상 건물의 가상 콘퍼런스 장소에서 주최한다고 홍보할 수 있다. 이때 콘퍼런스가 열리는 메타버스 플랫폼이 디센트럴랜드냐, 아니면 들어보지도 못한 메타버스 플랫폼이냐에 따라 느낌과 분위기는 다를 것이다. 또한 디센트럴랜드 내에서도 유명한 번화가인지 아니면 외진 장소인지에 따라 느낌이 달라질 것이다. 또한 번화가 중에서도 어떤 가상 건물에서 콘퍼런스를 주최하느냐에 따라 느낌이 다를 것이다. 특정 가상 건물이 디자인도 뛰어나고 사람들에게 인기가 많다면 그 건물에서 콘퍼런스를 여는 이용자가 많아질 것이며, 당연히 가상 건물 주인은 이용료를 높이고자 할 것이다. 가상 공간이지만 현실의 사고와 경제 원리가 그대로 적용된다.

삼성전자가 갤럭시 신형 모델을 출시했을 때, 현재는 TV나 유튜브 또는 길거리 대형 옥외광고판을 통해 광고한다. 그런데 더 많은 사람에게 노출시키는 것이 목적이라면 향후 가장 많은 사람(아바타)이 머무르게 될 메타버스 세상에서 광고하는 것이 더 좋을 것이다. 메타버스 공간에서 거닐던 아바타들은 삼성 가상 매장에 방문하여 갤럭시 신형 모델을 살펴볼 수 있다. 아무리 가상 세계에 위치하더라도 삼성 가상 매장이 어느 메타버스 플랫폼에 위치하는지, 그리고 플랫폼 내 어느 지역에 있는지는 중요하다.

정리하면, 메타버스는 재미와 경험 가치 측면에서 사람들의 재미 욕구를 자극하고 끌어모을 수 있는 잠재력을 충분히 가지고 있다. 실제로 수많은 사람이 이미 메타버스 게임이나 제페토 같은 가상 공간에서 시간을 보내고 있다. 기업도 가상 공간에 매장을 오픈해서 홍보 및 서비스 모델 등을 검토하고 있다. 초기 단계이긴 하지만, 메타버스가 사람들을 끌어모을 수 있는 잠재력을 지니고 있는 것은 자명해 보인다. 더 많은 사람이 모이고 더 많은 시간을 메타버스에서 보내게 된다면, 아바타 간 상호작용과 기업의 참여를 통해 새로운 서비스가 형성되고 새로운 가치가 창조되는 플랫폼으로 발전할 가능성이 높아 보인다. 메타버스가 플랫폼으로 일단 자리 잡으면 그때는 플랫폼 생태계가 알아서 메타버스의 서비스와 가치를 가속화할 것이다.

5.1.3 메타버스의 범주와 유형

메타버스의 범주와 유형 역시 일반적인 메타버스 관점보다는 NFT와의 연계 및 활용 측면에서 점검해 보고자 한다.

1) 메타버스의 범주

먼저 메타버스의 개념을 다시 한 번 상기해 보자. 메타버스는 단순한 3D 가상현실과는 다르다. 메타버스는 가상현실을 기반으로 연결되고 상호작용하면서 사회적·경제적 활동을 통해 새로운 가치를 창출하는 개념이다.

초기의 메타버스는 단순히 재미, 오락, 체험 등의 서비스를 제공하겠지만, 아바타를 기반으로 아바타와 아바타, 또는 아바타와 서비스 대상 간의 상호작용이 발생할 것이며 상호작용 과정에서 필요한 디지털 재화나 서비스가 거래되는 방향으로 발전할 것이다. 이것이 확대되고 확장되면 현실의 경제 활동과 유사한 경제 활동이 메타버스에서도 이루어질 것이다. NFT가 거래 및 경제 활동의 매개수단으로 활용된다고 설명했었다. 메타버스의 개념과 NFT와의 연계 관점에서 볼 때 메타버스를 '상호작용', '재화·서비스 거래', '경제 활동' 관점에서 접근하는 것이 좋을 것 같다.

2) 메타버스의 유형

메타버스의 유형 역시 NFT와의 연계 관점에서 살펴보자. 보통 메타버스 유형은 ASF(미국미래학협회)에서 제시한 증강현실, 라이프로깅, 거울세계, 가상세계로 구분된다. 하지만 여기에서는 현실 세계와 메타버스와의 연계성과 상호작용성 관점에서 유형을 살펴보고자 한다.

그림 5-9는 현실 세계와 메타버스의 연계 및 상호작용을 3가지 유형으로 나누었다. 현실세계를 그대로 재현, 현실 세계·메타버스 연계, 메타버스에만 존재하는 유형이 그것이다.

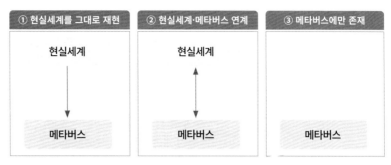

그림 5-9. 현실 세계와 메타버스의 연계 관점에서 구분한 메타버스 유형

❶ 현실 세계를 그대로 재현

현실의 서비스와 기능을 그대로 단순히 가상 공간에서 표현만 함

- 네이버 비대면 신입사원교육을 위해 실제 사옥과 동일한 가상 사옥 투어
- BTS 뮤직비디오를 포트나이트를 통해 공개
- 금융권은 현실의 금융 상품과 서비스를 단순히 메타버스 공간을 통해 소개

❷ 현실 세계 · 메타버스 연계

현실 세계와 메타버스가 상호작용하며 재화나 권리가 상호 이동 가능

- 구찌는 현실의 제품과 동일한 디자인의 가상 제품을 메타버스에서 판매하고, 메타버스 이용자는 현실의 제품 구매로 이어짐
- 직방은 현실의 부동산 중개 서비스를 하면서 사무실은 가상 사무실 이용
- 소더비 경매사는 가상의 전시장을 개장하고 디지털 미술품 전시 및 경매

❸ 메타버스에만 존재

현실 세계와 별개로 메타버스 세상에서만 구현됨

- 디센트럴랜드, 더 샌드박스와 같은 가상 세계 부동산 플랫폼
- 로블록스, 마인크래프트와 같은 가상 게임

현실 세계와 메타버스의 연계 관계에 따른 유형별 특징을 이해할 수 있다.

1. 현실 세계를 단순히 가상에서 재현한 개념으로, 메타버스 내 상호작용이나 경제 활동은 상당히 제한적으로 나타남

2. 현실 세계와 메타버스가 상호 연계될 경우 가상의 재화나 서비스가 현실에서 교환되거나 거래소 등을 통해 거래 가능

3. 현실과 전혀 다른 차원의 재화나 서비스가 가상 세계에서만 존재하고 거래됨

5.2 NFT 관점에서 본 메타버스의 특징과 구현 요소

메타버스의 특징과 구현 요소 역시 다양한 관점에서 접근이 가능하지만, 이 절에서는 NFT 관점에서 한 번 접근해 보고자 한다. 따라서 이 절의 내용을 일반적인 메타버스 특징과 구현 요소라고 이해해서는 안 된다.

5.2.1 NFT 관점에서의 메타버스 특징

먼저 NFT 관점에서 본 메타버스의 특징을 알아보겠다. 토큰(NFT)은 거래의 편리성을 위해 많이 활용된다고 설명했다. 이 절에서도 거래 · 경제 활동 관점에서 메타버스 특징을 이해해 보겠다.

1) 메타버스에서의 거래 · 경제 활동

앞서 NFT 관점의 메타버스 범주를 '상호작용', '재화 · 서비스 거래', '경제 활동'으로 식별했다. 이번 단원에서는 이 3가지에 대해 좀 더 상세히 이야기해 보겠다. 그에 앞서 이 3가지는 각각 발전되는 단계로 이해하는 것이 좋다.

(1) 상호작용

현실 세계와 메타버스로 연결되는 세상에서 객체와 대상을 식별할 수 있다. 그림 5-10은 메타버스에서의 상호작용을 보여준다. 현실의 나, 가상 세계의 아바타, 그리고 가상 세계의 자산 · 서비스 · 플랫폼 · 콘텐츠 등이 식별되어 서로 상호작용할 수 있다.

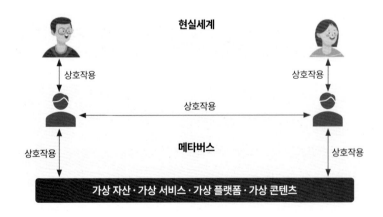

그림 5-10. 메타버스에서의 상호작용

메타버스는 단순히 3D 가상현실을 체험하는 것을 넘어 객체와 대상이 상호작용하는 것으로 이해할 수 있다. 상호작용이라는 것은 상당히 포괄적인 개념이다. 아바타가 서로 커뮤니케이션할 수도 있고, 아바타가 가상의 매장에서 물건을 만져본다거나 가상의 전시장에 전시된 디지털 그림을 관람하는 것도 모두 상호작용이다. 아바타가 가상의 건물을 짓는 것도 상호작용이다.

(2) 재화 · 서비스 거래

상호작용이 좀 더 발전되고 경제적인 요소가 가미되면 메타버스에서 재화나 서비스가 직접 거래되는 형태로 발전할 수 있다. 그림 5-11은 메타버스에서 재화나 서비스가 거래되는 상황을 보여준다. 메타버스에 디지털 미술품과 같은 디지털 자산이 있고, 갤러리에서 디지털 미술품을 관람할 수 있는 관람 권리 등이 있을 수 있다. 그리고 이런 디지털 자산과 이용 권리를 거래할 수 있는 거래 수단이 필요하다.

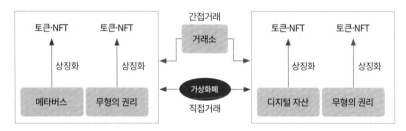

그림 5-11. 메타버스에서의 재화 · 서비스 거래

그리고 디지털 자산이나 무형의 권리를 직접 거래하기 어렵거나 실체화가 필요할 경우 이들을 토큰(NFT)으로 상징화하여 거래의 편리성을 도모할 수 있다. 예를 들어 디지털 미술품은 디지털 세상에서 소유권을 보장받기 어렵다. 이때 디지털 자산을 토큰(NFT)으로 상징화하여 등기를 통해 소유권을 보장할 수 있는 방안을 앞에서 살펴봤다. 한편, 소더비 디지털 갤러리에 방문하여 갤러리 작품을 관람하고자 한다면 이용권이 있어야 한다. 이때 이용권을 토큰(NFT)으로 구현할 수 있다.

(3) 경제 활동

처음에는 디지털 자산이나 특정 권리를 서로 거래하는 수준에서 경제 활동이 이루어지겠지만, 메타버스가 하나의 새로운 세상으로 자리 잡게 되면 경제 주체와 경제 활동이 본격적으로 대두될 것이다. 비록 메타버스 세상이지만, 메타버스 내에서 땅을 구입하고 가상의 건물을 짓고 가계를 임대할 것이다. 기업은 매장을 열고 직원(아바타)을 고용하여 경제 활동을 할 것이다. 아바타들은 메타버스에서 돈을 벌고 이를 가상 세계에서 영화를 보고 콘서트를 즐기면서 소비할 것이다. 또한 이해관계가 맞는 사람끼리 자율 조직을 형성하여 공동의 서비스와 수익 활동을 영위해 갈 것이다.

그림 5-12는 현실 세계의 경제 활동과 메타버스에서의 경제 활동을 비교해 보여준다. 현실세계에는 경제 활동 주체로 정부, 가계, 기업이 있으며, 이들은 그림에서와같은 경제 활동을 한다. 메타버스에서는 아바타와 서비스 기업이 있고, DAO라는 탈중앙 자율 조직이 활동한다. 물론 이것은 경제 활동의 사례 관점에서 소개한 것이지, 메타버스에서 경제 활동을 이렇게 규정할 수 있다는 의미는 아니다.

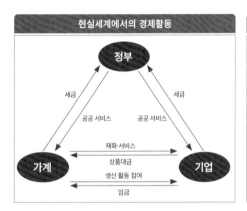

그림 5-12. 메타버스에서의 경제 활동

메타버스에서의 경제 활동 역시 현실 세계의 경제 활동과 아주 유사하게 이루어진다고 생각할 수 있다. 현재는 단순한 상호작용 또는 거래 정도지만, 메타버스가 발전하면 현실 세계와 아주 동일한 경제 활동과 경제 체제가 구축될 수도 있다. 현재로서는 정확히 예측하기 어렵지만, 카카오톡과 유튜브 사례처럼 플랫폼을 기반으로 파생되고 발전된 모습을 참조하면 메타버스에서도 다양한 경제 활동과 서비스가 실제로 구현될 수 있다.

2) 메타버스에서의 거래 · 경제 활동 사례

(1) 구찌(GUCCI)

명품 브랜드 구찌(GUCCI)는 창립 100주년을 맞아 2018년 이탈리아 피렌체에 구찌 가든(Gucci Garden)을 오픈했다. 구찌 가든은 갤러리, 부티크, 레스토랑 등을 갖추고 있다. 구찌는 메타버스 플랫폼인 제페토에 구찌 가든(Gucci Garden)을 그대로 모방해서 만든 구찌 빌라(Gucci Villa)라는 가상 공간을 마련했다. 메타버스 속의 아바타들은 구찌 빌라를 방문하여 구찌 명품 브랜드 제품을 착용해보거나 구매할 수 있다. 구찌와 같은 명품 브랜드도 메타버스에 현실의 공간과 동일한 가상 공간을 오픈해서 홍보와 마케팅을 하고 있다. 왜 구찌 같은 명품 브랜드 업체도 이처럼 메타버스를 적극 활용하는 것일까?

그림 5-13. 제페토 구찌 빌라 (출처: 서울경제)

구찌가 메타버스에 가상의 매장을 오픈하는 이유는 크게 3가지로 생각해 볼 수 있다. 첫째는 홍보와 마케팅이다. 젊은 세대가 메타버스를 많이 이용하고 메타버스에서 머무르는 시간이 늘어나다 보니 오프라인이나 다른 온라인 공간보다 메타버스 플랫폼 상에 가상의 홍보용 매장을 오픈하는 것이 마케팅과 홍보 차원에서 훨씬 더 효과적이기 때문이다. 두 번째는 D2A(Direct to Abata) 때문이다. 메타버스 세상에서는 아바타가 본인을 대신하여 활동한다. 아바타는 사실상 본인의 분신이라고 할 수 있다. 자연스럽게 아바타 꾸미기를 통해 대리만족이나 본인의 자존감을 높일 수 있다. 아무리 아바타라고 하더라도 여유만 된다면 아바타를 명품으로 꾸미고 싶어하는 욕구가 존재한다. 과거 개인 홈페이지가 유행했을 때 개인 홈페이지를 예쁘게 디자인하거나 개인 블로그를 잘 꾸미고 싶은 욕구가 있는 것과 동일하다. 이런 소비 욕구를 겨냥해 오프라인 명품 제품과 동일한 디지털 제품을 디자인하여 아바타에게 판매할 수 있다. D2A를 통한 매출과 수익도 꽤 높은 것으로 나타나고 있다. 세 번째는 오프라인 제품의 구매로 연결되기 때문이다. 메타버스 속 아바타들은 가상 세계에서 구찌 빌라를 구경하면서 명품 브랜드에 대한 동경과 대리만족을 위해 아바타용 디지털 제품을 구입한다. 본인 아바타에 착용한 디지털 제품이 멋져 보일 경우 자연스럽게 현실에서 동일한 디자인의 오프라인 제품 구매로 이어질 수 있다.

그럼 메타버스 속 구찌와 토큰(NFT)는 어떻게 연계할 수 있을까? 메타버스 속 구찌 빌라가 만일 입장권을 받는다면 현금을 지불할 수 없기 때문에 가상화폐나 토큰으로 입장권을 구매해야 한다. 구찌 빌라의 전시장 관람권을 NFT로 발행할 수도 있다. 그리고 구찌 디지털 제품을 구매할 경우 역시 토큰이나 가상화폐가 필요하며, 디지털 제품의 소유권 보장이나 인증서를 위해 NFT를 발행할 수 있다. 또한 디지털 제품을 구입할 경우 할인권을 토큰이나 NFT로 발행할 수 있다. 이 할인권 NFT는 현실 세계의 오프라인 제품 구매 시 할인권으로 활용할 수 있다. 메타버스 속 경제 활동은 현실의 경제 활동과 거의 유사하다. 단지 현실 세계의 화폐나 증서 등을 그대로 사용할 수 없기 때문에 대신 토큰이나 NFT를 사용하는 것이다.

(2) 직방 메타폴리스

부동산 거래 플랫폼 업체인 직방은 코로나 정국에 대응하기 위해 '메타폴리스'라는 가상 오피스를 오픈했다. 그런데 한시적 재택근무가 아니라 오프라인 사무실을 완전히 폐쇄하고 아예 통째로 가상 오피스로 이동했다. 직원들은 사무실로 출근하는 것이 아니라 가상오피스인 '메타폴리스'로 출근한다. 가상오피스에서 본인 아바타를 이용하여 회의, 업무, 미팅에 참여한다. 현실의 사무실을 그대로 메타버스 상에 재현한 것이 아니라, 순수하게 메타버스 공간에 가상의 사무실을 오픈하고 아바타를 통해 업무를 보는 것이다.

그림 5-14. 직방 메타폴리스 (출처: ZDNet Korea)

직원들은 출퇴근의 고통으로부터 자유로워졌고, 집에서 온라인으로 접근하기 때문에 복장도 편하게 유지할 수 있다.

메타폴리스는 토큰(NFT)과 어떻게 연계될까? 먼저 현실 세계의 사무실이 존재하지 않기 때문에 오프라인 형태의 사원증이 없다. 따라서 사원증을 토큰으로 발행할 수 있다. 이때 토큰에는 ID가 부여되기 때문에 NFT로 발행될 것이다. 회사에서는 직원 복지 차원에서 디지털 갤러리를 운영할 수 있다. 이때 갤러리 관람권을 토큰으로 발행해서 제공할 수 있다. 그리고 직원 건강을 위해 닌텐도 Wii Fit와 같은 서비스를 제공할 경우 이용권을 토큰으로 발행할 수 있다. 아바타가 본인을 대신하기 때문에 자연스럽게 아바타를 개성 있게 꾸미거나 명품으로 치장할 수도 있다. D2A(Direct to Abata) 시장에서 토큰이나 가상화폐를 통해 디지털 의상이나 제품을 구입해서 아바타를 꾸밀 수 있다.

(3) 소더비 경매사

3대 경매사 중의 한 곳인 소더비가 2021년 6월 메타버스 플랫폼인 디센트럴랜드(Decentraland)에 가상 갤러리를 오픈했다. 영국 런던 뉴 본드 스트리트에 위치한 건물의 외관과 거의 유사하게 디자인한 가상 갤러리를 메타버스 상에 오픈한 것이나. 다음 그림을 보면 왼쪽 사진은 런던에 위치한 실제 소더비 건물이며 오른쪽 사진은 디센트럴랜드에 오픈한 가상 갤러리다.

그림 5-15. 소더비 실제 갤러리와 가상 갤러리 (출처: decentraland blog)

소더비 가상 갤러리에는 디지털 작품이 전시되기도 하며 그 작품을 실제로 구매도 할 수 있다. 그리고 디지털 갤러리에서 열리는 경매를 통해 NFT를 낙찰 받을 수 있다.

디센트럴랜드에서는 토큰(NFT)과 어떻게 연계할 수 있을까? 디센트럴랜드에서 건물을 짓기 위해서는 먼저 땅을 구입하고 소유권도 보장받아야 한다. 디센트럴랜드에서는 기본적으로 마나(Mana)라는 자체 암호화폐를 사용해야 하며 소유권 등과 관련해서 NFT 형태로 발행될 수 있다. 갤러리에 입장하기 위해 입장권을 NFT로 발행할 수도 있다. 전시된 제품을 구입하게 된다면 토큰이나 마나(Mana)라는 암호화폐를 이용해야 하며, 구입한 디지털 작품에 대한 소유권을 NFT 형태로 발행할 수 있다. 디지털 작품에 대한 실제 경매도 이루어지는데, 경매에서는 비트코인이나 이더리움 같은 가상화폐가 활용된다.

5.2.2 NFT 관점에서 본 메타버스 구성 요소

메타버스는 그에 대한 개념과 해석도 다양하고 접근하는 방법도 다양하다. 이 책에서는 메타버스의 구성 요소 역시 NFT 관점에서 접근할 것이므로 일반적인 관점의 메타버스 구성 요소는 아니라고 이해해주면 좋겠다.

1) 구성 요소 식별

메타버스는 단순한 3D 가상 세계라기보다는 상호작용을 통해서 새로운 가치를 창조하는 것이라고 설명했다. 메타버스 구성 요소를 거래와 경제 활동 측면에서 단순화하면 그림 5-16과 같다. 메타버스 세상에서 거래와 경제 활동이란 메타버스에 존재하는 디지털 자산과 서비스를 이용하고 거래하는 행위라고 할 수 있다. 이런 개념도를 기반으로 5가지 요소를 식별할 수 있다.

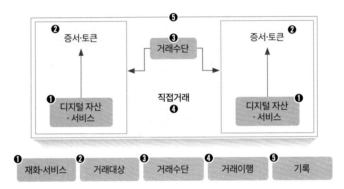

그림 5-16. 메타버스 구성 요소 식별

❶ **재화 · 서비스**: 거래 대상의 실체(본질)이라 할 수 있는 디지털 재화(자산)와 서비스

❷ **거래 대상**: 디지털 재화와 서비스를 거래가 용이하도록 상징화(증서 · 토큰)

❸ **거래 수단**: 재화와 서비스를 거래할 수 있는 매개수단(가상화폐)

❹ **거래 이행**: 합의된 거래나 계약이 이행될 수 있는 조치나 제도

❺ **기록**: 모든 거래는 공부(公簿)에 기록

식별된 5가지를 좀 더 자세히 알아보도록 하겠다.

❶ 재화 · 서비스

현실 세계에서 사람들은 재화나 서비스를 소유하거나 이용하기 위해 거래 · 경제 활동을 한다. 이는 가상 세계에서도 동일하다. 처음에는 단순히 메타버스 세상에서 아바타를 기반으로 상호작용하는 정도겠지만, 메타버스가 좀 더 보편화되고 적극적으로 참여하게 되면 디지털 자산을 거래하거나 서비스를 이용하게 될 것이다.

메타버스에서 재화나 서비스의 형태는 당연히 디지털일 것이다. 그리고 메타버스에서 새화나 서비스의 유형은 자산, 서비스, 권리 등일 것이다. 메타버스에서 거래되고 이용될 수 있는 재화와 서비스의 유형과 사례를 정리해 보면 다음 표와 같다.

재화 · 서비스 형태	재화 · 서비스 유형	재화 · 서비스 사례
디지털	자산	디지털 건물(토지) 디지털 미술품
	서비스	디지털 건물 임대 디지털 갤러리 이용
	권리	디지털 건물 소유권 디지털 미술품 소유권

메타버스 세상에서의 재화 · 서비스도 현실 세계에서의 재화 및 서비스와 동일하다. 단지 형태만 디지털로서 다를 것이다.

❷ 거래 대상

디지털 자산과 서비스를 거래에 그대로 활용해도 되지만, 1~2장에서 살펴봤던 것처럼 기초자산을 그대로 활용하기보다는 이를 증서 또는 토큰화하여 거래의 편리성을 추구할 수 있다. 메타버스의 디지털 자산을 그대로 거래에 활용하기보다는 이를 토큰으로 상징화하여 거래하는 것이 훨씬 더 편리할 수 있다. 더구나 디지털 자산이나 서비스 권리는 실체가 없기 때문에 더욱 더 토큰 등으로 상징화하여 거래할 필요가 있다. 디지털 자산과 서비스를 기초자산으로 하여 토큰화할 때 사례 및 유형을 다음과 같이 정리할 수 있다.

기초자산	상징(토큰)화 대상 사례	토큰 유형
자산	디지털 건물	FT
서비스	이용권, 관람권	NFT
권리	소유권	NFT

❸ 거래 수단

거래 수단으로 현실에서는 주로 현금을 이용한다. 하지만 메타버스에서는 현실의 화폐를 그대로 활용할 수 없기 때문에 가상화폐를 사용할 것이다. 가상화폐도 화폐 목적의 토큰으로 이해할 수 있다. 화폐 목적의 가상화폐는 FT 형태일 것이다.

❹ 거래 이행

2장에서 계약 불이행의 문제점을 지적했었다. 현실 거래나 경제 활동에서 가장 많은 분쟁이나 갈등을 야기하는 부분이 바로 합의된 계약을 이행하지 않는 것이다. 사람들은 이런 계약 불이행을 차단하기 위해 더욱더 까다로운 요구 조건을 제시하거나 제3 신뢰 기관(ex. 공증사무소, 보험 등) 또는 이행 강제화를 위해 결국 법원을 이용하기도 한다. 합의된 계약을 강제화하기 위해서는 두 가지가 필요하다. 먼저 합의된 계약서가 절대 위변조되지 않게 하는 것이고, 계약 이행이 특정 세력에 의해 통제되지 않게 하는 것이다. 계약의 위변조를 차단하기 위해 계약 내용을 블록체인에 저장하고 계약 이행이 특정 세력에 의해 저지·통제되는 것을 차단하기 위해 탈중앙 분산 시스템 기반으로 계약을 실행시키면 합의된 계약을 강제 이행되게 설계할 수 있다.

❺ 기록

모든 과정은 기록으로 남아야 한다. 그런데 문제는 기록이 위변조될 수 있고 기록에 대한 접근이 제한되는 경우가 있다. 이런 기록을 블록체인에 저장한다면 데이터는 위변조되지 않을 것이며 모든 데이터를 투명하게 공개할 수 있다.

앞서 살펴본 5가지 내용을 전통적 처리 방식과 메타버스에서 처리되는 방식으로 비교하여 정리하면 다음과 같다.

구분	전통적 거래·경제 활동	메타버스
재화·서비스	실물 자산	디지털 자산 · 무형 권리
거래 대상	실물 자산 자체 또는 증서	디지털 자산의 토큰화
거래 수단	현금 · 증권	가상화폐
거래 이행	제3 신뢰 기관 · 법원	탈중앙 기반 거래 강제화
기록	중앙 장부	블록체인

메타버스에서의 '거래와 경제 활동' 관점에서 메타버스 구성 요소로 5가지를 식별했는데, 이 5가지를 서비스 구현 차원에서 그림 5-17과 같이 3가지 영역으로 구분할 수 있을 것 같다.

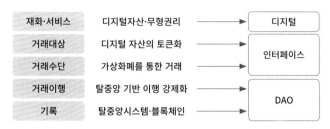

그림 5-17. 메타버스 거래 · 경제 활동 관점에서 본 3가지 영역

1. 디지털: 메타버스에서는 모든 것이 디지털로 구성

2. 인터페이스: 디지털 객체가 서로 상호작용하는 매개체

3. DAO: Decentralized Autonomous Organization (탈중앙 자율 조직)

식별된 3가지 영역(디지털, 인터페이스, DAO)과 이들이 토큰(NFT)과 어떻게 연계될 수 있는지는 다음 장에서 자세히 알아보겠다. 이에 앞서 DAO라는 개념은 좀 더 자세한 이해가 필요하므로 DAO만 별도로 추가로 설명하고 다음 장으로 넘어가겠다.

2) DAO (Decentralized Autonomous Organization)

많은 사람이 DAO의 'Decentralized'를 블록체인과 연계해서 이해한다. 그러다 보니 DAO를 반드시 블록체인 기반으로 작동되는 조직이나 프로젝트로 오해할 수 있겠지만, 그냥 쉽게 동등한 지위로 자유롭게 참여하는 조직 정도로 생각하는 것이 이해하는 데 도움이 된다. 대표적인 DAO 사례로는 오픈 소스 커뮤니티가 있다. 블록체인이 DAO 구현에 도움이 되지만, 블록체인 연계 없이도 DAO를 구현할 수 있다.

시스템과 조직의 유형

시스템은 크게 두 가지 유형이 있다. 중앙 시스템과 탈중앙 시스템이다. 중앙 시스템은 중앙 서버에서 모든 업무가 처리되고 클라이언트는 단순히 중앙 서버에 접속하여 처리된 결과를 이용한다. 반면 탈중앙 시스템은 분산된 모든 노드가 동등한 입장에서 함께 처리에 참여하고 동시에 이용하는 구조다.

- **중앙 시스템**: 서버(Server)와 클라이언트(Client) 구조

- **탈중앙 시스템**: 동등 권한의 노드들이 분산된 구조

이와 유사하게, 조직도 두 가지 유형이 있다. 중앙화된 조직과 탈중앙화된 조직이다.

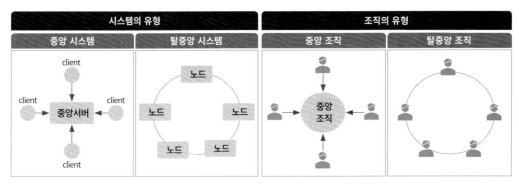

그림 5-18. 시스템 유형과 조직 유형

- **중앙 조직**: 중앙 조직에 의해 모든 것이 결정되어 하달됨

- **탈중앙 조직**: 모든 조직 구성원이 동등한 위치에서 참여하고 조직 통제력이 분산됨

중앙화된 조직 구조는 중앙 조직에 의해 모든 의사나 정책이 결정되어 하위 조직으로 전달되는 구조다. 반면 탈중앙화된 조직 구조는 모든 조직원이 대등한 위치에서 모든 의사결정에 참여하는 구조를 말한다. 회사나 일반 조직 대부분은 중앙화된 조직 구조를 갖추고 있다. 반면 탈중앙화된 조직의 형태도 나타나고 있다. 오픈 소스 커뮤니티도 탈중앙화된 조직이며 대전 한밭레츠와 같은 지역 공동체도 탈중앙화된 조직이라고 볼 수 있다.

DAO(Decentralized Autonomous Organization)의 개념

조직(Organization)은 특정 목적을 달성하기 위해 여러 구성 요소가 모이는 집단 또는 협동 체계를 말한다. 조직은 중앙화된 조직과 탈중앙화된 조직이 있는데, 중앙화된 조직은 소수에 의해 의사결정이 이루어지고 책임도 의사결정자에 돌아가기 때문에 절차나 구조가 비교적 단순하다. 하지만 탈중앙화된 조직은 모든 조직원이 참여하여 의사결정을 진행하고 문제 발생 시 책임도 결국 분산되어 돌아가기 때문에 중앙화된 조직보다 다소 절차가 복잡하다. 탈중앙화된 조직의 대표적인 사례가 오픈소스 커뮤니티다. 2장에서 EIP(Ethereum Improvement Proposal)의 절차를 설명했었다.

제안 → 토론과 의견 → 투표로 결론 → 승인

DAO(탈중앙 자율 조직)는 동일한 이해관계를 가진 이해관계자들이 공동의 목표를 위해 함께 협의하여 의사결정을 하고 발생되는 수익을 공평하게 보상받는 조직 구조를 말한다. DAO가 구현되기 위해서는 다음과 같은 요소가 필요하다.

- 자유로운 타협과 합의를 거쳐 만장일치에 도달할 수 있지만, 반대 의견도 있을 수 있기 때문에 결국 투표를 통한 합의에 도달해야 한다.

- 일단 합의된 계약은 강제 이행되어야 한다. 합의된 내용에 누군가 반기를 들 경우 탈중앙회된 조직에서는 혼란을 야기할 수 있다.

- 모든 과정이 기록되고 위변조되지 않도록 관리되고 투명하게 공개되어야 한다.

- 자발적인 참여를 유인할 수 있는 합의된 보상이 돌아가야 한다.

이 요소를 간단하게 정리하면 다음과 같다.

DAO 구현 구성 요소	설명
투표를 통한 합의	제안된 안건에 대해 투표를 통해 합의 도달
합의 계약 실행	합의된 내용을 계약서로 작성하고 강제 이행
기록 및 투명 공개	모든 절차나 내용은 기록하고 투명하게 공개
자발적 참여 유인 보상	발생한 수익에 대해 합의된 계약에 따라 보상

DAO 구현을 위한 일반적인 절차와 구성 요소를 구조화하면 그림 5-19와 같다.

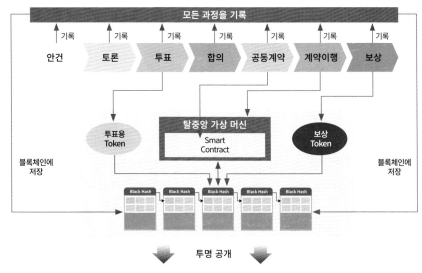

그림 5-19. 탈중앙화 조직 구현 절차와 시스템

- 일반적인 절차로서, 안건이 제시되면 토론을 거쳐 투표를 통해 합의에 도달한다. 합의된 결과를 바탕으로 (스마트) 계약서를 작성하고 강제 이행을 통해 참여자 모두에게 보상이 돌아가는 절차를 따른다.

- 투표 과정에서는 투표용 토큰이 발행될 수 있으며 보상을 위해 보상용 토큰이 발행될 수 있다. 그리고 계약서는 코드 형태로 작성되며 조건 충족 시 자동으로 실행된다.

- 절차상 모든 과정은 기록되어 블록체인에 저장되며 투명하게 공개된다.

그림 5-19를 통해 DAO는 탈중앙화된 조직이지만 DAO가 구현되기 위해서는 적절한 시스템(투표 시스템, 토큰 발행, 스마트 컨트랙트, 블록체인)이 필요하다는 것을 알 수 있다. 중앙 조직 없이 이 해관계자들이 자유롭게 의견을 제안하고, 투표를 통해 의사를 결정하고, 스마트 컨트랙트를 통해 이 행이 강제화되고, 모든 내역과 스마트 컨트랙트가 블록체인에 저장되어 위변조가 차단되고 투명하게 공개되는 구조를 가진다. 탈중앙화된 조직은 투표와 합의, 스마트 계약의 자동 이행, 보상을 통해서 구현될 수 있으며 절차상 필요한 요구 조건은 토큰이나 블록체인을 활용한 탈중앙 시스템과의 연계를 통해 구현될 수 있다.

결국 DAO는 '탈중앙 조직'이 '탈중앙 시스템'을 활용하여 구현할 수 있다. 이를 구조화하여 표현하면 그림 5-20과 같다.

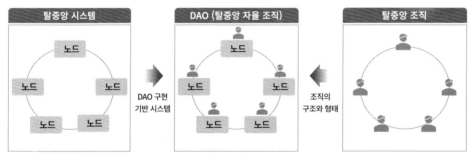

그림 5-20. DAO(탈중앙 자율 조직)의 구조

DAO는 분산된 자율 조직이기는 하지만 공동의 목표와 이해관계가 있다. 따라서 공동의 목표를 위해 자율적으로 참여하고 의사결정 과정에서 합의와 투표를 통해 결정되며 조직 내 계약은 스마트 컨트랙트를 통해 구현하고 조건에 충족되면 모든 참여자가 함께 참여한 가상 머신을 동시에 실행시켜 버리기 때문에 강제 이행이 가능하다. 그림 5-20을 좀 더 자세히 표현하면 그림 5-21과 같다.

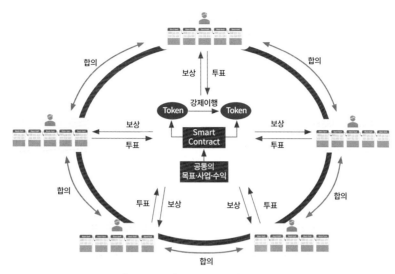

그림 5-21. DAO(탈중앙 자율 조직) 개념도

DAO의 개념은 다음과 같이 정리할 수 있다.

구분	설명
조직의 형태	탈중앙화된 조직 (모든 조직원은 동등한 위치로 참여)
조직의 목적	공동의 목표, 공동의 사업, 공동의 수익
자율 조직 구현 방안	투표, 스마트 컨트랙트, 블록체인, 토큰
참여 유인 방안	공동의 수익과 가치를 동등(또는 지분에 따라)하게 보상

DAO 사례

'DAO'라고 하면 이더리움이 이더리움 클래식으로의 하드포크를 야기했던 'The DAO 해킹 사건'을 떠올리는 사람이 있을 것이다. 'The DAO 해킹 사건'의 DAO와 여기에서 말하는 DAO(Decentralized Autonomous Organization)는 같은 개념이다. 다만 'The DAO'는 프로젝트 명칭이었고, 여기에서 말하는 DAO는 범용적인 개념이다.

DAO는 탈중앙 자율 조직이라는 의미로, 참여자가 공동의 목표를 위해 동등한 위치로 자발적으로 참여하여 투표를 통해 의사결정을 하고 발생된 가치 · 수익은 동등(또는 지분에 따라)하게 보상하는 조직 구조로 이해하면 된다. 오픈 소스 커뮤니티도 일종의 DAO라고 할 수 있다. 수많은 DAO 프로젝트가 있는데, 대표적인 DAO 사례로는 'ConstitutionDAO'가 있다.

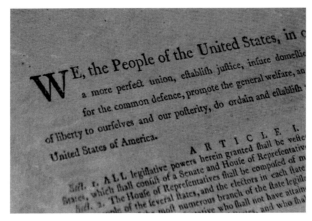

그림 5-22. 미국 헌법(Constitution) (출처: CoinDesk)

미국 헌법(Constitution)의 초판 인쇄본이 경매로 나왔다. 역사적인 기록물인 미국 헌법이개인으로 소유로 넘어갈 수 있는 상황이었다. ConstitutionDAO는 경매에 나온 미국 헌법(Constitution) 초판 인쇄본이 개인 소유로 넘어가는 것을 반대하고 미국 헌법을 대중이 언제든지 볼 수 있게 전시한다는 대의(大義)를 가지고 뭉친 자율 조직이다. ConstitutionDAO는 십시일반 자금을 모아서 경매에 참여했다. 경매는 치열했지만, 최종 낙찰자는 4,320만 달러를 부른 헤지펀드 거물인 켄 그리핀이었다. 이 사례는 비록 목적에는 실패했지만 DAO의 방향성이나 가능성을 제시해준 의미 있는 사건이었다.

ConstitutionDAO를 정리하면 다음과 같다.

구분	내용
DAO 명칭	ConstitutionDAO
공동 목표	미국 헌법 초판 인쇄본 사유화 방지
스마트 컨트랙트	자금 목적, 사업 수행, 환불, 이익 배분을 스마트 컨트랙트로 작성하여 블록체인에 저장
기타	PEOPLE이라는 자체 암호화폐를 발행하여 투표권으로 활용

블록체인 플랫폼인 '이더리움' 자체도 하나의 거대한 DAO라고 할 수 있다. 이더리움은 '블록체인 플랫폼을 제공하여 어떤 서비스든지 이더리움에 론칭하여 블록체인 기반 서비스를 구현'하기 위한 목표로 탄생했다. 비탈릭 부테린이라는 창시자가 있지만, 실제로 이더리움은 수많은 개발자가 자율적으로 이더리움 커뮤니티에 참여하여 투표를 통해 방향성에 대한 의사결정을 한다. 비탈릭 부테린도 커뮤니티의 일원일 뿐이다.

3) NFT 관점에서 본 메타버스 구성 요소

앞서 NFT 관점에서 본 메타버스 구현의 3가지 영역으로 '디지털', '인터페이스', 'DAO'를 식별했는데, 이에 대해 좀 더 자세히 알아보겠다.

(1) 디지털(Digital)

현실 세계의 모든 것이 디지털로 변해가고 있다. 실제로 디지털화되지 않는 것을 찾는 것이 더 쉬울 정도로 세상은 디지털화되어 가고 있다. 하지만 아무리 디시털화되어도 디지털로 전환이 불가능한 것이 의외로 많다. 사람, 건물, 토지, 사물 등이 그렇다. 이렇게 생각해 보면, 오히려 우리가 보고 만지고 생활하는 공간 대부분이 아날로그라는 것을 알 수 있다. 정리하면 현실 세계의 실체는 아날로그다. 아날로그에서 일부 기능이나 서비스가 디지털화되거나 디지털 기반으로 작동한다고 이해하면 될 것이다.

반면에 메타버스 세상에서는 정말 모든 것이 디지털이다. 기능이나 서비스뿐만 아니라 물건, 건물, 토지, 자동차, 도로 등 생활 공간의 모든 것이 디지털이다. 심지어 사람(아바타)까지 디지털이다. 이처럼 디지털로 구성된 메타버스 세상을 디지털 관점에서 간단하게 구조화하여 표현하면 그림 5-23과 같다.

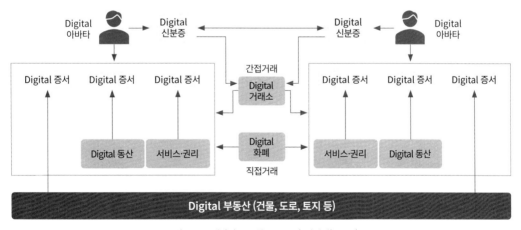

그림 5-23. 메타버스 구성 요소 - 1) 디지털(Digital)

모든 것이 디지털로 구성된 메타버스를 디지털 관점에서 보면 2가지로 구분할 수 있다. 하나는 메타버스를 구성하는 모든 요소가 디지털이다. 다른 하나는 이런 요소를 기초자산으로 상징화한 증서나 토큰 역시 모두 디지털이다. 메타버스 세상의 요소들은 실체화와 시각화가 어렵기 때문에 디지털 기초자산 자체보다는 토큰으로 상징화하여 거래 등에 활용할 가능성이 높다. 신분증, 이용권, 소유권 등 모든 것이 토큰화될 것이며, 이 토큰 역시 디지털이다.

(2) 인터페이스(Interface)

원래 인터페이스는 컴퓨터나 통신에서 사용하는 용어로, 어떤 대상과 다른 대상이 서로 커뮤니케이션(또는 통신)하거나 접근하기 위한 매개체를 의미한다. 토큰이나 가상화폐가 메타버스에서 구성요소가 서로 상호작용(거래 및 경제 활동)하기 위해 필요한 매개체라는 관점에서 인터페이스(Interface)라는 용어를 사용하겠다.

메타버스 세상은 모든 것이 디지털이다. 메타버스의 구성 요소는 만질 수도 없고 실체도 없다. 그러한 디지털 자산이나 무형의 권리를 직접 거래에 활용하기는 어렵기도 하고 불편하다. 이때 디지털 자산이나 무형의 권리를 토큰으로 상징화하여 거래한다면 훨씬 편리하게 상호작용을 할 수 있다. 대상 간 통신이 어려울 경우 인터페이스를 통해 통신을 편리하게 하는 것처럼 메타버스의 구성 요소 간 상호작용(거래나 경제 활동)을 좀 더 수월하게 하기 위한 인터페이스 개념으로 이해할 수 있다.

예를 들어, 현실 세상에서 갤러리에 입장하기 위해서는 갤러리 입장권을 티케팅하고 이 종이 티켓을 제시해야만 입장이 가능하다. 마음에 드는 미술 작품을 구입하기 위해서는 현금으로 지불하고 미술 작품을 인도받으면 된다. 이때 정품 종이 인증서와 종이 소유 증서를 함께 받을 수 있다. 하지만 메타버스에서는 이처럼 눈에 보이는 종이 티켓이나 인증서, 또는 소유 증서 발급이 불가능하다. 그리고 디지털로 구현된 미술품을 직접 건네받을 수도 없다. 이때 입장권, 인증서, 소유 증서, 디지털 미술품을 각각 토큰화하여 처리한다면 거래의 편리성을 제공할 수 있을 것이다.

그림 5-23에서 인터페이스 영역만 좀 더 강조하여 표현하면 그림 5-24와 같다. 다음 그림은 그림 5-23과 동일하며 단지 신분증, 증서, 가상화폐만 토큰 형태로 표현한 것뿐이다.

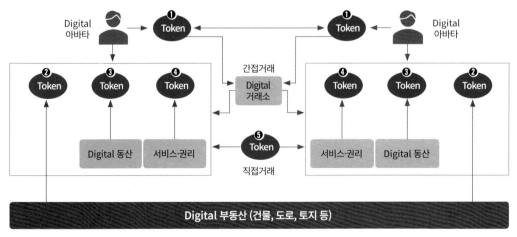

그림 5-24. 메타버스 구성 요소 - 2) 인터페이스(Interface)

그림 5-24를 보면 여러 가지 토큰(Token)이 표시되어 있지만, 각 토큰은 모두 다르다. 5개 토큰의
목적과 유형을 정리하면 다음 표와 같다.

구분	토큰 목적	토큰 유형	설명
❶	신분증	NFT	아바타 신분을 NFT로 발행
❷	부동산 자산 상징화	FT or NFT	부동산 자산을 토큰으로 상징화하여 거래
❸	동산 자산 상징화	FT or NFT	동산 자산을 토큰으로 상징화하여 거래
❹	무형 권리 상징화	NFT	무형의 권리를 토큰으로 상징화하여 거래
❺	교환 매개(화폐)	FT	가상화폐를 통해 디지털 자산 매매

참고로 토큰 유형을 FT와 NFT로 분류하여 구분했지만, 설계 방향에 따라 FT와 NFT는 선택적으로
설계할 수 있다.

(3) DAO (Decentralized Autonomous Organization)

앞서 다룬 DAO 내용을 블록체인 연계 관점에서 좀 더 자세히 살펴보겠다.

DAO의 전체적인 프로세스

DAO는 앞서 살펴봤다. 그 내용을 기반으로 좀 더 구체적으로 표현해 보면 그림 5-25와 같다.

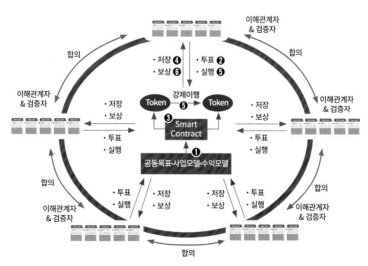

그림 5-25. 메타버스 구성요소 - 3) DAO(탈중앙 자율 조직)

그림 5-25는 상당히 복잡해 보이지만, 총 6단계로 구성되어 있는 것을 알 수 있다. 앞서 DAO에 대한 설명을 상기하면서 다음 순서를 따라가며 이해해 보길 바란다.

순서	설명
❶	조직 공동의 목표를 위해 자유롭게 참여 및 지분 투자
❷	세부적인 안건에 대해 투표를 통해 의사결정
❸	투표를 통해 합의된 내용으로 스마트 컨트랙트 작성
❹	스마트 컨트랙트를 블록체인에 저장
❺	조건이 충족될 경우 참여한 모든 노드의 가상머신이 실행되어 강제 이행
❻	계약 이행에 따른 가치와 수익이 참여자에게 배분됨

DAO에서의 투표

DAO에서 투표는 아주 중요한 절차다. 중앙화된 조직에서는 중앙 집중적으로 의사결정이 되지만, 탈중앙화된 조직에서는 모든 참여자가 의사결정에 참여하고 의견도 각자 다르기 때문에 의사결정에 도달하는 방법을 투표에 의해 결정한다. 그런데 투표 역시 탈중앙 시스템 기반으로 구현돼야만 한다. DAO에서는 기본적으로 투표뿐만 아니라 모든 이행이 스마트 컨트랙트에 의해 처리되며, 모든 기능과 서비스가 토큰을 활용하여 처리된다.

DAO에서 의사결정을 위한 투표에 토큰을 활용하는 방법과 절차에 대해 좀 더 자세히 살펴보겠다. 그림 5-26의 상단 그림은 현실의 투표 절차 및 상황을 보여주고 있으며, 하단 그림은 DAO에서 토큰을 활용한 투표 절차 및 상황을 보여준다.

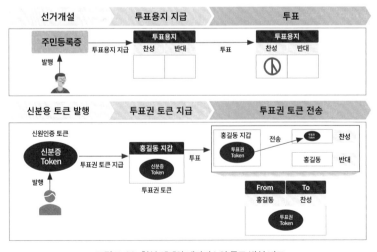

그림 5-26. 현실 세계와 메타버스의 투표 방식 비교

먼저 일반 투표 절차 및 상황을 살펴보면 다음과 같다.

- **선거 개설**: 투표자 신분증 확인을 통해 선거인 명부 일치 확인
- **투표 용지 지급**: 신분 확인 및 선거인 명부 확인 시 투표 용지 지급
- **투표**: 지급된 투표 용지에 기표 및 투표

다음은 DAO에서 토큰을 활용한 투표 절차 및 상황이다.

- **신원 인증 토큰**: 물리적 신분증 대신 신원 인증 토큰(디지털 신분증) 확인
- **투표권 토큰 지급**: 신분이 확인되면 투표권 토큰을 투표자 지갑으로 전송
- **투표권 토큰 전송**: 투표권 토큰을 직접 전송하는 방식으로 투표

먼저 DAO에서 토큰이 어떻게 활용되는지를 현실의 투표와 비교하여 설명하면 다음 표와 같다. 신분증을 토큰으로 대체했으며 투표 용지 역시 토큰 형태로 지급한다.

투표 절차	현실의 투표	DAO에서의 투표
신분 확인	신분증	신분용 토큰
투표 용지	투표 용지	투표권 토큰

다음으로 DAO에서 투표를 하는 방식을 살펴보면, 먼저 다음과 같은 스마트 컨트랙트를 작성할 수 있다. '신분이 확인되면 투표권 토큰을 발행하여 신분증 소유자 지갑으로 전송한다.' 신분용 토큰을 통해 신분이 확인되면 스마트 컨트랙트에 의해 투표권 토큰이 생성되어 본인 지갑으로 전송된다. 그리고 본인 지갑에 있는 투표권 토큰을 '찬성' 계좌 또는 '반대' 계좌 중 하나를 선택하여 전송하는 방식으로 투표한다. 선거 종료 후 찬성 계좌와 반대 계좌가 각각 수신한 토큰 수를 카운팅하여 투표 결과를 집계한다. 설명한 투표 절차를 비교하여 표로 정리하면 다음과 같다.

투표 절차	현실의 투표	DAO에서의 투표
투표 용지 지급	신분 확인 후 투표 용지 지급	신분 확인 시 스마트 컨트랙트에 의해 투표권(토큰)이 지갑으로 자동 전송
투표	투표 용지에 기표	지갑에 있는 투표권을 투표 대상으로 전송

별도로 한 가지 검토해 보자. 투표권 토큰을 전송하는 방식으로 투표한다고 가정할 경우, 투표권 토큰은 FT(대체 가능 토큰)로 발행하는 것이 좋을까, 아니면 NFT(대체 불가 토큰)로 발행하는 것이 좋을까? 얼핏 투표자 개인에게 지급되기 때문에 ID가 부여된 NFT로 투표권 토큰을 발행하는 것이 맞다고 생각할 수 있다. 하지만 투표권 토큰에 ID가 부여된다면 누가 누구한테 투표했는지 식별이 가능해진다. 이는 투표의 4대 원칙 중 하나인 비밀투표에 위배된다. 따라서 FT로 발행하는 것이 더 타당하다. 투표 종료 후 찬성 계좌와 반대 계좌에서는 FT 개수만 카운팅하면 되기 때문에 NFT로 굳이 발행할 필요는 없다. 그리고 투표권 토큰은 스마트 컨트랙트에 의해 개인당 하나씩만 발행되어 지갑에 전송되기 때문에 이중 투표 가능성은 없다.

DAO에서 투표와 스마트 컨트랙트를 통한 처리 절차

DAO에서 투표가 토큰과 스마트 컨트랙트를 통해서 어떻게 처리되는지 좀 더 자세히 알아보자. 참고로 DAO에서는 투표를 포함하여 모든 과정이 스마트 컨트랙트를 통해서 실행되고 모든 기능을 토큰으로 상징화하여 처리한다는 것을 다시 한 번 강조한다. 그림 5-27은 투표를 통해 찬성이 반대보다 많으면 보상 토큰을 발행하여 개인에게 보상하는 절차를 보여준다.

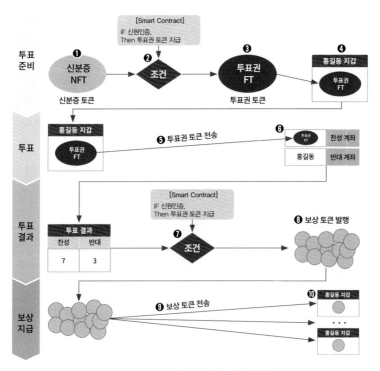

그림 5-27. 투표 과정에서 스마트 컨트랙트와 토큰

먼저 전체 4단계로 구분하여 설명해 보겠다.

- **투표 준비**: 신분이 확인되면 조건에 따라 투표권 토큰을 홍길동 지갑으로 전송

- **투표**: 투표권 토큰을 투표(찬성 or 반대) 계좌로 전송하는 방식으로 투표 진행

- **투표 결과**: 투표 결과에 따라 계약된 내용대로 보상용 토큰 발행

- **보상 지급**: 계약된 내용에 따라 발행된 보상용 토큰을 개인 지갑으로 전송

상기 그림에서 총 3가지 유형의 토큰을 식별할 수 있다. 신분증 토큰(NFT), 투표권 토큰(FT), 그리고 보상 Token(FT)이 그것이다. 각각의 토큰은 별개이며 용도도 모두 다르다.

다음으로 전체 절차를 좀 더 세부적으로 살펴보겠다.

1. 신분증을 토큰(신분증 토큰) 형태로 발행

2. 스마트 컨트랙트(신분이 확인되면 투표권 토큰 발행·전송) 조건 달성 여부 체크

3. 스마트 컨트랙트 조건에 따라 투표권 토큰 발행

4. 스마트 컨트랙트 조건에 따라 발행된 투표권 토큰이 투표자의 각 지갑으로 전송

5. 투표자 각 지갑에 있는 투표권 토큰을 투표 계좌로 전송하는 방식으로 투표

6. 투표(토큰 전송)가 완료되면 투표권 토큰이 투표 계좌에 각각 저장됨

7. 스마트 컨트랙트(찬성이 더 많으면 보상 토큰 발행·전송) 조건 달성 여부 체크

8. 스마트 컨트랙트 조건에 따라 보상 토큰 발행

9. 스마트 컨트랙트 조건에 따라 보상 토큰이 각 개인 지갑으로 전송

10. 전송된 토큰이 각 개인 지갑에 저장됨

5.3 메타버스와 NFT

사람은 결국 필요한 재화와 서비스를 소유하고 이용하기 위해 거래를 하고 경제 활동을 한다. 메타버스에서도 동일한 형태의 거래와 경제 활동이 가능하다. 앞서 살펴본 내용을 최대한 간단하게 구조화하여 메타버스 내의 거래와 경제 활동에서 토큰이나 NFT가 어느 위치에서 어떻게 활용될 수 있는지를 간략하게 살펴보고자 한다.

5.3.1 현실 세계와 메타버스에서 거래와 경제 활동 비교

1) 현실 세계의 거래와 경제 활동의 구성 요소와 인터페이스

그림 5-28은 현실 세계에서 거래와 경제 활동의 구성 요소와 상호작용을 간단하게 구조화하여 표현한 것이다. 이미 익숙한 구조의 그림이기 때문에 자세히 설명하지는 않겠다.

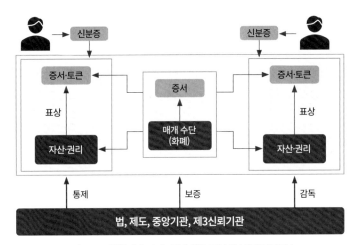

그림 5-28. 현실 세계 거래 · 경제 활동 구성 요소와 인터페이스

사람들은 자산이나 무형의 권리를 화폐와 같은 매개수단을 통해 거래하며, 법 · 제도 · 중앙기관에 의해 감독과 신뢰 보증을 받는다. 또한, 신분을 확인하기 위해 신분증을 활용하고 자산과 권리를 좀 더 편리하게 거래하기 위해 증서나 토큰으로 대체하여 사용한다. 화폐 역시 또 다른 형태의 증서로 대체하여 사용하기도 한다. 앞에서도 언급했지만, 여기서 편리하게 거래하기 위한 증서나 토큰, 신분증을 인터페이스라고 부르겠다.

2) 메타버스의 거래와 경제 활동의 구성 요소와 인터페이스

그림 5-29(메타버스)는 그림 5-28(현실 세계)과 구성과 구조 면에서 거의 동일하다. 이는 곧 현실 세계의 거래 · 경제 활동과 가상 세계의 거래 · 경제 활동이 구성과 구조에서 유사하다는 것을 말해준다.

그림 5-29는 그림 5-28과 동일한 그림이지만, 3가지 차이점을 발견할 수 있다.

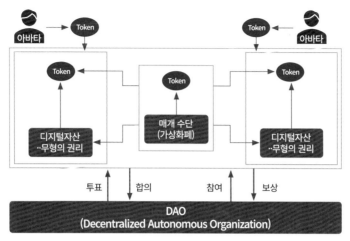

그림 5-29. 메타버스의 거래 · 경제 활동의 구성 요소와 인터페이스

첫째는 현실 세계의 객체나 실질 자산이 메타버스에서는 모두 디지털이라는 것이다. 둘째는 현실 세계에서는 기초자산을 그대로 이용하기 어려울 경우 표상하여 증서나 토큰으로 대체하여 사용한다고 했다. 현실 세계에서는 증서나 토큰이 신분증처럼 플라스틱 형태일 수도 있고, 증권처럼 종이 형태일 수도 있다. 반면, 메타버스 세상에서는 기초자산을 기반으로 상징화환 토큰은 모두 디지털 형태다. 셋째는 현실 세계에서는 중앙 정부나 중앙 조직에 기반하여 거래와 경제 활동이 작동한다면 메타버스에서는 탈중앙화된 자율 조직에 의해 작동할 가능성이 높다.

현실 세계에서 거래의 편리성을 위해 활용됐던 신분증과 증서, 토큰이 메타버스에서는 모든 디지털 형태의 토큰으로 활용됨을 알 수 있다. 아바타도 현실의 관점에서 보면 현실의 나를 가상 세계에서 아바타로 상징화한 것이기 때문에 일종의 토큰이다. 그리고 발행 방식에 있어서는 고유한 ID가 부여되기 때문에 아바타도 NFT라 할 수 있다.

추가로, 메타버스 세상은 DAO와 같은 탈중앙화된 자율 조직에 의해 작동된다고 설명했다. 그렇다면 메타버스에서는 무조건 탈중앙화된 조직의 형태만 존재할까? 반대로 현실 세계에서는 무조건 중앙화된 조직만 존재할까? 전혀 그렇지 않다. 현실 세계에서는 주로 중앙화된 조직이 더 일반적이지만, 오픈 소스 커뮤니티 사례처럼 탈중앙화된 자율 조직도 많이 볼 수 있다. 완전하지는 않지만, 최근 일부 스타트업이나 여러 명이 공동 투자한 회사의 경우 모든 서열과 직함을 없애고 대등한 위치에서 토론과 협의를 거쳐 의사결정을 하는 상황도 종종 볼 수 있다. 메타버스 세상도 마찬가지다. 탈중앙화된 자율 조직이 더 맞을 것 같다는 생각도 들지만, 시간이 흐르면서 자연스럽게 중앙화된 조직도 많이 생겨나고 보편화될 것이다.

앞서 메타버스의 유형으로 현실의 조직과 시스템이 그대로 메타버스에서 연장선 개념으로 존재할 수도 있고 현실 세계와 전혀 별도로 메타버스 내에서만 새로운 조직이 형성될 수도 있다고 했다. 현실의 조직과 시스템이 메타버스로 그대로 재현된 상황이라면 현실의 조직 체계가 메타버스에서도 그대로 적용될 가능성이 높다. 반면에 메타버스에서 새롭게 형성된 조직이 DAO일 수도 있지만, 시간이 흐르면서 자연스럽게 계급이 형성되고 서열이 형성되는 중앙화된 조직으로 갈 가능성도 높다.

그렇다면 왜 메타버스에는 DAO가 더 적합한 조직으로 느껴지는 것일까? 다른 해석도 가능하겠지만, 필자의 생각은 이렇다. 현실 세계에서는 신뢰 문제 때문에 탈중앙화된 시스템 구현이 어렵다. 그래서 현실에서는 철저하게 중앙 집중적이고 제3 신뢰 기관을 기반으로 신뢰를 보장하는 시스템이 존재한다. 하지만 사토시 나카모토는 암호기술을 통해 중앙기관이나 제3 신뢰 기관 없이도 신뢰를 보장할 수 있는 가능성을 증명해 보였다. 암호기술을 아날로그에 적용할 수는 없다. 사토시 나카모토 관점에서 현실의 지폐에는 암호기술을 적용할 수 없기 때문에 탈중앙 형태의 화폐로 만들 수 없다. 비트코인(A Peer to Peer Electronic Cash System)은 전자화폐이기 때문에 암호기술을 적용할 수 있고 탈중앙 기반 화폐 구현이 가능했던 것이다. 앞서 DAO의 개념을 설명하면서 DAO가 구현되기 위해서는 탈중앙화된 시스템이 필요하다고 했다. 결국 메타버스에서 DAO가 더 적합하다는 것보다는 디지털 세상에서는 암호기술을 적용하기가 용이하고 암호기술 기반의 탈중앙 시스템을 구현할 수 있기 때문에 탈중앙 시스템을 적용한 DAO를 좀 더 쉽게 구현할 수 있는 것이다.

3) 메타버스의 거래와 경제 활동의 구성 요소와 NFT

그림 5-30은 앞선 그림 5-29와 동일하다. 단지 Token 부분만 구분하여 부각시켜 표현했다. 그림 5-30에서는 메타버스 세상에서 토큰(Token/NFT)이 어느 위치에서 어떻게 활용될 수 있는지를 보여준다.

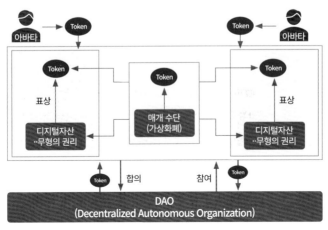

그림 5-30. 메타버스의 거래 · 경제 활동의 구성 요소와 NFT

위 그림에서는 FT와 NFT를 굳이 구분하지 않고 모두 Token으로 표시했다. 한편으로는 그것이 그다지 중요하지 않고 큰 의미도 없기 때문이며, 다른 한편으로는 상황에 따라 FT와 NFT가 달라질 수 있기 때문이다. 그리고 누구나 그림의 토큰 위치에 FT 유형이 적합한지, NFT 유형이 적합한지 상식선에서 쉽게 판단할 수 있다. 신분증을 토큰으로 발행한다면 당연히 NFT로 발행해야 할 것이다. 그리고 보상용 토큰을 발행한다면 FT로 발행해야 할 것이다. 디지털 자산을 토큰화할 때 어떤 목적으로 어떻게 토큰화하느냐에 따라 FT로 발행할지, 아니면 NFT로 발행할지를 결정하면 된다.

5.3.2 메타버스에서의 토큰과 NFT의 활용

NFT 관점에서 본 메타버스 구성 요소로 디지털, 인터페이스, DAO를 식별하여 상세히 알아봤다. 이를 하나로 통합하여 표현하면 다음과 같이 나타낼 수 있다.

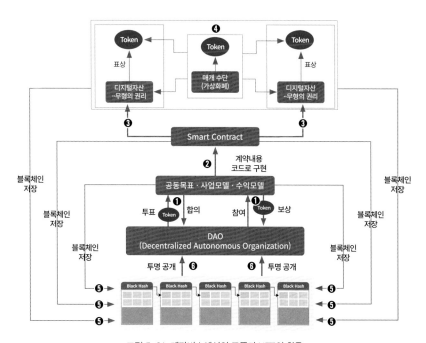

그림 5-31. 메타버스에서의 토큰과 NFT의 활용

❶ DAO는 공동의 목표를 위해 투표를 통해 합의에 도달하고 수행된 결과를 보상하는 방식으로 자발적인 참여를 유인한다.

❷ 합의된 내용을 스마트 컨트랙트로 작성한다.

❸ 계약 조건에 따라 스마트 컨트랙트가 이행되도록 설계하고 적용한다.

❹ 계약 조건 충족 시 자동으로 거래를 강제 이행시킨다.

❺ 공동의 목표, 스마트 컨트랙트, 거래 내역 등 모든 정보가 블록체인에 저장된다.

❻ 기록된 징보는 위변조되지 않으며 DAO 전체에 투명하게 공개된다.

06
NFT 대응과 전망

2장에서 토큰 관련 법을 몇 가지 다뤘다. 토큰과 NFT뿐만 아니라 모든 서비스가 법의 테두리에서 영향을 받기 때문에 관련 법을 이해할 필요가 있으며, 법을 이해할 경우 서비스나 투자에 있어서도 도움이 된다. 이번 장에서는 NFT 관련 법 몇 가지를 정리해 보겠다. 저자가 법 전문가가 아니기 때문에 해석이나 전달에 있어 오류가 있을 수 있다는 점을 참고해 주기 바란다.

6.1 NFT 관련 법(法)

NFT 개념도를 구조화하고 각 영역별로 연계될 수 있는 법을 식별하면 다음과 같다. 미술품을 기초 자산으로 토큰(NFT)을 발행하고 이를 블록체인에 저장하고 공개하는 방식으로 디지털 등기를 통한 소유권을 보장할 수 있다는 가능성을 3장에서 언급했었다.

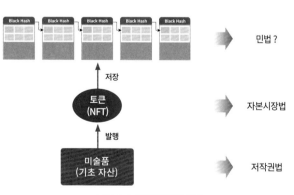

그림 6-1. NFT 관련 법 식별

이 개념도는 미술품이라는 기초 자산, 상징화한 토큰(NFT), 블록체인에 저장이라는 영역으로 구분된다. 각 영역별로 관련 법을 검토하면, 저작권법, 자본시장법, 소유권 관련 법을 생각해 볼 수 있다. 이 3가지 법에 대해 간단히 살펴보겠다.

6.1.1 저작권법

저작권 개념

먼저 저작권법의 일부 내용을 살펴보면 다음과 같다.

> 제2조(정의) 이 법에서 사용하는 용어의 뜻은 다음과 같다.
>
> 1. "저작물"은 인간의 사상 또는 감정을 표현한 창작물을 말한다.
> 2. "저작자"는 저작물을 창작한 자를 말한다.
>
> 제10조(저작권)
> ①저작자는 제11조 내지 제13조의 규정에 따른 권리(이하 "저작인격권"이라 한다)와 제16조 내지 제22조의 규정에 따른 권리(이하 "저작재산권"이라 한다)를 가진다.
> ②저작권은 저작물을 창작한 때부터 발생하며 어떠한 절차나 형식의 이행을 필요로 하지 아니한다.

상기 저작권법 내용을 기반으로 3가지 사항을 검토해 보겠다. 첫째, 저작권의 개념이다. 저작권은 인간의 사상 또는 감정을 표현한 창작물을 창작한 자가 가지는 저작인격권과 저작재산권이라고 이해할 수 있다.

둘째, 저작권의 유형이다. 저작권은 '저작인격권'과 '저작재산권'으로 나뉜다.

- 저작인격권은 저작자의 명예와 인격적 이익을 보호하기 위한 권리로서 인격적 권리다.
- 저작재산권은 재산적 권리다.

인격적 권리인 저작인격권은 양도가 불가능하지만, 재산적 권리인 저작재산권은 양도가 가능하다.

> 제14조(저작인격권의 일신전속성) ①저작인격권은 저작자 일신에 전속한다.
> 제45조(저작재산권의 양도) ①저작재산권은 전부 또는 일부를 양도할 수 있다.

저작인격권과 저작재산권의 세부 유형을 각각 정리하면 다음과 같다.

구분	세부 권리	설명
저작인격권	공표권	저작물을 공표 또는 공표하지 않을 권리
	성명표시권	저작물의 원본이나 복제물에 실명 또는 이명을 표시할 권리
	동일성유지권	저작물의 내용 · 형식 및 제호의 동일성을 유지할 권리
저작재산권	복제권	저작물을 복제할 권리
	공연권	저작물을 공연할 권리
	공중송신권	저작물을 공중 송신할 권리
	전시권	저작물의 원본이나 그 복제물을 전시할 권리
	배포권	저작물의 원본이나 그 복제물을 배포할 권리
	대여권	영리를 목적으로 대여할 권리
	2차저작물작성권	원저작물로 하는 2차적 저작물을 작성하여 이용할 권리

공표권, 성명 표시권, 동일성 유지권은 공표 여부, 실명 표시, 동일성 유지 등 저작자의 인격적 이익을 위한 권리로 이해할 수 있으며, 복제권, 공연권, 전시권 등은 저작자의 재산적 이익 유형으로 볼 수 있다.

마지막으로, 저작권의 발생 시점 및 저작권 보호를 위한 절차에 대해 알아보자. 저작권이라는 것은 창작과 동시에 발생한다. 다시 말하면 표현과 동시에 발생한다. 예를 들어 노트에 그림을 그리는(표현) 순간 저작권이 발생하며 오선지에 음표를 기입하는(표현) 순간 저작권이 발생한다. 그리고 저작권을 위한 별도의 조치나 형식을 필요로 하지 않는다. 표현하는 순간 자동으로 부여된다. 특허권은 특허라는 등록의 과정이 필요하지만, 저작권은 아무런 조치를 하지 않더라도 표현하는 순간 부여된다.

저작권과 소유권의 차이

가장 혼선을 야기하는 부분이 바로 저작권과 소유권의 개념 차이다. 일반적으로 소유하면 전체를 소유한 것이며 마음대로 처분할 수 있기 때문에 소유권을 확보하면 저작권까지 소유하는 것으로 이해하는데, 표현물이나 창작물의 경우에는 저작권과 소유권이 완전히 분리되어 있다. 적용되는 법도 다르다.

- 저작권은 무체물(無體物)인 저작물을 객체로 하는 배타적 지배권
- 소유권은 유체물(有體物)을 객체로 하는 독점 · 배타적 지배권

저작권은 '표현(무형)'에 대한 권리인 반면, 소유권은 '표현의 결과물(유형)'에 대한 권리다. 표현의 결과물을 소유했다고 해도 표현까지 소유하게 되는 것은 아니다. 저작권과 소유권은 각각 그 객체를 달리한다. 저작권은 표현 자체, 즉 무형의 가치에 대한 권리라면 소유권은 유형의 것에 대한 권리다. 저작권과 소유권은 별개로 존재하며, 대상 자체가 다르다. 따라서 소유권을 넘겼다고 하더라도 저작권은 그대로 남는다.

예를 들어, 홍길동이 소설을 창작해 책을 만들어서 유관순에게 판매했다고 하자. 그 책의 소유권은 넘어갔지만 책의 내용까지 소유권이 넘어간 것은 아니다. 원고지에 글을 쓰는(표현) 순간 저작권은 생성된다. 저작권을 위한 별도의 조치를 하지 않아도 자동으로 생성된다. 유관순은 책을 소유했기 때문에 책을 마음대로 처분할 수 있다. 하지만 책의 내용까지 소유한 것은 아니기 때문에 책의 내용을 마음대로 수정하면 저작권에 위배된다.

저작권, 소유권, NFT 발행자

홍길동이 미술품을 창작한 상황에서 저작권, 소유권, NFT 발행자 관점에서 몇 가지 상황을 가정하여 설명해 보겠다. 권리를 NFT로 상징화할 수 있기 때문에 소유권과 저작권에 대해서도 NFT 발행이 가능하다.

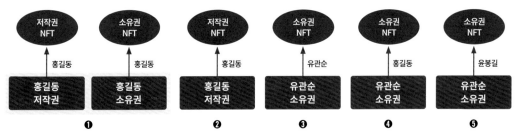

그림 6-2. 상황별 NFT 발행의 적절성

❶ 최초 미술품을 창작한 홍길동은 저작권과 소유권을 모두 소유하고 있기 때문에 저작권을 상징화한 NFT를 발행할 수 있고, 또한 소유권을 상징화한 NFT를 발행할 수 있다.

❷ 홍길동이 유관순에게 작품 소유권을 넘긴 상황이다. 홍길동은 저작권에 대한 권리를 가지고 있기 때문에 저작권에 대한 NFT를 발행할 수 있다.

❸ 유관순은 홍길동으로부터 소유권을 넘겨받았기 때문에 소유권에 대한 NFT를 발행한다.

❹ 홍길동이 창작자라고 하더라도 소유권을 유관순에게 넘겼기 때문에 홍길동은 유관순 소유의 작품에 대해 소유권 관련 NFT를 발행할 수 없다.

❺ 유관순이 소유권을 가진 작품을 윤봉길이 NFT로 발행할 수 없다.

6.1.2 자본시장법

암호화폐(토큰, NFT, 코인) 투자 또는 관련 서비스를 수행하기 위해서 반드시 이해하고 있어야 할 2가지 법이 있다. 하나는 특금법(특정 금융거래정보의 보고 및 이용 등에 관한 법률)이고 다른 하나는 자본시장법이다. 2장에서 자본시장법을 간단히 소개했다. 토큰과 자본시장법과의 연관 관계에 대해서도 설명했고 왜 자본시장법을 이해해야 하는지도 설명했다. 이번에는 좀 더 자세히 알아보겠다.

이 책에서 자본시장법을 설명하는 목적은 자본시장법에 관한 세부적인 지식과 이해를 전달하기 위한 것이 아니다. 큰 틀에서 자본시장법이 무엇이고 토큰이나 NFT와 관련하여 어떻게 이해하고 대응해야 하는지에 대한 인사이트를 얻기 위함이다. 따라서 설명하는 세부 항목에 집착할 필요는 없다. 좀 더 전문적인 지식과 이해가 필요할 경우 별도로 관련 법이나 전문서적을 참조하면 된다.

왜 자본시장법을 이해해야 하는가?

우리나라는 성문법이라고 불리는 대륙법을 따른다. 대륙법은 기본적으로 국민이 경제 활동과 사회 활동을 하는 모든 행위를 법으로 규정한다. 다르게 표현하면 법으로 규정된 활동만 할 수 있고 법에 없는 활동에는 제약이 따른다. 또한 법에 위배되는 것은 할 수 없다.

우리나라에서 우버(Uber) 서비스가 불가능한 이유는 법에 우버와 같은 서비스가 규정되어 있지 않기 때문이다. 4차 산업혁명 시대에 새로운 기술에 기반한 서비스는 대부분 법에 규정되어 있지 않은 경우가 많다. 그렇다 보니 새로운 혁신 서비스가 불가한 경우가 많다. 이런 환경을 우회적으로 지원하기 위한 제도가 바로 '규제 샌드박스'다. 규제 샌드박스의 대표적인 2가지 유형은 '임시 허가'와 '실증 특례'다. 임시 허가는 법에 규정되어 있지 않기 때문에 기본적으로 서비스를 할 수 없지만, 서비스의 가능성을 검토하기 위해 임시로 서비스를 허가해 주겠다는 제도다. 그리고 실증 특례는 새로운 서비스가 기존 법과 충돌이 발생할 경우 실증 사업을 통해 실용성과 안전성이 담보되면 그때 법 개정을 고려해 보겠다는 제도다. 정리하면, 법에 규정되어 있지 않는 서비스는 할 수 없고 법 규정과 충돌이 발생해도 할 수 없다.

금융 상품에는 원금이 보장되는 상품과 원금이 보장되지 않는 상품이 있다. 원금이 보장되지 않는 금융 상품을 투자성이 있는 '금융투자상품'이라고 한다. 원금이 보장되지 않는 금융투자상품은 투자자에게 상당히 위험할 수 있다. 그래서 관계당국은 투자자를 보호하고 건전한 시장 질서 확립을 위해 자본시장법이라는 법을 제정하여 규제하고 있다.

토큰 발행이나 ICO를 통해 자금을 조달하는 방식은 금융투자상품과 아주 유사하다. 따라서 관계당국에서는 토큰 발행이나 ICO는 자본시장법에 위배된다고 보고 ICO 등을 금지하는 것이다. 당초 관계당국은 자본시장법 위배 여부와 상관없이 ICO를 금지했다. 하지만 암호화폐 시장 규모가 커지고 토큰에 대한 열린 분위기가 감지되면서 관계당국도 무조건 반대가 아닌 자본시장법 내에서 감독하고 통제하는 방향으로 선회하는 움직임이 감지되고 있다. 향후 토큰과 ICO는 자본시장법의 규제를 받을 것으로 이해된다. 결국 자본시장법 내에서 토큰 발행이나 ICO, 또는 관련 서비스가 가능할 것이기 때문에 자본시장법에 대한 이해가 꼭 필요하다.

자본시장법 (자본시장과 금융투자업에 관한 법률)

국가법령정보센터(law.go.kr) 사이트를 방문하면 자본시장법을 포함한 모든 법을 검색할 수 있다. 자본시장법이 상당히 방대한 내용을 담고 있는 것을 확인할 수 있다.

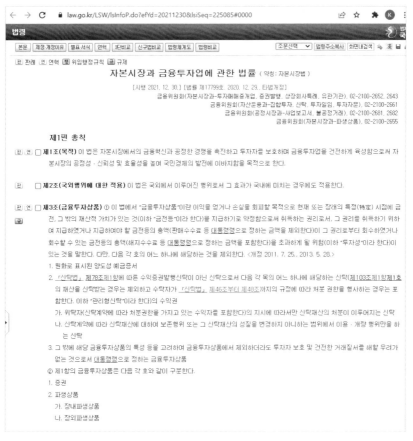

그림 6-3. 자본시장법

자본시장법 적용 대상

모든 금융상품을 규제하는 것이 아니라 '투자성'이 있는 금융상품만 규제한다. 투자성이 있다는 것은 원금 손실 가능성이 있다는 것이다. 즉, 자본시장법의 적용 대상은 원금이 보장되지 않는 금융상품이다. 전형적인 금융투자상품(증권, 파생상품) 형태를 갖추었다고 하더라도 원금이 보장되는 상품이라면 자본시장법의 적용에서 제외된다.

금융투자상품의 종류

자본시장법 제3조와 제4조를 보면 금융투자상품의 개념과 유형을 자세히 설명하고 있다.

> 제3조(금융투자상품)
>
> ② 제1항의 금융투자상품은 다음 각 호와 같이 구분한다.
>
> 1. 증권
>
> 2. 파생상품
>
>
> 제4조(증권)
>
> ② 제1항의 증권은 다음 각 호와 같이 구분한다.
>
> 1. 채무증권
>
> 2. 지분증권
>
> 3. 수익증권
>
> 4. 투자계약증권
>
> 5. 파생결합증권
>
> 6. 증권예탁증권
>
> ③ 이 법에서 "채무증권"이란 국채증권, 지방채증권, 특수채증권, 사채권, 기업어음증권, 그 밖에 이와 유사(類似)한 것으로서 지급청구권이 표시된 것을 말한다.
>
> ④ 이 법에서 "지분증권"이란 주권, 신주인수권이 표시된 것, 법률에 의하여 직접 설립된 법인이 발행한 출자증권, 「상법」에 따른 합자회사·유한책임회사·유한회사·합자조합·익명조합의 출자지분, 그 밖에 이와 유사한 것으로서 출자지분 또는 출자지분을 취득할 권리가 표시된 것을 말한다.
>
> ⑤ 이 법에서 "수익증권"이란 제110조의 수익증권, 제189조의 수익증권, 그 밖에 이와 유사한 것으로서 신탁의 수익권이 표시된 것을 말한다.
>
> ⑥ 이 법에서 "투자계약증권"이란 특정 투자자가 그 투자자와 타인 간의 공동사업에 금전등을 투자하고 주로 타인이 수행한 공동사업의 결과에 따른 손익을 귀속받는 계약상의 권리가 표시된 것을 말한다.

채무증권은 우리가 보통 이해하는 국채, 지방채, 회사채 등을 말하고 지분증권은 주식으로 이해하면
된다. 그리고 수익증권은 신탁수익증권을 생각하면 된다. 그런데 '투자계약증권'은 명확하게 개념화
되어 있지 않고 상당히 포괄적인 의미를 내포하고 있다. 2장에서 대부분의 법은 포괄적 항목을 포함
한다고 설명했다. 이 '투자계약증권'이 증권 유형의 대표적인 포괄적 항목이다. 법을 포괄적으로 해
석하면 대부분 자금조달 행위를 투자계약증권으로 해석할 수 있다. 관계당국은 ICO나 토큰 발행을
통해 자금을 조달할 경우 '투자계약증권' 유형으로 분류하여 규제할 수 있다.

'자본시장법'과 '유사수신행위에 관한 법률'의 관계

자본시장법의 적용 기준은 투자성, 즉 원금 손실 여부다. 반면 유사수신행위에 관한 법률은 인허가
없이 불특정 다수로부터 자금을 조달하는 것, 즉 허가 여부다.

증권 형태라고 해도 원금이 보장된다면 자본시장법에 적용되지 않는다. 그런데 당국의 허가 없이 원
금이 보장되는 상품을 판매했다면 유사수신행위에 관한 법률에 위배된다. 불특정 다수로부터 자금
을 조달하기 위해서는 유사수신행위에 관한 법률에 따라 우선 당국의 허가를 받아야 한다. 그리고
상품이 투자성(원금 미보장)이라면 추가로 자본시장법 규제를 따른다. 결과적으로 불특정 다수를
상대로 ICO를 진행하거나 토큰을 판매한다면 무조건 관계 당국의 인허가를 받아야 하며, 원금이 보
장되지 않는다면 추가적으로 자본시장법의 적용을 받는다.

자본시장법의 주요 구성

2장에서 소개했던 자본시장법의 주요 구성을 다시 한 번 상기해 보고 일부 항목에 대해서는 좀 더
자세히 살펴보자.

구성	주요 내용
제1편 총칙	자본시장법의 목적과 관련된 용어 정의
제2편 금융투자업	금융투자업자에 대한 규제 (즉 인허가, 건전성, 영업 행위 등)
제3편 증권의 발행 및 유통	기업들이 증권을 발행할 경우의 관련 규제
제4편 불공정거래의 규제	불공정 거래행위에 대한 규제(내부자 거래, 시세 조정 등)
제5편 집합투자기구	일명 펀드에 관련된 규제
제6편 금융투자업관계기관	금융투자업에 관련된 기관(금융투자협회, 예탁결제원 등)에 대해 규정
제7편 거래소	거래소 관련 규정
제8편 감독 및 처분	금융당국의 감독권한과 과징금 처분 등에 규정

구성	주요 내용
제9편 보칙	위법행위 신고자 보호 및 정보교환 등 규정
제10편 벌칙	벌칙 (징역, 벌금, 과태료 등) 규정

제1편은 자본시장법의 목적, 용어 정의, 증권 유형 등을 설명한다. 특히 증권의 유형과 금융투자업 유형, 그리고 각 유형에 대해 정의 개념을 설명한다.

제2편은 '금융투자업'에 관한 규정이다. 금융투자업의 유형을 투자매매업, 투자중개업, 집합투자업, 투자자문업, 투자일임업, 신탁업으로 규정하고 있다. 금융투자업은 금융투자상품의 중개를 담당하는 것으로 금융투자상품의 매도·매수, 증권 발행·인수, 청약 권유 등을 하는 업을 말한다. 제2편은 바로 이런 금융투자업에 대한 규제를 규정한다. 대표적인 규제로, ①금융투자업의 인허가, ②금융투자업의 지배구조, ③건전경영, ④영업행위 규칙, ⑤온라인 소액투자중개업자 등에 대한 특례가 있다. 그중에서 특히 영업행위 규칙이 중요한데, 신의성실의무, 투자권유, 직무관련 정보의 이용 금지 등을 규정하고 있다. 추가로 각 금융투자업별로 영업 행위 규칙을 규정하고 있는데, 대표적인 것이 바로 '불건전 영업행위 금지'다.

제3편은 '증권의 발행 및 유통'에 관한 규정이다. 이 규정은 주로 기업에 해당하는 내용이라고 볼 수 있다. 3편은 증권신고서, 기업의 인수·합병 관련 제도, 상장법인의 사업보고서, 장외거래 등으로 구성되는데, 특히 토큰 관련하여 '증권신고서' 부분을 자세히 검토할 필요할 있다. 증권신고서는 증권을 모집 또는 매출할 때 금융위원회에 제출해야 하는 서류로서, 증권 내용과 증권 발행 회사에 대한 전반적인 정보가 공시되어야 한다. 특히 투자 위험 요소도 반드시 증권신고서에 포함되어야 한다. 그리고 증권을 공모할 때 일반투자자가 참조하기 위한 투자설명서도 작성해서 제공해야 한다. (향후 토큰이 자본시장법의 규제를 받을 경우 토큰 발행 및 판매 기업이 이런 규제 항목을 인지하고 대비와 준비가 필요하다는 것을 이해할 필요가 있다.)

제4편은 '불공정거래의 규제'다. 2편이 금융투자업에 적용되고 3편이 기업에 적용된다면 4편은 누구에게나 적용되는 영역이다. 불공정거래란 말 그대로 공정한 경쟁을 저해할 우려가 있는 행위를 말한다. 자본시장법에서는 불공정거래로 3가지를 규정하고 있는데, 내부자 거래, 시세 조정, 부정 거래 행위가 그것이다. 시세를 악의적으로 조정하는 행위나 부정 거래 행위 등은 모두 자본시장법에 저촉된다. 증권거래소에서 임의로 시세를 조작하면 모두 자본시장법에 의해 처벌을 받게 된다.

6.1.3 소유권 관련 법

현재 소유권을 다루는 법은 민법의 물권이다. 물권에는 동산은 점유를 통한 소유권이 보장되고 부동산은 등기를 통한 소유권이 보징된다고 규정하고 있다.

1) 소유권 관련 법

먼저 그림 6-1에서 블록체인 영역이 소유권 관련 법과 연계되는 것처럼 묘사했다. 블록체인 자체가 소유권이나 민법과 상관있는 것은 아니다. 다만, 3장에서 살펴본 것처럼 동산은 점유에 의해 소유권이 보장되고 부동산은 등기에 의해 소유권이 보장되는데, 디지털 작품(동산)이 점유에 의한 소유권 보장이 어렵기 때문에 대안으로 디지털 등기를 검토할 수 있는 것이다. 등기의 핵심은 소유 관계를 '기록'하고 '위변조되지 않도록' 관리하며 '투명하게 공개'하는 것이다. 이 역할을 할 수 있는 것이 바로 블록체인이다. 따라서 이런 관점에서 블록체인이 소유권 관련 법과 연계될 수 있다고 제시한 것이다.

소유권 관련 법은 앞서 3.4.1절에서 충분히 설명했다. 해당 단원의 내용을 참조하기 바란다. 여기서 한 가지만 추가로 언급하자면, 3장에서 디지털 작품을 NFT로 발행하고 이를 블록체인에 저장하는 방식으로 소유권을 보장할 수 있는 방안에 대해 살펴보았지만, 이는 NFT를 통해 소유권을 보장할 수 있는 하나의 방법이지 그것이 법적으로 보장된다는 것을 의미하는 것은 아니다. 법에서 소유권과 관련해 규정하는 것은 동산은 점유, 그리고 부동산은 등기에 의해 소유권이 보장된다는 내용뿐이다. 디지털 작품에 대한 소유권 보장 관련 법적 장치는 아직 모호한 상황이다. 디지털 등기가 제도권으로 편입되기 위해서는 관련 법 개정이나 제정이 필요한 상황이다. 물론 법이 없어도 구성원들끼리 관습적으로 받아들이고 함께 사용할 수는 있지만, 법적 잣대가 필요할 때는 얼마든지 이를 부정하는 상황이 발생할 수 있다는 것을 이해해야 한다.

2) 선의취득

이런 상황을 가정해 보자. 홍길동이 발행한 소유권 NFT를 유관순이 구입하여 소유권을 이전 받았다. 그런데 나중에 알고 보니 다른 사람의 작품에 대해 홍길동이 불법으로 NFT를 발행한 것이었다. 이럴 경우 홍길동으로부터 소유권을 이전 받은 유관순은 어떻게 될까? 이때 생각할 수 있는 개념이 바로 선의취득이다. 앞서 3장에서도 선의취득을 설명했다. 이런 상황이 NFT에서도 실제 발생하고 있기 때문에 선위취득에 관해 좀 더 자세히 알아보겠다.

먼저 민법에서는 선의취득을 다음과 같이 규정하고 있다.

> 제249조(선의취득) 평온, 공연하게 동산을 양수한 자가 선의이며 과실없이 그 동산을 점유한 경우에는 양도인이 정당한 소유자가 아닌 때에도 즉시 그 동산의 소유권을 취득한다.
>
> 제250조(도품, 유실물에 대한 특례) 전조의 경우에 그 동산이 도품이나 유실물인 때에는 피해자 또는 유실자는 도난 또는 유실한 날로부터 2년내에 그 물건의 반환을 청구할 수 있다. 그러나 도품이나 유실물이 금전인 때에는 그러하지 아니하다.
>
> 제251조(도품, 유실물에 대한 특례) 양수인이 도품 또는 유실물을 경매나 공개시장에서 또는 동종류의 물건을 판매하는 상인에게서 선의로 매수한 때에는 피해자 또는 유실자는 양수인이 지급한 대가를 변상하고 그 물건의 반환을 청구할 수 있다.

선의취득을 이해하기 위해서는 먼저 '선의(善意)'라는 의미부터 이해할 필요가 있다. 선의(善意)는 원래 '착한 마음', '좋은 뜻'을 의미한다. 그런데 선의가 법률 용어로 사용되면 조금 의미가 달라진다. 법률 용어로서 선의(善意)란 자신의 행위가 법률 관계의 발생, 소멸 및 그 효력에 미치는 사실을 모르는 일로 정의할 수 있다. 쉽게 설명하면, 모르고 한 행동이나 나쁜 의도가 아닌 것을 선의라고 한다. 죄에 대해 형량을 결정할 때도 의도적이고 계획적인 범죄는 형량이 높지만, 우발적이거나 모르고 한 범죄는 상대적으로 형량이 낮다는 것과 유사한 의미로 이해하면 된다.

선의에 대한 이런 이해를 바탕으로 보면, 모르고, 또는 나쁜 의도가 없이 취득한 것을 선의취득이라고 한다. 선의취득이란 쉽게 설명하면 설사 '장물(절도, 강도, 사기, 횡령 따위의 재산 범죄에 의하여 불법으로 가진 타인 소유의 재물)'이라고 하더라도 모르고 구매했다면 구입한 사람의 소유권을 인정해 주는 것이다.

선의취득이 법치에 맞지 않는다고 생각할 수도 있겠지만, 선의취득이 인정되지 않는 상황을 한 번 생각해 보자. 상대방으로부터 물건을 구입하고자 할 경우, 상대방이 이 물건을 정당한 방법으로 소유하게 되었는지 증명해야 하는데, 현실에서 모든 거래 물건에 대해서 매도자가 그 물건을 정당한 방법으로 소유하게 되었는지 검증하는 것은 현실적으로 불가능하고 매우 비효율적이다. 따라서 선의취득은 거래의 안전과 신속을 도모하기 위한 의도로 도입되었다. 선의취득을 인정하지 않으면 물건의 점유 및 소유 과정을 모두 검증해야 하기 때문에 시간도 오래 걸리고 거래가 크게 위축될 수 있기 때문이다.

이제 민법에서 정의하고 있는 선의취득 개념을 살펴보자. 민법에서 선의취득이란 '평온, 공연하게 동산을 양수한 자가 선의이며 과실없이 그 동산을 점유한 경우에는 양도인이 정당한 소유자가 아닌 때도 즉시 그 동산의 소유권을 취득한다'라고 규정되어 있다. 여기에서 '평온, 공연'이란 법률상 용인될 수 없는 강압 또는 폭력 행위를 쓰지 않았다는 것을 의미한다. 정리하면, 물건을 파는 사람이 정당한 소유권자가 아니라 하더라도, 이 사실을 모른 채 강압 또는 폭력 행위 없이 물건을 구입했다면 그 소유권을 인정해 준다.

그럼 원(原)소유사는 도난당한 물건을 되찾을 수 있을까? 민법 제250조와 제251조 내용을 참조하면, 피해자는 2년 이내에 반환 청구를 할 수 있다. 하지만 현 소유자(장물인지 모르고 구입한 사람)가 지급한 대가를 변상하고 반환 청구를 할 수 있으며 피해자(원소유자)는 이 물건을 훔쳐 간 사람을 상대로 손해배상 청구를 하게 될 것이다.

도난당한 우리나라 문화재에 대해 일본이나 프랑스를 상대로 반환 청구 소송을 하지 못하는 이유가 바로 '선의취득' 때문이다. 우리나라 문화재를 현재 소유하고 있는 일본·프랑스 당사자는 그 문화재가 도난당한 건지 모르고 구입했다고 주장하면 그 소유권은 현 소유권자에게 귀속되기 때문에 문화재를 돌려받을 수 있는 법적 근거가 부족해진다.

앞서 소개한 불법으로 발행된 NFT를 구입한 유관순은 어떻게 될까? 유관순이 모르고 NFT를 구입했다면 선의취득에 의해 소유권을 보장받을 수 있다. 하지만 현재 NFT의 소유권을 보장하는 어떤 법적 근거는 없다. 따라서 이 NFT가 선의취득에 해당하는지부터 살펴봐야 한다. NFT가 소유권 관련 법적 근거가 없기 때문에 선의취득 역시 법적 근거가 없다고 보는 것이 맞을 것이다.

6.2 NFT의 가치와 전망

6.2.1 NFT의 가치는 무엇인가

1) 경제 활동의 인터페이스(Interface)

토큰과 NFT의 가치는 무엇일까? 원본 증명이나 고유성과 희소성의 가치 부여는 설득력이 약하다고 설명했었다. 그러면 소유권 보장일까? 소유권을 보장하는 것은 NFT의 한 가지 활용 사례일 뿐 토큰과 NFT의 가치라고 말하기는 어렵다. 토큰과 NFT의 가치는 '경제 활동의 인터페이스(Interface)'라고 생각한다.

인터페이스(Interface)는 5장에서 설명했던 것처럼 서로 다른 장치 사이에 정보나 신호를 주고받도록 연결하는 연결 장치나 경계면 또는 상호 접속 규약 등을 말한다. 인터페이스는 주로 컴퓨터나 통신에서 주로 사용하는 용어지만, 최근에는 범용적으로 많이 사용한다. 인터페이스는 쉽게 말하면

'서로 다른 것을 연결시켜 주는 방법'이다. 이를 거래와 경제 관점에서 조금 변형하여 설명하면, 재화와 서비스가 서로 거래되고 상호작용할 수 있게 도와주는 방법이나 도구 정도로 이해할 수 있다.

서로 다른 시스템 사이에 인터페이스가 없는 상황을 생각해 보자. 인터페이스가 없으면 정보나 신호를 주고받을 때 매우 까다롭고 시간이 오래 걸릴 것이다. 유사하게 현실의 제품이나 무형의 서비스를 있는 그대로 거래하고 상호작용한다면 매우 불편하고 비효율적일 것이다. 거래와 경제 활동의 혁신을 가져온 것은 바로 화폐라는 인터페이스였다. 그런데 화폐만으로는 부족하다. 거래의 편리성을 위해 제품이나 무형의 서비스를 증서나 토큰으로 상징화하면 거래의 편리성을 제고할 수 있게 된다. 물론, NFT가 거래와 경제 활동의 인터페이스라고 해석하고 호칭하는 것은 개인적인 생각이나 해석일 뿐 일반적으로 통용되는 상황은 아니다.

오늘날 경제 성장과 생활 수준 향상의 근저에는 세계화된 물류시스템이 자리잡고 있다. 그리고 이런 물류 세계화의 일등공신은 바로 '컨테이너'다. 컨테이너가 없던 시절에는 다양한 형태와 부피의 화물을 선박에 선적하는 과정도 어려웠고 적재 효율도 떨어졌다. 하지만 컨테이너의 발명으로 물류 혁신을 이룰 수 있었다. 컨테이너는 물류의 인터페이스라 할 수 있다. 물건을 있는 그대로 다른 지역으로 이동하는 것은 매우 불편하다. 하지만 컨테이너를 통해서 물건을 이동하면 상당히 편리하고 효율적이다. 토큰도 이런 거래·경제 활동의 인터페이스 개념으로 이해할 수 있다. 기초 자산을 그대로 거래하는 것은 불편하지만, 토큰으로 대체하여 거래하면 상당히 편리하고 효율성을 높일 수 있다.

2) 전통적인 시스템의 한계점 개선

앞서 설명한 것처럼 거래의 편리성을 위해 현실의 물건이나 권리를 토큰으로 상징화하여 활용하면 편리하고 유용하다. 토큰화하여 거래의 편리성을 제고한다는 것 자체만으로도 가치가 있지만 더 유의미한 가치 창출과 더 다양한 서비스 구현을 위해서는 스마트 컨트랙트나 블록체인 같은 기술을 연계하는 것이다.

어떤 계약에 의해 무형의 권리를 거래하는 상황을 생각해 보자. 눈에 보이지도 않고 실체도 없는 무형의 권리를 서로 거래한다는 것은 막연하다. 이때 무형의 권리를 눈에 보이게 토크를 통해 실체화한다면 거래하기가 훨씬 더 편해진다. 그런데 2가지 한계점은 여전히 남는다. 무형의 권리가 A라는 토큰으로 상징화되었다는 것을 어떻게 증명할 것이며, 그것이 나중에 위변조되지 않는다는 보장도 없다. 그리고 계약이 충족되어 권리를 이전해야 하는데, 당사자가 권리 이전을 거부하면 해결책이 없다. 이런 한계점에 대응하기 위해 '무형의 권리를 토큰화'한다는 내용의 스마트 컨트랙트와 '계약 조건이 충족되면 권리를 이전한다'라는 내용의 스마트 컨트랙트를 각각 작성해서 블록체인에 저장하고 전체 노드가 참여하는 가상 머신을 통해 실행시키면 계약서는 위변조되지 않으면서 조건에 맞으면 강제로 이행되는 효과를 얻을 수 있다.

비트코인은 2,100만 개 규모의 전자적 형태의 화폐를 10분 단위로 '1/2,100만 개'로 쪼개서 발행하는 토큰이라고 볼 수 있다. 비트코인은 전자적 형태의 화폐라는 가치도 있지만, 그보다 더 중요한 가치는 탈중앙 기반으로 구현된 전자화폐라는 것이다. 비트코인은 탈중앙 구현을 위해 블록체인 기술을 활용했다. 즉, 비트코인은 블록체인과의 연계를 통해 탈중앙 기반으로 발행된 전자화폐라는 가치를 지니게 되었다. 세상에는 수많은 토큰과 NFT가 있다. 기초 자산을 토큰화하여 거래 편리성을 개선했다는 가치도 있지만, 더 진정한 가치는 스마트 컨트랙트나 블록체인과의 연계를 통해 기존 거래의 문제점(계약 불이행)을 개선할 수 있다는 것이다. 블록체인은 위변조 불가와 투명성을 구현하는 인프라 기술로 유용하다. 다양한 토큰이나 NFT를 이런 블록체인과 연계한다면 전통적인 중앙 시스템 기반의 한계점을 상당히 개선하는 서비스 구현도 가능하다고 본다.

정리하면, 현실에서 가장 분쟁이 많은 분야가 계약 불이행이다. 이때 스마트 컨트랙트 기술을 이용하여 조건을 충족하면 자동으로 실행시키는 방식으로 계약 강제 이행을 구현할 수 있다. 그런데 무형의 권리나 실질 물건은 코드로 구현하고 프로그램적으로 실행시킬 수 없다. 그래서 권리나 기초 자산을 디지털 형태의 토큰으로 전환하고 이를 프로그램적으로 연계하면 실행이 가능해진다. 즉, 스마트 컨트랙트를 구현하기 위해서는 기초 자산이나 무형의 권리가 디지털 형태의 토큰으로 대체돼야만 한다.

6.2.2 NFT 기대와 전망

새로운 기술이 출현하면 그 기술이 사업화 또는 실용화되어 가는 과정에서 시간의 경과에 따라 일정한 패턴을 보이는 경우가 많다. 이를 기술 생명주기라고 한다. 기술 생명주기 모형은 여러 가지가 있지만, 대표적인 모형 중 하나는 미국의 컨설팅 기업인 가트너(Gartner)에서 개발한 '가트너 하이프 사이클(Gartner Hype Cycle)'이다. 가트너 하이프 사이클은 어떤 새로운 기술이 출현할 때 해당 기술에 대해 시장의 기대와 수용이 시간이 지남에 따라 어떻게 변하는지를 단계별로 보여준다. 새로운 기술이 출현하면 다음 그림과 같이 총 5단계에 걸친 패턴이 나타난다.

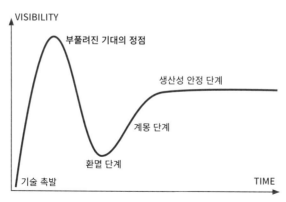

그림 6-4. 가트너 하이프 사이클 모형 (출처: Wikipedia)

이 그래프를 간단히 요약하면, 새로운 기술이 출현하면 정확한 분석이나 성공 사례 없이 막연한 기대와 전망으로 부풀려졌다가 거품이 꺼지고 서서히 이해하고 사업화에 성공하면서 시장에서 성공을 거두는 패턴을 보인다는 것이다. 하이프 사이클의 5단계를 설명하면 다음과 같다(참조: Wikipedia).

단계	명칭	설명
1	기술 촉발 (Technology Trigger)	잠재적 기술이 관심을 받기 시작하는 단계로 상용화된 제품은 없고 상업적 가치도 아직 증명되지 않은 상태
2	부풀려진 기대의 정점 (Peak of Inflated Expectations)	초기의 대중성이 일부의 성공적 사례와 다수의 실패 사례를 양산해 냄
3	환멸 단계 (Trough of Disillusionment)	실험 및 구현의 결과물이 실패함에 따라 관심이 시들해지는 단계
4	계몽 단계 (Slope of Enlightenment)	기술의 수익 모델을 보여주는 좋은 사례가 늘어나며 더 잘 이해되는 단계
5	생산성 안정 단계 (Plateau of Productivity)	기술이 시장의 주류로 자리 잡기 시작하는 단계

많은 트렌드 분석가나 서비스를 준비 중인 사람들이 하이프 사이클을 참조한다. 물론 하이프 사이클이 현실을 제대로 설명하지 못한다는 비판도 많고 이러한 패턴을 따르지 않는 기술도 많다. 그냥 참조 정도로 받아들이면 좋을 것 같다.

다음은 2021년 하이프 사이클이다. 다양한 기술이 소개되고 분석되는데, 2021년 기준 Non-Fungible Token은 2단계로 그중에서도 최고 정점에 위치해 있는 것을 알 수 있다.

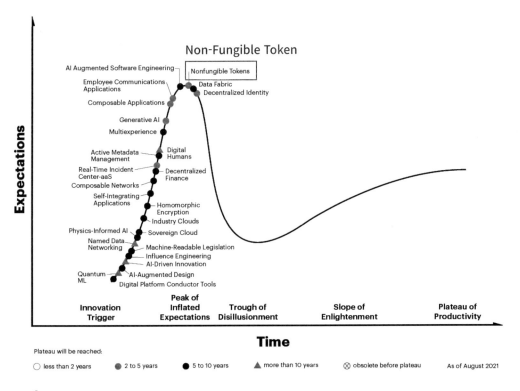

그림 6-5. 가트너의 2021년 NFT 전망

2021년 기준 NFT에 대한 기대와 전망이 최고조에 달해 있는 것을 알 수 있다. 그런데 이 자료를 다르게 해석하면, 우스갯소리로 앞으로는 그 기대와 전망이 떨어질 일만 남았다고 볼 수도 있다. 이는 NFT의 가치가 앞으로 떨어진다는 말이 아니라 현시점이 NFT에 대한 기대와 관심이 최고조에 달해 있는 시기라고 해석하는 것이 맞다고 본다.

새로운 기술이 출현하면 트렌드 분석으로 먹고사는 트렌드 분석가들이 앞다퉈 새로운 기술을 소개한다. 관련 기업이 가세하면서 주식 시장에 반응하고 주식 테마를 형성한다. 관련 서비스를 시작한다는 기사 하나만으로 관련 기업의 주식은 상한가를 친다. 이에 언론도 가세하여 명확한 이해와 분석보다는 자극적이고 희망 섞인 기사들을 쏟아낸다. 군중심리까지 더해져 관심과 기대는 최고점에 도달한다. 하지만 관련 서비스 론칭은 계속 지연되고 실적으로 연결되지 않으며 회의적인 시각이 고개를 들기 시작하면서 거품은 꺼진다.

지난 10여 년간 새로운 기술의 출현과 발전 방향을 자세히 지켜본 필자는 하이프 사이클이 상당히 설득력 있다는 생각이 든다. 지난 10여 년간 수많은 새로운 기술이 소개됐다. 앞선 기술이 이러한 패턴과 일치하는 것은 아니지만, 하이프 사이클이 주는 시사점(기대, 환멸, 계몽, 안정 단계로 진행)과는 일치했던 것 같다. NFT도 마찬가지일 것이다.

6.3 왜 NFT에 열광할까

사람들이 NFT에 열광하는 이유에는 다양한 해석과 관점이 있다. 하지만 필자가 생각하는 이유는 2가지다. 첫째는 돈이 되기 때문이고, 둘째는 NFT에 대한 잘못된 환상 때문이다.

1) 돈이 되기 때문이다

NFT가 소개된 지는 꽤 오래 되었고 주목도 받아왔다. 하지만 최근 NFT가 이처럼 주목받게 된 직접적인 계기는 몇 건의 고가 낙찰 때문이었던 것 같다.

MZ세대 위주로 아트테크가 유행이라는 기사가 있었다. 물론 최근 젊은 세대의 취향이나 문화가 다양화된 분위기를 이유로 들 수도 있겠지만, 근원적인 것은 재테크 수단으로 돈이 되기 때문일 것이다. 암호화폐 시장에 돈이 몰리는 것도 돈이 되기 때문이다. 그것도 짧은 기간에 고수익을 올릴 수 있기 때문이다. 최근 NFT 시장도 마찬가지다. 온갖 그럴싸한 명분과 논리를 내세우지만, 사람들이 주목하고 관심을 갖는 이유는 결국 돈이 되기 때문이다. 하지만 한 가지 짚고 넘어가야 할 것이 있다. 돈이 되고 돈이 몰렸던 역사적인 사건을 보면 공통적인 특징이 있음을 알 수 있다.

17세기 네덜란드는 대항해시대 무역을 통해 엄청난 부를 쌓고 있었다. 넘쳐나는 돈에 대한 새로운 투자처가 필요했고 당시 귀하게 여겼던 튤립 구근(알뿌리)에 투자하기 시작했다. 많은 사람이 투자해 돈이 몰리자 자연스럽게 튤립 구근의 가격은 더 높아졌다. 이는 튤립 구근에 투자하면 돈이 된다는 심리를 자극했고 너나 할 것 없이 튤립 구근에 투자했다. 튤립 구근에 투자하지 않는 사람은 오히려 세상 물정을 모르는 어리석은 사람으로 취급받았다. 튤립 구근 가격은 천정부지로 치솟았고 구근 하나가 집 한 채 가격과 맞먹기도 했다. 결국 튤립 구근의 가격이 실제 가치보다 너무 고평가되었다는 생각에 이르자 하루아침에 99% 폭락했다.

1985년 일본은 미국의 압박으로 환율을 50% 절상한다는 내용의 플라자 합의를 체결했다. 이에 일본 정부는 수출 가격 상승으로 수출 경쟁력 저하에 따른 기업 부실을 우려하여 기준 금리를 낮췄다.

낮은 금리로 대출이 용이해지자 대출 받은 자금이 주식과 부동산으로 몰렸다. 자연스럽게 주식과 부동산 가격이 급등하기 시작했고 주식과 부동산에 투자하면 돈이 되기 때문에 너나 할 것 없이 주식과 부동산에 몰려들기 시작했다. 주식과 부동산 가격은 천정부지로 치솟았고 결국 너무 고평가되었다는 생각에 이르자 폭락하기 시작했다. 일본은 아직도 당시 고점 가격으로 회복되지 못했다.

1990년대 말 새로운 산업으로 인터넷이 주목받기 시작했다. 주목과 관심 속에 자연스럽게 자금이 몰렸다. 관련 기업의 주가는 폭등했고 닷컴 기업이 돈이 된다는 생각에 엄청난 돈이 몰리기 시작했다. 돈이 몰리니 주가는 더 뛰었다. 주변에서도 투자한 돈의 10배 수익을 봤다는 투자자들을 쉽게 찾을 수 있었다. 하지만 결국 일부 닷컴 기업만 남고 대부분 기업은 역사의 뒤안길로 사라졌다.

2017년 암호화폐가 미래화폐가 될 것이며 블록체인이 미래 인프라로 자리잡을 것이라는 분위기에 암호화폐 가격이 오르기 시작했다. 기대와 전망 속에 돈이 몰렸고 가격은 급등했다. 가격이 급등한다는 생각에 더 많은 돈이 몰렸고, 이는 다시 가격 상승을 부추겼다. 닷컴 버블을 능가했던 암호화폐 버블은 결국 2018년 꺼졌다.

2021년 NFT가 경매에서 수십억~수백억 원에 낙찰되었다는 소식에 NFT에 대한 기대와 전망으로 돈이 몰리기 시작했다. 돈이 몰리니 가격이 상승했고 돈이 된다는 생각에 너나 할 것 없이 NFT에 투자했다. 기업은 NFT 관련 서비스나 사업을 시작한다는 소식만으로 주가가 급등하고 있다. 이런 분위기는 2022년까지 이어지고 있다. 앞으로 과연 NFT는 어떻게 될까?

이 몇 가지 사례에는 공통점이 있다. 실질 가치 또는 증명된 가치에 기반하여 가격이 상승한 것이 아니라 넘쳐나는 돈 또는 저리(低利)에 따른 풍부한 유동성, 그리고 막연한 기대와 전망을 기반으로 가격이 급등했다는 것이다. 실질적인 가치가 높아서 가격이 올라간 것이 아니라 돈이 몰리니 가격이 올라간 것이다. 그리고 각 사례의 진행 패턴도 유사하다.

> '기대와 전망에 돈이 몰리고, 돈이 몰리니 가격이 상승한다. 가격이 상승하니 돈이 된다는 생각에 더 많은 돈이 몰린다. 가격은 급등한다. 이제 누구나 투자에 참여한다. 하지만 결국 거품은 꺼진다.'

실질 가치 없이 막연한 기대와 전망에 따른 급등은 반드시 거품이 꺼진다는 것은 역사적으로 이미 증명됐다. 여기서 NFT가 가치가 없다고 말하려는 것은 절대 아니다. 다만, 막연한 기대와 전망으로 투자하는 것은 주의할 필요가 있으며, NFT에 대한 정확한 이해와 가치 분석이 우선이라는 것을 강조하고 싶을 뿐이다. 미래가치가 있는데 투자하지 않는 것은 세상 물정을 모르는 것이다. 다양한 분석과 공부를 통해 미래가치가 있다고 판단된다면 투자할 것을 권한다.

NFT(Non-Fungible Token)의 '대체 불가'라는 키워드를 전면에 내세워 고유성과 희소성으로 연결되는 논리를 만들어 NFT화하면 뭔가 새로운 가치가 창조되는 듯한 분위기가 조성됐다. 이런 논리를 뒷받침하기라도 하듯이 NFT가 고가에 낙찰되는 사례가 소개되고 있다. 이런 고가 낙찰 사례들은 앞에서 말한 논리가 맞다는 것을 뒷받침하는 용도로 활용되었고, 그 논리가 더욱더 공고해지면서 NFT로 돈이 몰리기 시작했다. 돈이 몰리니 가격이 올라갔고 NFT가 돈이 된다는 분위기가 조성되면서 더 많은 돈이 몰리고 있는 상황이다. 이것이 필자가 진단하는 NFT의 현 상황이다.

NFT가 본격적으로 주목받게 된 가장 큰 이벤트는 바로 '비플(Beeple)' 작품이 6,930만 달러(785억 원)에 낙찰된 건이다. 그런데 최종 낙찰자가 세계에서 가장 규모가 큰 NFT 펀드인 메타퍼스(Metapurse) 설립자인 메타코반(Metakovan)이라는 사실이 알려지면서 논란이 일었다. NFT를 띄우기 위해 일부러 고액에 낙찰받았을 거라는 것이다. 가상화폐 투자자들이 NFT를 비싼 가격에 서로 사고팔면서 가치를 부풀린다는 소문도 많이 들린다.

2) NFT에 대한 잘못된 오해

이 절의 내용은 NFT에 대해 정확한 개념 정립이 안 되어 있고 NFT가 새롭게 해석되고 변화무쌍하게 발전해가는 상황에서 <u>필자가 잘못 이해하고 있을 수도 있다는 전제로 설명하겠다. 하나의 관점과 의견 정도로 받아들여 주기 바란다.</u>

NFT에 대해 일반적으로 잘못 이해하고 있는 것을 3가지 관점에서 설명하겠다.

첫째, 토큰 개념에 대한 오해

주변의 지인들과 이야기하다 보면 토큰이라는 단어를 자연스럽게 '암호화폐'와 연결하고 암호화폐를 미래의 대안적 화폐로 연결하는 사람이 의외로 많다는 것을 느낀다. 그리고 NFT는 원본임을 증명하고 고유성과 희소성의 가치를 부여하는 것으로 세뇌되어 있다.

토큰은 오래전부터 동서고금을 막론하고 사용해온 개념이다. 단지 그것을 토큰이라 부르지 않았고 인식하지 않았을 뿐이다. 현실의 물건이나 무형의 권리, 또는 지폐를 그대로 거래에 활용하면 불편할 때가 많다. 그래서 사람들은 그것들을 상징화하여 좀 더 편리한 것으로 대체하여 사용하기 시작했는데, 그것이 바로 토큰이다.

금을 거래 대금으로 직접 지급하는 것은 상당히 불편했다. 그래서 그냥 '누구든지 이 보관증을 제시할 경우 금을 돌려줍니다'라고 쓰인 금 보관증을 화폐처럼 지불 수단으로 활용했다. 이 금 보관증이 일종의 토큰이다. 암행어사가 말을 탈 권리가 있다는 것을 증명하고 표현하는 것은 어렵다. 그래서 권리를 증명하고 표현하기 위해 상징화한 것이 마패다. 마패도 토큰이다. 거액을 지불해야 할 때 지폐 다발을 휴대하고 다니는 것은 불편하다. 그래서 지폐를 수표로 대체하여 사용할 수 있게 했다. 수표도 현금을 상징화한 토큰으로 볼 수 있다. 현실의 지폐는 사용상 제약이 많다. 인터넷으로 이 지폐를 송금할 수 있다면 편리할 텐데, 지폐는 인터넷으로 송금할 수 없다. 그래서 이 지폐를 전자적 형태로 상징화하여 송금의 편리성을 높인 것이 바로 스테이블 코인이다. 물론 여기에서는 코인이라는 명칭을 사용했지만, 토큰으로 볼 수 있다. 대표적인 사례가 리플이다.

민주주의 구현을 위해 모든 국민이 직접 정치에 참여하는 것은 불편하고 비효율적이다. 그래서 일정 지역 사람들의 의견과 권리를 한 사람이 대신·대체하여 표현하고 정치에 참여하게 하는 것이 더 현실적이고 효율적이다. 이런 관점에서 보면 국회의원도 개념적으로 토큰이라고 볼 수 있다. 이 세상 모든 것을 토큰화할 수 있다는 것이 이런 이유 때문이다. 토큰 중에는 ID를 부여하여 고유하게 식별이 필요한 것이 있고, 굳이 ID를 부여할 필요가 없는 것도 있다. 세상 모든 것을 토큰화한다면 화폐나 주식 등 일부를 제외하면 대부분 ID를 부여하는 형태가 맞을 것이다. 즉, NFT 형태일 것이다. 토큰과 NFT는 이런 관점에서 이해해야 한다. 토큰은 암호화폐도 아니고 미래의 대안 화폐도 아니다. NFT는 원본을 증명하고 고유성과 희소성의 가치를 부여하는 것이 아니다. 불편한 기초 자산을 상징화하여 편리하게 이용하려는 것이 토큰(NFT)이다.

둘째, 대체 불가에 대한 오해

NFT와 대체 불가를 설명하면서 동일한 티셔츠에 유명한 사람이 사인해주면 그 티셔츠는 세상에서 유일한 티셔츠로 고유성이 부여되고 대체 불가하여 희소성의 가치가 부여된다는 논리로 설명하는 경우를 종종 볼 수 있다. 이 논리가 맞다면 내가 그 티셔츠에 사인해도 내 사인이 들어간 세상 유일의 티셔츠로서 티셔츠에 고유성이 부여되고 대체 불가하여 희소성의 가치가 부여된다는 말이 설득력이 있어야 한다. 이 말이 논리적으로 맞는가? 유명인의 사인이 들어간 티셔츠가 희소성의 가치가 있는 것은 유명인의 사인이 들어갔기 때문이지, 고유하게 식별되고 대체 불가하기 때문이 아니다.

NFT를 코드 레벨에서 처리하는 기준은 ID 부여 여부다. NFT와 별도로 생각하더라도 우리가 ID를 부여하는 이유는 고유하게 식별하기 위한 것이다. 고유하게 식별하기 위해 ID를 부여했는데 그것이 대체된다는 것은 모순이다. 당연히 ID를 부여하면 대체가 불가능하다. 그런데 굳이 '대체 불가'라는 표현이 필요한지는 의문이다. 대체 불가라는 것은 용어상 부여일 뿐 큰 의미는 없다. 대한민국 국민의 신분을 상징화한 것이 주민등록증(ID)이다. 주민등록증도 일종의 토큰으로 볼 수 있으며, 발행 형태를 분류한다면 NFT다. 그런데 주민등록증이면 그냥 주민등록증이지, 굳이 번거롭게 '대체 불가 주민등록증'이라고 부르지 않는다. 또한 고유하게 식별하기 위해 ID가 부여되었기 때문에 각각의 주민등록증은 당연히 대체가 불가능하다. 여기에서 이 '대체 불가'라는 것이 무슨 큰 의미가 있는지 모르겠다. 어떤 기초 자산을 상징화하여 토큰화했다면 그냥 토큰이다. 굳이 번거롭게 '대체 불가 토큰'이라고 부를 필요가 없다.

무한 복제가 되는 디지털 작품에서 고유한 식별값을 부여하여 원본과 사본을 분류하고 고유성과 희소성의 가치를 부여한다는 것은 설득력이 약하다. 무한 복제된 디지털 원본 작품이라고 하더라도 소유권은 존재한다. 하지만 점유에 의한 소유권 보장이 어려운 상황에서 작품의 소유권을 상징화한다면 소유권을 식별하여 보장할 수 있을 것 같다는 생각이 든다. 소유권을 상징화하는 것은 '토큰'이다. 그리고 이 토큰을 발행하는 과정에서 다른 소유권 토큰과 구분하기 위해 ID를 부여한다면 분류상 용어로 NFT가 된다.

셋째, NFT의 가치에 대한 오해

앞서 NFT의 가치에 대해 살펴봤는데, 그럼 NFT는 어떤 내재적 가치가 있을까? 1~3장에서 설명한 내용을 다시 한 번 정리하자면, NFT 자체는 아무런 가치가 없다. NFT는 기초 자산을 상징화한 것뿐이다. 가치는 기초 자산에 있는 것이지, NFT에 있는 것이 아니다. 기초 자산이 가치가 있으면 그 가치를 상징화한 NFT는 그 가치가 있는 기초 자산과 연동될 뿐이다. 토큰과 NFT는 거래의 편의를 위한 수단이지, NFT화했다고 해서 기초 자산에 새로운 가치가 부여되는 것은 아니며 가치가 높아지는 것도 아니다. 기초 자산의 가치는 NFT에 의한 것이 아니라 기초 자산 자체에 의해 결정된다.

6.4 메타버스에서의 NFT

6.4.1 메타버스에서의 NFT 활용 가능성

메타버스에서 왜 NFT가 주목받을 수 있는지 3가지 관점에서 알아보고자 한다. 5장에서 모두 다루었던 내용이지만, 3가지 관점에서 정리해 보겠다.

1) 메타버스에서의 거래와 경제

메타버스는 가상의 세계고 디지털 세상이다. 5장에서 살펴본 것처럼 비록 가상의 디지털 세상이지만, 현실의 경제 활동이 메타버스로 확장될 수 있고 메타버스 세상만의 독립된 경제 활동도 가능하다.

현실에서 기초 자산이나 무형의 권리를 거래에 활용하기 어려울 때 토큰으로 제작해서 대신 사용한다. 디지털 세상에서는 모든 것이 무형이다. 무형의 것으로 거래와 경제 활동을 하기 위해서는 실체화하고 시각화하는 작업이 필요하다. 디지털 자산과 무형의 권리를 상징화하여 실체화·시각화한 것이 바로 토큰이다. 그래서 모든 것이 가상이고 디지털인 메타버스에서 토큰(NFT)은 상호작용의 인터페이스(Interface)로서 중요한 역할을 할 것이다. 토큰은 경제 시스템에서 사람의 피와 같은 역할을 할 것이다. 체내에 흐르는 피는 심장과 혈관을 따라 체내에서 순환하면서 인체의 모든 세포에 영양분과 산소를 공급하고 이산화탄소와 노폐물을 배출한다. 중요한 것은 피가 순환이 잘 되어야 한다는 것이다. 메타버스에서도 가상의 모든 것을 상징화(토큰)할 것이고, 이 토큰이 가상화폐(토큰)를 통해 거래와 경제 활동 같은 상호작용을 촉진하는 핵심 요소가 될 것이다.

2) 메타버스의 조직과 시스템

현실 세계는 전통적으로 중앙 집중적 조직과 시스템 구조를 가지고 있다. 메타버스 세상은 분산된 시스템이나 DAO(탈중앙 자율 조직)에 의해 많이 작동될 것이다. 하지만 메타버스도 궁극적으로는 현실 조직과 시스템의 모습을 단계적으로 도입해 갈 것으로 생각된다. 메타버스에서도 계급이 형성될 것이며 제3 신뢰 기관에나 메타버스에 적용되는 법과 규칙이 도입될 가능성이 높다.

그런데 메타버스 세상은 현실 세계와 근본적으로 다른 특징을 가지고 있다. 현실의 아날로그 세상에서는 신뢰 구현 문제가 있다. 현실 세계에서는 신뢰를 구현할 수 있는 대안적 기술이나 요소가 없었고, 그래서 제3 신뢰 기관에 의존해야만 했다. 하지만 디지털로 구성된 메타버스에서는 전통적인 중앙기관이나 제3 신뢰 기관 없이도 신뢰를 구현할 수 있는 대안 기술이 있다. 바로 암호 기술과 블록체인이다. 암호 기술은 아날로그 세상에 적용할 수 없지만, 디지털 세상에는 적용할 수 있다. 그래서 디지털 세상인 메타버스에서는 암호 기술을 통한 신뢰 구현 및 기능·서비스 구현이 가능하다.

이해를 돕기 위해 '현실에서의 DAO'와 '메타버스에서의 DAO'를 비교해 보자. DAO는 탈중앙화된 자율 조직이기 때문에 공통의 목표와 이해관계를 위해 '투표, 합의, 계약, 이행, 투명 공개'라는 절차와 메커니즘이 필요하다.

먼저 현실에서의 DAO를 실현하기 위해서는, 먼저 제안된 안건에 대한 투표가 이루어져야 한다. 투표 용지의 진위 문제, 투표 시스템의 신뢰성 문제, 투표 결과 계수 등 신뢰성 문제가 발생한다. 그럼 이를 해결하기 위해 투표 목적의 제3 신뢰 기관을 설립해야 한다. 그런데 제3 신뢰 기관이 그 신뢰성을 100% 담보한다고 볼 수 없다. 공통의 이해관계를 위해 계약서를 작성했다고 하더라도 계약서의 진위와 계약서의 위변조 차단을 위한 조치가 필요하다. 역시 계약서의 원본 증명 및 위변조 차단을 위한 제3 신뢰 기관의 개입이 필요하다. 그리고 계약 이행을 하지 않을 수 있다. 배째라는 식으로 나오면 이행을 강제화할 수 있는 방법이 없다. 어쩔 수 없이 법원의 판단을 요청해야 한다. 관련된 모든 자료를 기록하고 공개하는 시스템에서도 데이터를 위변조할 수 있다는 문제점이 발생한다. 현실의 시스템은 제3 신뢰 기관이나 중앙기관을 기반으로 작동된다. 그것도 제3 신뢰 기관이나 중앙기관이 100% 신뢰를 보장한다는 전제조건이 있어야 한다.

또한, 메타버스에서의 DAO를 실현하기 위해서 (디지털 세상이기 때문에) 암호 기술을 적용하는 것이 가능하다. 그리고 암호 기술을 이용하여 블록체인을 구현 및 활용할 수 있다. DAO에서는 모든 것이 디지털 형태의 계약(Smart Contract)에 의해 작동한다. 스마트 컨트랙트를 블록체인에 저장하기 때문에 위변조를 차단할 수 있다. 계약은 참여한 모든 사람으로 구성된 가상머신에서 이행되기 때문에 강제 이행이 가능하다. 그리고 모든 정보는 블록체인에 저장되기 때문에 위변조가 불가능하고 투명하게 공개된다. 자세한 구현 방법은 앞서 소개했기 때문에 별도로 언급하지 않겠지만, 살펴본 것처럼 암호 기술을 활용하면 탈중앙 환경에서도 신뢰를 구현할 수 있다.

3) 암호 기술 활용성

메타버스는 모든 것이 디지털이다. 암호 기술 관점에서 보면 세상의 모든 것에 암호 기술을 적용할 수 있다는 이야기다. 4장에서 암호 기술을 활용할 경우 웬만한 기능이나 서비스 구현이 가능하다는 점과 암호 기술의 활용 잠재력에 대해 설명했다. 메타버스 세상의 모든 것을 NFT로 구현할 수 있고, 이 NFT가 암호 기술과 연계된다면 메타버스 세상을 통해 현실 세계의 문제점을 해결하고 새로운 가치를 창출할 수 있을 것이다.

암호 기술의 기능적 측면도 의미가 있지만, 더 중요한 것은 암호 기술의 특성을 활용하고 그 특성을 다른 아이디어 또는 메커니즘과 연계할 수 있는 응용력일 것이다. 이 부분은 다음 절에서 설명하겠다.

6.4.2 암호 기술과 블록체인 가능성과 잠재성

암호 기술이라고 하면 상당히 어렵게 느껴진다. 그리고 사토시 나카모토가 비트코인에 적용한 기술이 엄청 복잡하고 대단할 것 같지만, 아주 단순한 암호 기술을 사용했다. 아주 단순하지만, 암호 기술의 특성을 적재적소에 잘 배치했고 다른 아이디어(POW)나 메커니즘을 적절하게 융합하여 설계했다. 비트코인에서 사용하는 암호 기술은 4장에서 설명했던 해시와 비대칭 키다. 비트코인 구현을 위해 암호 기술을 어떻게 활용 및 응용했는지 살펴보겠다.

어떻게 암호 기술을 활용하여 화폐 발행 남발을 차단하도록 설계했나?

2장에서 비트코인이 탄생하게 된 배경으로 중앙은행의 화폐 발행 남발과 시중은행의 무차별적인 신용 창조를 언급했다. 사토시 나카모토 입장에서는 화폐가 '어렵게' 발행되게 설계하고 싶었을 것이다. 그리고 탈중앙 환경에서는 누구나 데이터에 접근하여 위변조할 수 있기 때문에 데이터 위변조가 '어렵게' 설계하고 싶었을 것이다.

'어렵게'를 어떻게 구현하면 좋을까? 우리 주변에서 '어렵게'를 구현하는 대표적인 사례가 로또일 것이다. 로또에 당첨되는 것은 정말 어렵다. 로또 개념을 간단하게 구조화하여 표현하면 다음과 같다.

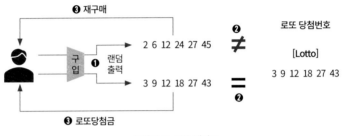

그림 6-6. 로또 개념도

로또를 사면 번호가 랜덤하게 부여된다. 부여된 랜덤번호와 당첨번호를 비교하여 당첨되지 않으면 재구매하고 당첨되면 당첨금을 받는다. 로또가 작동하는 메커니즘을 통해서 3가지 원리를 도출할 수 있다. 하나는 로또 번호는 랜덤하게 부여된다. 다른 하나는 랜덤하게 부여되는 경우의 수가 너무나 크다. 마지막으로 랜덤하면서 경우의 수가 너무 크기 때문에 로또 당첨은 정말 어렵다. 정리하면, '너무 많은 경우의 수에서 랜덤하게 수를 출력할 경우 당첨은 정말 어렵다'.

이제 암호 기술을 통해 어떻게 '어렵게'를 구현할 수 있는지 살펴보자.

앞서 4장에서 해시 암호 기술을 설명하면서, 해시의 주요 특징으로 어떤 입력값 대비 출력값이 랜덤하게 출력된다고 했고, 출력값이 256자리 이진수로 표시된다고 했다. 이진수 256자리 숫자로 표현할 수 있는 경우의 수는 참고로 115792089237316195423570985008687907853269984665640564039457584007913129639933개다.

해시의 특징이 랜덤한 값을 출력하면서 경우의 수가 너무나 크다는 것이기 때문에 해시의 특징과 로또의 특징은 아주 유사하다. 해시의 특징을 이용하면 '어렵게'를 구현할 수 있다. 이런 해시 암호 기술의 특징과 원리를 앞선 로또 사례에 대입해서 표현하면 그림 6-7과 같다.

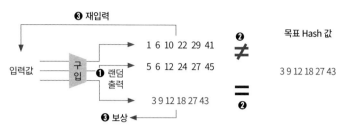

그림 6-7. 로또 개념에 적용한 비트코인의 원리

그림 6-7을 보면 입력값을 대입하면 출력값이 랜덤하게 출력된다. 그리고 출력값이 나올 수 있는 경우의 수가 너무나 크기 때문에 목푯값과 일치하는 값을 찾기란 결코 쉽지 않다. 입력값 대입으로 일치하는 출력값을 못 찾을 경우 입력값을 계속 변화시키며 출력하다 보면 결국 일치하는 값을 찾게 되고 비로소 보상받게 된다. 비트코인 관점에서 보면 목푯값과 일치하는 값을 찾기 위한 지속적인 랜덤값 출력 과정이 작업(Work)이고, 일치하는 값을 찾았을 때 지급되는 보상이 바로 화폐 발행이다. 그림 6-7을 보면 보상받기가 얼마나 어려운지 알 수 있다. 이를 화폐 발행에 동일하게 적용한다면 화폐 발행을 어렵게 설계하는 것이 가능하다.

비트코인 블록에 이 메커니즘이 실제로 적용되는 방법을 구조화하면 다음과 같다.

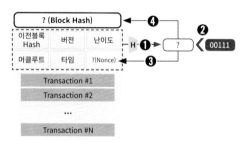

그림 6-8. 비트코인에서 화폐 발행이 어렵게 하는 구현 원리

먼저 Header의 해시값을 목푯값(00111)과 비교하여 불일치하면 일치할 때까지 계속 Nonce 값을 변경해 가면서 해시값을 찾는다. 목푯값과 일치하는 Nonce 값을 찾으면 비로소 Block Hash 값이 결정되면서 블록이 완성된다. Nonce 값을 찾은 대가로 보상이 지급된다. 이 보상이 비트코인이 발행되는 원리다. 해시 함수의 특성(랜덤, 무한한 경우의 수) 때문에 조건을 충족하는 해시값을 찾는 것은 정말 어렵다. 해시값을 찾아야만 블록도 생성되고 화폐(비트코인)도 발행되는데, 해시값을 찾기가 어렵기 때문에 결국 화폐 발행도 어려워진다.

어떻게 암호 기술을 활용하여 수정 · 삭제가 어렵도록 설계했나?

해시의 또 다른 특징 중 하나는 입력값에서 점 하나만 바뀌어도 결괏값이 완전히 달라진다는 것이다. 이해를 돕기 위한 대표적인 사례로 머클트리를 소개했었다. 그림에서 4BTC에서 5BTC로 바뀌면 연달아 값이 변해서 머클루트는 결국 항상 변하게 되어 있다.

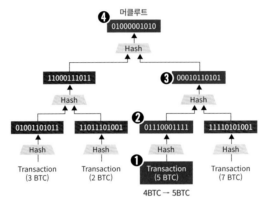

그림 6-9. 해시함수의 특징

해시의 2가지 특징이 실제로 비트코인에서 적용되는 방법을 나타내면 다음과 같다.

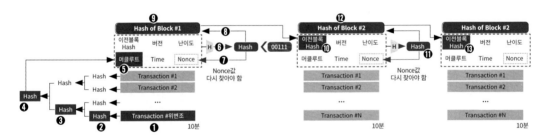

그림 6-10. 비트코인에서의 화폐 발행 및 위변조 차단 원리

완성된 블록체인에서 트랜잭션 하나가 위변조된 상황을 가정해 보자. ❶트랜잭션이 위변조되었기 때문에 연달아 값이 변해서 ❺머클루트값이 변경되고 ❻해시값도 변할 것이다. 해시값이 바뀌었기 때문에 조건이 충족될 때까지 ❼Nonce 값을 다시 찾아야 하며 블록의 ❾해시값은 변경된다. 블록체인은 머클트리처럼 모든 것이 해시로 연결되어 있어 트랜잭션 하나만 수정돼도 ❾~❸까지 블록체인 전체가 연쇄적으로 모든 값이 변해 버린다. 모든 값이 변해 버렸기 때문에 블록을 다시 생성해야 하는데, 블록 하나당 10분씩 소요해 가며 다시 생성한다는 것은 불가능하다. 트랜잭션이 위변조되면 전체 블록을 다시 생성해야 하는데, 전체 블록을 다시 생성하는 것은 불가능하기 때문에 위변조가 불가능한 것이다.

어떻게 암호 기술을 활용하여 난이도 개념을 설계했나?

비트코인은 해시 연산을 위해 컴퓨팅 연산 장치를 이용하는데, 컴퓨팅 연산 장치가 발전하면 해시 연산은 빨라지고 그만큼 화폐 발행이 빨라질 수 있다. 따라서 연산 장치가 발전하면 할수록 Nonce 값을 찾는 연산 난이도를 높이는 방향으로 해서 화폐 발행 속도를 일정하게 유지할 필요가 있었다. 이 난이도 개념은 어떻게 설계하면 좋을까?

로또에서는 숫자 3개를 맞추면 5등, 4개를 맞추면 3등, 5개를 맞추면 2등, 6개를 모두 맞추면 1등 처럼 맞추어야 할 당첨번호를 어떻게 실정하느냐에 따라 난이도 개념을 적용할 수 있다.

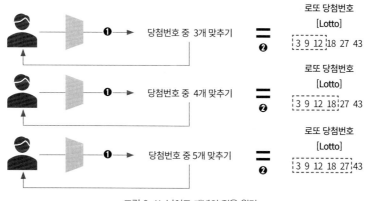

그림 6-11. 난이도 개념의 적용 원리

비트코인도 이와 유사한 원리를 이용하여 난이도를 조절하도록 설계했다. 여기서 자세하게 설명하지는 않겠지만, 비트코인에서는 목푯값의 범위를 제한하는 방식으로 난이도 개념을 설계했다.

앞선 구현 사례들을 보면 암호 기술의 기능을 활용했다기보다는 암호 기술의 특징을 잘 응용했다고 보는 것이 맞을 것이다. 해시는 아주 단순한 암호 기술이다. 하지만 해시의 특징을 잘 파악하여 적절하게 설계하고 응용하여 전통적 화폐 시스템의 고질적인 문제점이었던 화폐 발행 남발을 차단하는 방안을 설계할 수 있고 누구나 데이터에 접근할 수 있는 탈중앙 환경에서도 데이터 위변조를 물리적으로 차단할 수 있는 블록체인을 설계할 수 있다. 정말 대단하지 않은가? 그 단순한 해시 기술을 잘 활용만 하면 금융 시스템의 고질적인 화폐 남발을 차단할 수도 있고 위변조 문제를 근본적으로 해결할 수도 있다.

암호 기술이라고 하면 해시와 비대칭키가 구현하는 기능에만 집중할 수 있지만, 암호 기술을 어떻게 연계하여 설계하고 그 특징을 어떻게 활용하느냐에 따라 구현 가능한 서비스가 정말 다양하다. 암호 기술은 다음과 같은 3가지 관점에서 접근할 필요가 있다.

첫째는 암호 기술을 다양하게 연계하여 설계하는 방안이다. 이에 해당되는 대표적인 사례가 '디지털 봉투'다. 대칭키와 비대칭키는 장단점이 있으며, 기능과 역할도 조금씩 다르다. 하지만 대칭키와 비대칭키 각각의 장점을 연계하여 설계하면 디지털 봉투라는 우수한 기능을 구현할 수 있다.

둘째는 암호 기술이 가진 독특한 특징이나 특성을 적절하게 활용하는 것이다. 대표적인 사례가 앞서 설명한 해시를 이용한 '어렵게' 구현 방안이다. 해시는 개념적으로나 기능적으로 어떤 값을 대입하면 고정된 길이의 값을 출력하는 함수다. 그런데 해시 함수의 특징 관점에서 접근하면, 해시는 많은 경우의 수에서 랜덤하게 값을 출력한다는 특징을 지닌다. 이런 원리를 이용하면 화폐 남발 방지 및 위변조 차단 메커니즘을 구현할 수 있다.

셋째는 암호 기술과 다양한 서비스를 연계하는 방안이다. 토큰과 NFT는 기초 자산을 상징화한다는 개념이기 때문에 암호 기술·블록체인과 독립적으로 존재할 수 있는 개념이다. 그런데 점유를 통한 소유권 보장이 어려운 상황에서 기초 자산의 소유권을 토큰으로 상징화하고 이를 블록체인에 기록하고 공개하면 디지털 등기 구현이 가능하다.

6.5. NFT의 실체와 가치

이 책의 목적은 NFT의 실체를 파헤치고 그 가치를 진단하며 활용 방향성을 살펴보는 것이다. 이 절에서는 지금까지 살펴본 내용을 NFT의 실체와 가치, 그리고 활용 관점에서 마지막으로 정리해 보고자 한다. 그리고 NFT를 블록체인과 메타버스 관점에서 어떻게 이해해야 하는지도 정리해 보겠다.

NFT의 실체

NFT(Non-Fungible Token)의 본질은 Token(토큰)이다. 토큰과 NFT는 그 명칭만 부여되지 않았을 뿐 중세 이전부터 동서고금을 막론하고 사용돼 왔다. 금 보관증, 주식, 마패, 땅 문서뿐만 아니라, 오늘날 버스 토큰, 영화 티켓, (싸이월드) 도토리, 수표, 기프티콘, 상장(賞狀)도 토큰이며, 심지어 지폐나 통장도 포괄적 관점에서 보면 모두 토큰이다.

사람들은 실물 자산이나 기초 자산을 그대로 거래에 사용하는 것이 불편하다는 것을 깨달았고, 무형의 자산이나 권리를 거래 대상으로 하는 것이 어렵다는 것을 알게 되었다. 그래서 생각해 낸 것이 바로 토큰(증서)이다. 토큰이란 거래하기 불편한 기초 자산을 거래하기 편리하도록 실체화하거나 거래하기 편리한 상징물로 대체한 것으로 이해할 수 있다. 이런 관점에서 토큰과 NFT는 블록체인과 별개의 개념으로서 거래의 편리성을 제공해 주는 수단으로 이해할 수 있다.

블록체인 관점에서 본 NFT

많은 사람이 토큰과 NFT를 블록체인과 연계해서 이해하려고 한다. 앞서 살펴본 것처럼 토큰과 NFT는 거래의 편리성을 제공한다는 측면에서 그 자체로서 의미와 가치가 있다. 그런데 거래의 편리성은 제공하지만 거래의 신뢰성까지 제공하지는 않는다. 토큰과 NFT도 다른 자산들과 마찬가지로 거래의 신뢰성을 보장하기 위해서는 제3 신뢰 기관이나 별도의 신뢰 보장 장치가 필요하다. 예를 들어, 토큰과 NFT를 발행하기 위해서는 그 발행의 신뢰를 보장할 수 있는 신뢰 기관이 필요하다. 오늘날 증서나 증권을 발행할 때는 제3 신뢰 기관을 통해서 발행한다. 증권이나 토큰을 거래할 때도 개인 간 직접 거래하는 경우는 거의 없다. 대부분 제3 신뢰 기관이나 거래 기관을 통해 거래가 이루어진다.

또한, 오늘날 상거래에서 가장 많은 분쟁과 갈등의 원인은 계약 위반이나 불이행이다. 당사자가 합의하여 계약을 체결했는데 나중에 계약을 번복하거나 차일피일 계약을 이행하지 않는 것이다. 이런 계약 위반과 불이행은 불필요한 시간과 노력, 그리고 금전적 손실을 야기한다.

이처럼 토큰을 포함한 대부분의 거래는 신뢰성을 보장하기가 어렵고 계약을 강제화하기 어려운 환경에 놓여 있다. 만일 제3 신뢰 기관 없이도 개인 간 거래의 신뢰성을 보장하고 합의된 계약을 강제화할 수 있다면 비약적인 거래의 효율성과 활성화를 이룰 수 있을 것이다. 이처럼 제3 신뢰 기관 없이 개인 간 거래에서 신뢰성을 보장하고 계약 이행을 강제화할 수 있는 기술이 바로 블록체인이다.

비대칭 암호 기술을 이용하여 제3 신뢰 기관 없이도 전송이 가능하며, 거래 내역 위변조가 불가능한 블록체인에 저장하고, 그 기록을 모두에게 투명하게 공개하는 방식으로 신뢰성이 보장될 수 있다. 더 나아가 블록체인 기반의 스마트 컨트랙트를 이용할 경우 계약을 강제로 이행시킬 수 있게 된다.

정리하면, 토큰(NFT)이 거래하기에 불편한 기초 자산에 대해 거래의 편리성을 제공하는 것이었다면, 블록체인과 연계된 토큰(NFT)은 거래의 편리성뿐만 아니라 거래의 신뢰성과 계약의 강제 이행도 가능하게 해준다.

메타버스 관점에서 본 NFT

메타버스 세상은 모든 것이 디지털이다. 자산의 형체도 없고 디지털 자산이 무한 복제되어 소유권을 보장하기도 어려운 환경이다. 현실 세계의 자산은 거래하기가 불편할 뿐이지 실체가 있기 때문에 거래는 가능하다. 하지만 가상 세계의 자산은 실체와 형체가 없기 때문에 건네주고 건네받는 형식으로 거래하기가 어렵다. 즉, 현실에서는 인도와 점유를 통한 거래가 가능하지만, 디지털 세상에서는 인도와 점유를 통한 거래는 불가능하다. 이런 관점에서 이해하면, 현실 세계에서 토큰(NFT)화는 선택이지만, 디지털 세계에서 토큰(NFT)화는 선택이 아닌 필수가 될 수 있다.

더구나 메타버스 세상에서 현실의 (신뢰를 보장할 수 있는) 제도나 시스템을 가상 세계에 그대로 적용하기에는 한계가 있다. 따라서 거래 활동에서 신뢰를 보장할 수 있는 새로운 대안 장치가 필요하다. 이때 생각해 볼 수 있는 것이 앞서 살펴본 '토큰(NFT) · 스마트 컨트랙트 · 블록체인'의 조합이다. 제3 신뢰 기관에 존재하지 않는 메타버스 세상에서는 신뢰를 보장하는 다른 장치나 기술이 필요하게 될 것이다. 이때 토큰(NFT)이 스마트 컨트랙트와 연계되고 블록체인 기반으로 작동된다면 개인 간 자유롭게 신뢰가 보장된 거래활동을 영위할 수 있을 것이다.

마지막으로 메타버스 세상은 모든 것이 디지털이기 때문에 모든 영역에 대해 암호 기술을 적용할 수 있다. 앞서 암호 기술을 통해 대부분의 기능과 서비스를 구현할 수 있다고 설명했다. 모든 것이 디지털인 메타버스 세상에서 암호 기술을 통해 다양한 기능과 서비스를 구현할 수 있게 될 것이다.

NFT의 가치

토큰과 NFT는 그 자체로서 거래의 편리성을 제공해 준다. 글로벌 경제 활성화의 일등공신은 바로 컨테이너다. 교역과 물류의 불편함이 컨테이너를 통해 해결되자 글로벌 거래 규모와 속도는 현격하게 증가했다. 거래하기에 불편한 기초 자산을 토큰이나 NFT로 상징화하여 거래한다면 자연스럽게 거래의 규모와 속도는 증가할 것이다. 이것이 바로 토큰(NFT)의 가치다.

더구나 이런 토큰과 NFT를 블록체인과 연계할 경우 거래의 신뢰성을 확보하고 거래 비용을 낮출 수 있으며 합의된 계약 이행을 강제화하여 불필요한 갈등과 논란을 제거할 수 있다. 이 또한 토큰과 NFT의 엄청난 가치다. 토큰과 NFT는 이처럼 현실 세계에서 무한한 잠재적 가치(편리성, 신뢰성, 낮은 거래 비용, 계약 강제화)를 지니고 있다. 이런 가치는 메타버스 세상에서 더 빛을 발할 것이라 확신한다.

그리고 마지막으로 가장 중요한 요소가 있다. 바로 암호 기술이다. 암호 기술은 토큰, NFT, 블록체인 등 기반이 되는 기술이다. NFT나 블록체인이라는 키워드에 가려 크게 주목받지 못하지만, NFT와 블록체인의 근저에는 바로 암호 기술이 자리잡고 있다. 암호 기술을 잘 활용하고 서비스에 적절히 활용한다면 NFT와 블록체인 이상의 가치를 얼마든지 창조해 낼 수 있을 것이다.

이 책을 마무리하며

안재모 이야기로 다시 돌아가 보자. 그 엄청난 땅의 소유 여부가 문서 한 장으로 결정된다는 것이 조금 의아하게 느껴질 수도 있다. 하지만 반대로 생각하면 현재 대한민국에 거주하는 안재모가 몽골에 있는 땅을 본인 땅이라고 주장하는 방법은 매우 어렵고 비현실적이다. 그 땅을 점유하지도 않을뿐더러 현재 거주하지도 않기 때문이다. 이때 땅의 소유권에 대한 권리를 문서에 표상하여 이 문서를 통해서 땅의 소유권을 주장하도록 하는 것이 현실적인 대안일 수 있다. 이런 관점에서 보면 문서로 소유 여부를 결정하는 것은 매우 유용하고 편리한 제도다.

지능을 가진 인류는 끊임없이 편리성과 효율성을 추구하며 사회와 경제를 발전시켜 왔다. 거래의 편리성과 효율성을 구현한 대표적인 사례가 바로 증서와 토큰이다. 앞으로 증서와 토큰은 더 보편화되고 더 다양한 분야로 확대될 것이라 확신한다.

이런 토큰이 스마트 컨트랙트 및 블록체인 기술과의 연계를 통해 거래 혁신을 이룰 수 있다는 잠재성이 있다는 것도 살펴봤다. 모든 거래 대상을 토큰으로 발행하고 스마트 컨트랙트를 기반으로 조건만 충족되면 자동으로 거래가 실행된다고 하면 엄청난 거래 속도 개선과 함께 경제 활성화에도 기여할 것이라는 생각이 든다.

예단하기 힘들지만, 역대급 변화와 혁신이 우리 앞에 놓여있다. 바로 메타버스 세상이다. 기존에는 물리적인 현실 세계에서 물리적인 재화와 서비스를 디지털과 연계하는 방향으로 엄청난 혁신을 이루었다면, 메타버스 세상은 모든 것이 디지털이자 가상이다. 메타버스가 보편화된다면 세계관이나 인간의 의식도 그에 맞게 달라질 것이다. 그리고 디지털 세상에서 토큰과 NFT의 활용 범위와 깊이는 더 확대될 것이다.

인류의 화폐 발명을 통해 경제 규모와 활동이 급팽창했고 기초 자산을 표상하고 상징화하는 방식으로 거래의 편리성과 효율성이 제고됐다. 재화나 서비스를 토큰화하고 이를 스마트 컨트랙트로 자동으로 처리하는 것이 보편화될 경우 기존의 시스템과 체제를 송두리째 바꿀 수 있는 파괴력을 지니고 있다고 생각한다. 토큰과 NFT는 이런 관점에서 접근해야 한다.

하지만 현실은 이와 다르게 흘러간다. 토큰이 암호화폐라는 미래 화폐로 둔갑하면서 2017년 진통을 겪었다. 토큰이 가진 이런 잠재력과 방향을 무시한 채 사람들은 오로지 암호화폐 투기에만 몰두했다. 일부 대박 난 투자자도 있겠지만, 대부분은 사기나 스캠으로 큰 손실을 입었다. 2021년 NFT도 2017년과 유사하게 흘러가는 것 같다. NFT를 현실 서비스에 어떻게 활용할 것인지에 대한 고민(예를 들면 디지털 등기소)보다는 대체 불가, 고유성, 희소성, 그리고 없던 가치가 창조되는 듯한 개념으로 둔갑하면서 잠재적 피해자를 양산하고 있다.

토큰(NFT)의 잠재적 가치는 분명 무궁무진하다. 이상한 논리로 시간을 허비할 때가 아니다. 토큰(NFT)으로 도래할 세상을 위해 준비할 것이 많다. NFT를 서비스 개선을 위해 어떻게 활용할 것인지, 그리고 그런 서비스를 정착시키고 수용하기 위해 법 제도적으로 어떻게 준비해야 할지 등. 이 책에서는 NFT 관련 단골 메뉴로 등장하는 비플(Beeple)(성공) 사례를 담지 않았다. 그러한 사례는 NFT의 실체를 이해하고 NFT의 진정한 가치를 파악하는 데 그리 중요한 이슈나 소재가 아니기 때문이다.

책을 마무리하는 마지막까지 여전히 혼란스럽다.

모 대학교에서 국내 최초 'NFT 상장(賞狀)'이 나온다는 기사를 봤다. 뛰어난 업적이나 잘한 행위를 표상하여 종이로 발행하는 것이 상장이다. 상장은 전형적인 증서의 사례다. 증서도 일종의 토큰으로 볼 수 있고 특정인을 고유하게 식별하여 부여되기 때문에 형태상으로 NFT가 맞다. 그래서 상장을 NFT로 발행한다는 것은 어색하지 않다. 그런데 상장이면 그냥 상장이지 대체 불가 상장이라고 요란하게 말할 필요가 있는가 하는 아쉬운 생각이 든다. 앞서 설명했던 것처럼, 세상의 모든 것을 토큰화할 수 있고 그 토큰의 형태는 대부분 NFT일 것이다. 이렇게 새로운 영역에서 토큰 형태로 발행될 때마다 NFT로 발행되었다는 기사를 봐야 하는 걸까? NFT라는 용어를 굳이 사용할 필요가 있는지, 그리고 대체 불가라는 키워드를 그렇게 요란하게 사용할 필요가 있는지 솔직히 의심스럽다.

새해 벽두부터 언론에서 NFT에 대해 '대체 불가 인기'라는 단어까지 써 가며 '대체 불가'에 열을 올리고 있다. 전혀 의미 없어 보이는 'NFT'와 '대체 불가'라는 키워드를 종교처럼 설파하다 보니 괜히 NFT의 진정한 가치와 의미를 제대로 이해하지 못한 채 책을 쓰고 있나 하는 생각도 든다. 서문에서도 강조했고 중간중간 언급했던 것처럼 필자의 생각이 편협되고 NFT에 대해 잘못 이해하고 있을 수도 있다. NFT에 대한 다양한 해석과 이해가 가능한 상황에서 이런 견해와 해석도 있을 수 있다는 정도로 이해해 주면 고맙겠다.